"甘青宁新"四省区 汉语方言声调 演化研究

衣莉　著

上海教育出版社
SHANGHAI EDUCATIONAL
PUBLISHING HOUSE

　　本研究得到教育部人文社会科学研究一般项目"西北方言声调演化研究"（23YJA740049）、中国农业大学中央高校基本科研业务费（2024TC006）的支持

目 录

图目录

表目录

东亚语言声调起源的三次讨论及最新进展

（代序）

衣莉的新作约我写一篇序言，我因为担任她承担的教育部规划项目学术顾问，内容有所了解，就答应了。《"甘青宁新"四省区汉语方言声调演化研究》是一部有关西北方言声调研究的专著，开篇提到张燕来（2003）调查甘肃天祝县时，发现两位发音人念读《方言调查字表》时，原有的四声调类已经不存在对立了。这种情况下，能否还将该方言定义为声调语言呢？是否能确定该方言还存在声调呢？衣莉就是从这个现象导入了主题：声调是什么？

可是人们很难直接回答"声调是什么"这样的问题，因为这又相当于问声调是怎样产生的。一个铜币的两面而已。1954 年法国学者奥德里古尔（A. G. Haudricourt）发表了有关越南语声调起源的文章，引发了包括汉语在内的整个东亚和东南亚语言声调起源的全面研究，半个多世纪来一直是声调研究领域的热门话题。我作为身处其间的参与者，很乐意将这一段学术讨论和学界关于声调认知的进展汇集于此，与读者共同回顾汉藏语研究领域的这件趣事。

奥德里古尔这篇划时代的杰作提出，越南语声调源起于辅音韵尾的类型和演变，即后来所说的"韵尾脱落说"。蒲立本（Pulleyblank 1962）、梅祖麟（2010）、西田龙雄（1984）、陈其光（1994）等学者，对其观点都予采纳。也有部分学者提出了一些新的见解：戴庆厦（1958）、袁家骅（1981）认为元音的松紧可能对声调产生有一定作用，即"元音松紧说"；李方桂（1986）、瞿霭堂（1999）提出声调产生跟声母语音特征（喉音、清浊、送气与否）相关，即"声母清浊说"。而更多的学者认为声调的产生跟多个音段的演变相关：严学宭（1959）认为声母清浊和元音松紧是声调产生的原因；胡坦（1980）、罗美珍（1988）认为元音长短与韵尾类型促成声调产生；黄布凡（1994）则提出声母特征（清浊、复辅音）和韵尾类型（续音或塞音韵尾)的演变导致声调产生;倪大白(1991)提出声调产生的原因跟声母清浊对立的消失、前缀音的脱落,以及辅音韵尾的简化相关。这类研究一般可称为"多音段特征说"。奥德里古尔的观点引起了上述广泛的讨论,由此,我们把这个时期关于声调来源的研究称为"第一次声调起源讨论",主要聚焦于与声调相关的表层语音特征,即将音段特征与音节的音高差异关联起来,并将音高差异归因于音段特征使然。当然由于相互的关注角度不同,关注的音段特征也不相同,于是产生了多元特征作用的观点。这一阶段相关研究持续到了20世纪90年代中期。

20世纪末,以徐通锵为代表的学者发起了一场新的讨论。徐通锵(1998)认为声调产生跟"响度核心"相关,元音作为音节核心,其前的音素响度逐渐增强,因而它的标记性语音特征的变化会引发音核元音高低强弱的演变,从而产生声调。参与这次讨论的主要有江荻(1998)、龚群虎(1999)、瞿霭堂(1999)、吴安其(2001)。针对这几篇讨论,徐通锵(2001)再次撰文,对"韵尾说"和"有关声调产生的多元因素说"进行了回应。笔者的《论声调的起源和声调的发生机制》(1998)是结合语音实验全面讨论声调起源问题,提出了引起声调产生的嗓音机制以及人类对该机制的自主与不自主调控性。通过这场学术讨论,有关声调起源的不少问题都显露出来,究竟是哪些因素促使声调产生:声母辅音特征、韵母元音类型、韵尾有无或其类别,抑或是音段背后的嗓音机制?这场讨论大幅提升了人们对声调起源的认识。我们称之为"第二次声调起源讨论"。

进入21世纪后,学界对声调起源领域的研究开始转向嗓音机制和发声态,尤其是朱晓农等学者用力甚勤。朱晓农(2009)在回顾20世纪90年代那次讨论时,对嗓音机制的发现予以了较高评价,并指出:"江荻(1998)这篇先驱性的论文,敏锐地看到'声门状态''嗓音发声'是引发声调的因素。"此后,朱晓农发表多篇论文和专著,逐步建立发声态的假声、浊声、气声、嘎裂声等嗓音类型,以及描述声调的分域四度制框架。当然,揭示声调起源于嗓音这一观点早已有之,例如迪弗洛斯(Diffloth 1989)和阿尔维斯(Alves 1995)。我们认为,这一时期,重要的是认识上的系统性和深度。以近期一项研究为例,陈忠敏(2015)进一步细化发声态的嗓音特征及其作用，认为声调高低的起源来自不同的发声态而非起首辅音，因此，声调的高低跟辅音的清浊没有直接的关系，气嗓音是导致声调降低的直接原因。文章根据吴语内爆音"真浊音"读高调的性质，以及浊塞音清化引起韵母气嗓音化，提出全新认识：浊辅音>气嗓音>低调，即：浊辅音诱发气嗓音，气嗓音的低频性跨音段从辅音延伸到后接元音（韵母），并导致低调。这是一种深刻的洞见，不仅解释了内爆音为什么能与高调相配，还进一步推进了声调起源的研究。我们推测有关发声态的研究方兴未艾，未来必定产生更多相关的深度研究。这个阶段可以称为"第三次声调起源讨论"。

至此，似乎声调起源问题初见曙光。可是，人们又发现了新的疑难，即使采用发声态方法解读也很难诠释，甚至还有一些不经意间才发现存在已久却无法作答的问题。前者如"清高浊低"这类习见规则（即浊声母来源的声母字今读低调，而清声母来源的今读高调），例如北京话与天津话声韵读音基本一致，但阴平前者读高平，后者读低平或低降。这就不符合所谓"习见"了。例如，"天"（中古透母平声），北京话读$[t^hian^{55}]$，"支"（中古章母平声），北京话读$[t\:ʂ\:ʅ^{55}]$；天津话则分别读：$[t^hian^{21}]$和$[t\:ʂ\:ʅ^{21}]$。当如何解释呢？还有人们日常时时遇到的多调字现象（普通话）：读高也行，读低也行；读升也可，读降也可。例如，场院：cháng yuàn 或 chǎng yuàn；逮住：dǎi zhù；逮捕：dài bǔ。为此，笔者曾提出声调形成与社会状态的关系（江荻 2005），近年，笔者又从人类社会进化的群体合作行为角度提出声调的"社会约定"概念（武波、江荻 2017），并尝试用心理行为实验方法将该概念转化为探讨声调起源问题的解决方案（郭承禹、江荻 2020）。具体实验是测试不同群体感知不同声调方言，观察他们是否具有范畴化感知能力，观察声调作为音系单位是由什么因素决定的。实验设计是选取三个不同地域群体开展跨方言感知实验，包括母语方言感知、相似方言感知、异方言感知。实验发现，声调感知依人群而别，只有听辨母语方言才能实现范畴化感知，这个时候的音高才能转变为母语音系单位。反之，听辨不同的方言，即使是十分相近的方言，也只能产生物理音高感知或者利用母语方言的经验加以推测。为什么这样呢？合理的理论假设是：母语者无论是说话人还是听话人，心理上都把某个(些)音高感知为同一价值单位,形成一种群体约定。这就是我们所说的声调起源的"社会群体约定"论。完整地说,声调的"社会群体约定"是指同一地域内同一语言的使用群体,以单音节词的音节或组合音段可能呈现的多样性自然音高为基础,将某些随时间进程发生高低曲折等音高变化的形式约定为载义的或可别义的心理感知模式。此后,我们进一步用粤语和普通话历年的正音审音情况,对声调的"社会群体约定"理论加以阐释,获得了更多实证证据(江荻,郭承禹 2022)。

回到书稿上,衣莉之所以要问"什么是声调",是由于西北方言呈现出极为复杂的声调格局,特别是出现了大量单字调减少的情况。相比书稿讨论的西北方言声调现象,上述有关声调起源的论述基本都相当于理想实验室的现象:一方面深入到微观生理和纯物理声学层面,即声带是怎样开合,气流是如何穿梭,实验味很浓,即使是心理行为实验,也是假设和数据统计,追求条理清晰,归纳合理;另一方面则是以述理为纲,分门别类、收放自如。为此,我十分佩服衣莉驾驭材料的能力,如此之多的方言,如此之多的字音数据,还要分出二声系统、三声系统、四声系统,以及单字调、双音节字调和三音节字调,甚至还要时时兼顾字音的古代类别和现代音值,挖掘其中的演变线索。例如本书作者依据声调合并模型提出假设,从四声调到二声调演变路线可能有七种方式,而经过调查发现,实际出现的只有红古型(ABD-C)、临夏型(AB-CD)、西宁型(AC-BD)和武威型(ABC-D)四种。这一方面让读者了解了"甘青宁新"四省区声调的丰富性,另一方面人们也能感悟到作者论证方式之精妙。更令人叹为观止的是,作者并非像传统田野调查研究那样,仅仅简单地描写语音材料或者简单分分类,而是开展了大量的实验工作,无论单字调、双音节字调还是三音节字调,每类都提取了音高数值、声谱图,绘制了声调基频曲线,并且还开展了社会因素的相关分析,例如发音人年龄、性别、教育与声调拱形的相关分析,以及数据的逻辑回归分析。通过这一系列研究,本书作者获取了多种二声系统和三声系统西北方言在单字调与连字调拱形变化之间存在的相关的语音机制和相应的音系规则,以及西北方言声调的演化方向。祝贺衣莉取得的成就!

是为序。

中国社会科学院 江荻

2024 年 9 月 21 日

参考文献

A. G. 奥德里古尔　2010《越南语声调的起源》,辛世彪译,潘悟云编《境外汉语音韵学论文选》,上海:上海教育出版社;原题"De l'origine des tons en Viêtnamien",载于《亚洲杂志》(*Journal Asiatique*)1954 年 242 期,69—82 页。后来被收入奥德里古尔的论文集《历时音韵学诸问题》(*Problèmes de Phonologie Diachronique*, SELAF, Paris, 1972),146—160 页。

陈其光　1994《汉藏语声调探源》,《民族语文》第 6 期,第 10 页。

陈忠敏　2015《气嗓音与低调》,《中国语言学报》(*Journal of Chinese Linguistics*)43 卷 1A 期,第 90—118 页。

戴庆厦　1958《谈谈松紧元音》,《中国语文》杂志社编《少数民族语文论集》(第二集),北京:中华书局。

龚群虎　1999《声调仅起源于声母说献疑——关于汉语去声起源的解释和相关问题》,《民族语文》第 4 期,第 9—14 页。

郭承禹 江荻　2020《声调的社会群体约定性——来自跨方言单字调感知实验的启示》,《语言科学》第 6 期,第 623—639 页。

郭承禹 江荻　(待刊)《审音背后的音变理论及其解读——以普通话的同义多调字为例》。

胡坦　1980《藏语(拉萨话)声调研究》,《民族语文》第 1 期,第 22—36 页。

黄布凡　1994《藏语方言声调的发生和分化条件》,《民族语文》第 3 期,第 1—9 页。

江荻　1998《论声调的起源和声调的发生机制》,《民族语文》第 5 期,第 11—23 页。

江荻　2005《藏语声调形成的过程与社会历史系统状态》,《藏学学刊》第 2 辑,成都:四川人民出版社。

江荻 郭承禹　2022《粤语的同义多调字及其成因》,《韵律语法研究》第 9 辑,冯胜利、马秋武主编,北京:北京语言大学出版社。

李方桂　1986《原始台语的声调系统》,李钊祥译,罗美珍校,《民族语文研究情报资料集》(7),中国社会科学院民族研究所语言室编印。

罗美珍　1988《对汉语和侗台语声调起源的一种设想》,《中国语文》第 3 期,第 212—219 页。

梅祖麟 2010《中古汉语的声调与上声的起源》,郑伟译,潘悟云编《境外汉语音韵学论文选》,上海:上海教育出版社。

倪大白 1991《侗台语声调的起源》,《中央民族学院学报》第 4 期,第 58—62+69 页。

瞿霭堂 1981《藏语的声调及其发展》,《语言研究》第 1 期,第 177—194 页。

瞿霭堂 1999《汉藏语言声调起源研究中的几个理论问题》,《民族语文》第 2 期,第 1—9 页。

瞿霭堂 2002《声调起源研究的论证方法》,《民族语文》第 3 期,第 1—13 页。

吴安其 2001《上古汉语的韵尾和声调的起源》,《民族语文》第 2 期,第 6—16 页。

武波 江荻 2017《二声调语言呈现的轻重韵律模式》,《南开语言学刊》第 2 期,北京:商务印书馆。

西田龙雄 1984《声调的形成与语言的变化》,刘援朝译,王云祥校,《民族语文研究情报资料集》(3),中国社会科学院民族研究所语言室编印。

徐通锵 1998《声母语音特征的变化和声调的起源》,《民族语文》第 1 期,第 1—15 页。

徐通锵 2001《声调起源研究方法论问题再议》,《民族语文》第 5 期,第 1—13 页。

严学宭 1959《汉语声调的产生和发展》,《人文杂志》第 1 期,第 42—52 页。

袁家骅 1981《汉藏语声调的起源和演变》,《语文研究》第 2 期,第 2—7 页。

朱晓农 2009《声调起因于发声——兼论汉语四声的发明》,《语言研究集刊》第 6 辑,上海:上海辞书出版社。

Alves, M. 1995 Tonal features and the development of Vietnamese tones. *Working Paper in Linguistics*, 1 – 11. University of Hawaii.

Diffloth, G. 1989 Proto-Austroasiatic creaky voice. *Mon-Khmer Studies* XV:139 – 54.

Pulleyblank, Edwin G. 1962 The consonantal system of Old Chinese. Asia Major, 9.

第一章

导 言

张燕来(2003,2014)在针对兰银官话的语音研究中提到,甘肃省天祝县的声调格局只有一个单字调调类,她的发音人是一位 22 岁的藏族青年和一位 40 岁的汉族人,据称两位发音人把《方言调查字表》里的例字要么读为高平降[551],要么读为高降[51]。在这两位发音人的声调格局中,原有的四声调类之间已经不存在对立了。这种情况下,能否还将该方言定义为声调语言呢? 要回答这个问题,首先需要回答另一个问题:"声调是什么?"

赵元任(1922)和刘复(1926)都将声调定义为能够区别词汇意义的音高。派克(Pike 1948)在他的 *Tone Language*(《声调语言》)一书中指出,"声调语言就是一个语言在音节上有相对音高差异,同时音高差异形成对立并能够区别意义"[①]。南茜·吴(Woo 1969)提出的声调特征理论对于声调的研究有很大的启发。她的理论包括两个部分:首先,曲折调是水平调的组合;其次,声调承载单位(tone bearing units)是韵母音节,每个声调承载单位都只承载一个水平调。伊普(Yip 2002)对声调给出的定义是:"一个语言中词语的音高变化能够改变词语的意义时,这个语言就是声调语言,被改变的意义不是微妙的情绪上的意义,而是核心意义。"[②]上述几位学者的研究说明了有关声调的三个核心问题:声调的作用(辨别意义);声调所处的位置(音节,或韵母音节);声调的声学表现形式(基频音高)。

端木三(Duanmu 2004)在讨论"声调语言与非声调语言"时提出,以往将声调语言与非声调语言进行分类的参数有四个问题,"第一,不能提供一个

---

① 原文如下:A tone language may be defined as a language having lexically significant, contrastive, but relative pitch on each syllable。

② 原文如下:A language is a 'tone language' if the pitch of the word can change the meaning of the word. Not just its nuances, but its core meaning。

简单明确的分类标准;第二,没有体现出不同的语言类别内部的相似之处;第三,针对任何一个语言类别,没有提供将其与其他类别区分开来的特征;第四,对于研究没有指导意义"①。在论证这四点时,端木三还提出,即使同为声调语言,汉语普通话的单字调要比上海话的单字调稳定得多。同时他反驳传统意义上关于"声调被定义为区别意义的音高曲线"的说法,提出英语中也有这种在音节上能够区别意义的音高曲线,所以他认为这样的参数无法作为区别类型的标志。相反,他认为"语言在选择音系库时会有所不同,除了音系库的选择,所有语言的音系要求都是一样的"②。换句话说,在这个框架下,语言/方言之间的区别在于音系特征的选择和组合,而不是固定的某个特征。他认为声调远没有人们认为的那么复杂,只要把声调安置在相应的音节上,其实就是"高"或者"低"。

2017年"汉藏语言学年会"上,关于声调与韵律的问题,江荻提出这样一个观点:轻重音(accent)对于所有语言来说是普适的底层特征,其他的所有形式都是在此基础上的不同类别(types)。印欧语是重读轻重音(stress accent),非洲语言是音高轻重音(pitch accent),东亚语言是声调轻重音(tone accent),每一种都有成为其自身类别的条件。由此他反问为什么说汉语(东亚语言)会产生声调是一个"独有"的问题,"声调"与作为底层特征的轻重音之间有什么关系?黄良喜2017年在"韵律语法研究"的学术会议上提出他正在进行的"耳语"(whisper)状态下的声调感知研究,也就是当音高被压抑了之后,到底是什么参数起到了声调辨识的功能。在这种情况下,声调和重读(stress)有了很大的相似之处。这个研究从侧面也佐证了江荻的观点。

朱晓农(2018b)认为,"声调是什么"与"什么是声调"是两个维度的问题。他在谈到"声调是什么"这个问题时提出,"声调是音高在语言中系统地

---

① 原文如下:Frist, it does not offer a clear-cut classification. Second, it does not capture similarities between different language types. Third, it does not capture differences with a given language type. Fourth, it does not offer a good guide for research。

② 原文如下:Language can differ in their selection of various phonological inventories. Beyond inventory selection, all languages share the same phonological requirements。

用以区别词汇意义、具有音位意义、落实在音节上并多于两个的类别",他也指出这个定义不是一个逻辑定义,仅仅是"介于逻辑定义和文人感性认识之间的描写性定义"。他认为"跟语调比,声调有词汇意义,跟情感、音高比,它有音位意义,跟轻重音比,它有至少三个类",声调用于语言系统,同时"跟偶然区别词义的音高比,声调是系统的"。但是这只能是声调的外部定义,声调的构成和结构在这个定义中没有被体现出来。随着对音节理论的完善(朱晓农 2008)以及"调型库"的提出(朱晓农、衣莉 2011),他对这个问题做了修正,将声调的本质定义为"音节的 IC① 声合的唯一 IC,与另一个 IC 音合对立"。下辖声域、长度、音高三个直接成分。在这个框架中,非声调语言也能找到自己的位置,同时还能将声调的发声态(声域)囊括进来(朱晓农 2018a)。

　　以上可以看出,学者们对于"声调"的定义还是有比较大的差异的。笔者认为江荻提出的框架非常好,能将所有辨义与不能辨义的音高(accent)表现形式都放到一个大的范式内,然后根据具体的参数确定不同的类别。这个范式的好处是能够将上文提到的甘肃天祝话(张燕来 2003,2014)也置于这个框架内。但是这个范式目前还无法描写声调中的发声态特征。在西南吴语(衣莉、朱晓农 2023)中,有时候具有不同发声态的两个声调调类,如果都用轻重音来衡量,会发现它们的音高是一样的,但实际上这两个调类却能通过不同的发声态来区别意义,所以轻重音的范式目前还无法解决这个问题。关于声调就是[高]与[低]的组合这个观点(Duanmu 2004;Woo 1969),如果用于音系推导会很有意义,因为它能够高度抽象概括声调的本质,但也是在面对声调的发声态和其他的细微差异时,[高]与[低]就显得不足。还是以西南吴语为例,衢州开化县城关区的声调格局中有四个凹调:阳上高凹{434}、阴去后凹{523}、阳去低凹{323}、阳平(2/3 的例字)为前凹{324}(如图 1-1a 所示)。如果用[高]与[低]的特征表示,四个调都是[高低高],这种描写显然是不充分的。但是如果面对的是西北官话,声调曲折的细微差别没

---

　　① I=initial(声母);C=coda(韵尾)。

有像西南吴语那样被用作辨义特征,比如兰州话的上声和去声,就有{3232}
{₃₂52}和{₃25₂}几种语音变体(如图 1-1b 所示),这个时候,[高]与[低]的
特征表达就变得非常适用。同时,在大多数西北官话中,发声态也没有辨义
功能,即使有时候表现出嘎裂声,也仅仅是作为伴随特征存在。本书在描写、
论证西北方言双音节字调、三音节字调的拱形和变化时,就采用[高]与[低]
的特征表达,音高拱形的变化以及音系推导都更能一目了然。

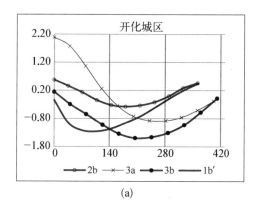

(a)

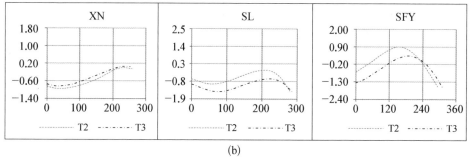

(b)

图 1-1 浙江开化城区的凹调(a);兰州发音人的上声和去声(b)

(资料来源:衣莉、朱晓农 2023;衣莉等 2017)

弄清楚"什么是声调"这个问题,在针对西北方言的声调研究中显得尤
为突出。笔者在甘肃省永登县河桥镇和连城镇共调查了 31 位发音人,最后
共统计归纳出 10 种不同的声调音高分布(见下表 1-1)。其中既有四声格
局,也有三声和二声格局。有一位发音人(XXF)的阴平例字分裂为一个平
调和一个降调,而且平调拱形和降调拱形的分布几乎没有规律可循,比如阴

平字的调拱呈现出这样的情况：阴（降）东（升）灯（降）分（平）刀（降）乡（平）刚（降）边（升）安（平）丁（降）超（降）粗（平）天（降）偏（升）开（降）都（降）低（平）疤（降）爸（平）。在田野录音的时候，笔者担心发音人读得过快，会出现类似句调的模式，特意让发音人在每个字之间停留 3 秒钟，可是呈现出来的单字调依然如此，该发音人的单字调既不像是句调，也不能称为"字调"，仅仅就是呈现出不规律的音高拱形。该发音人的阳平例字也是如此，不过是呈现出"平—降—升"的音高分布，具体表现为：羊（平）同（降）麻（升）阳（平）穷（降）陈（升）球（降）床才唐（平）平（平）寒（升）详（降）扶爬（平）图（升）题田提（平）时（升）。笔者起初判断这是源于她的个体差异，本来要将她的材料归入无效材料，但是发现她的上声例字和去声例字却非常整齐，都是平调，完全没有类似阴平或者阳平的这种情况，而是都统一呈现为高平调。此外，笔者不仅录制了单字调语料，还系统录制了双音节字调和三音节字调。笔者整理数据后发现，发音人 XXF 的双音节字调和三音节字调要稳定得多，而且也有规律可循。

　　笔者还发现在有些方言点，比如在兰州市区、永登县，发音人读双音节字调更自然、更流畅；而有些方言点，比如临夏市，发音人读三音节字调更自然、更流畅。这个现象不禁让人疑问，这种附加在单音节上的音高是否还有语言学的辨义功能？还算不算该语言的音位属性？也就是伊普（Yip 2002）提到的"核心意义"。如果继续认定这种附着在单音节上的音高有音位属性，为什么在同一个方言点，单音节音高不同的人彼此之间不但没有交流障碍，甚至没有意识到自己的单音节音高与他人不同？如果不再认定这种附着在单音节上的音高有音位属性，那么需要多大程度的参量变化才能判断一个音高已经不再是承载意义的单位？是需要有两个音高参量对立，还是需要有三个以上的音高参量对立？如果需要两个参量对立，上文提到的天祝话发音人的音高就不能再继续称之为声调。如果需要至少三个参量的音高对立，那么西北方言中有很多方言点，比如甘肃兰州市红古区、永登县河桥镇、武威市和青海西宁市，它们的音高差异也不能被继续称为声调。

表1-1　永登县河桥镇、连城镇发音人的几种声调格局

方言点	区县	村镇	类数	1a	1b	T2	T3
兰银金城	永登县	河桥镇 YTC	2	降	=1a	凹	=1a
兰银金城	永登县	河桥镇 LLY	2	降	=1a	=T3	凹
兰银金城	永登县	河桥镇 LAX	2	平	=1a	=1a	降
兰银金城	永登县	连城镇 LXD	2	平	=1a/升降	=T3	凹
兰银金城	永登县	河桥镇 LWT	3	平	降	=T3	凹
兰银金城	永登县	连城镇 ZJH	3	平	升	=1a/T3	凹
兰银金城	永登县	连城镇 XXF	3	平/降	平/降/升	=T3	平
兰银金城	永登县	河桥镇 SDW	4	平/降	降	平/凹	凹
兰银金城	永登县	河桥镇 ML	4	平	降/升	凹/平	平/降
兰银金城	永登县	河桥镇 ZMS	4	平	升	凹/平	降

注：英文大写表示发音人姓名的拼音首字母，下同。

接下来的问题是：如果一个方言在单音节上的音高不再是辨义的核心单位，在双音节上的音高辨义还能不能继续将其命名为"声调语言"？它们与传统意义的汉语方言的"声调"有别，差别具体体现在哪里？它们变化的路径是什么？李荣(1985b)很早就提出"单字调和连字调孰为本调"的问题。曹志耘(1987)也提到过理论上语音音高不属于字，而属于词，他指出《现代汉语词典(第二版)》中有5.6万个词条，其中单音节词条还不到1万条，80%以上的固定词条是多音节词条。换句话说，我们日常的语言交流，更多使用的表达是多音节形式。这也在一定程度上解释了上文永登县河桥镇发音人单音节字调的现象。笔者在西北四个省区进行声调普查，试图从多音节字调(双音节和三音节)和单音节字调的分布与相互关系中，探究西北方言声调的类型分布、共时变异以及声调演化的变化趋势。主要讨论影响声调变化的生理机制、音系规则、社会因素和语

言接触等问题,希望能够从多维度、多角度解释汉语方言声调演化的整体趋势。

就目前的调查来看,甘肃、青海、宁夏和新疆分布着成片的二声系统、三声系统和四声系统的方言点,其中三声系统的方言点最多。它们的地理分布呈现出一定的规律:以二声系统为圆心,三声系统和四声系统呈现出同心圆向外扩散的特点。二声系统分布最集中的地区位于甘肃省中部与青海省交界的地带,主要分布在兰州市和西宁市之间,具体的方言点有甘肃省兰州市的西固区和红古区、永登县河桥镇、临夏市、永靖县,和青海的西宁市、海东市乐都区和民和县。如果用地图的"等高线"来类别,这里就像是声调分布的"谷底"。以这个区域为中心,向西分布着以兰银河西片为主的三声方言,向东分布着以兰银银吴片为主的三声方言,再向外扩散,就是四声系统为主导的方言点(朱晓农、衣莉 2015)。但是在大片之间还会零星分布一两个二声系统的方言点,比如甘肃武威和宁夏海原。

本研究收集和整理双音节、三音节以及自然语流的方言材料,就是基于这样一个前提假设:如果对于二声系统或者三声系统的方言来讲,单音节字调的语义承载功能正在减弱,那么它们的双音节字调或三音节字调的语义承载功能也许正在增强。若真是如此,那么需要探究的是,单音节字调和多音节字调相比,谁的核心辨义功能更稳定。除此之外,还要探寻单音节的音高为什么会出现这样的变异,单音节音高在出现变化之前的格局是怎样的,以及目前单音节声调的格局经历了什么样的演化过程。

讨论声调的演化永远都避不开一个问题,即声调格局发生变化的原因是什么,音高出现变异是由什么决定的? 鉴于西北地区有史以来就是少数民族聚居、民汉混居的情况,加上长久的移民历史,很多研究西北方言的专家和学者(雒鹏 1999;莫超、朱富林 2014;张成材 1984,2016;王双成 2009b;芦兰花 2011)都不约而同地提到语言接触这个要素。桥本万太郎(2008)认为农耕型语言与畜牧型语言不同,农耕型语言需要首先假设本来就有各种各样的不同语言,各种语言后来被同化为一种语言。西北少数民族聚居区可以看作一个畜牧型语言与农耕型语言交会的地带,这里的方言演化研究不能完全依循东部纯农耕型方言的演化。桥本万太郎认为北方方言的形成与语言接触和转换都有密切关系。陈保亚(1996)在讨论傣语跟汉语的接触时,提到"匹配"与"回归"的原则,认为"匹配"是母语干扰目标语言的第一阶段,结果会产生与目标语言有同源关系的民族方言,当民族方言与目标语言(汉语)竞争时,会向目标语言靠拢,这个靠拢的过程就是"回归",这一点似乎能够解释上文永登县连城发音人的单字调情况。阿错、向洵(2015)和敏春芳(2018)也表达了类似的观点。钱曾怡在《从汉语方言看汉语声调的发展》(2000)一文中提到声韵母对汉语声调发展的制约作用。张世方也在《汉语方言三调现象初探》(2000)一文中特别提到目前语言中声调正在经历的变化与一些方言连调系统有关。朱晓农(2018a)提到声调的产生、消失会因为环境气候的外在因素而改变。炎热的气候会导致多种发声态的出现,久而久之,发声态成为辨义的参数,从而激发声调的产生。如果这是成立的,那么相反的情况,比如在气候比较凉爽、温度又比较低的地方,是否会引起发声态的减少,音高辨义功能的减弱,从而出现声调的单音节辨义向多音节辨义转化。巧合的是,西北四省区都在胡焕庸线以西、以北的地区,也就是400毫米降水线以下的地区,温度和湿度都相对较低。

目前在文献中记录的三声方言集中出现在胶辽官话、冀鲁官话、中原官话和兰银官话,约占官话地区(以县或县市为单位)方言点的12%(魏阳、朱晓农2021;刘俐李2003b;焦立为2003)。具体来说,三声方言点主要集中于东部胶东半岛、辽东半岛及山东与河北交界的位置,以及西北内陆甘肃、宁夏、青海、新疆等地区。魏阳、朱晓农(2021)认为东部三声方言以烟台型、莱州型、青岛型、滦县型、银川型为主,西部主要以银川型和滦县型为主。本研究仅在西北四省区就发现了三声系统可能存在的所有合并类型。

本研究在调查的过程中,首先归类、整理所调查方言点的单音节字调、双音节字调和三音节字调的音高格局,之后从文献记录、连字调(双音节字调和三音节字调)格局、方言地理分布三个方面,逆推所调查方言点调类的变化路径,探究声调演化规律,以及声调发生变化的生理机制、音系规则与社会因素。本研究接受桥本万太郎(2008)对西北方言的假设,即西北方言,甚至是北方方言都是因语言接触而形成的。据此可以假定在最初的交流、学习接触过程中,学习者一定是从自然语流开始学习声调的,也就是说,是从连字调入手的,所以在连字调中可能会保留更多的音高差异,表现形式也更接近汉语方言,而单字调则属于陈保亚(1996)提到的"民族方言"类型,具有民族语的底层特征。至于连字调和单字调谁是更古老的形式,笔者认为,从学习外语的角度讲,更大的可能性是在学习自然语流中的连字调时,带有"民族方言"特点的单字调也同时形成了,之后二者又在不断互相影响中改变,可以暂时认定它们是同时形成的。在这个前提下,就可以通过连字调中不同调类的音高拱形的稳定性,来判断哪个调类形成的时间更"新"。因为更稳定的音高拱形,一定是形成更早的形式,通过连字调中音高拱形的稳定性逆推单音节字调的变化过程也就有了依据。当然不从这个前提出发,很多共时层面的连字调研究(Chen 2001;Yip 1989;2002;Yang & Xu 2019)也同样可以从连字调逆推单字调的变化规律,无论是共时还是历时,声调变化的生理机制、音系规则和社会因素是有共性可循的。

本书的基本框架:第一章是导言部分,介绍研究的缘起、研究概况与研究思路。第二章是对方言调查点地理分布、历史沿革的介绍,主要涉及西北四省区的移民史。第三章综述相关的研究现状,分别就西北方言研究、声调合并研究、连字调研究、声调描写、声调演化研究等几个方面的主要内容,研究的可取之处及不足进行概述和讨论。第四章介绍本书的研究方法,主要介绍研究框架,具体的数据提取、整理、描写和分析的方法。第五章至第七章依次描写二声系统、三声系统和四声系统的单音节字调、双音节字调和三音节字调的声调格局,并通过连字调与单字调之间的拱形对应变化,找出变化背后的语音机制和音系规则。兰州的声调系统处于一个可见的、变化中的状态,所以本书将其单独放在第八章,用社会语言学的方法探究声调格局变化的生理机制、音系规则和社会因素。第九章总结所有的拱形变化背后的语音机制和音系规则,结合文献记录、相邻方言点的声调拱形分布,逆推声调"原型",构拟声调演化路径。第十章的结论部分主要讨论了本书在理论和方法上的推进,以及研究的缺憾和对未来研究工作的预期。

第二章

历史沿革与移民概况

2.1 历史沿革

本书研究的汉语方言涉及的地理区域主要集中在胡焕庸线以西以北的地区,包括甘肃、青海、宁夏和新疆四省(自治区)。之所以选择这四个行政区,是因为从历史沿革的角度来看,它们的联系较为密切(郭方忠 1986a;1986b;1986c;1986d;青海省志编纂委员会 1987;刘喜堂 1994;陈育宁 2008;王希隆、杨代成 2019;苗普生 2020)。长期以来形成的少数民族聚居、少数民族与汉族杂居的人口分布,让这个地区拥有自己独特的语言风貌,对于语言接触、汉语方言演化研究来说,有其得天独厚的地理条件和人文背景。

2.1.1 四省(自治区)历史由来

据郭方忠(1986a;1986d)对甘肃地区的研究:

上古时期,甘肃境内就已是多民族的聚居地。从商代开始,甘肃境内就有羌方、共(今甘肃泾川县北)、密(今甘肃灵台县西)等方国部落。春秋时期属秦国和西戎。秦统一六国后,甘肃东北部和东南部分别设置有北地郡、陇西郡,西部为月氏和羌族。

元代开始设省,称甘肃等处行中书省。明初该地属陕西承宣布政使司。清康熙初年陕西省分为陕西、甘肃两省。

1950 年 1 月 8 日,甘肃省人民政府正式成立。此后,甘肃省行政区划又经历了多次调整,到 1962 年基本形成现在的行政格局。

据陈育宁(2008)、郭方忠(1986d)等对宁夏地区的研究:

公元前 11 世纪至公元前 8 世纪的西周时期,今宁夏全境及内蒙古河套、陕西、山西北部统称朔方,当时是戎狄部落游牧的地方。战国时秦惠文王七年(公元前 331 年)设置义渠县(今宁夏固原市东南)和乌氏县(今宁夏固原市南),之后又在宁夏盐池县境内设立朐衍县(今宁夏银南地区)。秦昭襄王三十五年(公元前 272 年),乌氏县和朐衍县划归北地郡管辖,这是宁夏地区有行政设置之始。

隋朝在今宁夏设有两郡。唐朝时今宁夏全境属于关内道。北宋时今宁夏隶属秦凤路,后被西夏占领。元朝时今宁夏南部属陕西行中书省,北部属甘肃行中书省。1288 年设宁夏府路,"宁夏"由此得名。

明朝时期,今宁夏为当时的边防重镇,除了固原地区和同心县属陕西布政使司,其余为陕西都指挥使司所辖。清朝时今宁夏北部地区属甘肃省宁夏府,今同心县以南的固原地区分属甘肃省平凉府和化平川直隶厅。

1949 年 12 月 23 日,宁夏省人民政府正式成立。

据崔永红(2002)、刘喜堂(1994)等对青海地区的研究:

青海地区以青海湖而得名,早在秦汉时期就有先零、烧当诸羌居住其间。东晋以后,该地为吐谷浑占领。隋朝平定吐谷浑,设置西湖、河源诸郡。宋时该地属吐蕃管辖。元朝设宣慰司,恢复管辖。明初再次为西吐蕃占据。明嘉靖三十八年(1559 年),以土默特部首领俺答汗为首的蒙古势力进入并占据青海。清雍正初年平定罗卜藏丹津叛乱后,在青海设置青海办事大臣。

1928 年,南京国民政府决定将青海改为行省,以西宁为省会。

1950 年 1 月 1 日,青海省人民政府正式成立。

据王希隆、杨代成(2019)及《新疆简史》(1980)的研究:

新疆维吾尔自治区,自汉代以来长期被称作西域,直至清代乾隆皇帝统一天山南北之后始称新疆,沿用至今。

公元前 60 年,西汉中央政权设立西域都护府,这一地区正式成为汉朝版图的一部分。

继两汉之后,强盛的唐王朝对新疆的管辖与治理又达到了一个新的高峰。贞观十四年(640 年),唐朝设安西都护府于西州(今新疆吐鲁番境内)。显庆三年(658 年),唐朝移安西都护府于龟兹,后升格为大都护府。长安二年(702 年),唐朝设北庭都护府于庭州(今新疆吉木萨尔北破城子)。景龙三年(709 年),北庭都护府升格为大都护府。在新疆东部,唐朝实行了与内地统一的州县制度,设立伊州(今新疆哈密)、西州(今新疆吐鲁番境内)、庭州(今新疆吉木萨尔北破城子),下辖 12 个县。

成吉思汗征服了新疆和中亚各地后,将这里作为封地,次子察合台的封地东至伊犁河流域,南面包括今南疆焉耆以西的整个地区,三子窝阔台的封地包括今塔城地区、阿勒泰地区和蒙古西部。

14 世纪到 16 世纪主要是察合台后裔在新疆实施割据统治,17 世纪前半期,卫拉特蒙古准噶尔部渐渐发展起来。1757 年,清朝平定准噶尔叛乱,1759 年清朝又平定大小和卓叛乱。光绪十年(1884 年),清政府发布上谕,设立新疆省,在新疆实行与内地一样的行政制度。

1955 年 10 月 1 日,新疆维吾尔自治区成立。

2.1.2 四省(自治区)的行政关联

据郭方忠(1986a;1986d)、陈剑平(2013)的研究:

清康熙初年,陕西省分设为陕西、甘肃两省。甘肃省辖十五府、六十一县。1912 年,甘肃省置宁夏、西宁、兰山、泾源、渭川、甘凉、安肃七道。1929 年划西宁道的西宁、大通、乐都、循化、贵德、巴燕、湟源等七县成立青海省;划宁夏道的宁夏、宁朔、灵武、盐池、平罗、中卫、金积、豫旺等县成立宁夏省。

1954 年,宁夏省合并于甘肃省,1958 年又划出银川、吴忠、固原 3 个专区(自治州)、19 个县(市、自治县)成立宁夏回族自治区。到 1962 年时,甘肃省共设 13 个专区、自治州、市,辖 81 个县、自治县、市、区。

甘肃和新疆在地缘上关系非常密切。明代新疆东部受甘肃总兵节制。清代收复新疆后,在新疆实行军府制,但新疆东部仍归陕甘总督管辖。实际上,从明代至新疆建省之前,今新疆东部地方长期处于甘肃省的行政管辖。光绪十年(1884 年),新疆建省,之后才改变了新疆东部在行政上隶属于甘肃的传统。

2.2　移民概况

根据葛剑雄等人的研究,笔者在本节整理了《中国移民史》(1—7 卷,2022)中有关西北地区人口的移民情况。

2.2.1　秦、汉、魏晋时期

西北地区比较早的移民记录是在秦始皇时期,公元前 213 年,秦始皇派蒙恬率 30 万人进攻匈奴,略取河南地,即黄河上游今宁夏、内蒙古境内黄河以南的地区,当时移民的主要来源是"谪戍",蒙恬率领的 30 万军人中有一部分转为屯垦,并负责对迁入罪犯的监督(第 2 卷,60—61 页)。

自汉武帝开始,出现了第一次大规模移民的记录,公元前 127 年"募民徙朔方十万口"。公元前 119 年,关东遭受水灾,"乃徙贫民于关以西,及充朔方以南新秦中",总数有 72.5 万人,这是当时对西北边疆移民人数最多的一次(第 2 卷,134 页)。

东汉时移民安置的地点,明确见于记录的有朔方、五原、敦煌、金城、陇西、北地、上郡和安定诸郡,迁入的时间集中在和帝永元年间(89—105 年)或稍前(第 2 卷,144—145 页)。

此外还有三类移民,一是使者,张骞通西域后,汉朝多次派遣使者出使西域,"使者及其随从中必定有人流落西域";二是汉军,在多次军事行动中,

"有的规模很大,必然留下降、俘及流亡人员";三是随公主通婚一同进入西域的随行人员(第 2 卷,161 页)。

晋、南北朝时期,汉族移民主要的迁入地是河西走廊,因为这里远离中原战场,能够长期保持相对的安定,还由于当地的地理环境有利于农业开发,所产粮食足以养活大批移民人口(第 2 卷,360 页)。

2.2.2 隋、唐时期

隋唐以来,吐蕃不断向北扩张,迫使吐谷浑、党项等民族向中原迁移(第 3 卷,52 页)。"安史之乱"爆发前,关内道北部和陇右道中部各州都已有一定数量的党项移民(第 3 卷,69 页)。到唐末,北自黄河以北的振武节度使所在地,东到河东的中部和北部,西至河西走廊的凉州,南到关中平原西北的邠州(今陕西彬县)和宁州(今甘肃宁县),都已成为党项族的生活区域(第 3 卷,72 页)。西域移民主要分布在东起营州(今辽宁朝阳市),西至凉州(今甘肃武威市)、沙州(今甘肃敦煌市西)的广阔地区(第 3 卷,93 页)。安史之乱后,陇右道和关内道的西部地区成了吐蕃族的移民区域(第 3 卷,61 页)。

在周边非汉民族内迁的同时,汉族人口往边疆地区的迁移也在进行中。唐先后设立安西四镇和安西、北庭二都护府,并在此广开屯田。此外,安西四镇也是唐政府安置流放犯人的主要地区之一,除了军人、屯田农民,流人也是汉人的组成部分。安史之乱后,西域通往中原的通道河西走廊为吐蕃所占。文献没有记载屯田农民和流人迁回中原,估计是滞留当地,成为移民。汉族移民以西州(今吐鲁番、鄯善、托克逊等)境内较多(第 3 卷,191—192 页)。

2.2.3 宋、元、清时期

北宋与西夏之间存在双向性的人口迁移,党项和汉人是西夏人口的基本组成部分(第 4 卷,45—48 页)。元代时,今天的陕西、甘肃和宁夏,当时迁入

19

的主要是蒙古族移民,广阔的西域地区是蒙古诸王的主要封地之一(第4卷,522—523页)。随着蒙古军向西域的进军,也带来了大量的汉族移民(第4卷,612—616页)。

随着对新疆的统一,清朝时有大量移民进入西北地区。康熙五十四年(1715年)开始在关西(今甘肃河西走廊西部嘉峪关外至敦煌一带)的西吉木、达理图招募贫民垦荒,到康熙五十六年(1717年),已经安置了九百多户,约计4 500人。雍正四年(1726年),沙洲开始移民垦荒,招募2 405户来自甘肃各地的移民约1.2万余人。乾隆元年(1736年),关西四卫共有民户3 560户。乾隆七年(1742年),安西民户已经达到3.3万余人。嘉庆二十五年(1820年),安西州人口已经达到77 873人(第6卷,432—433页)。

乾隆二十六年(1761年),清政府开始招募外省移民来新疆屯垦。汉人移民最主要的定居区是乌鲁木齐和巴里坤,到乾隆六十年(1795年),这两地的移民人口已经达到17万人(第6卷,434—435页)。光绪三十年(1904年),清政府全面开放边疆荒地的垦殖(第7卷,71页)。

2.2.4　1949年之后

大规模的建设和移民主要出现在1949年之后:2010年新疆人口相比1955年净增加1 600万人;青海省1985年的人口数量相较于1949年增长了174.6%;宁夏2000年的人口相比1949年增长了3.6倍,此外,由于20世纪"西部开发"等政策影响,甘肃地区的人口迁徙也变得较为频繁(第7卷,449—460页)。

综上,本书讨论的四个行政区,几乎在各个时期都有汉民族和非汉民族移入,而清代以后的移民人口占据了历代移民史上人口的大多数。

第三章

研究现状概述

3.1　西北方言研究

比较早的同时又是科学系统地针对西北方言的描写出现在高本汉的《中国音韵学研究》(1940)中,他详细描写了 33 个方言点,与西北地区相关的有:甘肃兰州府、平凉府、泾川府,陕西西安府、三水、桑家镇。他在每个方言点挑选一位发音人,要求是在所调查方言点出生、成长并受过教育的人,同时他还要详细考察,以确定这个发音人能够代表这个地点的方言。调查过程是详细地将发音人的读音记录下来,作为这个方言点方言的概略描写。在之后的很长一段时间,大多数学者们都是沿着高本汉的这套研究方法进行方言研究。本节将西北方言的相关研究成果按照两部分进行综述:一是针对方言的概述和比较研究;二是针对具体方言点进行的描写研究。

3.1.1　概述研究和比较研究

对西北方言进行总体概况研究的材料非常丰富,有针对整个行政区域展开研究的,也有针对某个亚方言片区做综述研究的。鉴于大多数的研究是以行政区划为界,笔者先概述各行政区的方言概况研究,接下来概述跨行政区的方言概况研究。

3.1.1.1　以行政区为界的概述研究

张成材等对青海行政区内的方言研究是比较全面的,在张成材的《青海省汉语方言的分区》(1984)一文中,他将青海省的汉语方言分为西宁、乐都、循化三个小片:西宁片包括湟中、平安、湟源、互助、贵德(县城的"巧话")、化隆、门源,这个片区的声调有四个调;乐都片包括乐都和民和,在这个片区,方言的阴阳平合并,共三个调;循化片包括循化、同仁、贵德(王屯、刘屯、周屯的"土话")、尖扎及黄河沿线靠近循化一带,这个片区也是三个调,阴阳平合并,并伴有其他声韵母的区别特征。之后,在《青海汉语方言研究五十年》(2006)一文中,张成材再次系统地评述了五十年来青海汉语方言研究的进展情况。他在《青海汉语方言古今声调的比较》(2013)一文中提到青海话有一种简化的趋势。他指出湟水流域是少数民族和汉族杂居地区,少数民族语言主要是阿尔泰语系下的土话、撒拉话和蒙古语,以及汉藏语系下的藏语。湟水流域的藏语属于没有声调的安多藏语,所有的单音节词都是前高后低。土话、撒拉话和蒙古语也没有声调,多音节词有固定位置的重音,他认为与这些少数民族语言的外在接触影响了青海的汉语方言。芦兰花的《湟水流域汉语方言语音研究》(2011)对湟水流域汉语方言的研究是一个比较大的突破。湟水流域包括西宁、湟中、湟源、大通、平安、化隆、互助、乐都、民和和循化,总体上是一个多民族聚居区。芦兰花的研究选择了 19 个方言点,重点讨论湟水流域汉语方言声母、韵母、声调的历时演变,这是一次比较全面、系统地展示该地区汉语方言声韵母、声调面貌的研究。她发现湟水流域元音高化现象很突出,元音的舌尖化和摩擦化是一种拉链式音变,辅音声母发音时阻塞、摩擦很重,送气音的送气成分很强是导致元音高化的原因。该研究还对一些重要的语言现象进行了横向的比较,并分析这些现象的成因。其研究方法主要是按照传统的口耳听辨的方法,对语音现象的解释主要采取印象式描写。

针对新疆地区汉语方言的研究,林端、刘俐李和周磊的研究奠定了基础。林端的《新疆汉话的声调特点》(1987)总结了新疆汉语的声调特点。之后,刘俐李的《新疆汉语方言的形成》(1993)按照移民的先后讲述语言史,内容丰富、史料翔实;其在《新疆汉语方言语音特点的扩散》(1995)一文谈到了新疆普通话有别于标准普通话的重要语音特征;刘俐李在《新疆汉语方言研究述评》(1996)一文中评价了邓功、曹德和与陈英的研究,注意到新疆鄯善的汉语方言单字调有三个调,而连读调有四个调,巴里坤、库车话也是类似的情况。而周磊在《新疆维吾尔自治区的中原官话》(2007)一文中对分布于新疆的中原官话做了一个全景式的描写。董印其、陈岳的《新疆汉语方言研究30年文献述评》(2012)又对新疆汉语方言的研究做了综述,介绍了最新的研究进展。董印其(2011a,2011b)还先后对新疆汉语方言南疆片与北疆片的分类做了归纳和梳理。

　　在针对甘肃方言的概况研究中,雒鹏的贡献比较大。雒鹏的《甘肃汉语方言词法初探》(1994)一文,基于对甘肃汉语方言实地进行广泛、细致的调查,以普通话做参照,从甘肃方言语音的内部屈折变化、词的重叠和附加等词法方面对甘肃方言语法的特点做了较为系统的探讨。在内部屈折变化方面,他分析了利用声调变化表示不同语法意义,和利用声调及韵母的变化表示不同语法意义的两种情况。雒鹏的《甘肃汉语方言声韵调及特点》(2001)、《甘肃汉语方言研究现状和分区》(2007)和《甘肃省的中原官话》(2008)三篇文章分别将西北官话在甘肃省内的分区、语音特点,以及研究现状做了详细、深入的概述。雒鹏对甘肃境内方言分区的总结也非常有价值,他提出整体上西北地区的中原官话可以分为:秦陇片、陇中片和河州片(临夏、广和、和政、永靖),秦陇片又分陇中、陇东、陇西、洮岷和白龙江小片;西北地区的兰银官话分金城片和河西片:金城片包括兰州市城关区、七里河区、安宁区、西固区(包含临夏回族自治州永靖县黄河以东的三个乡)、皋兰、榆中、永登7个县区和武威市的民勤、白银市的白银区、景泰南面与皋兰接壤的一部分;河西片包括河西走廊酒泉、张掖一带。从声调的角度看,金城片内部可分为三个小片:兰州小片,包括兰州市四区、皋兰、榆中和武威市民勤,这个小片有四个单字调;永登小片,有永登县一个点,有三个单字调;红古小片,有兰州市红古区一个点,有两个单字调。尽管这个分类与后期的研究有一些出入和不同,但是必须承认,雒鹏对甘肃省内西北方言的概况研究打下了非常坚实的基础,之后的很多研究都是在他研究的基础上进行的。此外,还有张黎和刘伶的《二十年来甘肃方言语音研究综述》(2013),这是对甘肃汉语方言近二十年研究的综述总结,其中特别谈到语音的研究,尤其是用实验语音的方法进行研究在当时还有所欠缺。

宁夏境内方言的概况研究主要集中体现在张安生的一系列研究中,张安生的《宁夏境内的兰银官话和中原官话》(2008)一文主要讨论了宁夏境内西北官话的分布,涉及各方言小片的语音、音系特征和内部差异,这也是一个全景式的概况研究。根据《中国语言地图集》(2012)和以往学者们的研究(高葆泰 1982,1989;张燕来 2003,2014;林涛 1995,2016;张安生 2005,2006,2008),北部川区话属于兰银官话,南部山区话属于中原官话。《中国语言地图集》(2012)将北部川区兰银官话命名为银吴片,内部又分为银川小片、中卫小片和同心小片。银川小片包括银川、贺兰、永宁、灵武、吴忠、平罗、石嘴山、青铜峡、中卫黄河以南、中宁黄河以南、盐池西部地区;中卫小片包括中卫黄河以北、中宁黄河以北地区;同心小片包括同心西北部,主要以同心县城回民话为代表。盐池片是一种兰银官话向中原官话过渡的方言,原本被认为是属于兰银官话银吴片,但张安生认为盐池片与中原官话秦陇片更为接近,建议归于中原官话(张安生 1992)。北部川区的银吴话三个小片的入声大多数派入去声,少数阴入派入阴平、阳入派入阳平。它们之间的区别主要体现在韵母上,声调的表现很一致。南部山区中原官话分为泾源小片、西隆小片和固海小片。泾源小片只包括泾源;西隆小片包括西吉、隆德;固海小片包括固原、彭阳、海原和同心东南部。泾源话属于关中片,阴入归阴平,阳入归阳平;海原话属于中原官话陇中片,声调一般有三个单字调,平声不分阴阳,入声归平声。固原、彭阳属于秦陇片,阴入归阴平,阳入归阳平。老同心县旧址刚好是兰银官话和中原官话的分界线,与明长城的走向大体重合(张安生 2008)。

本研究不涉及陕西境内的西北官话,但是陕西境内的西北官话与"甘青宁新"四省区的语言关系密切,因此有必要对其进行梳理。有关陕西省境内方言概况的研究成果以邢向东的研究为主,他的《陕西省的汉语方言》

（2007）和《论陕南方言的调查研究》（2008）基本概括总结了陕西省的汉语方言。他认为主要分三个大的区域：陕北北部十九个县市属晋语；陕北南部、关中话分属中原官话关中片、秦陇片、汾河片；陕南属多方言杂处地区，分布着中原官话秦陇片、关中片、鲁南片，西南官话成渝片、鄂北片，江淮官话竹柞片和部分赣语方言。

3.1.1.2　跨行政区的比较概述研究

如上文所述，"甘青宁新"四省区在历史上行政区划经常发生变化，相比其他省区，这四个行政区域内部有更多区域之间的交往和互动，方言和风土人情也非常接近。比如青海和宁夏历史上曾归陕西、甘肃管辖，人口上有迁徙来往，方言上也有承继性。有很多学者针对这几个省区进行了方言类型的概述研究。

高葆泰的《宁夏方音跟陕、甘、青方音的比较》（1982）是相对比较早的一个方言对比研究。张盛裕、张成材的《陕甘宁青四省区汉语方言的分区（稿）》（1986）针对陕西、甘肃、宁夏、青海四省区的官话分区也进行过比较概述研究，张成材在《陕甘宁青方言论集》（2016）中，不仅讨论了近五十年对西北汉语方言的研究，还讨论了汉语方言研究的一些综合问题。邢向东也对西北官话做过总体的比较和概述，他的《论西北方言和晋语重轻式语音词的调位中和模式》（2004）、《晋陕宁三省区中原官话的内外差异与分区》（邢向东、郭沈青2005）和《西北方言重点调查研究刍议——以甘宁青新四省区为主》（2014）这三篇论文就分别从不同角度对西北方言进行了跨区的对比研究。其中邢向东（2014）提出应该重点调查研究西北方言的两个因素：一是该地区语言资源的重要价值，如复杂多样的语言演变现象、多种形态的语言接触、调类的高度简化与调位中和、回民汉语与汉民汉语的异同等；二是从语言学的发展看西北方言研究的重要性，比如针对西北官话史的建构，西北方言调查研究对汉语语言学理论建设的服务，以及方言语料库的建立等方面。

张燕来的博士论文《兰银官话语音研究》（2003）根据实地调查的材料

27

和近年出版的各类调查报告,对兰银官话的声母、韵母和声调的共时特点与历时演变进行了研究和探讨,其在声调研究上的重要意义是贡献了实地调查的二声系统、三声系统的方言案例,这为后续的调查研究提供了宝贵的线索。邓文靖《西北地区三声调方言分布特点透析》(2009b)一文建立在对以往文献的梳理上,她统计了西北地区131个三声调方言点,以及它们在各行政区方言片的分布特点。邓文靖认为西北地区方言的声调系统正在简化,东端的方言仍然保持四声调的格局,西端的方言则已经完成调类合并。

张建军(2014)从历史的角度概述了西北方言语音演变的相关研究。朱晓农、衣莉(2015)针对西北地区官话的声调做了类型学的探讨,材料来源于作者对西北兰银官话、中原官话和新疆官话77个点的一手录音材料,结论是西北官话从东到西幅度很宽,其声调分布最基本的格局是中段出现二声系统,周边三声系统,再往外四声系统,呈现一个类似马鞍形的分布状况。在该文所考察的77个方言点中,四声、三声系统居多。该文提出西北官话的声调有进一步衰减的趋势,三声和二声系统在增加。从宏观平面和触发因素看,存在无声调少数民族语言影响的外部因素,但一些具体的微观个案如兰州,自身演化的内部因素更为明显。

还有一些研究,是针对语言研究的某一个方面对西北官话进行整体的考察,比如针对西北汉语方言的语气词研究(董建丽 2018)、"给"字句研究(敏春芳、杜冰心 2018)、汉语西北方言"泥来"母混读的早期资料研究(聂鸿音 2011)、否定词语序的研究(袁芳、魏行 2020)、历时语言学的研究(瞿霭堂、劲松 2019)。还有近期出版的一部有关西北方言研究的论文集《西北地区汉语方言地理学研究》(2020),其内容涵盖方言地理、语音、词汇、语法、地方文化等,涉及陕西、甘肃、青海、新疆、山西南部的官话方言。其大部分语料来自田野调查获得的第一手材料,研究方法涉及地理语言学、功能语言学等,集中反映了近年来西北方言调查研究的水平。

3.1.2　具体方言点的描写研究概述

　　针对西北各个方言点的研究材料也非常丰富,我们着重介绍与本项目调查点相关的研究。前面已经提到高本汉的《中国音韵学研究》,傅斯年对他的评价是"综合西方学人方音研究之法与我国历来相传反切等韵之学,实具承前启后之大力量,而开汉学进展上之一大关键也"。[①] 这本书的主要贡献体现在三个方面:首先是根据《广韵》的反切和等韵,考订古音的音类,再利用比较语言学的方法,构拟古音的声母韵母音值;其次是说明语音的分类和性质,罗列三十三处方言的元音辅音;最后是在构拟的古音下,排比二十六处方言三千来个字音,反映古今音的演变、方音之间的异同。其后的汉语方言研究大都离不开这个研究框架。当然,也有学者对高本汉提出批评,比如贺登崧(2018)就认为单纯采用比较语言学的方法,无法了解方言的现实情况,会导致语言研究的不平衡发展。

　　接下来先介绍对兰州话的研究。黄伯荣、赵浚等的《兰州方言概说》(1960),是针对兰州话的语音、语法和词汇进行的最早的研究之一。语音部分有语音描写和与北京话、中古音的比较,但未能列出全部例字,也没有列出同音字表。语法部分简略谈了与普通话不同的语法现象,词汇也将与普通话不同的词语按照意义进行了分类。兰州大学中文系语言研究小组发表的《兰州方言》(1963)一文不仅对以上的不足做了补充,列出了全部兰州语音同音字表,兰州音与北京音、中古音的比较,兰州话的语法和词汇列表,还补充了例句和故事叙事。高葆泰的《兰州方言音系》(1980)是一份对兰州方言语音的调查报告,书中更加详细地描写了兰州方言语音,对兰州方言的声韵调及其搭配关系、兰州方言的变调、轻声、儿化、合音等语音变化进行了分析,并比较了兰州话与普通话在语音上的异同及对应规律。他还整理编排了各

---

　　① 引自《中国音韵学研究》傅斯年"序"。

类音系表和字汇,此外书中还附有诗歌、谣谚、故事、数来宝、鼓子词等兰州民间创作的标音材料,内容丰富,材料翔实。《兰州方言》一文和《兰州方言音系》一书是较早对兰州话进行的最全面的研究,也是目前比较权威的材料。张文轩的《高本汉所记兰州声韵系统检讨》(2006)对高本汉所记录的兰州方言例字声韵系统进行了梳理,指出其与今兰州方音的共同特征和明显差异,并分析了造成这些差异的主客观原因。张文轩、莫超的《兰州方言词典》(2009)是对兰州话词汇的汇总,其研究的意义在于全面地展示了兰州话地方民俗的语言特色,对音韵调查者来说,能据此更准确地整理出贴近兰州方言的调查字表。近年来,对兰州话的研究逐渐从音韵转向实验语音学的方向,其中张冠宇的《兰州话单字音声调格局的统计分析》(2012)是用实验语音学结合统计分析的方法,研究兰州话单字调的一次比较好的尝试。衣莉和端木三针对兰州话音位的分析是结合以往的音韵研究,用音系学理论分析兰州话音节结构,探讨声韵母与音位的转化,将方言研究从纯粹地描写语音现象,过渡到抽象的音位音系化研究的一个尝试(Yi and Duanmu 2015)。衣莉等的《正在进行中的声调演化——兰州单字调》(2017)一文,用实验语音学的分析方法,从社会语言学的分析角度,探究一个正处于演化过程中的声调语音变异及其音系变化过程,所涉及的兰州话单字调正处于演化的过程中。该文描写了正在变化过程中的阴平单字调语音变体;其次探究社会语言学意义下的演化原因,包括但不限于代际差异、性别、职业、年龄等;最后探究演化前后单字调形成的音系化过程,以及单音节字调演化与双音节字调的相互生成关系。

甘肃其他方言点的研究材料也非常丰富。首先要重点介绍的是对敦煌方言声调的研究,张盛裕的《敦煌音系记略》(1985)和刘伶的《略论敦煌方音的形成》(1987)和《敦煌方言志》(1988)都对此做过比较详尽的调查,之后曹志耘(1998a)也调查了敦煌方言的语音、词汇,阐明敦煌方言形成了两种有明显差异的话:"河东话"与"河西话",其中"河东话"是主要方言,接近中原官话陇中片,"河西话"接近兰银官话"河西片"。其他方言点的研究还有马企平的《临夏方言语法初探》(1984),这篇文章对临夏市汉民所操方言语法与普通话语法作了简略比较。其后艾金勇、杨阳蕊、于洪志的《临夏方言单字调声学实验与统计分析》(2008)、柳春(2010)和柳春等(2013)对临夏回腔汉语的研究,都是在传统音韵学的基础上,采用实验语音学方法分析临夏方言的探索性研究,他们结合了"民族"这一参数,从社会学的维度在研究方法上向前迈进了一步。赵健在《天水方言的声调问题》(1992)一文中除了记录天水方言有四个单字调,并与普通话对比之外,还制定了一个调值"旋转图",初步探究了声调演化的方向问题。雒鹏的《甘肃靖远方言两字组变调》(2002)和《甘肃靖远方言儿化变调》(2003),分别通过对靖远方言声韵调的介绍,针对后字是儿化韵的"非叠字"和"叠字"两字组变调情况,以及后字非儿化韵的两字组连读变调及其规律进行了讨论,总结了靖远方言儿化变调的规律和类型。类似的研究还有彭明权的《甘肃西峰方言两字组变调》(2010),和张文轩的教育部规划项目"甘肃三声调、二声调方言研究",前者针对西峰方言的两字组变调做了描写,后者调查了甘肃临洮、康乐、天水、红古、秦安等地的三声调方言点,并对当地方言的声韵特点做了说明,还讨论了天水、康乐、秦安的两字组连读变调的规律和轻声的性质。莫超、朱富林的《洮河流域汉语方言的语音特点》(2009)从声调的角度探讨调查点的音系特征,以及两字组的连读变调规律,其研究结论为方言分片提供了一些佐证。马建东的《天水方言声母特点》(2003)一文对天水方言声母里普通话中所没有的声母,和普通话中虽有但声韵配合规律不同、来源也不同的声母进行了论述,说明这些声母的历史来源和发音方法,突出了天水方言声母的自身特点。

此外还有一系列对甘肃各个方言点的音韵描写研究,比如河州(马树钧1988,张建军2009)、民勤(黄大祥2005,吴开华2009,冉启斌、贾媛2014)、民乐(钱秀琴2009)、庆阳西峰(安亚彬2010)、陇县(景永智2010)、宁县(罗堃2010)、环县(谭治琪2011)、甘谷(王可峰2011,黄海英2014a、2014b)、张掖(王晓斌2011)、武山(王应龙2011)、定西地区①(韩莉、王嵘2012)、秦安(吴

---

① 指定西、通渭、陇西、渭源、临洮、漳县和岷县。

银霞 2013)、清水(曹兴隆 2014)、会宁(刘伶 2014)、静宁(吕超荣 2013,王继霞 2015)、漳县(付康 2015)、西和(杨艳霞 2015)、平凉(刘昕 2016)、天祝(宋珊 2017)等。

刘俐李的研究覆盖了新疆多个汉语方言点:其中《乌鲁木齐回民汉语声母与〈广韵〉声母比较》(1992a)一文讨论了乌鲁木齐回民汉语与古汉语一脉相承的渊源。这篇文章可以看出她收集的材料之丰富,对比之细致,很值得后学者借鉴。《乌鲁木齐回民汉语中的双焦点辅音》(1992b)一文中,她提到双焦点辅音是一种特殊的辅音发音现象,在发音时,发音器官有两处形成阻碍,即存在两个发音焦点。双焦点辅音是塞擦音在遇到介音[u]时形成的一组比较特殊的发音形式,文献中还发现甘肃兰州(Yi and Duanmu 2015)、甘肃张掖(黄大祥 2009)、陕西西安(王军虎 1995)、山东枣庄(王希文 1991)、山西永济(吴建生,李改样 1989)和山西临猗(王临惠 2003)都有类似的发音记录。刘俐李从同一个地区,不同民族汉语方言的角度来阐释,是一个比较好的社会语言学的视角。在《焉耆话的语法重叠与变调》(1998)一文中她提到焉耆话的重叠有构词和构形的双重作用,并且系统地列举出重叠的构词和构形。构形的提法有点模糊,但是该文能够将语调与语法关联起来,同时关注类似"红红的""脏脏的"表达在节奏上和声调上的搭配。继而她在《论焉耆方言的变调类型》(2000)一文里,详细讨论焉耆话声调,发现单字调有三个,连字调有四个,主要区别在于平调是否分阴阳。之后,她又在《同源异境三方言声调比较》(2003a)一文中,比较同源异境的西安话、焉耆话和东干语声调的异同,揭示了焉耆话和东干语的阴平调由共时的调值变异演变为历时的调类合并的原因、条件和过程。比较有启发的是,连字调中阴平出现变化大概不是孤例,这个变化和兰州话的阴平语音变异现象很相似(衣莉等 2017)。她的《永宁音系》(2004a)对比了焉耆县永宁乡与西宁、湟中方言声韵调的承继关系和发展脉络。除了刘俐李的研究,其他学者针对新疆各个汉语方言点的研究也很丰富,值得关注的有曾缇(2011)对奇台方言语音的研究,袁升伟(2012)对巴里坤话的语法研究,欧阳伟(2014)对图木舒克市汉语方言的研究,王锡珺(2016)对伊宁汉语方言的研究和赵亚伟(2017)对永宁话语音的研究。另外有关新疆汉语方言的更多研究都是围绕着各地移民在新疆定居后的语音特点展开,比如:高远平(2016)对乌鲁木齐芦草沟乡原甘肃白银回族移民的语音特征展开的研究,李瑞(2016)对乌鲁木齐板房沟回民汉语方言的研究等。还有很多研究是围绕语言本体的外围所做的研究,比如对民俗、语言使用情况、语言接触等方面所做的研究。

李生信在《宁夏方言研究五十年》(2008)一文中,分别从方言、专著、地方志、研究论文和教材等五个方面梳理了宁夏方言研究的成果。其中方言志是一个重要的组成部分:主要有李树俨的《中宁县方言志》(1989)、杨子仪、马学恭的《固原县方言志》(1990)、高葆泰和林涛的《银川方言志》(1993)、林涛的《中卫方言志》(1995)等。之后,陈章太、李行健主编,高葆泰调查编写的《普通话基础方言基本词汇集:银川音系与基本词汇》(1996);李荣主编,李树俨和张安生编撰(1996)的《银川方言词典》;张安生(2000,2006)编撰的《同心方言研究》;李树俨和李倩(2001)主编的《宁夏方言研究论集》等,这些著作使宁夏方言研究逐渐丰富、全面,深入涵盖方言研究的各个方面。其中,张安生的《同心方言研究》收录了大量新鲜的语言材料,并进行了独到的解读,在宁夏方言研究中具有一定的开拓价值。比如,在语音分析中,以同心方言的实例证实"中轻音"的存在。将140多个异读字分为"文白异读"和"辨义异读"两类,还对前者按历史年代划分出小层次,对后者做"四声辨义"的归纳。在连读变调的研究中,她采用统计学方法,对其规则性做出更为科学的量化分析。无论是研究内容还是研究方法,这部著作都把宁夏方言研究提高到一个新的层次。此外,还有一批针对宁夏不同方言点的论文发表,包括张盛裕的《银川方言的声调》(1984)、张安生的《宁夏盐池方言的语音及归属》(1992)、白玉波的《宁夏泾源方言中的 ABB 构形例析》(2011)和杨苏平的博士论文《隆德方言研究》(2015)。从研究内容上看,他们从语音、音韵、文白异读、声韵调、语法、词汇等方面进行描写;从研究方法上看,主要还是实地调查,同时结合传统音韵研究的方法。也有结合现代统计学的方法,对材料进行量化分析的。

由于青海省汉族聚居区分布的特点,它的汉语方言研究与新疆汉语方言研究有些类似,青海汉族的主要来源是甘肃移民,而且移民的聚居点比较集中,汉语方言点之间的分别也没有甘肃境内的汉语方言那么多样,研究的范围大多都集中于对西宁方言的研究。都兴宙和狄志良在《〈西宁方言词典〉简论》(1997)一文中评价《西宁方言词典》(张成材 1994)与《西宁方言志》(张成材、朱世奎 1987)为系统研究西宁方言及青海方言奠定了坚实的基础。但也提到他们的研究中还是有不足之处(都兴宙、狄志良 1997),总体来看,调查方法还是有些陈旧,数据的采集和分析也不够严谨。其他的研究成果还包括都兴宙对西宁方言两字组连读变调的研究(2001)和对西宁话虚词"lia"的研究(1995),王双成对西宁方言重叠式(2009a)和西宁方言的体貌研究(2009b),孙凯(2013)对贵德刘屯话连读变调的研究等。近年来,从类型学角度对青海地区汉语方言的语法做了比较全面研究的,当属周晨磊(2016;2018)对青海贵德话的研究,他为了调查贵德话曾经在那里的饭店打了一年工,他的研究可以称得上是基于长期第一手资料的收集,同时又有类型学的理论支持,研究成果是非常有说服力的。

陕西汉语方言的研究成果非常丰富,特别是以邢向东为主导的陕西师范大学的一系列研究成果。陕西省虽然行政区划属于西北地区,但它并不是我们所要涉及的区域,前文已经谈到,我们所讨论的"西北官话"主要指"胡焕庸线"以西、青藏高原以北的地带。所以这里就不展开叙述有关陕西汉语方言各方言点的研究成果。

针对西北方言调类合并的研究主要集中在对甘肃和宁夏汉语方言的研究中,比较典型的研究如:雒鹏的《一种只有两个声调的汉语方言》(1999);莫超、朱富林的《二声调红古话的连读变调》(2014);张文轩和邓文靖的《三声调方言定西话的语音特点》(2005)、《三声调方言临洮话的语音系统》(2008a)、《三声调方言天水话的音系特征》(2008b)和《二声调方言红古话的语音特点》(2010)。邓文靖的《西北地区三声调方言分布特点透析》(2009b)

一文梳理了近五十年的文字材料,归纳出西北地区除了陕西的西北四省和内蒙古西部地区,都有三声调方言的存在,其中新疆74点,甘肃35个点,宁夏15个点,青海6个点。张燕来也在其博士论文《兰银官话语音研究》(2003)中提到有些甘肃方言点出现调类的合并现象。张安生的《银川话阳平、上声合并史探析》(2005)也是一个比较重要的研究,提出兰银官话中上声是一个很活跃的调类。此外,张安生(1992)对宁夏盐池,都兴宙(2001)对青海西宁,吴娟(2009)对宁夏银川,孙凯(2013)对青海贵德刘屯话的声调变化、合并的情况也都有程度不同的描写。

随着录音设备的不断进步,方言描写也有了改变,如侯精一主编、上海教育出版社出版的《现代汉语方言音库》,其中涉及西北官话的有:王军虎的《西安话音档》(1997),王森、赵小刚的《兰州话音档》(1997),张成材的《西宁话音档》(1997),高葆泰、张安生的《银川话音档》(1997)和周磊的《乌鲁木齐话音档》(1998b)。虽然这一系列的音档材料在今天看来稍显简陋,其大多只有一位发音人,受时代限制,其所附的还是卡式磁带,但是这一系列的音档出版物却为后来的研究提供了一个新的思路和研究方法。也为后续研究使用和检验当年的学术材料提供了非常好的依据。

3.2　连字调的研究

3.2.1　连字调的一般研究概述

针对连读变调的研究,最早赵元任在《现代吴语的研究》(1928,2011)中就有涉及。赵元任提到一个非常有启发的观点:成字的连字调和不成字的连字调。肯尼迪(Kennedy 1953,转引自陈忠敏 1993a)的"Two tone patterns in Tangsic"(《塘栖话的两个声调模式》)一文中,已注意到塘栖话语法结构与连读变调的关系。该文还应用结构主义语言学替换、比字的方法来说明变调格式的异同及调类的分化和合并。郑张尚芳(1964)、李荣(1979)、吕叔湘(1980)、王福堂(1999)都有关于连字调的研究。王福堂对于结构相同但是意义不同的变调做了对比研究。李荣是用比字方法来证实调类的分化和合并以及分析连读变调的原因。郑张尚芳给出了温州两字组、三字组的连读变调研究,他的描写范式非常细腻,之后的很多方言连字调的研究,在描写方法上都存在模仿和借鉴他的地方。

肖凡(1987)根据北京话(林焘 1987)、苏州话(谢自立 1982;汪平 1983)、老派上海方言(沈同 1981)、新派上海方言(许宝华、汤珍珠、钱乃荣 1981)、宁波话(陈宁萍 1985)、温州话(郑张尚芳 1964)、崇明话(张惠英 1979)等方言声调连读的研究,写出《也谈"连调"》,综述了当时对连字调的相关研究。并提出区分连调和单字调的必要性和益处。他认为通过分析连调和单字调两个系统的相互关系,可以认识到汉语方言单字调与连调的几种关系:1)单字调与连调的发展基本同步,连调与单字调的调值大体相同,仅凭今音的语音系统就能求出一对一的连调规律;2)单字调与连调不再同步,一种情况是单字调较活跃,调类已经简化,而连调比较保守,还保留着古调;3)另一种情况则相反,由于连调而引起单字调的分化。他的这个提法非常有创见性,很多学者就认为西北方言的单字调已经简化,而连调还保留古调。此外他认为将连调与单字调区别开,有利于在单字调系统内严格贯彻调位原则,特别是针对轻声的处理。他还认为区分连调和单字调,有利于对语言结构各平面的互相影响、互相渗透的关系做系统、动态地考察,从而把握语言演变的方向。这是比较早对连调研究进行综述的一篇论文。

李小凡的《汉语方言连读变调的层级和类型》(2004)一文提出纯语流变调、构词变调、语音变调和音义变调几种形式。他指出由于音义连读变调的性质发生了相当深刻的异化,固有的语音框架已经不再能够容纳其中的超语音因素了。然后他又对语音变调分出三种类型:一是为使发音省力而简化连调式的调型,称为简化型连调;二是为使字组内部相邻音节调型有所区别而发生异化,称为异化型连调;三是为减少连调式总数从而构建较为简化的连调系统而发生调类中和,称为中和型连调。这种总结和分类做到了理论的高度抽象化,但是高度抽象的同时,对于语言中的细节和例外难免就无暇顾及。

陈忠敏和刘俐李都先后做过连字调研究的综述(陈忠敏 1993a,1993b;刘俐李 2002,2004b)。刘俐李(2004b)总结了 20 世纪汉语声调理论研究的四个时期:声调是音节内有辨义作用的一种相对音高的理论研究、声调是音位的理论之争、声调的自主音段说,以及声调的优选论研究。音高说是声调自然属性的理论,音位说是声调语言属性的理论,自主音段说是声调与音段关系及声调生成的理论,声调的优选说是声调变化和组合的系统规则的理论。

他们指出,目前连读变调的理论突破主要还是体现在对天津话、吴语和闽语的研究中。比如美国学者巴拉德和谢拉德在研究上海市区方言时提出一些术语和声调描写方法(Ballard 1979, Sherard 1980,转引自陈忠敏 1993a)。巴拉德把这种现象称为"右向延展"(right spreading),意即首字的调形向右延伸。国外的许多学者还运用生成音系学的自主音段理论(auto-segmental theory)来解释新派上海市区话的语音词声调。自主音段理论认为声调与音段分别属于两个不同音韵层次。虽然声调(变调)与音段没有直接关系,但声调最后仍须与音段连接起来协同发音。如何把声调与音段形式化地连接起来是自主音段理论的关键,不过每个人在处理具体语言时也存在分歧。徐云扬(1988)采用底层声调抹擦、底层连接线抹擦、最后音节连接预定低调等法则来协同上海市区话音段和声调两个不同层次上的关系。还有一种理论,称为"前后翻转"(flip-flop)的变调(Hashimoto 1972,转引自陈忠敏 1993a),张盛裕将其称之为"前调变后调,后调变前调"(张盛裕 1979)。在闽语的研究中,有对厦门话研究时提出的钟式循环变调(Bodman 1955,转引自陈忠敏 1993a)。变调模式如此之多,以至于陈忠敏(1988)建议用变调模式来划分方言区。比如,他提出南部吴语的变调相较于北部吴语就与闽语更加接近。这一点对于笔者非常有启发,因为西北官话的连字调的确有别于上述各项研究的连字调模式。

除此之外,他们还提到以下几个研究的热点问题:

第一,单字调和连读变调。这个部分有几个值得讨论的地方,比如本调和变调的讨论,其实很早就有人注意到了这点(Anna O Yue-Hashimoto 1987,转引自陈忠敏 1993a;吕叔湘 1980;钱乃荣 1988)。曹志耘(1987)的看法是,在理论上语音不属于字,而属于词,语言里只有词音而没有字音,要说有字音,那就是单音节词的音。如果要对语音做系统的调查,单音节字的读音已无资格作为一个完全独立的调查对象了,要调查就应该调查所有的词(不管是单音节还是多音节)的读音。《导言》中已经提到,他统计发现了《现代汉语词典》(第二版)中的多音节词条在 4.6 万多条以上。很多人一辈子都不会接触到文字,平时的自然语流中大多数表达都是词和词组。因此从理论上说,这种方言里根本就不存在所谓"字音/调"。在实际调查中,由于发音人没有学习过单字的读音(他们学习和使用语言从来是以词为单位的),所以充其量只能说出单音节词的"字音",对于一些不能单用或很少单用的"字"(实际上是语素),则往往只知道含有这个字的词的整体读音,而不知道这个字的单独读音。随着汉语多音节化的继续发展、语流音变的存在和复杂化,以及单字识字教育的退化,调查方言口语中的"单字音/调"将会越来越困难,越来越烦琐。面对这种情况,目前至少在方言学领域里,有学者提出,有必要否定"单字音/调"这个概念,不再调查单字音,取消"同音字表",调查方言的语音应以总结声韵调、音节结构、语流音变等规律为主要任务。所谓"变调"是指多字组合中跟单音节词的调(单字调)不同的连读调,是通过跟相应的单音节词比较而得出的。但是,如前所述,语言中最基本的单位是词,而一个词本身(不管几个音节)都是一个独立而完整的单位,因此,它的语音形式是自己固有的、与生俱来的,根本不需要从别的读音(所谓"本音")变来,在这个意义上,可以说实际上根本不存在"本调"和"变调"这回事。描写方言所要调查的音变主要应该是共时的语流音变,例如同化、异化、合音词与词之间的连读音变等。至于变调的来源,要考虑:是历时的演化还是语音物理机制的制约,二者演化的先后及社会语言学的调查结论等。日本学者桥本万太郎(2008)对汉语方言中的许多现象也做出了全然一新的理论阐释。他指出很多学者把现代方言看作是古代语言的"化石",而不注意活在人们口头上的口语,只对古代语音在现代方言里的发展演变感兴趣这种观念,一直到今天都很有影响力。如用于调查现代方言的《方言调查字表》是由中古音《广韵》简缩而成的,又如许多方言论著里出现的同音字表也是如此,而语调语速、节律(轻重音)、方言口语、词汇和短语、语法,等等,都被普遍忽视。结果本应是活生生的方言学在这里成了一门类似"唯古是崇"的考古学,方言似乎变成了"文物":越古老越有价值。这无疑将导致方言研究走上畸形发展的道路。

第二,变调和词义、语法结构的关系。这个研究主要始于小称变调的研究。除此之外,陈忠敏(1993a)还提出一个"音系词"(phonological word)的概念,这是指一个双音节词承载一个调,并非两个单字调的简单相加。这和曹志耘的观点不谋而合(同时还可参考:石汝杰 1987;汪平 1988;钱乃荣 1988)。吕叔湘(1980)、侯精一(1980)还提出词组的类别、性质会对调型产生影响。

第三,连读变调类型的讨论。陈忠敏(1993a)总结余蔼芹(Anna O Yue-Hashimoto)在"Tone sandhi across Chinese dialects"《汉语方言的连读变调》一文中提出的三种较为典型的连读变调类型:1)首字定调(first-syllable dominant);2)末字定调(last-syllable dominant);3)条件定调(local modification)。钱乃荣(1988)根据对吴语区的调查,提出"单字调与连字调并行发展"的看法。

第四,研究连字调的调查方法和分析方法的问题。首先要确定变调调查表和变调规律表的设计。一种是从小到大来设计词表;另一种是从大到小来设计词表。从小到大的词表适合外乡语言工作者的调查,从大到小的词表适合更进一步的后续调查,因为这样可以同时观察到语调、轻重和韵律的问题。变调规律表的设计,可以是1+1简单相加的表述法,现在大多数的连读变调研究都是如此,也可以将一个双音节词或者三音节词看作一个音系词来描写。陈渊泉(Chen 2001)就是用从大到小的词表调查变调,将古字预先设计到调查材料里面。张惠英(1979)在分析崇明方言的连读变调时,把全部两字组分为四种专用式和广用式来讨论。四种专用式是指:数量谓补式、动趋式、动代式、重叠式;广用式包括四种专用式以外的各种格式。许宝华、汤珍珠、钱乃荣(1981)的文章里则把上海市区方言两字组和多字组的连调方式分为广用式和窄用式。广用式是指一个连读字组的各音节之间关系很紧密,内部没停顿,它应用的范围很广,字组是词还是词组、属于什么语法结构,一般没有限制;窄用式较之广用式,则内部结构比较松散,应用范围窄,只适用于以特定结构方式组合的连读字组。在方言研究中,如果仅用广用式或仅用窄用式来分析,结果是不同的。

目前来看,连字调研究的三个成就分别是:突破了汉语方言研究字本位的窠臼,实现对自然语流(spontaneous speech)的研究(很多字根本就不会单用);将变调与语义、语法结构相关联;规范了研究规则和研究术语。

连字调研究的三点不足是:很少研究重音和语调;没有更深入的探讨与语义和语法的关系;缺乏类型学的比较研究。不过笔者认为陈渊泉(Chen 2001)对汉语方言的连调变调模式,还有米可(Michaud 2017)对永宁摩梭话的研究基本上弥补了上述三点不足,他们都在声调、形态和句法之间的相互关系上进行了尝试。特别是米可对永宁摩梭话的描写,他先是定义了底层的"词调"概念,之后区分出本调与变调的概念,在描写的过程中,层层递进,分别从名词词组、动词词组、量词搭配等方面描写声调组的组合变化。这个研究范式对于今后的连调研究有很好的借鉴意义。

李如龙的《论汉语方言比较研究——世纪之交谈汉语方言学》(2000)从连读变调入手,进行了一系列的有关变声、变韵、小称变调的研究,开创了方言共时变异方面的研究,也是声调类型学的一个尝试。闫小斌的《汉语连读变调的方向不一致性探究》(2016)在三字组声调组合的相关研究中,已经确认为表现出方向性变调的方言主要包括天津话、成都话、博山话、长汀客家话和泗县客家话。他还总结,优选论框架下的和谐串行理论为汉语连读变调中方向不一致性问题的描写和解释提供了新的思路和方法。变调方向虽然不受语法因素制约,但绝不是任意的。对于三字组变调而言,最终的优选输出项在多次和谐性评估过程中对底层形式进行了不同的标记性修正,正是修正模式的差异导致了不同方言间变调方向的不同和同一方言中变调方向的不一致。修正模式的差异是位置忠实性制约条件与促发声调变化的标记性制约条件交互作用的结果。和谐串行理论(Harmonic Serialism)在对汉语双向性变调问题的分析方面具有明显的理论优势,该理论方案是否可以解释其他更多方言点中的变调方向性问题,值得进一步深入研究。

林茂灿的《汉语语调与声调》(2004)这篇文章提到汉语是声调语言,声调的声学特性主要表现于音高,语调的声学特性也表现在音高。如何区分语调中的音高和声调中的音高,一直是汉语语调研究的核心和难点。吴宗济(2004)说:"普通话中构成语句的意群单元,除两字和三字的组合外,以四字组的用途最多。"他主张"把四字组的韵律变量分析好,就为研究全句的语调、轻重和时长奠定了基础"。康广玉、郭世泽和孙圣和的《汉语连续变调语音合成算法》(2009)分析了汉语连续变调现象,提出了一种基音同步叠加的语音变调算法,采用归一化线性多项式声调模型进行声调基频计算,用基音同步叠加的方法进行基频修改实现声调变换,通过串接声道滤波器算法降低频谱网络失真。这虽是语音合成的算法,但我们可以用于语音调查。针对算法输出的语音信号,杨顺安(1994)设计了一个合成的公式,调查的时候按照这个公式分析连读变调,就有更加精确的描写。

3.2.2 西北方言的连字调研究

刘俐李(2002)曾经做过一个统计:"20世纪公开发表的研究汉语声调的专论有1 014篇……其中研究变调的有180篇,占声调研究总数的17.8%",这其中数量最多的是有关北方方言和吴语的连读变调研究,前者占了58篇,后者41篇,北方方言中有关西北方言连读变调的研究只有18篇。笔者又针对 2001 年至 2023 年的研究做了一个统计,发现有关连读变调的研究共 184 篇,其中关于西北方言的只有 18 篇。从数据上看,针对西北方言连读变调所做的研究还是比较少的。很多研究者将关注点放到东南部地区声调情况比较复杂的吴语、闽语、客家话或者粤语上,这对于汉语方言的声调研究,对语言一般规律的解释是功不可没的。我们认为西北方言也有其独特的研究价值,特别是西北四省区(甘、宁、青、新)的汉语方言,因其特殊的地理环境(气候寒冷干燥)和人文环境(多民族聚居、杂居,移民历史悠久等),形成了非常独特的声调和语调特点。在研究汉语方言声调演化的方面,特别是连字调与单字调演化的关系上,有非常重要的研究意义,值得重视和关注。

针对西北汉语方言连字调的研究中,学者对新疆汉语方言连读变调的研究是非常深入的,从语音、语法、语义多层次对连读变调均进行过描写,比如:邓功(1987)对鄯善汉语方言的研究;曹德和(1987)对巴里坤汉语方言的研究;陈英(2001)对库车汉语方言的研究;周磊(1991,1998a)对吉木萨尔和吐鲁番汉语方言的研究;刘俐李对焉耆汉语方言(1998,2000)、乌鲁木齐回民汉语方言连读变调(1989;1992a;1992b)的研究等。刘俐李(1996;2000)注意到新疆鄯善、巴里坤、库车、焉耆的汉语方言有三个单字调,而连读调中有四个调类,主要区别在于平声是否分阴阳。对此,她就单字调与连字调的关系进行了深入的探讨,提出"单字调处于静态层,连读调处于动态层。层次不同,系统不同,演变规律也不同。所以银川话、苏州话的动态连调层能保存静态字调层的历史面貌,而乌回话静态字调层发生的变化却不能带动动态连调层同步演变"。这个看法为西北方言连字调的研究提供了很好的思路,也和肖凡(1987)的观点很契合。之后,刘俐李又在《同源异境三方言声调比较》(2003a)一文中,通过比较同源异境的西安话、焉耆话和东干语声调的异同,揭示了焉耆话和东干语的阴平调由共时的调值变异演变为历时的调类合并的原因、条件和过程。与此同时,研究新疆汉语方言的学者们还在不同程度上结合语调进行了讨论。其实早在 2005 年,刘俐李(2005)就提出用"声调折度打磨"来研究连字调这个说法,主要是考察探究两个单字调形成连读时,中间损失的声调参数如何计算,也就是指不同拱形组合成连字调后,其曲拱折度的磨损,尽管参数的选取比较复杂,但这是对声调曲拱特征进行量化研究的一种有效的方法。不足之处只是当时实验语音学的技术还没有得到及时的利用,所以对于参数的描写并不详尽。但是总体来说,她的研究理念已经很超前,就目前看来,还没有一个针对西北方言连读变调的研究考虑到这个问题。

目前学界对甘肃地区汉语方言的连字调研究比较丰富,尽管研究方法比较单一,局限于静态的描写,但是涉及的方言点很多,如莫超、朱富林的《二声调红古话的连读变调》(2014);张文轩、邓文靖的《三声调方言天水话的两字组连读变调》(2008b);邓文靖的《三声调方言康乐话的两字组连读变调》(2009a),《三声调方言秦安话的两字组连读变调》(2011)。其他方言点的研究有刘昕(2000)对甘肃平凉、雒鹏(2002)对甘肃靖远、钱秀琴(2009)对甘肃民乐、王晓斌(2011)对甘肃张掖、吴银霞(2013)对甘肃秦安、黄海英(2014b)对甘肃甘谷话,和杨艳霞(2015)对甘肃西和等地进行的方言连字调研究。

近几年针对西北汉语方言的研究,方法上有了很多突破,收集语料和数据处理的手段也多采用实验语音学的方法,例如:孙凯(2013)和吴娟(2009)运用优选论分析青海贵德和宁夏银川两字组连读变调的研究;黄海英(2014b)、杨艳霞(2015)、唐志强和刘俐李(2016)也都在收集语料及处理数据时用到了实验语音学的研究方法,体现为方言样本量大幅增加,并采用统计标准值等手段来直观地描写声调。最近的一篇关于西北官话连字调的研究是邢向东、马梦玲的《论西北官话的词调及其单字调、连字调的关系》(2019),这篇研究首次推出"词调"的概念:指那些在西北官话中双音节以上的词语中,不能从单字调的连读音变推导出来的声调。作者首先厘清连字调与词调的概念,认为单字调和连字调属于语音层面,而词调属于词汇、语法层面。同时定义词调有五个特点:有限性、模式化、声调高/低与音节长/短或轻/重相协调、首音节统摄和层次早于单字调和连字调。邢、马两位学者提出面对单字调简化、连调复杂的西北方言应该适当调整调查步骤。笔者认为这两位学者的研究是非常有开创性的,特别是针对西北官话的论断,笔者非常感同身受。他们的研究为后续西北方言连字调的研究开创了一条新思路。

上述研究在解释和分析连字调与单字调声调演化的问题时,普遍认为连调是声调的逆向演化,比如平分阴阳体现在连读调之中,但是单字调中阴阳平没有形成对立。只有邢向东、马梦玲(2019)就词调中节律和韵律的互动关系做了讨论。总的来说,无论是从方言调查点的广度,收集方言语料和数据处理的方法,以及对于连字调的理论解释的层次和深度,目前西北方言连字调的研究还有很大的空间值得探索。

3.3　声调演化与调类合并的研究

王士元(1987)最早归纳出声调演变的七条规律:倒退式演变(比如连字调平分阴阳,单字调不分);声调拱形越相似,就越有可能合并;声调系统的演变,主要产生于感知的相似度;声调以交叉方言形式互相影响;连续变调常常比较保守,因为其中保存了在单字调中已失去的差异;声调合并以词汇扩散的形式出现;中古至今的声调演变趋势是合并而非分化,合并的观点比分化的观点更有解释力。此外,对于调类合并,王士元(Wang 1976)还做过对阴平和阳平范畴感知的实验研究,结论是普通话母语者对于阴平和阳平的感知是典型的范畴化感知模式。

曹志耘(1998b)归纳了两类声调演变的原因:内因和外因。内因主要包括音系简化、声母清浊对立消失、入声韵塞音尾消失、调值之间的近似度、连续音变的影响和词语的多音节化。外因包括语言接触、强势方言影响等。他认为调类合并的生理因素主要是调值的相近度。他指出,"考察声调的演变,应该从演变的原因、演变的过程和演变的结果三个方面着眼。其中演变原因是问题的关键,因为原因直接影响演变的过程和结果"(见表3-1)。

表 3-1 声调演变轨迹(曹志耘 1998b)

演 变 类 型	自 变	他 变
演变原因	内因	外因
演变过程	渐变	突变
演变结果	成系统	不成系统

张世方在《汉语方言三调现象初探》(2000)一文中探讨了三声方言的分布、声调合并的原因和可能出现的演化进程。他特别提到兰银官话的一些方言连读调系统比较复杂,同时提出三声调现象蕴涵着汉语声调发展的一般规律。他认为兰银官话的阳平在声调合并中是最活跃的,并指出对汉语三声调现象的深入研究会为汉语声调发展、演变提供有价值的材料和新的理论依据。

钱曾怡在《从汉语方言看汉语声调的发展》(2000)一文中提到,汉语声调的发展趋势是单字调作用逐渐减弱,调类逐渐减少、融合。她认为声、韵母组合对汉语声调的发展有制约作用。她利用韵书和字典中关于声韵母与声调的排序组合引出"声调调位减少、地位减弱"这个话题,之后提出为什么简化的是声调,而不是声韵母(同样世界上存在无声调的语言,但是没有无声韵母的语言)。就此问题她讨论了全浊声母的活跃、入声字的演化、轻声和连读变调的问题,总体归纳为两个方面:一是关于声韵母对声调发展的影响,着重于调类的减少;二是语流中一些语词的调型模式,着重说明汉语声调在一定语境中的融合是走向语调的一种过渡形式。两个方面共同的趋势都是单字调的作用减弱,有的甚至减弱到不起区别性作用,也就是单字调消失。在这篇文章中,钱曾怡还归纳了四种汉语声调变化的现象:一是全浊上归去;二是入声的消失;三是轻声音节前的字调对轻声音节字调失去控制;四是变调产生同化。她认为,汉语声调简化,单字调作用逐渐减弱是声调发展的大势。具体表现是调类的减少和声调在一定语境中的融合,她指出这种融合是声调走向语调的一种过渡形式。

朱晓农在《如何进行声调的演化研究》(2018a)一文中提出声调发生的原因,是"起因",不是"起源"。"起源"是一次性的历史事件,而"起因"是指必要条件,如果不满足,声调就不会发生。他提出四项普适条件:首先是取决于具体语言的条件;其次要有促发的媒介,如果没有促发的媒介,音高可能一直会是伴随特征;再次是需要湿热气候引发气声,有了气声,就有天然的音高差别,音高差别是声调的潜在来源;最后一点是,声调的发生不是一次性的历史事件,声调的发生和衰亡是一个演化圈,类似于元音演化圈,它们都处于一个不断产生、衰亡的连续状态中。

近期比较突出的研究有李倩、史濛辉和陈轶亚(2020)分析调类合并的研究,他们介绍了一种新的统计方法,名为"增长曲线分析"法。这种统计方法能将基频曲线作为一个整体,通过正交多项式拟合声调曲线,采用均值、斜率和凹凸程度等特征系数来比较曲线的异同。这种统计方法不仅能够较有效地解决"点对点"统计方法带来的弊端,还能将声调数据的个体差异考虑在内。该文通过对黎里方言单字调和天津方言双音节字调的研究,展示"增长曲线分析"法在汉语方言声调研究中,解决争议性问题的有效性。

此外,还有很多学者认为调类合并的研究与声调感知的研究是紧密相关的,因为要判断调类是否合并,感知是很重要的一环。王韫佳、覃夕航(2015)通过不同设计的范畴感知实验讨论了两个问题:一是普通话单字调阳平和上声的辨认与区分是否存在声学参数上的范畴边界;二是刺激设计和实验任务对于声调范畴感知结果的影响。高云峰(2004)发现上海话的低升调阳去和高升调阴去之间存在辨认和区分的范畴边界;金健(2010)发现广州话的三个平调和东海话(闽南方言潮汕片)的四个平调的感知呈现范畴化或者类范畴化的特点,金健和施其生(2010)还发现汕头谷融方言(闽南方言潮汕片)不同降调的感知也呈现类范畴化特点。荣蓉和石锋(2013)考察了位于双音节词的前、后字位置的上声(实验设计为低平调)和阴平的知觉,他们认为前字位置的半上声和阴平的范畴化感知更强。

声调度量研究方面比较突出的有:郑锦全(Cheng Chin-Chuan)的《汉语

声调的数量研究》(A quantitative study of Chinese tones, 1973)、《汉语方言亲疏关系的量化表达》(Quantifying affinity among Chinese dialects, 1991)和《方言互懂度的量化研究》(Quantifying dialect mutual intelligibility, 1993),他用计算机对《汉语方音字汇》《汉语方言词汇》等方言材料进行处理,达到了对声调进行量化的目的。焦立为的《三个单字调的汉语方言的声调格局》(2003)中,他收集整理了160处三声方言点的材料,然后针对这些方言的调值、调型及其组合的出现频率和累次频率进行统计,最后得出了三声方言量值分布的规律。

在解释连字调变调和声调演化的生理机制问题上,凯瑟琳·杨和许毅(Yang & Xu 2019)的研究很值得一提,他们汇总了四十五个不同语言/方言中的五十二种声调演变的案例,发现所有的声调演化大都沿着一条逆时针的路线。此外他们还总结出很多声调拱形演化的生理机制源于"截断"(truncation),比如高降变为高平,就是后半段的降尾被截断了。这个原理可以解释很多西北方言中音高拱形的语音变异情况,与此同时,他们的这个解释也与伊普(Yip 1989;2002)用优选论分析天津话连字调时,提到的"简化原则"(simplification)不谋而合。伊普提到"简化原则"的同时,还提到一个"插入"(insertion)原则,与"简化原则"相对应,两者都可以解释很多西北方言声调出现语音变异的情况。

除了从声调自然演化的角度研究调类合并,还有很多学者从语言接触的角度来解释这个问题,比如阿错、向洵的《五屯话的声调》(2015),他们在讨论五屯话的单字调与变调时,明确五屯话是汉语、藏语(以及周边其他阿尔泰语系语言)深度接触的产物这一前提,认为应该在这一基础上才能探索这个语言变化的内部机制。另外,他们还对多音节词的字调与单字调的关系做了比较合理的分析。认为从共时层面,从单字调推导多音节字调的变调是说得通的,但是对于有些仅存在于多音节词中的字调,就无法用单字调"本调"来解释,而是要从历史音类来分析。此外,他们还从方言地理的角度,对比分析"源语言"的汉语方言线索,这也是很值得借鉴的研究方法。

桥本万太郎(2008)在讨论语言的演化时,他提出了农耕型语言与畜牧型语言的说法。中国西北少数民族聚居区可以看作是一个畜牧型语言与农耕型语言交会的地带,这里的方言演化研究就不能完全依循东部纯农耕型方言的演化研究。

笔者在《导言》中提到,陈保亚(1996)在讨论汉越(侗台)语源关系时提出了很重要的两个概念:"匹配"与"回归"。"匹配"是母语对目标语言干扰的第一阶段,"回归"是经过匹配之后的"第二语言"向目标语言靠拢的阶段。回归的度是由社会变量决定的。他的研究对于解释西北汉语方言的形成也很有启发,因为西北汉语方言不是纯粹的汉语方言,而是有民族语底层的汉语方言变体。敏春芳(2018)也有类似的观点,认为语音结构的渐变性、稳定性、系统性在绘制一种语言的接触动态演变中留下痕迹,语音结构的系统性变化可以反过来为语言接触研究提供典型案例。徐丹、傅京起主编的《语言接触与语言变异》(2019)也分别从基因、借词、声调分化、人称代词几个角度讨论了西北、北方汉语方言的变化与缘由。

本研究在上述研究的基础上,针对西北四省(自治区)的汉语方言,分别就单音节字调、双音节、三音节字调讨论西北汉语方言声调的格局、变异以及演化的问题。

第四章

研究框架与研究方法

4.1 研究框架

我们的研究主要讨论三个问题：第一，是关于单字调调类合并的描写；第二，关于连字调（包括双音节字调与三音节字调）的音高拱形与单音节字调的对应变化；第三，通过双音节字调、三音节字调与单音节字调之间的对应关系，结合方言小片的分布，探究三声方言与二声方言的类型特点及调类合并的演化方向。总体的研究分为如下几个步骤：1）针对西北方言的分布情况，围绕9个点(甘肃兰州市、临夏市、酒泉市、天水市，青海西宁市，宁夏银川市，新疆乌鲁木齐、昌吉市、伊宁市)进行辐射状田野调研，在每个点再向下扩散到周围与这个点邻近的30个左右的下位方言点(以乡、镇、区为单位)，收集单音节字调、双音节字调和三音节字调的语料。2）分析每个发音人的单字调、双音节字调和三音节字调的语音数据，进行标准化数据处理，绘制出每一位发音人的单音节字调格局图和典型发音人的双音节字调格局图。3）考察每一位发音人单音节字调的调类归并情况，按照合并后的声调格局分别按照二声系统、三声系统和四声系统进行分类描写。二声系统又分四个亚类，三声系统分六个亚类，四声系统分四个亚类。接着针对每个类型描写相应的双音节字调和三音节字调的拱形模式，以及单音节字调与双音节字调、三音节字调的对应变化，分析其变化的语音机制以及背后的音系规则。4）通过单字调、双音节字调、三音节字调的对应变化，推演每个类型中每个调类的底层拱形，并根据共时的对应变化，结合文献记录和周边方言的声调拱形,推导每个调类的"原型",继而构拟其演化过程。与此同时,还着眼考察不同地理分布区域的小片方言彼此之间的互相影响,最后,整体讨论方言接触与方言演化的关系,并提出对方言划片的思考。

4.2 研究方法

本研究主要运用以下四种方法:

4.2.1 文献法

文献法主要指查阅整理以往文献中对方言、方言演化的研究。其目的,一方面,是对相关领域的研究形成整体的把控,了解目前的研究动态和研究成果,同时对于研究的前瞻部分形成全面的认识。另一方面,在以往的研究中,有大量的文献记录了本书所涉方言的田野调查和记音描写。文献法主要的工作内容是针对上述材料进行整理和比较。要想探究声调演化的原因和走向,就需要大量的文献来提供声调历时层面的描写。此外,前人的研究方法和理论建构对于我们的研究设计和实施也有很重要的指导和借鉴意义。

4.2.2 统计学的分析方法

现在的方言研究不同于以往,以前因为调研工具和分析工具的限制,不大容易进行大范围的多人调查,以往的研究通常会假设所调查的对象都是"理想的"发音人和听话人,他们不会受到情绪、记忆力、注意力和个体差异等方面的影响,所以在这种情况下,研究者会寻找一位"纯人"作为方言调查对象,对"纯人"的要求通常是男性,因为过去女性会由于婚嫁离开家乡,而且这位男性的"纯人"必须要能够代表这个方言点语言的典型特点。但从语言实际使用的角度来看,这样的"纯人"是不存在的(曹志耘 1987)。

随着录音设备的进步和大量分析软件的出现,目前的调研条件已允许调查现实中活生生的语言,允许进行大范围、多名发音人的调查取样,从而也产生了大量的数据有待分析,这就需要利用统计学的方法来考察相关性,特别是针对社会语言学的研究领域。本研究主要参考了基思·约翰逊《语言学量化研究》(*Quantitative Methods in Linguistics*, Johnson 2008)一书中针对语音学、社会语言学的数据分析方法,还有巴扬《语言学数据分析》(*Analyzing Linguistic Data: A Practical introduction to Statistics*, Baayen 2008)一书中的分析方法,主要用于分析研究正在演变的声调类型,分析各种社会因素在语音变异过程中以及声调演化过程中的相关性,包括但不限于性别、年龄、职业、教育程度等。

4.2.3　实验法

声调演化中调类的合并现象是本书主要的研究方面之一,其中关键点是检验一个方言点的声调系统中是否有已经合并的调类,或者是否存在正在合并的调类。针对这个问题,我们设计了两个检验步骤。

第一个检验步骤是在录音的环节进行。如果在录音的时候,就发现两个调类非常接近,比如调查人自己纯粹靠听感无法区别这两个(或两个以上)调类。就可以在所有的录音材料录完之后,让发音人自己听辨上述两(几)个调的差异。举例来说,上声和去声两个调类在兰州话中就出现了非常接近,甚至重合的情况,我们就将能够形成最小对立对的阴上字和阴去字挑出来,给发音人播放他们自己的录音材料,但是不能告诉他们正在播放的是哪个类,然后让他们在录音字表中去指认出听到的是哪个字,如果发音人能够清楚地指认出来,说明这两个调类没有合并,只是在调查人的听辨中不存在这组对立。如果发音人也不能清晰地指认出是哪个调类的字,说明两个调类已经或者正在合并。有时候会出现发音人自我报告能够分辨,但是实际上并不能分辨的情况,这个时候需要多重检验。调研人需要对语音文件做一些人工的调整,比如利用 MATLAB 软件改变发音材料的基频走向,或者改变别的参数,比如共振峰,但是每次只调整一个参数,保持其他的参数不变,来测试形成这样两个调对立的语言目标是什么。语音材料听辨的真实性是研究中的一个难点,听辨最好在录音的同时进行,但是有时候也需要先处理一下录音材料才能发现这种相似或者合并的情况,所以耗时耗力是难免的。我们还要避免发音人猜测到调查者的意图,或者因为疲惫、不耐烦的原因,而屈从于调查者想法的现象,这些都需要调查者更多的耐心和调查经验。

第二个检验步骤是在录音之后。在整理声调数据的过程中,会发现某个方言点的两个调类(或两个以上)的音高拱形走向是一样的,甚至出现了重合,听感上调查人自己也无法辨认二者的差别,这个时候需要重新寻找该方言点的其他发音人来进行听辨实验。实验对象不一定是原来录音的发音人,只要是熟练的方言母语人即可。让他们听辨从前期录音的材料中编辑出来的语料,也就是寻找最小的对立对,来检验两个调类是否合并。比如下表中的例字就是用以检验上声和去声是否合并的对立数据。

表 4-1　上声和去声的最小对立对字表

T2	懂 dɔŋ	等 dəŋ	粉 fən	岛 dau	响 ɕiaŋ	底 di
T3	冻 dɔŋ	凳 dəŋ	粪 fən	到 dau	向 ɕiaŋ	帝 di
T2	动 dɔŋ	马 ma	痒 jaŋ	舅 tɕiu	买 mai	弟 di
T3	洞 dɔŋ	骂 ma	样 jaŋ	旧 tɕiu	卖 mai	第 di
T2	罢 ba		是 ʃi		妒 du	懂 dɔŋ
T3	霸 ba		士 ʃi		渡 du	动 dɔŋ

除了上述的两个步骤,还有一个比较关键的辅助步骤,即询问。可以广泛地询问被调查方言点的居民,可以是闲聊的形式,即随机询问某两个字,或某两组字的读音是不是有区别,当然询问者自身是明白这两个/组字分别属

于哪一个调类。这种方式并不是非常可靠,因为很多发音人更愿意显示自己方言与众不同,或者为了图省事,屈从、揣测调查人的意图,这些情况都有可能会影响到他们的选择。不过当询问的数量达到一定程度时,真相也会显现出来。可以说,这也是听辨实验的一部分。

4.2.4　数据收集、整理与描写

这个部分包括三个方面的内容:第一是关于语音的记录。进行声调的田野调查,材料的收集是科学研究的物质层面。在调研工作展开之前需要有前瞻理论的指导,制定有效合理的计划,做到这些才能收集有效的数据材料。第二是关于语音数据的整理。如果仅有大量的录音材料,没有科学的整理分析,也是不能进行科学描写的,整理环节也是语言研究必不可少的一个环节。第三是如何描写整理好的数据。使用不同的参数和计量单位来分析数据,分析结果可能会失之毫厘差之千里。

4.2.4.1　记录语音

进行方言调查的第一步是记录语音,记录语音包括三个方面的内容:记录什么、记录谁、用什么来记录。

首先,关于记录什么。调查涉及的录音材料分为三个部分,第一部分是传统的单字调字表,根据《方言调查字表》,结合西北方言的特点,我们挑选录制了平、上、去、入,各分阴阳八个调类的单字 148 个。第二部分按照阴平、阳平、上声、去声分别处于双音节字调首字和双音节字调尾字的排列组合,即"阴平—阴平、阴平—阳平、阴平—上声、阴平—去声、阳平—阴平、阳平—阳平、阳平—上声、阳平—去声、上声—阴平、上声—阳平、上声—上声、上声—去声、去声—阴平、去声—阳平、去声—上声、去声—去声"的方式,挑选了 292 个双音节字调词汇。第三部分是三音节字调词汇,按照阴平、阳平、上声、去声分别处于三音节词首、词中、词尾的排列组合,即"阴平—阴平—阴平、阴平—阴平—阳平……"的组合方式,以此类推,共录制 192 个三音节字调词汇。

在录制每个单字或者双音节、三音节字调的时候,调查人要求每个发音人在每个字/词中间停顿 2～3 秒。曾经有学者建议①,应该按照赖福吉(Ladefoged 2018)调查元音的做法,在每个单字录音时,使用"承载句",即将每个字/词放到一个固定的句子中,比如"我要说____字"这样的句子里,但是赖福吉的承载句是用来调查元音和辅音的,音位的语音参数不会过多受到前后字的影响(虽然影响也是存在的,比如鼻音的同化)。可声调的影响很可能会彻底改变原有的调值,如果将一个字放到承载句中,这个字此时的声调就不能严格地称为单字调,它可能会随着前、后字的声调情况出现改变,这就牵涉到汉语方言研究的另一个重要问题,即"连字调变调"的问题。所以本研究录音时没有采用承载句。此外,为了解决发音人可能会猜到我们录音的目的,或者因为疲惫、不耐烦等外在原因而不能将每个字都完整地读出来,我们在录音字表中插入了一些囤字,使被调查人无从觉察到调查的真正目的,从而可以获得比较自然的发音。在整理数据时,去掉囤字的数据,再将所得基频数据做标准化处理(朱晓农 2010)。在实地调查的时候,也会根据调查情况,录制一些现场的自然语流,包括但不限于读报、讲笑话、聊家常、唱民歌等,目前本书还没有对这些材料做系统的数据处理,它们只是被用作听辨的参考材料。

其次,关于记录谁。寻找发音人大概是每一个田野调查者都要面对的困难。上文已经提到,以往的研究一般都要寻找一位年纪大的,当地方言说得非常"地道"的理想发音人。而且,这个人最好是在当地住了很久的男性,因为年长的女性多数是外地嫁过来的,但是这个方法在今天的中国慢慢变得适用性不强。主要是因为以下几点:首先,人口流动加大,无论男、女都有极大的可能离开故土。笔者 2019 年在甘肃永登县调研时就遇到一位 50 岁左右的男性,他的口音中夹杂着浓重的浙江温州话的特点,经询问才知道他从 20

---

① 与法国科学院的米可(Alexis Michaud)教授的私人交流。

岁就去温州一带打工,不久前才回到故乡;其次,电视的普及和现代媒体的覆盖度使人们每天有越来越多的时间处于汉语普通话的语境中,再加上语言自然演变的属性(Fromkin et al. 2007),要想找到一个口音完全没有改变的发音人将会非常困难。寻找上了年纪的"理想发音人"固然有其必要性,但是调查不同人群的话语状况也有其意义所在。况且,我们研究的目的就是要探寻声调演化的趋势,所以调查人完全不必囿于"理想发音人"这个标准;再次,录音的方便性也让我们对寻找所谓"理想、完美的"发音人不那么迫切,因为我们可以针对同一个方言点,多录制几位发音人的材料,将发音人的个体差异用统计学的数据标准化的方式去掉,找出声调中本质的特征。此外,要求发音人最好认字,可以读字表,也可以回答一些有关语音、语法的问题,但笔者也遇到过不认字的发音人,此时也不应该放弃调查,笔者会在征求对方同意的基础上,录制他们日常聊天的内容,用于后续的听辨参考。

　　所有发音人的个人信息,包括年龄、性别、职业、教育背景、通讯方式等都会被记录下来。调研的过程中,大多数发音人都会非常配合,笔者也承诺对调查参与者的身份保密。在文中每一位发音人都是用姓名的拼音首字母代表。实际上,笔者调查到的很多发音人都非常乐意让别人知道他们的信息,因为他们感觉这是在帮助保护自己的方言,是一件令人骄傲的事情,但是出于学术职业规范的要求,笔者还是隐去了所有发音人的姓名。至于发音人的数量,"从统计学角度讲,描写一个方言点的声调,需要不少于6个发音人。如果可能,最好能使用10个以上的发音人,如果能够达到24~30个发音人就非常理想了"(朱晓农2010)。针对具体的调查,如果是没有什么争议的方言点,调查录音一般做到一人一点,如果发音人之间的拱形有语音实现上的差异,则针对不同的情况,录制了6~32个发音人不等。最后笔者在四省区共调查到了305位发音人(发音人的信息参见附录1),其中:270位发音人的数据为有效数据,涉及的方言点以乡/镇/区为单位,共计194个点;年龄最小16岁[①],最大81岁;

[①]　未成年的发音人,我们都提前征得了其父母的同意。

教育程度最低是小学三年级,最高为博士;职业身份涵盖了教师、学生、公职人员、警察、商业人员、服务人员、技术人员、农业生产人员、畜禽饲养人员等。笔者希望不仅从横向空间的维度描写方言,也希望从纵向时间的维度来描写方言。以期更加全面、深入地展现一个方言片的全貌。

最后,用什么来记录。我们采用了语言调查录音软件 X-RECORDER 来记录材料,同时配备有高质量声卡的电脑。软件是中国社会科学院语言所熊子瑜教授专门为方言调查所设计,它可以自动设定信噪比,检测录音环境。如果录音环境欠佳,笔者就采用录音软件 PRAAT 来录制。针对有些发音人会做电话回访,回访的录音是用智能手机的内置录音设备,之后再转换成 WAV 格式的录音材料。我们的录音环境相对比较随机,因为主要的九个录音点在省会城市或者县城,所以大部分的录音都会选择在安静的宾馆,用窗帘将玻璃这一类会影响录音效果的材质遮挡住。即使是这样,也会有个别发音人的录音效果不是很好。对于录音效果不好的材料只做听辨参照,不提取基频数据加以处理。

4.2.4.2 整理数据

我们在确定"声调承载段"的起点与终点时,参照了朱晓农(2010)的方法。首先要明确两个与声调有关的基本概念:声调成分和声调目标。一个声调有三个组成部分,即调头、调干和调尾。调头是指声调前端 10%—20% 的音高段,这个部分会受到声母辅音、发音初始态等因素的影响;调尾是指最后 10%—20% 的音高段,这个部分会受到音高衰减、非音位性喉塞尾因素的影响(这一点在西北方言中尤其明显);去掉调头和调尾,剩下的就是调干。声调目标是一个较难掌握的概念,一个声调有时间延续,在这个延续的过程中,有些语音要素要比另一些更重要,对辨认声调更重要的部分被称为"声调的语言学目标",也被简称为"声调目标",那些对辨认声调不重要的部分则是"声调的羡余成分"。声学目标的统计学特征是指所在点的声学数据方差较小,也就是说在发某个声调的某些特定部分时,发音人要达到一个相对较窄的音高范围。方差大的点就是羡余成分,是指音高范围容忍度较大的那个部分。方差小的地方是语言学的目标,发音人都会努力去达到;方差大的地方不是语言学的目标,所以发得高还是低都无所谓。具体在实际操作时,根据不同的拱形和调类,还要有相对的变动。比如平调,理论上来看,从调头到调尾都是语言目标,因为如果调头低了,整个声调就是一个升调的拱形,如果调尾低了,就变成了降调拱形,如果调干低了,就成了凹调拱形,相反就成了凸调。但是因为发音初始态引起的调头的升高或者下降都不能算在内。升调的拱形有时候会和凹调拱形一样,也呈现出一个凹形,所以升调和凹调的区别在于拐点的位置,拐点在 20% 左右的就是升调,在 40% 左右的就是凹调。但升调拱形的调尾一定是一个语言目标,凹调的语言目标则在最低处拐点。降调的语言目标是声调的起点,或者在时长 5%～20% 调头与调干交界的峰点,凸降调是降调的一个变体,语言目标是最高的峰点(朱晓农2010)。

　　虽然从理论上可以这样定义出每个调的语言目标,在具体测量标注的时候,还有一个很重要的衡量标准,即将声调标注部分与整个音节的发声做比较,如果听感上一样,说明标注内的部分都是语言目标,如果感到有缺失,说明有一部分语言目标没有被标注进来。这一点用 Praat 来做非常容易:如图4-1 所示,Praat 软件的播放按钮有三层(图 4-1 所示),第一层播放的是被标注部分的内容,第二层播放的是视窗显示部分的内容,第三层播放的是整个文件的录音内容。按照图 4-1,标注后,先播放第一层,再播放第二层,如果听感上一致,说明标注准确,当然这要将那些标注范围过宽的错误标注排除在外。图 4-1(a)为高平调标注的示意图,图 4-1(b)是高降调的标注示意图。

　　为了详细说明基频提取和对基频数据的分析,以及其后画出声调 LZ-SCORE 基频标准图的整个过程,笔者以一名酒泉地区的发音人 GCL 的数据分析为例,将单字调基频提取和时长数据的计算过程展示如下。

　　首先,利用 PRAAT 软件和一个基频提取程序,针对发音人每个字的录音进行标注,标注的方式如图 4-1 所示,在标注过程中,根据每一位发音人的特点设置基频提取的范围,比如女性一般会设置在 75~650 Hz 之间,男性的基频范围比较低,通常会设置在 40~350 Hz 之间。每一个单字都标注完毕之后,用基频提取程序自动提取每个单字 11 个点的基频数据和相应的时长,双音节词提取 20 个点的基频数据和相应的时长。然后根据平上去入、阴阳八调的顺序取每一个调的基频测量值的均值(如表 4-2 所示)。笔者为了标识清楚,方便方言间的对照,本书图、表中指称调类时,用历史音韵调类:阴平、阳平、阴上、阳上、阴去、阳去、阴入、阳入来表示,代码分别是 1a、1b、2a、2b、3a、3b、4a、4b。因为官话的阳上通常与阴阳去合并,它们被统称为"去声"T3,阴上被称为"上声"T2。在本书描写的西北方言中,主要涉及的调类是阴平、阳平、上声和去声,他们分别被表示为 1a、1b、T2、T3。

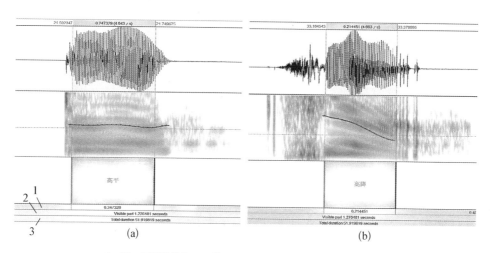

(a)　　　　　　　　　　　(b)

1—第一层播放按钮;2—第二层播放按钮;3—第三层播放按钮。

图 4-1　标注声调示意图

表 4-2　平上去入阴阳八个调类例字的基频测量均值

Hz	0%	10%	20%	30%	40%	50%	60%	70%	80%	90%	100%	ms	n
1a	218	216	216	216	216	215	214	214	213	212	211	375	18
1b	241	239	237	233	230	225	221	215	210	204	199	372	20

续表

Hz	0%	10%	20%	30%	40%	50%	60%	70%	80%	90%	100%	ms	n
2a	258	255	251	247	242	236	229	220	211	201	193	325	18
2b	201	201	199	198	197	196	195	193	191	187	185	383	17
3a	177	166	161	160	162	167	174	182	190	201	211	384	14
3b	182	171	167	165	167	171	180	191	199	208	213	382	17
4a	177	175	174	173	172	172	174	175	176	177	178	401	15
4b	229	227	224	220	217	213	207	202	195	187	180	363	15

注：以发音人 GCL 为例，列 ms：指时长，列 n：指该调的有效例字数目。

接下来将表 4-2 中的基频值取对数值，得到表 4-3。再取对数值的均值和标准差，将各声调在 0% 位置的均值舍去（表 4-3 标为阴影的 0% 列），降调 100% 位置的均值也要舍去（表 4-3 标为阴影的 100% 列中的单元格）。之后按照 LZ-SCORE 公式对每个对数值进行标准化，将其放入表 4-4。

表 4-3 基频均值的对数值

Log	0%	10%	20%	30%	40%	50%	60%	70%	80%	90%	100%
1a	2.34	2.33	2.33	2.33	2.33	2.33	2.33	2.33	2.33	2.33	2.32
1b	2.38	2.38	2.37	2.37	2.36	2.35	2.34	2.33	2.32	2.31	2.30
2a	2.41	2.41	2.40	2.39	2.38	2.37	2.36	2.34	2.32	2.30	2.28
2b	2.30	2.30	2.30	2.30	2.29	2.29	2.29	2.29	2.28	2.27	2.27
3a	2.25	2.22	2.21	2.20	2.21	2.22	2.24	2.26	2.28	2.30	2.33
3b	2.26	2.23	2.22	2.22	2.22	2.23	2.25	2.28	2.30	2.32	2.33
4a	2.25	2.24	2.24	2.24	2.24	2.24	2.24	2.24	2.25	2.25	2.25
4b	2.36	2.36	2.35	2.34	2.34	2.33	2.32	2.30	2.29	2.27	2.26

注：1. LZ-SCORE 计算时，表格中标为阴影的数值要去掉。
　　2. 对数值均取小数点后两位，下表同。

表 4-4 对数值的 LZ-SCORE 值

LZ	0%	10%	20%	30%	40%	50%	60%	70%	80%	90%	100%
1a	0.65	0.60	0.59	0.61	0.58	0.54	0.52	0.50	0.47	0.45	0.41
1b	1.51	1.42	1.34	1.23	1.10	0.95	0.77	0.57	0.36	0.14	−0.06
2a	2.07	1.95	1.83	1.68	1.52	1.31	1.07	0.74	0.39	0.00	−0.35
2b	0.02	−0.01	−0.06	−0.12	−0.16	−0.19	−0.24	−0.34	−0.43	−0.58	−0.67
3a	−1.03	−1.59	−1.81	−1.89	−1.77	−1.52	−1.19	−0.82	−0.45	0.01	0.42
3b	−0.83	−1.32	−1.50	−1.60	−1.54	−1.30	−0.91	−0.41	−0.06	0.27	0.49
4a	−1.06	−1.11	−1.19	−1.23	−1.27	−1.26	−1.20	−1.15	−1.08	−1.02	−1.00
4b	1.06	0.99	0.89	0.76	0.64	0.46	0.25	0.03	−0.24	−0.61	−0.89

再将表 4-2 中的基频时长十等分,放入到表 4-5 中。用 Excel 的散点图做法,以时长为横轴的数据,以 LZ-SCORE 值为纵轴数据,做出发音人的声调格局图(图 4-2 所示)。

表 4-5 十等分的基频时长

ms	0%	10%	20%	30%	40%	50%	60%	70%	80%	90%	100%
1a	0	37.5	75	112.5	150	187.5	225	262.5	300	337.5	375
1b	0	37.2	74.4	111.6	148.8	186	223.2	260.4	297.6	334.8	372
T2	0	32.5	65	97.5	130	162.5	195	227.5	260	292.5	325
2b	0	38.3	76.6	114.9	153.2	191.5	229.8	268.1	306.4	344.7	383
T3	0	38.4	76.8	115.2	153.6	192	230.4	268.8	307.2	345.6	384
3b	0	38.2	76.4	114.6	152.8	191	229.2	267.4	305.6	343.8	382
4a	0	40.1	80.2	120.3	160.4	200.5	240.6	280.7	320.8	360.9	401
4b	0	36.3	72.6	108.9	145.2	181.5	217.8	254.1	290.4	326.7	363

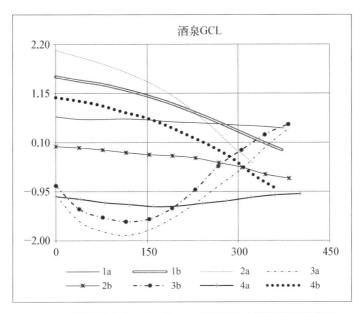

图 4-2　酒泉发音人 GCL 的 LZ-SCORE 声调基频标准化图

4.2.4.3　描写数据

在描写声调时,笔者同时采用了特征表达和五度表达两种方法,五度表达是为了尽量准确细致地将声调的语音特征表现出来,而特征表达是音系表达,目的是分析声调拱形的走向。用音系规则解释拱形的变化时,特征表达能够更清晰。采用特征表达有三点原因:一是西北方言的调类之间没有发声态的对立,并且几乎没有时长的对立,即使有的发音人出现类似"嘎裂声"这样的发声态,也属于伴随特征,而不是区别特征。声调的长短多数是个人特色,不牵涉语言学的对立。二是在西北方言中有些调类会有拱形上的语音变体,但变体之间不构成语义的对立,比如兰州话的上声和去声(衣莉 2019;Yi et al. 2024)有凹、凸、两折、升几个变体形式,但是核心辨义的部分是升,这个时候用特征表达,相比五度表达更接近感知。需要注意的是,并不是所有的方言都适合采用特征表达,比如在第一章里提到的西南吴语开化方言的例子,见图 1-1 的图(a),开化方言中存在四种凹调的对立(高凹、央凹、前凹、后凹,衣莉、朱晓农 2023),面对这种情况,用特征表达显然是不充分的。

三是用特征表达能够比较直观地看出声调拱形之间是如何变化的,也更容易发现变化的原因和背后的规则,比如高平与高降,用五度表达是{55}和{51}。用特征表达是[H]和[HL]。这里还是拿兰州话来举例,兰州话单字调阴平的底层是个高降[HM],双音节字调首字的阴平是高平调[H],单字调进入双音节字调首字由高降变成了高平,这里的变化是 HM→H,高降到高平,从公式上就能看出来是脱落了一个特征[M],这与伊普(Yip 1989)在解释天津话连调时提到的"简化原则"相符。

关于单字调与双音节字调之间的音高对应变化,有很多研究西北方言的专家认为西北方言里的双音节字调保留了更古老的声调拱形,也有人认为汉语方言中单字调是本调,而双音节字调是变调。笔者认为这两个观点并不矛盾,西北汉语方言的形成有其特殊之处,如本书第二章所陈述的那样,上千年来有无数次汉族移民和少数民族人口迁入这个地区,这里一直都处于汉族与少数民族聚居、杂居的状态,彼此的交流和相互的影响是不可避免的。在它形成之初,就有了少数民族语言的底层,而汉语方言是通过学习而不断被接受的目标语言。那么顺理成章的一个假设是,最初的汉语方言在被习得的过程中,多音节字调应该是首先被习得的成分,单字调是习得人自己语言中存在的"本调",习得多音节字调之后,单字调才被逐渐"匹配"上汉语方言的声调特征①。这个变化应该是历时的变化。如果针对一个共时层面的方言人来讲,假定一个孩子在习得这门语言的时候,他们并不知道这个声调的历史渊源,而是从周围的语言环境中直接习得的单字调与多音节字调。再以孩子习得语言的顺序来讲,单字应该是先习得的,多音节的词是后习得的,那么孩子在转换生成自己的多音节字调时,他们摸索出来的规律就是我们下文要讨论的单字调与多音节字调之间的对应变化。这是一个共时层面的问题。

接下来,笔者认为,在共时的层面中,也隐藏着历时的演变痕迹,即奥哈拉(Ohala 1989)说过的"从共时的变异中找到语音变化的规律"。笔者可以

---

① 本书所据前期研究报告经匿名评审专家指出,西北汉语方言的形成有其"匹配"与"回归"的过程。

合理地推测,一个幼儿习得母语时转换生成的单字调与多音节字调之间的匹配规律,应该也可以折射出历时变化中非母语人习得汉语方言时所找到的匹配规律。所以我们在讨论多音节字调与单字调之间的音高对应变化时,并没有强调谁前谁后、谁更加古老,毕竟我们调查到的材料都是共时的材料,也没有证据能够证明谁更加"古老"。比如在讨论红古二声系统的双音节字调时,笔者针对上声在连字调中的变化,总结出来的公式为:T2:HL→H/T __](T=T3),这个表达式表明的是,在共时层面上声如果与去声组合,处于尾字的时候,单字调的高降拱形就会在双音节字调中变为高平拱形,这里的"变为"二字不是说单字调的"高降"就是更古老的形式,而是在共时层面上,由单字调到双音节字调发生了这样的变化。我们做这种单字调与多音节字调之间对应变化的比较,只是希望能够通过这种对应音高的变化,追溯声调调类在共时层面的底层拱形。底层拱形可能是单字调的拱形,也可能是多音节字调的拱形,或二者都不是。推导底层拱形,只是探究声调演化的第一步。要找出声调发生变化的规律,无论是声调合并还是分离,最关键的还是要结合方言地理分布以及文献中的记录,通过比较的方法,再加上声调变化的语音机制,才能推导声调的历时变化,探究不同方言中不同调类的演变过程。

此外,要明确界定一下本书用到的几个关于声调的称呼。在以往的文献中,描写声调时有人会采用"调型"或"调形"来表达。在大多数情况下,这两个名称没有本质的区别。在本书中,当我们要表达声调种类(species)时,就简单地称其为"调类",如果要描写一个调类的语音走向,本书使用"音高拱形"这个表达(有时直接简称为"拱形")。"音高拱形"更多强调的是语音层面的声学概念,如果要将其用音系归纳时,我们采用"调型"这个表述。在一个方言内部,即使不同调类的"拱形"相同,也可能不是一个"调型",还需要进行听辨等方法的判断。也有的情况下,"拱形"不同,但是并没有形成最小语义对立,也可以被归入同一个"调型"中,这种情况在西北方言中比较常见,比如第八章中会提到的兰州方言里的上声和去声。本书讨论多音节字调的时候,不牵涉轻声的情况,换句话说,我们讨论的是双音节字调而不是双音节词,三音节字调也不是三音节词。本书在讨论单字调与多音节字调之间的拱形变化时,都是关于语音层面的问题。关于双音节字调与双音节词的关系,笔者将另文讨论。

最后需要说明的是方言点的名称问题。上文已经提到本研究有效的发音人有 270 位,以乡镇区为单位,共涉及的方言点有 194 个。本书在各章节中介绍方言点时会使用全称,但在描述具体方言点的材料时,将省略"省、区、县"的表述,直接称呼方言点的名称,目的是为了和以往的文献相关照,比如将"青海省海东市乐都区"直接称为"乐都";"甘肃省兰州市红古区"直接称为"红古"。全书只有两处例外,一处是临夏县和临夏市;另一处是伊宁县和伊宁市,它们都用全称以示区别。综上,本书希望能够在以往研究的基础上,更全面地呈现西北方言的演化走向。

第五章

二声系统

5.1 二声系统概述

李蓝(2020)对甘肃方言的声调类型进行梳理时,对只有两个单字调的方言做过分类,共分出三种类型:红古型、临夏型、武威型。红古型和武威型在大类上都属于兰银官话,前者是兰银金城小片,后者是兰银河西小片。临夏型属于中原官话陇中小片,雒鹏(2008)将其命名为河州小片。他的分类主要是依据入声的归并和调类的合并方式。翟占国、张维佳(2019)总结出四类二声调的方言类型:西宁型、红古型、临夏型和刘屯型。我们的田野调查数据也证明了"西宁型"的存在。

"红古型"是最早被人发现的二声系统,兰州红古区的二声格局有很多学者都做过深入而细致的描写。雒鹏的《一种只有两个声调的汉语方言》(1999)是其中最早的一篇,他首先发现了这种介于声调和重音模式之间的方言。之后相继又有很多学者从不同角度对这个方言点做过研究,比如张文轩和邓文靖的《二声调方言红古话的语音特点》(2010);冉启斌等的《二声调方言红古话声调的声学分析》(2013);莫超、朱富林的《二声调红古话的连读变调》(2014);王红洁的《甘肃红古话声调感知研究》(2019)。他们分别从调类描写、声学特征、连字变调和声调感知几个方面对此做了深入的调查和描写(详见表5-1)。达成的共识认为"红古型"声调格局中,平声与去声合并为升调拱形,上声单独一个调类,为平调拱形。笔者在宁夏海原西安镇和关桥乡调查到的发音人以及在青海

69

民和、乐都调查到的二声系统都可以归并到"红古型"当中,笔者在后文也将它们放到这一类型中描写。

表 5-1　以往文献中对红古声调的记音

作　者	年份	论文名称	发音人	结　论
雒鹏	1999 年	一种只有两个声调的汉语方言	1	阴阳平去{13};上{55}
张文轩、邓文靖	2010 年	二声调方言红古话的语音特点	4	连字调两类:重重/重轻
冉启斌等	2013 年	二声调方言红古话声调的声学分析	4	阴阳平去{24};上{53}
莫超、朱富林	2014 年	二声调红古话的连读变调	2	单字调同上,连读调平{13}上{53}去{44}
王红洁	2019 年	甘肃红古话声调感知研究	15	阴阳平去{13};上{55}

"武威型"的争议比较少,笔者的调查与张燕来(2003)和翟占国、张维佳(2019)的描写是一致的,都是平声上声合为一个调,多为两折、凹升拱形,去声为一个降调。翟占国、张维佳(2019)将武威型归入"刘屯型"的 B 型,A 型是青海的贵德刘屯、永靖红泉镇,调类的归并基本一致,区别在于 A 型的入声归入平上,B 型只有阴入归平上,阳入归了去声。笔者调查到的武威发音人的阴阳入都归入了去声。由于笔者没有调查到刘屯和永靖红泉镇的发音人,所以本章还是采用张燕来的命名,称为"武威型"。

张燕来(2003,2014)还提到一个二声系统的分类是"西固马家山(新派)型",其调类合并与拱形特点和李蓝(2020)的"临夏型"一样,都是平声合并为降调,上去合并为凹,或凹升调。笔者都将他们归入"临夏型"。除此之外,笔者调查到的永登县河桥镇和城关镇的两个发音人也属于这个类型。

"西宁型"相对来讲是一个比较新的发现,张成材在《青海汉语方言古今声调的比较》(2013)一文中,提到青海话有一种简化的趋势,他认为这是受到了阿尔泰语系变调和轻重音的影响,他当时认为西宁话去声和阳平有类化的趋势,循化话有"平声升,仄声降"的趋势。芦兰花(2011)也提到在调研西宁、互助、湟中、湟源时,"发音合作人如不刻意区分,部分去声字多读作阳平,四个声调正合并为三个"。王双成(2009a)的看法是,西宁话"如果不把两个字放到一起做比较,阳平和去声经常相混,不像普通话的阳平和去声很轻松区分开。……我们可以看出西宁方言的阳平和去声实际上正处在合并的阶段,因为前面说过,如果不作比较,二者相混的情况比较严重,但对立还未消失,估计也只是时间问题"。在翟占国、张维佳(2019)的调查中明确提到"西宁型"二声系统的存在,包括的方言点有西宁城东(回族)、湟中班仲营、互助吉家湾(土族)、湟源国光村、平安石家营村、宁夏海原。表现都是阴平上合并为平调拱形,阳平去合并为升调拱形。这个调研结果与笔者调查的方言点有重合的点(西宁城东、宁夏海原),也有互补的方言点,比如:大通县桥头镇和城头镇,循化县,门源县浩门镇、青石咀镇和阴田乡,互助县威远镇、五峰镇和丹麻镇,化隆县查甫乡和巴燕镇,湟源县城关镇,西宁市湟中区大才乡,祁连县,乌兰县,兴海县等。翟占国、张维佳(2019)的文章中提到他们在民和的发音人也是形成了二声系统,这与笔者的调研有些不同,笔者调研到的民和发音人还保留着三个单字调。此外,笔者调研到的宁夏中卫市海原县李俊乡和吴忠市红寺堡区的发音人与翟占国、张维佳(2019)文章中总结的"西宁型"一致。

整体来看,二声系统主要集中分布在陇中、秦陇、河西、金城几个方言片交会的地带,基本以兰州为中心。本章中,概述部分简单介绍了二声系统的前期研究成果,接下来依次讨论二声系统的单字调格局、调类合并和调型特征(§5.2),双音节字调、三音节字调格局的拱形组合、拱形变化的语音与音系解释,推测各调类的底层拱形(§5.3;§5.4),最后综合拱形变化的频次、分布和背后的语音机制与音系规则,结合语言接触理论,讨论二声系统单字调变化的原因(§5.5)。

5.2 二声系统的单字调格局

本书的调查研究涉及的二声系统共有四类,有 80 位发音人的语音材料是有效材料,每个点的发音人最少 1 人,最多 5 人。方言点以乡镇为单位,如果某个县市只有一位发音人,则以县市为单位。声调格局图的命名按照"地名+发音人姓名拼音首字母"的方式出现。

需要特别说明的是,笔者在本章与后面的《三声系统》一章中表述几个调类合并时,使用了" = "的符号,这个符号并不表示调类合并的方向,即谁归并了谁," = "后面的调类只是采用靠前不靠后的原则,比如表达红古型的阳平与去声和阴平的拱形一致时,都使用了" = 1a"这个符号。这里只是表示它们三个调类合并了,或者说阴平、阳平和去声的音高拱形是一致的,但并不表示历时层面阳平和去声的调类归并于阴平。之所以这里用这个方式表示调类的合并,有两个原因:一是在本书前文并没有阐释演化的方向,只是描写声调的现状,在后面讨论演化的章节中,笔者会详细阐释每个调类归并的方向,届时会用 ">"这个符号,比如 1a>1b 就表示古阴平调类归并到阳平调类。二是描写每一类的单字调拱形时,在调类合并的问题上,还有一些例外的调查点,存在一些不完全合并的调类变体。所以在这几章单字调格局的描写处,我们就尽可能把每个发音人四个调类的情况都展示出来,不仅为了更加清楚地对比,也是为调类的归并方向提供线索。比如青海民和共有 4 个发音人,其中 3 个发音人的阴平、阳平、去声都合并为一个拱形了,但是还有一个发音人的去声与平声不同,这位发音人的单字调格局就提醒我们,去声也许是最后合并的那个调类,由此也能够更加清楚地看出演化的痕迹。

如果假定官话的底层是"阴阳上去"四个调类,它们中任意三个调类合并,与另一个调类形成对立的二声系统,理论上会有四种可能性;如果任意两个调类合并,两两对立,会有三种可能性。二声系统理论上就有七种合并方

式(标识为 * 的是目前还没有发现的对应类型):

阴阳平上—去(ABC-D 型)——武威型(升/凹/平—降)

阴阳平去—上(ABD-C 型)——红古型(凹—降)

阴平上去—阳平(ACD-B 型)*

阳平上去—阴平(BCD-A 型)*

阴阳平—上去(AB-CD 型)——临夏型(凹—降)

阴平上—阳平去(AC-BD 型)——西宁型(平—升、降—凹)

阴平去—阳平上(AD-BC 型)*

笔者在"甘青宁新"四省的调研中共发现了四类二声系统,笔者分别将它们定义为:ABD-C 型、AB-CD 型、AC-BD 型和 ABC-D 型,分别对应文献中提到的红古型、临夏型、西宁型和武威型。

5.2.1　ABD-C 型(平去合并)

红古区隶属甘肃省兰州市,地处甘肃省中部,因为享堂峡以东的红古川而得名,东接西固区,西北为青海海东市乐都区,南濒湟水河与青海民和回族土族自治县和甘肃永靖县相望,北部黄土山岭与永登县毗邻。我们在 ABD-C 型调查到的几个方言点:红古区、乐都区和民和县都互相毗邻,形成一个小的方言片,位于兰州、西宁这两大省会城市的中间;只有海原县例外,位于宁夏境内。

ABD-C 型共调查到 16 位发音人,涉及甘肃的方言点有:兰州市红古区海石湾镇海石村(5 人)、红古区平安镇岗子村(1 人)、红古区平安镇夹滩村(1 人)、永登县河桥镇(1 人);青海的方言点有:海东市乐都区马营乡(1 人)、海东市乐都区瞿昙镇(1 人)、海东市民和县马场垣乡(1 人)、海东市民和县隆治乡(2 人)、海东市民和县巴州镇(1 人);宁夏的方言点有:中卫市海原县西安镇(1 人)、海原县关桥乡(1 人)。

如下表 5-2 和图 5-1 所示,ABD-C 型声调类型的归并是阴、阳平、去声合并,上声单独为一个调型,入声归入平去。平去调的拱形多为凹调,具体表现因个体差异有所不同,表现为升调、凹升、凸升或者两折调{24/325/3242},海石湾的发音人ZXF平去为凸升调,调尾有个比较明显的下降,又很像两折调,但是总体趋势以升为主。根据上声的拱形,可以将其大体分为三个小类:一类上声为平调,一类上声为降。第三类只有一个点,永登河桥镇的YTC上声为两折、平去为降。从表中可以看出,上声是平调还是降调,并没有完全与方言点相对应,红古海石湾镇的MRY、YXY、JWL,红古平安镇岗子村ZP、平安镇夹滩村WZY、民和马场垣乡LYY、民和隆治乡ZHW、民和隆治乡ZQ都是平调,平安镇夹滩村WZY的上声有下降的听感,但是幅度不大,更像是调尾结束时候喉塞引起的下降,基频曲线显示是一个平降调{554}。海石湾镇的ZXF和ZJ的上声是个非常明显的降调。乐都马营乡、乐都瞿昙镇、民和巴州镇、海原西安镇和海原关桥乡的发音人,上声都是高降{52/53/54}。

表5-2 ABD-C型发音人的单字调拱形与调值

编号	方言片	县市区	乡镇+发音人	特征表达				五度表达			
				1a	1b	T2	T3	1a	1b	T2	T3
H1	兰银金城	红古区	海石湾镇 MRY	MH	=1a	H	=1a	₃25	=1a	55	=1a
H2	兰银金城	红古区	海石湾镇 YXY	MH	=1a	H	=1a	₃25	=1a	55	=1a
H3	兰银金城	红古区	海石湾镇 JWL	MLM	=1a	H	=1a	425	=1a	55	=1a
H4	兰银金城	红古区	平安镇岗子村 ZP	MH	=1a	H	=1a	₃25	=1a	55	=1a
H5	兰银金城	红古区	平安镇夹滩村 WZY	MH	=1a	H	=1a	₃25	=1a	554	=1a
H6	中原陇中	民和县	马场垣乡 LYY	MH	=1a	H	=1a	24	=1a	44	=1a
H7	中原陇中	民和县	隆治乡 ZHW	MH	=1a	H/MLM	=1a	24	=1a	44/324	=1a
H8	中原陇中	民和县	隆治乡 ZQ	MH	=1a	H/MLM	=1a	24	=1a	44/324	=1a
H9	兰银金城	红古区	海石湾镇 ZXF	MH	=1a	HL	=1a	25₄	=1a	52	=1a

续表

编号	方言片	县市区	乡镇+发音人	特征表达				五度表达			
				1a	1b	T2	T3	1a	1b	T2	T3
H10	兰银金城	红古区	海石湾镇 ZJ	MH	=1a	HL	=1a	325	**=1a**	52	**=1a**
H11	兰银金城	永登县	河桥镇 YTC	HL	=1a	MLM	=1a	52	**=1a**	3232	**=1a**
H12	中原陇中	乐都区	马营乡 PXC	MLM	=1a	HL	=1a	3232	**=1a**	53	**=1a**
H13	中原陇中	海原县	西安镇 TZF	MH	=1a	HL	=1a	$_3 24^2$	**=1a**	52	**=1a**
H14	中原陇中	海原县	关桥乡 LJ	MH	=1a	HL	=1a	$_3 25$	**=1a**	52	**=1a**
H15	中原陇中	乐都区	瞿昙镇 XSL	MLM	=1a	HL	MH	324	**=1a**	54	**35**
H16	中原陇中	民和县	巴州镇 MXZ	MH	=1a	HL	MLM	445	**=1a**	52	**3242**

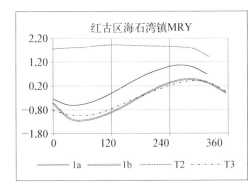

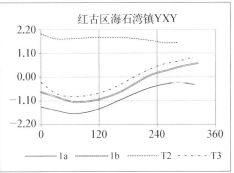

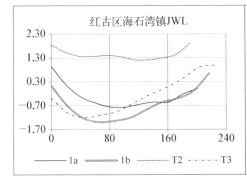

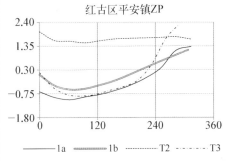

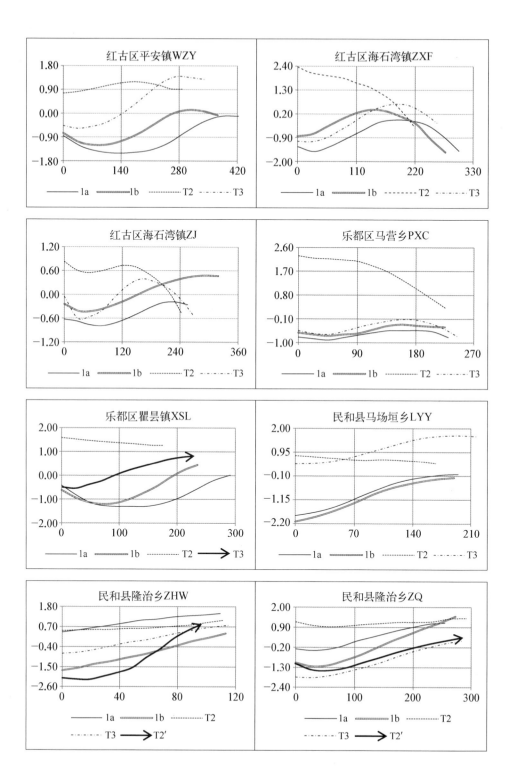

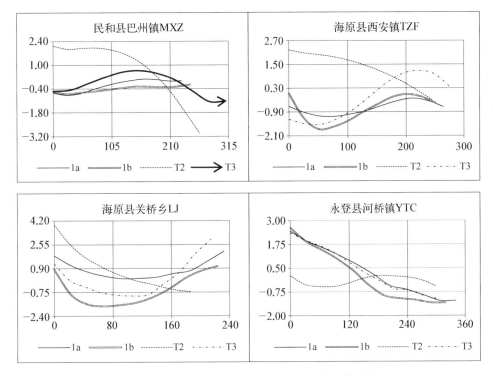

图 5-1　ABD-C 型发音人 LZ-SCORE 声调格局图

（标有箭头的线条为相应调类的变体。下同）

　　总体来看，"红古型"的调类合并与上文表 5-1 中提到的五处文献一致，但声调的拱形和调值并不是那么固定，在不同的发音人之间两个类会形成"凹/升—平""凹/升—降"或"降—凹"的不同对立形式。

　　乐都区的两位发音人和民和县的四位发音人彼此之间的调类合并不统一，笔者认为他们正处于一个变化的时期，还没有最终稳定下来。根据曹志耘、邵朝阳（2001）和张成材（2016）对乐都方言的调查，他们认为去声与平声是两个调型，虽然拱形一样，但是它们的高度不同。笔者的调研发现乐都瞿昙镇的发音人 XSL 认为他能够区分自己的去声与平声。他认可自己的阴阳平已经合并，但是不认可自己去声与平声合并，从他的 LZ-SCORE 音高标准数据图也能看出来，他的去声没有完全与平声合并，平声为凹升调 {324}，去声为升调 {35}。乐都马营乡的发音人 PXC 认为自己的去声与平声已经完全合并了,对他做的听辨也显示他无法区分这两个调。民和的情况与乐都类似,LZ-SCORE 音高标准数据图显示民和马场垣乡的发音人 LYY 的去声要比平声高,他的阴、阳平合并为升调{24},去声为{35},上声为平调{44},但是他的去声与平声的拱形完全一样。民和隆治乡的两位发音人 ZHW 和 ZQ 的阴平都比去声和阳平高,和马场垣乡的 LYY 一样,阴、阳平、去声拱形完全一致,高度有所不同。但是高度的差异并不统一,有的是去声更高,有的是阴平更高。所以在表 5-2 中将他们的去声和平声拱形的特征值都标识为合并。与此同时,他们两位的上声都有两个拱形,一个是平调{44},另一个是凹升调{324},以升为主,很接近阳平的升调,但是又没有完全合并。民和巴州镇的发音人 MXZ 的平声完全合并,是一个微升的平调{445},去声是两折调{3242},与平声有明显的差异,上声为降调{52},还保持三个调类。从乐都与民和的声调格局看,这应该是一个从三声系统向二声系统过渡的地带,特别是去声的发展,处于一个变化的状态中。但是由于以往研究的调查对象人数都不够多,所以还需要更深入地调研,对这一地点进行社会语言学的研究,除了探究其声调的归并情况,还应该探究影响归并的语音变异的社会因素。

5.2.2 AB-CD 型(阴阳平合并、上去合并)

AB-CD 型共有 25 位发音人,涉及的方言点都集中在甘肃省,包括:永登县城关镇(3 人)、永登县河桥镇(3 人)、永登县连城镇(2 人)、红古区海石湾镇(1 人)、兰州市西固区(4 人)、临夏州临夏市东区街道(4 人)、临夏州临夏市八坊街道(6 人,其中一人为回族)、临夏州临夏市南龙镇王闵家街道(1 人)、临夏州临夏县韩集镇(1 人)。

临夏市古称河州,是甘肃省临夏回族自治州下辖县级市,临夏州委、州政府所在地。它位于黄河上游,东与东乡县接壤,西北与临夏县毗邻。临夏县在临夏州西南部,东与临夏市、和政县、东乡县相邻,南临夏河县,西北与积石山县相邻,北隔刘家峡水库与永靖县相望。永登县是兰州市下辖的县,车瑞

（2014）将永登县的方言大致分成五个小片：城关小片，包括城关、柳树、大同北、清水、中堡镇、武胜驿、金嘴、坪城、通远；南乡小片，包括大同南、龙泉、红城；东山小片，包括东山、上川、中川、西槽、树屏；河桥小片，包括河桥、连城、大有、民乐西北、通远西部；苦水小片，只有苦水一个镇。他认为各片之间的差异主要表现在个别语音和少数常用词语上，声调的差异不大。这一点与笔者的调研结果不同，笔者的调查显示永登的声调拱形呈现出不一样的格局。

　　除了临夏和永登，这个类别中还有四位兰州市西固区的发音人。他们都来自西固区陈坪街道新滩村。这是一个城中村，虽然地理位置位于市区，但是一进入这个社区，就会发现街道内部的房屋构造、邻里关系和居民的生计方式都更接近农村，居民的户籍关系也是农村户口。西固区的北面是永登县苦水镇，西北是红古区，西南是永靖县刘家峡镇，东面是兰州市的核心区域，包括城关区、七里河区和安宁区。西固区和兰州市另外三个城区的地理关系更像一个扁担挑着的两个箩筐，是由一条公路连接的两个小核心区。从地图上看，"临夏型"涉及的方言点都彼此相连，位于兰州以西、甘南藏族自治州以东的区域范围内。

　　这一类的声调格局表现为阴、阳平合并，上声与去声合并（如表5-3和图5-2所示）。永登县和兰州市西固区都属于兰银官话金城小片，阴入归入阴平与去声，阳入归入去声；临夏属于中原陇中官话，入声归入平声。从表5-3中可以看出，在声调的拱形分布上，这一类可以清楚地分为两个小类：永登和西固区的发音人平声为降调｛52｝，上、去因发音人而异，但基本都在凹调大类（朱晓农等2012），具体表现为升调、凹调、两折调或凸降调｛24/323/3242/252｝，只有一个点例外，就是永登连城镇的XXF，他的上去是一个平调｛44｝。临夏的发音人的声调拱形刚好反过来，平声属于凹调大类，具体表现两折调或凸升｛3232/3242/232｝，上去为高降｛52/53/54｝。"临夏型"的声调拱形对立比"红古型"要整齐，基本上都形成"降—凹"的对立。

表5-3 AB-CD型发音人的单字调拱形与调值

编号	方言片	县市	乡镇区+发音人	特征表达				五度表达			
				1a	1b	T2	T3	1a	1b	T2	T3
L1	兰银金城	永登县	城关镇 FSL	HL	=1a	MLM	=T2	52	**=1a**	3242	**=T2**
L2	兰银金城	永登县	城关镇 WZX	HL	=1a	MLM	=T2	52	**=1a**	3242	**=T2**
L3	兰银金城	永登县	城关镇 BZ	HL	=1a	MLM	=T2	52	**=1a**	₃24	**=T2**
L4	兰银金城	永登县	河桥镇 LLY	HL	=1a	MLM	=T2	52	**=1a**	323	**=T2**
L5	兰银金城	永登县	河桥镇 YTCH	HL	=1a	MLM	=T2	52	**=1a**	3232	**=T2**
L6	兰银金城	永登县	河桥镇 LTY	HL	=1a	MLM	=T2	52	**=1a**	3242	**=T2**
L7	兰银金城	永登县	连城镇 XXF	HL/H	=1a	H	=T2	52	**=1a**	44	**=T2**
L8	兰银金城	永登县	连城镇 LXD	HL/H	=1a	MLM	=T2	52	**=1a**	323	**=T2**
L9	兰银金城	红古区	海石湾镇 JJ	HL/H	=1a	MLM	=T2	52	**=1a**	323	**=T2**
L10	兰银金城	兰州市	西固区 CBZ	HL	=1a	MH	=T2	52	**=1a**	24	**=T2**
L11	兰银金城	兰州市	西固区 SFY	HL	=1a	MH	=T2	52	**=1a**	25₂	**=T2**
L12	兰银金城	兰州市	西固区 WZC	HL	=1a	MH	=T2	52	**=1a**	25₂	**=T2**
L13	兰银金城	兰州市	西固区 SMH	HL	=1a	MH	=T2	52	**=1a**	25₂	**=T2**
L14	中原陇中	临夏市	南龙镇王闵家街道 WXL	MLM	=1a	HL/1a	=T2	3242	**=1a**	53/1a	**=T2**
L15	中原陇中	临夏市	东区街道 ZF	MLM	=1a	HL	=T2	3232	**=1a**	53	**=T2**
L16	中原陇中	临夏市	东区街道 MHF	MLM	=1a	HL	=T2	3232	**=1a**	54	**=T2**
L17	中原陇中	临夏市	东区街道 WL	MLM	=1a	HL	=T2	3232	**=1a**	54	**=T2**
L18	中原陇中	临夏市	八坊街道 LPY	MLM	=1a	HL	=T2	3232	**=1a**	54	**=T2**
L19	中原陇中	临夏市	东区街道 ZJY	MLM	=1a	HL	=T2	3232	**=1a**	53	**=T2**
L20	中原陇中	临夏市	八坊街道 MHW	MLM	=1a	HL	=T2	3242	**=1a**	52	**=T2**
L21	中原陇中	临夏市	八坊街道 WYZ	MLM	=1a	HL	=T2	3232	**=1a**	52	**=T2**
L22	中原陇中	临夏市	八坊街道 WYZM	MLM	=1a	HL	=T2	3242	**=1a**	52	**=T2**

续表

编号	方言片	县市	乡镇区+发音人	特征表达				五度表达			
				1a	1b	T2	T3	1a	1b	T2	T3
L23	中原陇中	临夏县	韩集镇 XF	MLM	= 1a	HL	= T2	3232	**= 1a**	53	**= T2**
L24	中原陇中	临夏市	八坊街道 MHQ	MLM	= 1a	HL	= T2	3232	**= 1a**	53	**= T2**
L25	中原陇中	临夏市	八坊街道 ZXQ	LM	= 1a	HL	= T2	23₂	**= 1a**	54	**= T2**

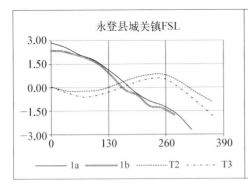

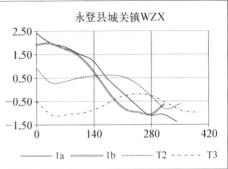

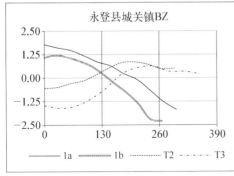

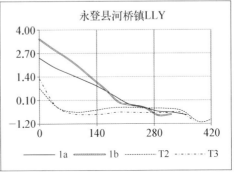

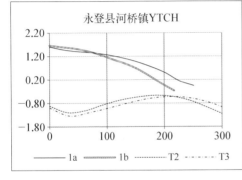

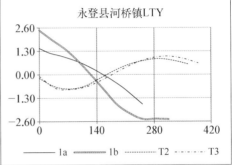

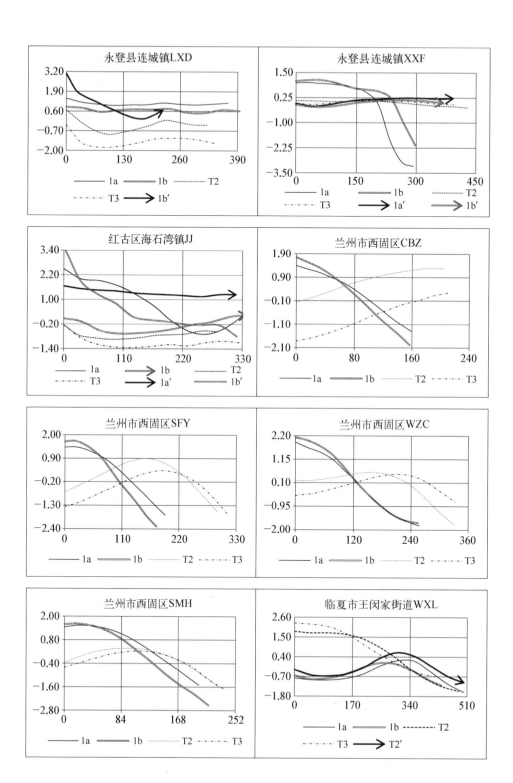

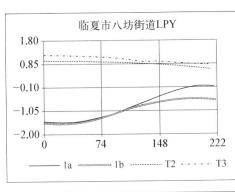

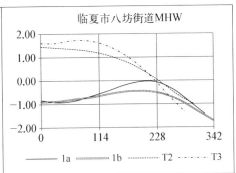

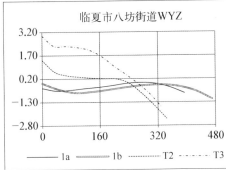

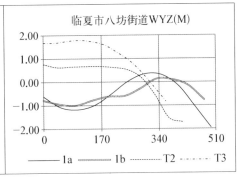

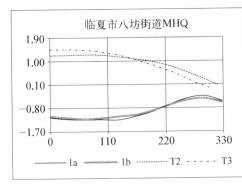

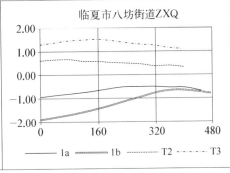

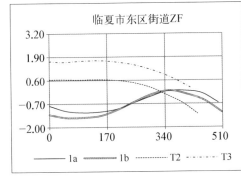

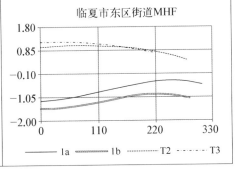

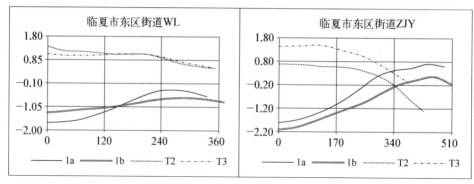

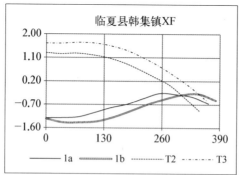

图5-2 AB-CD型发音人LZ-SCORE声调格局图

此外,还有四位发音人的声调格局存在拱形变体(图5-2中带有箭头的音高拱形曲线):1)永登县连城镇的发音人LXD,平声和上去声形成"平—凹"的对立,他的阳平例字中除了平调的拱形,还有降调拱形的变体;2)永登县连城镇发音人XXF平声和上去声的拱形对立是"平—降",阴、阳平的大部分例字合并成了降调,但是阴平和阳平例字中又都分别有平调的拱形变体,上声和去声很整齐,合并为一个平调拱形,整体格局是一个"平—降"的对立,但是拱形与调类的对应不是很整齐;3)红古区海石湾镇发音人JJ阴平和阳平合并为降调,和上去声形成"降—凹"的对立,但是阴平字中又有平调变体,阳平字中还有升调变体;4)临夏市南龙镇王闵家街道的发音人WXL的上声除了与去声合并外,还有一半的例字与平声合并。

5.2.3　AC-BD 型（阴平上声合并、阳平去声合并）

　　AC-BD 型共有 28 位发音人，涉及的方言点大部分在青海，宁夏和甘肃只有零星几个点。青海的方言点包括：西宁市城东区（1 人）和城西区（3 人），西宁市湟源县城关镇（1 人），西宁市湟中区大才乡（1 人），西宁市大通县桥头镇（1 人）和城关镇（1 人），海东市循化县积石镇（3 人）和街子镇（1 人），海东市互助县威远镇（1 人）、五峰镇（1 人）和丹麻镇（1 人），海东市化隆县查甫藏族乡（1 人）和巴燕镇（1 人），海北藏族自治州门源县浩门镇（2 人）、青石咀镇（1 人）和阴田乡（1 人），海北藏族自治州祁连县八宝镇（1 人），海西蒙古族藏族自治州乌兰县希里沟镇（1 人），海西蒙古族藏族自治州都兰县香日德镇（1 人）、海南藏族自治州兴海县子科滩镇（1 人）。分布于宁夏的方言点有：吴忠市红寺堡区红寺堡镇（1 人）、中卫市海原县李俊乡蒿滩村（1 人）。甘肃的点只有一个，为兰州市永登县的河桥镇（1 人）。

　　青海境内的 AC-BD 型主要分布在汉语中原官话区，还有 4 个点在藏语区。在宁夏境内的两个点，一个属于兰银官话区、一个属于中原官话区。甘肃的永登也在兰银官话区。具体的方言小片为：中原陇中（循化、大通、海原）、中原秦陇（西宁、门源、互助、化隆、湟中、湟源）、藏语区（祁连、乌兰、兴海、都兰）、兰银银吴（吴忠）和兰银金城（永登）（据：《中国语言地图集》2012）。

　　如表 5-4 和图 5-3 所示，这一类基本的调型格局是上声与阴平合并，去声与阳平合并。入声的归并有些微的差别，青海的 25 位发音人，都是阴入归入阴平上，阳入归入阴平或阳平；海原李俊乡蒿滩村的发音人阴入归入阴平，阳入归入阳平；吴忠红寺堡的发音人阴入和阳入都归入阳平去。依声调拱形可以将发音人分为两个小类，青海境内发音人声调的拱形是阴平上为平调｛55｝，阳平去为升调或者凹升调｛24/324/325｝，以升调为主。吴忠红寺堡和海原李俊乡蒿滩村的发音人阴平上为降调｛52｝，阳平去为凹调或两折调｛323/3232｝，以凹调为主。

表5-4 AC-BD型发音人的单字调拱形与调值

编号	方言片	县市	乡镇区+发音人	特征表达				五度表达			
				1a	1b	T2	T3	1a	1b	T2	T3
X1	中原陇中	循化县	积石镇SXX	H	MH	=1a	降	44	₃24	=1a	52
X2	中原陇中	循化县	街子镇HLP	H	MH	=1a	=1b	55	24	=1a	=1b
X3	中原陇中	循化县	积石镇HLJ	H	MH	=1a	=1b	55	24	=1a	=1b
X4	中原陇中	循化县	积石镇HJY	H	MH	=1a	=1b	55	24	=1a	=1b
X5	中原陇中	大通县	桥头镇MHX	H	MH	=1a	=1b	55	₃25	=1a	=1b
X6	中原陇中	大通县	城关镇XQL	H	MH	=1a	=1b	55	₃25	=1a	=1b
X7	中原秦陇	西宁市	城东区BY	H	MH	=1a	=1b	55	24	=1a	=1b
X8	中原秦陇	西宁市	城西区ZZ	H	MH	=1a	=1b	55	24	=1a	=1b
X9	中原秦陇	西宁市	城西区ML	H	MH	=1a	=1b	55	24	=1a	=1b
X10	中原秦陇	西宁市	城西区LL	H	MH	=1a	=1b	55	₃24	=1a	=1b
X11	中原秦陇	门源县	浩门镇WSC	H	MH	=1a	=1b	55₄	24	=1a	=1b
X12	中原秦陇	门源县	浩门镇DHY	H	MH	=1a	=1b	55₄	24	=1a	=1b
X13	中原秦陇	门源县	青石咀镇MWQ	H	MH	=1a	=1b	55	24	=1a	=1b
X14	中原秦陇	门源县	阴田乡HDC	H	MH	=1a	=1b	55	24	=1a	=1b
X15	中原秦陇	互助县	威远镇LJC	H	MH	=1a	=1b	55	24	=1a	=1b
X16	中原秦陇	互助县	五峰镇LWL	H	MH	=1a	=1b	55	24	=1a	=1b
X17	中原秦陇	互助县	丹麻镇LWF	H	MH	=1a	=1b	55	24	=1a	=1b
X18	中原秦陇	化隆县	查甫乡DJJ	H	MH	=1a	=1b/HL	55	24	=1a	=1b/42
X19	中原秦陇	化隆县	巴燕镇MWQ	H	MH	=1a	=1b	55	24	=1a	=1b
X20	中原秦陇	湟源县	城关镇ZL	H	MH	=1a	=1b	55	24	=1a	=1b
X21	中原秦陇	西宁市	湟中区大才乡MY	H	MH	=1a	=1b	55	24	=1a	=1b

续表

编号	方言片	县市	乡镇区+发音人	特征表达				五度表达			
				1a	1b	T2	T3	1a	1b	T2	T3
X22	藏语区	祁连县	八宝镇 XC	H	MH	= 1a	= 1b	55	24	**= 1a**	**= 1b**
X23	藏语区	乌兰县	希里沟镇 MHY	H	MH	= 1a	= 1b	55	24	**= 1a**	**= 1b**
X24	藏语区	兴海县	子科滩镇 MXJ	H	MH	= 1a	= 1b	55	24	**= 1a**	**= 1b**
X25	藏语区	都兰县	香日德镇 HRY	H	MH	= 1a	= 1b	55	24	**= 1a**	**= 1b**
X26	兰银金城	永登县	河桥镇 ML	H	HL	= 1a	= 1b/1a	55	52	**= 1a**	**= 1b/1a**
X27	兰银银吴	吴忠市	红寺堡区红寺堡镇 TZ	HL	MLM	= 1a	= 1b	52	323	**= 1a**	**= 1b**
X28	中原陇中	海原县	李俊乡蒿滩村 THT	HL	MLM	= 1a	= 1b	52	323^2	**= 1a**	**= 1b**

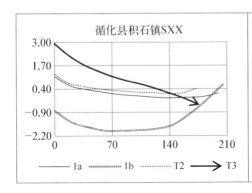

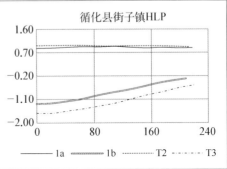

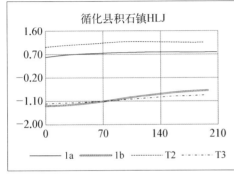

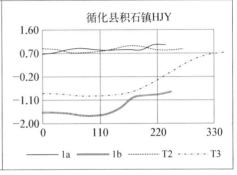

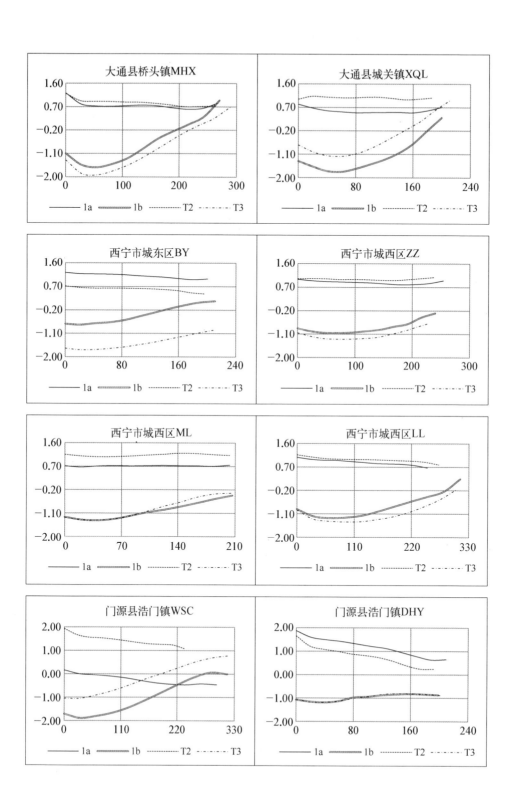

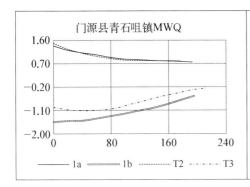

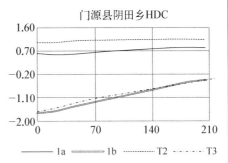

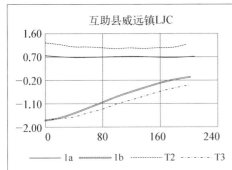

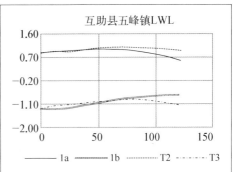

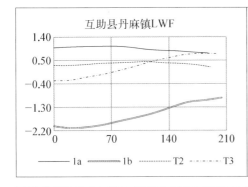

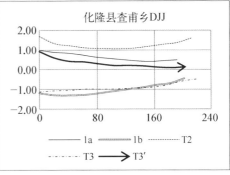

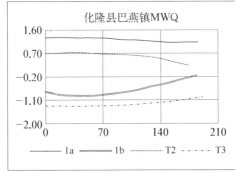

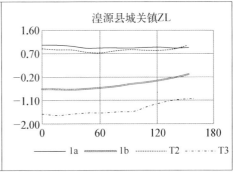

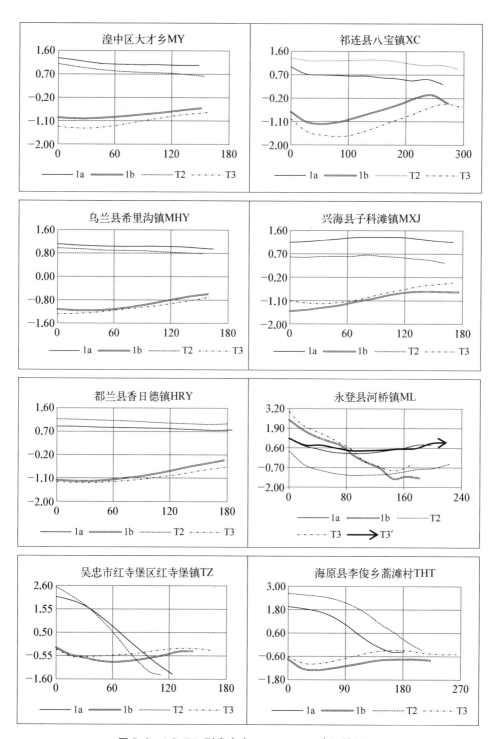

图 5-3　AC-BD 型发音人 LZ-SCORE 声调格局图

　　此外,循化县积石镇有一位发音人 SXX,她的情况有些例外。她高中就离开循化去外地上学,去声明显受到普通话的影响,变成降调。循化县的另外三名发音人的去声都与阳平合并。化隆县查甫乡的发音人 DJJ 的去声除了一部分字归入阳平,还有一个降调的变体。永登县河桥镇的发音人 ML 去声有变体,一部分为高平,与阴平上一样,一部分为高降,与阳平一样。去声出现高降的变体,有可能是受到了普通话的影响,但是也能说明一个问题,即去声与阳平合并得并不牢固,属于比较活跃的状态。

5.2.4　ABC-D型(平上合并)

　　ABC-D型共有 11 位发音人,涉的方言点都在甘肃境内,分别是:武威市凉州区(4 人)、金昌市永昌县河西堡镇(1 人)、张掖市肃南县马蹄藏族乡(1 人)、兰州市永登县河桥镇(1 人)和临夏州永靖县(4 人),永靖县的 4位发音人分别来自刘家峡镇、西河镇、岷塬镇和盐锅峡镇。

　　这几个点,除了永靖县与永登县相邻,其他几个点彼此在地理位置上都不相邻,而永靖县的 4 个镇与永登县河桥镇也不相邻,只有西河镇和盐锅峡镇与兰州市的红古区相邻。

　　如表 5-5 和图 5-4 所示,"武威型"的声调格局是平上合为一个调,去声单独一个调。永靖县的四个发音人的入声都派入平声,武威凉州区、永昌河西堡、永登河桥和肃南马蹄藏族乡的发音人的阴入除了派入平声,还有部分字派入去声,阳入都派入平声。这与它们方言大片的特征一致。从拱形上看,又可以分为两个小类。永靖县发音人与武威发音人的平声和上声的音高拱形都在凹调大类里,表现为升调、凹升调或两折调$\{24/324/3242\}$,永登河桥和肃南马蹄藏族乡的发音人将平声和上声读为平调$\{44\}$。所有人的去声都为高降调$\{52/53/54\}$。此外,武威和永昌的发音人还呈现出时长的区别,他们的去声时长都比较短(平均 269 ms),平声和上声时长比较长,均值在450 ms 左右。永靖县、肃南县和永登县的发音人则没有这个区别。

表5-5 ABC-D型发音人的单字调拱形与调值

编号	方言片	县市	乡镇区+发音人	特征表达				五度表达			
				1a	1b	T2	T3	1a	1b	T2	T3
W1	中原陇中	永靖县	刘家峡镇 LLH	MH	=1a	=1a	HL	24	=1a	=1a	53
W2	中原陇中	永靖县	西河镇 LHM	MH	=1a	=1a	HL	$_3$24	=1a	=1a	53
W3	中原陇中	永靖县	岘塬镇 WSY	MH	=1a	=1a	HL	$_3$24	=1a	=1a	53
W4	中原陇中	永靖县	盐锅峡镇 DZY	MH	=1a	=1a	HL	$_3$24	=1a	=1a	52
W5	兰银河西	武威市	凉州区 LGC	MLM	=1a	=1a	HL	3242	=1a	=1a	52
W6	兰银河西	武威市	凉州区 ZYF	MLM	=1a	=1a	HL	3242	=1a	=1a	52
W7	兰银河西	武威市	凉州区 ZWR	MLM	=1a	=1a	HL	3242	=1a	=1a	52
W8	兰银河西	永昌县	河西堡镇 GB	MLM	=1a	=1a	HL	3242	=1a	=1a	52
W9	兰银河西	武威市	凉州区 CXP	MLM/H	55	=1a	HL	44	=1a	=1a	52
W10	兰银河西	肃南县	马蹄藏族乡 AYX	H	=1a	=1a/HL	=1a/HL	44	=1a	=1a/54	=1a/54
W11	兰银金城	永登县	河桥镇 LAX	H	=1a	=1a	HL	44	=1a	=1a	52

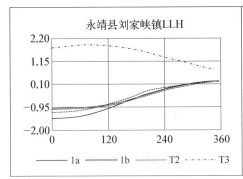

永靖县刘家峡镇LLH

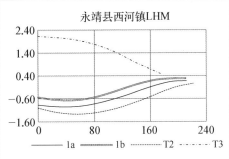

永靖县西河镇LHM

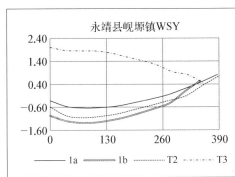

永靖县岘塬镇WSY

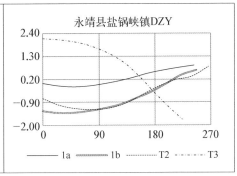

永靖县盐锅峡镇DZY

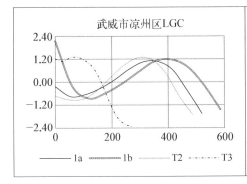

武威市凉州区LGC

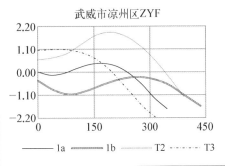

武威市凉州区ZYF

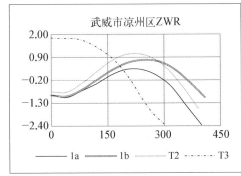

武威市凉州区ZWR

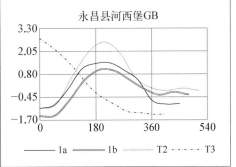

永昌县河西堡GB

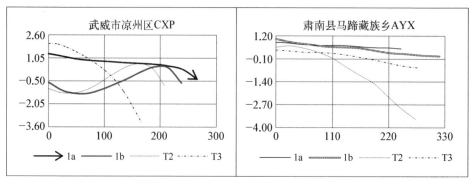

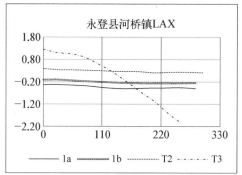

图 5-4　ABC-D 型发音人 LZ-SCORE 声调格局图

最后,需要说明的有两点:1) 武威凉州区的发音人 CXP 因为很早就到外地上学,她的阴平受到普通话的影响很大,已经变为一个平调,但是阳平与上声合并为一个两折调,去声是一个高降,她的声调格局呈现了三声的系统;2) 肃南县马蹄藏族乡的发音人 AYX 的阴平、阳平都是平调,上声和去声一分为二,各有平调和降调两种拱形,当然最后也是形成了一个二声系统,但是调类与拱形的对应关系不像其他几位发音人那么整齐。

5.3　二声系统的双音节字调格局

针对二声系统的双音节字调,我们共收集到 20 位发音人的有效语料。这是因为录制双音节字调语料的时间比较长,很多发音人无法腾出更多的时

间来配合我们录音。还有一些材料是因为录制的环境受到限制,已经录好的
在整理时才发现无法有效提取基频数据,我们只能将其作为听辨材料来参
考。万幸的是,虽然只有20位发音人,但是基本能够覆盖上述几种类型。下
面将按照单字调归并的类型顺序完成三项工作:首先,一一描写每个类别的
双音节字调格局;其次,分析共时层面单字调与双音节字调音高拱形变化的
规律;再次,按照不同调类的活跃度预判每个调类的底层拱形。

再次重申,我们在此讨论的是双音节字调,而不是双音节词,所以双音节
字调中不涉及轻声和固定调值的问题。

5.3.1　ABD-C 型

ABD-C 型共整理了5位发音人的双音节字调。包括:甘肃兰州市红古
区海石湾镇的 ZJ 和 ZXF、永登县河桥镇的 YTC;青海海东市民和县马场垣
乡的 LYY;宁夏中卫市海原县西安镇的 TZF。根据田野调查时,听感的笔记
记录,红古区平安镇的 WZY、ZP 的双音节字调模式与 ZJ 一样,海石湾镇的
MRY、YXY 与 ZXF 模式一样,永登县河桥镇的 YTC、乐都区马营乡的 PXC
自成一类,民和县的 ZHW、ZQ 与马场垣乡的 LYY 双音节模式一样、海原县
西安镇的 TZF 和关桥乡的 LJ 一样。红古区海石湾镇的 JWL、乐都瞿昙镇的
XSL 只有单字调语料。根据双音节字调的不同,将它们分为以下四小类。

5.3.1.1　ABD-C 型双音节字调描写

ABD-C 型第一小类(可参看图5-5,ZJ 和 ZXF 双字调格局图):

阴平为首字:阴平、阳平为尾字都是"高升+高升"的拱形,整体看就像一
个反向的两折调,一般两折调是"降—升—降",这个组合是"升—降—升";
上声为尾字,形成"低降+高降"的拱形,整体是一个两折调的拱形;去声为尾
字,形成"低降+高升"的拱形,整体看很像一个凹调。**阳平为首字:**形成两种
拱形,阴、阳、上为尾字的模式都一样,为"低降+高降"的拱形,整体形成的拱
形与"阴平+上声"的拱形非常接近;去声为尾字,形成"低降+高升"的凹调拱

形,与"阴平+去声"的拱形非常接近。**上声为首字**:阴、阳平为尾字,形成"高平+高降"的拱形;尾字亦为上声时,有两种情况,ZJ、WZY、ZP 形成"低平+低平"的拱形,MRY、YXY 和 ZXF 形成"低降+高升"的拱形;去声为尾字,形成"高平+升"的拱形,且与阴平和阳平为尾字时候的整体拱形很像,但因为后半部分是低升,所以后半部分的调头就要降下来,从而感觉上也是一个下降的拱形,不同之处在于这里还有一个上升的调尾。**去声为首字**:阴、阳、上为尾字,三者情况一致,都形成"低降+高平"的拱形;去声为尾字,形成"升+升"的拱形,它与阴平为首字时,阴、阳平为尾字时形成的"高升+高升"的拱形很像,但是听感上来说,"去声+去声"的两个升都要更低一些。

ABD-C 型第二小类(可参看图 5-5,YTC 双字调格局图):

阴平为首字:阴、阳平为尾字,形成"高平+高降"拱形;上、去为尾字,分别形成"高平+升"和"高平+降"的拱形。**阳平为首字**,分两类:阴、阳平尾字,为"低降+高降"拱形;上、去声尾字,为"低降+低降"拱形,上、去尾字的降调的调头似乎没有阴、阳平尾字的调头那么高,但是调尾的最低点相差不多,听感上是一个高降。**上声为首字**:阴、阳平尾字,形成"升+高降"拱形;上、去尾字,形成"低升+高降"拱形。虽然整体上看,上、去尾字要低一些,但是整体的拱形和听感是一样的,所以在特征表达调值时,都定为"MH-HL"。**去声为首字**:阴、阳平尾字,形成"低降+高降"拱形;上、去尾字,形成"低降+低降"的拱形,去声尾字形成的是凸降,有些听感上的不同。

ABD-C 型第三小类(可参看图 5-5,LYY 双字调格局图):

阴平为首字:阴平、上声、去声为尾字时,都是"低平+高平"组合;阳平尾字的组合刚好反过来,为"高平+低平"。**阳平为首字**:尾字无论为何,都是"低升+高升"。**上声为首字**:除了上声为尾字是"低平+高平",其他都是"高平+低平"组合。**去声为首字**:只有去声为尾字是"高升+低平",其他三组都是"低升+高升"。

ABD-C 型第四小类(可参看图 5-5,TZF 双字调格局图):

阴平和上声尾字比较统一,都是高降。

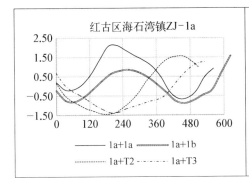

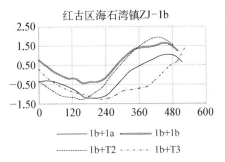

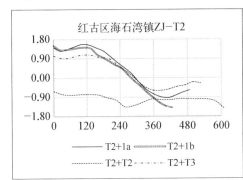

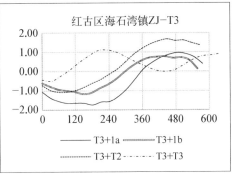

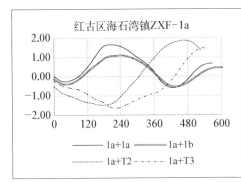

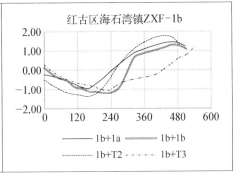

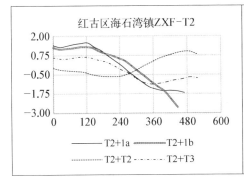

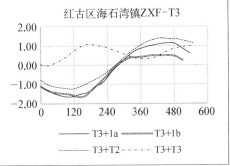

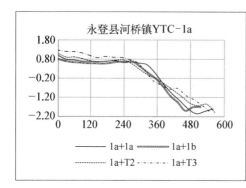

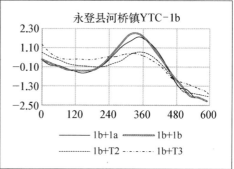

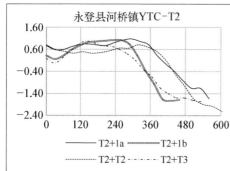

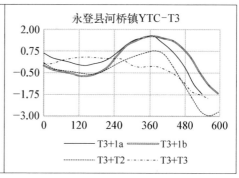

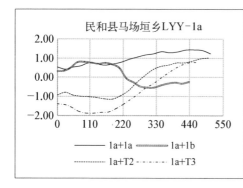

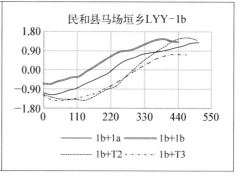

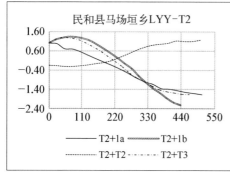

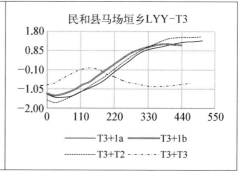

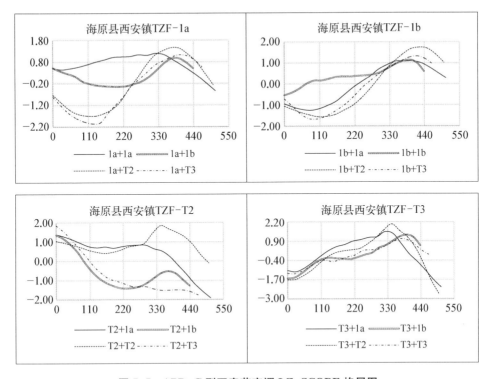

图 5-5　ABD-C 型双音节字调 LZ-SCORE 格局图

阴平为首字：阴平尾字是"高平+高降"，其他三组组合都是"低降+高降"。**阳平为首字**：阳平尾字是"低升+高升"，其他三组都是"低降+高降"。**上声为首字**：阴平、上声尾字为"高降+高降"；阳平尾字为"高降+升"；去声尾字为"高降+低降"。**去声为首字**：阴平、上声尾字为"低降+高降"；阳平、去声尾字为"低降+高平"。

虽然我们在描写双音节字调时，用两个单字调相加的方式，但是从上图可以看出，双音节字调其实就是一个连续的调，而且听感上也显示它们并非两个单字调简单相加。比如民和阳平为首字时的组合，形成的双音节字调，都被描写为"低升+高升"，调值为{23+35}。但实际说话的时候，发音人不会在{23}的时候停下来，再重新从{3}开始到{5}这个位置，而是直接从{2}升到{5}。红古的"阴平+上声"组合听感上就是一个两折调{3252}，将它们描写为两个调值的组合，是一个音系的描写，并不代表语音实际的表现。

5.3.1.2 ABD-C 型单字调与双音节字调对应音高变化

我们将红古双音节字调拱形汇总,分别用特征表达与五度表达两种方式表达以上四小类双音节字调组合的调值,得到表5-6:

表5-6 ABD-C 型双音节字调的拱形与调值

类别	调类	特征表达				五度表达			
		T1a	T1b	T2	T3	T1a	T1b	T2	T3
第一小类	T1a	MH-MH	MH-MH	ML-HL	ML-MH	25-25	25-25	31-52	31-25
	T1b	ML-HL	ML-HL	ML-HL	ML-MH	31-52	31-52	31-52	31-35
	T2	H-HL	H-HL	ML-MH	H-MH	55-52	55-52	21-24	55-523
	T3	ML-H	ML-H	ML-H	MH-MH	21-55	21-55	21-55	24-24
第二小类	T1a	H-HL	H-HL	H-MH	H-HL	55-52	55-52	55-523	55-523
	T1b	ML-HL	ML-HL	ML-ML	ML-ML	31-52	31-52	31-42	31-42
	T2	MH-HL	MH-HL	MH-HL	MH-HL	45-52	45-52	34-42	34-42
	T3	ML-HL	ML-HL	ML-ML	ML-ML	31-52	31-52	31-42	23-242
第三小类	T1a	M-H	H-M	M-H	M-H	44-55	55-33	33-55	33-55
	T1b	LM-MH	LM-MH	LM-MH	LM-MH	25	25	25	25
	T2	H-M	H-M	M-H	H-M	55-22	55-22	33-55	55-22
	T3	LM-MH	LM-MH	LM-MH	MH-M	25	25	25	24-22
第四小类	T1a	H-HL	ML-MH	ML-HL	ML-HL	55-52	31-35	31-52	31-52
	T1b	ML-HL	LM-MH	ML-HL	ML-HL	31-52	25	31-52	31-52
	T2	HM-HL	HM-MH	HM-HL	HL-ML	534-52	52-24	425-52	52
	T3	ML-HL	ML-H	ML-HL	ML-H	31-52	31-55	31-52	31-55

ABD-C 型第一小类的双音节字调中出现了 H、ML、HL、MH 四种音高拱形。单字调与双音节字调之间在共时层面的对应变化如下:

(1) T1a：MH→ML/[__ T(T=T2、T3)

(2) T1a/1b：MH→H/T __](T=T3)

(3) T1a/1b：MH→HL/T __](T=T1b、T2)

(4) T1b：MH→ML/[__ T(T=T1a, T1b、T2、T3)

(5) T2：HL→H/[__ T(T=T1a、T1b、T3)

(6) T2：HL→ML/[__ T(T=T2)

(7) T2：HL→H/T __](T=T3)

(8) T2：HL→MH/T __](T=T2)

(9) T3：MH→ML/[__ T(T=T1a、T1b)

从上面九个公式来看,该类的双音节字调中,音高拱形主要出现了五种变化:高降变高平(上声);高升变低降(阴平、阳平、去声首字);高降变低降(上声首字);升变高平(阴平、阳平尾字);升变高降(阴平、阳平尾字);高降变高升(上声尾字)。

这五个变化中,高降变低降(6)是一种语音变体,因为在这个声调格局中,不存在高低降调的对立,这个变化可以忽略。高降变高平(5)(7)在西北方言中多次出现,高降与高平甚至同时出现在一个单字调格局中,互为变体(详见第八章,兰州话的单字调演化),这种高降到高平的变化,从音系上讲,属于伊普(Yip 1989)提到的"简化原则",从语音学的发声原理来讲,凯瑟琳·杨和许毅(Yang & Xu 2019)将其解释为"截断",即前字被截断了调尾,原因是后字的调头也带有[H]的特征,从发音省力的原则出发,前字调尾的[L]特征不容易实现,就脱落了。升变低降(1)(4)(9)貌似复杂,实际上只是经历了两步变化,红古型的阴、阳平、去声单字调拱形处于一个凹调大类,有的发音人实现为凹调,有的实现为凹升,有的实现为两折调,出现在两字调首字的低降,第一步变化是MH→MLH,是一个凹调大类中的凹升拱形,然后调尾的上扬[H]没有得到语音实现,于是凹调的调尾在话语中被覆盖住了,或者说是被"截断"了,即MLH→ML。尾字的升变高平(2)与这个情况类似,阴、阳平做尾字的时候,首字的去声是个低降,所以首字调尾已经很低[L]了,那么尾字调头原有的低[M]就会被覆盖,或者脱落,MH→H,只剩下调尾的特征[H]。

上述变化中,只有阴、阳平、去声尾字变为降(3)(9)是一个比较特殊的情况。因为同样音高组合,去声为首字时,它们就变成了高平,可见这是经历了两步变化,第一步是 MH→H,属于"简化原则";第二步是 H→HL,属于"嵌入原则"(Yip 1989)。去声尾字的 HL→ML,是高低变化,与(6)同。

从上面的拱形描写和变化分析可以看出,上声、去声相比阴、阳平更加稳定,去声最稳定,去声的尾字与单字调音高拱形完全一样,没有任何变化。其次是上声,有两处尾字和一处首字(高降变低降可以视为变体)与单字调拱形完全一致。阴平次之,阳平最活跃。活跃度为:阳平>阴平>上声>去声。

ABD-C 型第二小类的双音节字调当中,有 H、HL、MH、ML 四种拱形。单字调与双音节字调之间在共时层面的对应变化如下:

(10) T1a:HL→H/[__ T(T=T1a、T1b、T2、T3)

(11) T1b:HL→ML/[__ T(T=T1a、T1b、T2、T3)

(12) T2:MLM→MH/[__ T(T=T1a、T1b、T2、T3)

(13) T2:MLM→HL/T2 __]

(14) T2:MLM→ML/T __](T=T1b、T3)

(15) T3:MLM→ML/[__ T(T=T1a、T1b、T2、T3);T __](T=T1b、T3)

第二小类的变化要小于第一小类。音高拱形主要出现了五种变化:高降变高平(阴平首字);高降变低降(阳平首字、去声尾字);凹变升(上声首字);凹变低降(上声尾字、去声首字);凹变高降(上声尾字)。

前两个变化(10)(11)一个是高降变高平,一个是高降变低降,与第一小类中(5)和(6)的语音变化机制是一样的。凹变降(13)(14)(15)也很好解释,和高降变高平的原理一样,都是最后调尾的特征被截断,即[MLM]变成[ML],如果是变成了高降,就是在此基础上,又经过一次高低的变化 ML→HL。上声做首字时,所有的尾字都变为高降,从发音机制考虑,当尾字的调头要抬高到这个声调格局中的最高点时,首字的调尾预期要升高(如 12 的变化),而且紧邻调尾的中间特征也要抬高,这时位于调头的第一个特征[M]

的辨义功能被减弱了,从而就脱落了,从音系上讲,这也属于伊普(Yip 1989)提到的"简化原则"。但是这个过程应该是经历了两步的变化,首先是MLM→LM;然后是LM→MH。上声做尾字时,除了阴平首字,其他情况都变为降调拱形(13)(14),这有两种可能,一种是由于"简化机制"这个音系规则在起作用,另一种是被这个方言点的尾字特征同化了。这个小类的尾字除了"阴平+上声"组合,其余的情况尾字都是降调,其中 11 次是高降。这也可以解释第一小类中阴、阳平与阳平组合尾字变高降的情况,很可能是源于接触的同化作用。此外,在一个没有高低降调对立的声调格局中,尾字变为高降(13)还是低降(14)(15)都只是语音变体。

这个小类从拱形分布和拱形变化来看:去声最稳定,首字都是低降,尾字两个高降、两个低降;阳平也都是降调,尾字高降,首字低降;阴平尾字高降,首字高平;上声首字都是升,尾字一处升,三处降(一高两低)。活跃度为:阴平>阳平>上声>去声。

ABD-C 型第三小类的双音节字调中出现了 M、H、LM、MH 四种拱形。单字调与双音节字调之间在共时层面的对应变化如下:

(16) T1a:MH→M/[__ T(T=T1a、T2、T3);T __](T=T2)

(17) T1a:MH→H/[__ T(T=T1b);T __](T=T1a)

(18) T1b:MH→LM/[__ T(T=T1a、T1b、T2、T3)

(19) T1b:MH→M/T __](T=T1a、T2)

(20) T2:H→M/[__ T(T=T2)

(21) T2:H→MH/T __](T=T1b、T3)

(22) T3:MH→LM/[__ T(T=T1a、T1b、T2)

(23) T3:MH→H/T __](T=T1a)

(24) T3:MH→M/T __](T=T2、T3)

这个小类中,音高拱形主要出现了五种变化:高平变中平(上声首字);高升变高平(阴平首字、尾字;去声尾字);高升变中平(阴平首字、尾字;阳平、去声尾字);高升变低升(阳平、去声首字);高平变高升(上声尾字)。

高平变中平(20)和高升变低升(18)(22)都属于互补分布的变体。高升变高平(17)(23)与高升变中平(16)(24)属于"简化原则"管辖的范畴,不同的是,高升[MH]变为中平时,只经历了一步,即 MH→M,而变为高平时,首先经历 MH→M 的步骤,之后是 M→H 的步骤。高平变高升(21),属于伊普(Yip 1989)提到的另一个音系规则,与"简化原则"相对,叫做"嵌入规则"(insertion),当首字的特征是[LM]时,尾字的调头被赋值了一个特征[M],从 H→MH。从整体的调类活跃度来看,上声最稳定,阳平和去声次之,活跃度为:阴平>阳平/去声>上声。

ABD-C 型第四小类共出现了 H、ML、LM、HL、MH、HM 六种拱形。单字调与双音节字调之间在共时层面的对应变化如下:

(25) T1a:MLM→H/[__ T(T=1a)

(26) T1a:MLM→ML/[__ T(T=T1b、T2、T3)

(27) T1a:MLM→HL/T __](T=T1a、T1b、T2、T3)

(28) T1b:MLM→LM/[__ T(T=T1b)

(29) T1b:MLM→ML[__ T(T=T1a、T2、T3)

(30) T1b:MLM→MH/T __](T=T1a、T1b、T2)

(31) T1b:MLM→H/T __](T=T3)

(32) T2:HL→HM/[__ T(T=T1a、T1b、T2)

(33) T3:MLM→ML/[__ T(T=T1a、T1b、T2、T3)

(34) T3:MLM→HL/T __](T=T1a、T1b)

(35) T3:MLM→ML/T __](T=T2)

(36) T3:MLM→H/T __](T=T3)

该类的双音节字调中,音高拱形主要出现了六种变化:凹变高平(阴平首字;阳平、去声尾字);凹变低降(阴平、阳平、去声首字;去声尾字);凹变高降(阴平、去声尾字);凹变低升(阳平首字);凹变高升(阳平尾字);高降变中降(上声首字)。

上声首字由高降变中降(32)可以视为语音变体,它们互补分布,不构成调位的对立。凹变低降(26)(29)(33)(35)和凹变低升(28),都可以用"截断"的原理来解释:要么截断前面一个特征,MLM→LM;要么截断后面一个特征,MLM→ML。可以将这两组变化视为一个变化。即都是符合"简化原则"的"截断"。低升与高升的变化,和低降与高降的变化一样,也是互为变体,不形成对立的,LM→MH 或者 ML→HL,这种高低的变化是由前后调的环境决定的,没有形成对立。只有凹变高平(25)(31)(36),需要两次"截断",还需要一次高低变化,这需要用周围方言的接触来解释,因为相同的语音环境,其他情况要么是凹变低降,要么是凹变高降,都不需要过多的步骤。

几个调类中,上声最稳定,几乎没有变化。高降变中降只能称为是一个变体。其他三个调类,从变化次数和拱形变化来看,几乎没有差别。

5.3.1.3　ABD-C 型的声调底层拱形

从上面四个小类的双音节字调格局,可以就 ABD-C 型得出这样几个结论:

1）综合四个小类,上声和去声最稳定。第一、二小类去声最稳定,第三小类阳平和去声的稳定度相当,第四小类阴平、阳平和去声无法分出彼此的活跃程度,综合来看,去声要比阳平更稳定。

2）阴平最活跃,而且阴平与阴平组合时,拱形变化会出现其他相同语音环境组合下不一样的语音变化机制。

3）在双音节字调中,除了第三小类,尾字降调的情况比较多,第一小类尾字降调出现了 6 次,第二小类出现了 15 次(11 次高降,4 次低降),第四小类出现了 11 次(10 次高降,1 次低降)。第三小类似乎是个特例,尾字没有出现高降。

4）结合上述三点,可以得出第一层推测,即去声的拱形就是去声的底层拱形,阳平与阴平的合并方向上,它们是归并于去声。另外,"阴平+阴平"的组合会出现双音节字调与单字调的对应,但与其他相同音高组合是不一样的语音变化机制。这里可以假设,不同变化机制的拱形很可能是阴平的底层声调拱形。阳平还无法确认。根据单音节和双音节字调的对应关系,推演出的底层拱形如表 5-7 所示,(其中带星号的" ＊ "表示目前还无法确定的底层拱形。下同)

表 5-7　ABD-C 型声调的底层拱形

小类	T1a	T1b	T2	T3
第一小类	HL *	HL *	HL	MH
第二小类	* ——	* —	MLM	HL
第三小类	* ——	* —	H	MH
第四小类	H *	H *	HL	MLM

5.3.2　AB-CD 型

AB-CD 型共整理了 8 位发音人的双音节语料,包括兰州市永登县城关镇的 WZX 和 BZ、河桥镇的 LLY,西固区陈坪村的 CBZ、SFY、WZC、SMH,和临夏州临夏县韩集镇的 XF。除此之外,根据调研时的听感数据,发现属于兰银官话金城小片的发音人双字调拱形表现一致,属于中原陇中官话河州小片的发音人拱形表现一致。下面将它们分为两个小类来描写。

5.3.2.1　AB-CD 型双音节字调描写

AB-CD 型第一小类(参看图 5-6,WZX、BZ、LLY、CBZ、SFY、SMH 和 WZC 的双字调格局图):

阴平为首字:阴平、阳平为尾字,都呈现出"高平+高降"的拱形,只有 CBZ 一人除外,他的"阴平+阴平"组合是"高降+高降"拱形,WZX 的尾字阴平是个中降,只有他们两个与其他人不同,这应该属于个体差异;上声为尾字,前半个音节是"高平",后半个音节形成"低降/低凸降/低凹"的拱形,每个发音人都有少许差异,但是基本一致的地方是都保持一个下降的"低凹"拱形,调尾不一定会如凹调一样抬起,但是听感上是一个凹调;去声为尾字,前半个音节是"高降",后半个音节是"低凹",发音人 LLY、SFY 的前半个音节是"高平",后半个音节也是"低凹"。去声尾字与上声尾字的拱形有明显差异,去声尾字整体看像一个长降调,或者后凹调。上声尾字前半截的高平很明显,而且上声尾字时,整体的高度要低一些。**阳平为首字**:阴平、阳平尾字都为"高降+高降"拱形,第二个音节的高降听感上比第一个音节的高降要低一些,但并不是低降,"高降+高降"拱形的第二个音节的调头是抬起来的。这从省力原则考虑是讲得通的,第二个音节没有必要完全回到第一个音节调头的位置,所以"高降+高降"的组合语图看起来像是两个起点不同的降调,有点像"高降+低降",但听感上是两个高降,是下降幅度一致的平行降调;去声和上声尾字时,为"高降+低升"或者"高降+低凹"的拱形,整体听上去像个后凹调。上声为尾字时,前半个音节的高降调尾不很明显,似乎随时有脱落的可能,变成只有一个高平的调头,但在听感上还是一个高降。**上声为首字**:阴平、阳平、去声尾字,形成"低升+高降"拱形;上声尾字,形成"高降+低降/低凹"的拱形。"上声+阴平"和"上声+阳平"的拱形是一样的,整体上都是一个大的凸降调;虽然从拱形上看,平声尾字和去声尾字都是一个"低升+高降"的凸降拱形,但是能够分辨出去声尾字的拱形要低于平声尾字时的降调,有清晰的高低差别。**去声为首字**:阴平和阳平尾字都是"低升+高降";上声尾字分两种情况,一是"低凹+高降",二是"低凹+高升"。后者较少出现,权且看作是第一种情况的变体,即高降脱落了降调的调尾,本来是第一个音节的低凹调尾要升到一个位置然后下降,但是可能会在第二个音节就此结束,成为一个升调;去声尾字为"高升+低升",两个连续的升调在一起,听起来很像一个两折调"低—高—低—高",第二个音节的"高点"要低于第一个音节的"高点"。

AB-CD 型第二小类(参看图 5-6,XF 的双字调格局图):

阴平为首字:阴平尾字为"高升+高升"拱形;阳平和去声尾字都是"升+降"的拱形,但是阳平是"高升+高降",去声是"低升+低降";上声尾字为"低升+高平"的拱形,调尾有些下降,听感上还是一个高平的调尾。**阳平为首字**:阴平尾字,拱形是"低升+高升",其实是一个高升调{25};阳平和去声尾字是"低凹+高降";上声尾字为"低凹+高平"。**上声为首字**:阴平、阳平尾字都是"高平+低凹"的拱形,阳平尾字时的拱形略低;上声和去声尾字的拱形有些相似,为"低凹+高降",不同之处是,上声尾字的高降要高于去声尾字的高降。**去声为首字**:拱形分为两类,平声尾字都是"高平+低凹";上、去声尾字都是"高平+高平",后者听起来就是一个高平调{55}。

第二小类相比第一小类,上声和去声没有那么多的变体形式,整体更整齐一些。

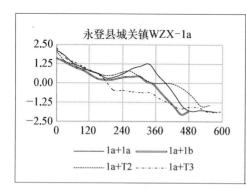

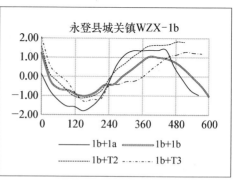

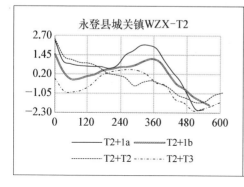

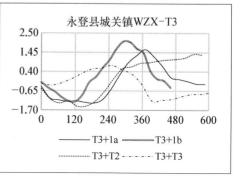

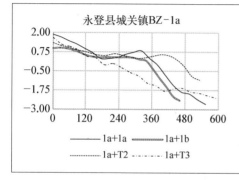

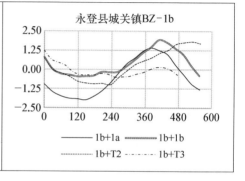

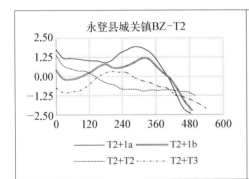

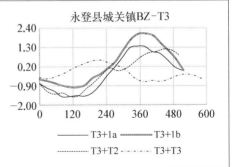

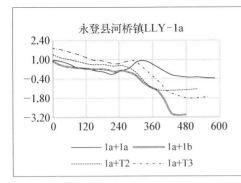

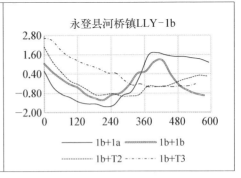

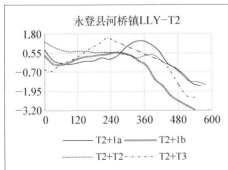

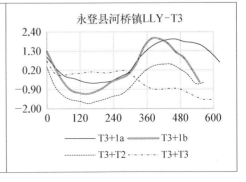

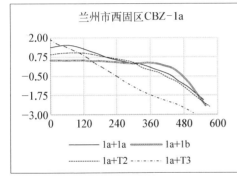

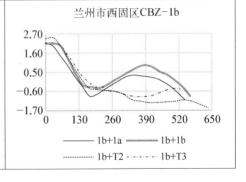

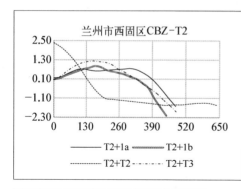

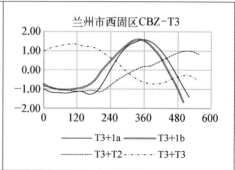

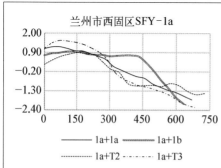

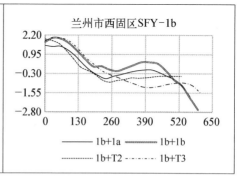

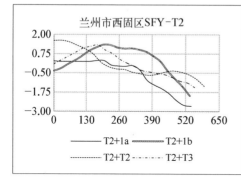

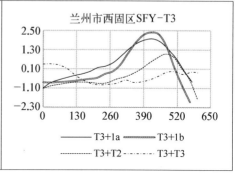

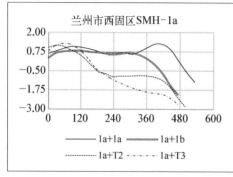

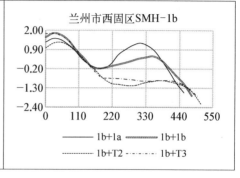

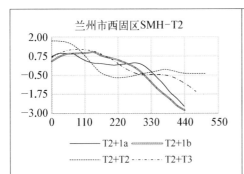

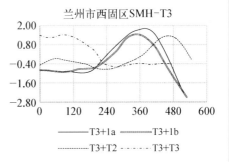

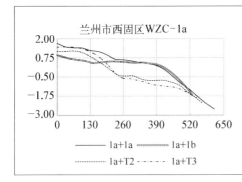

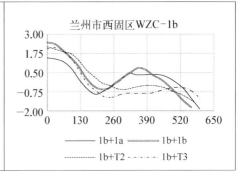

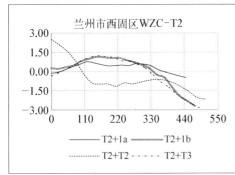

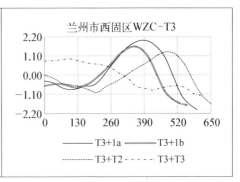

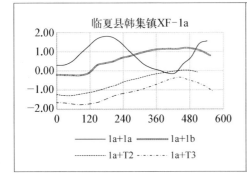

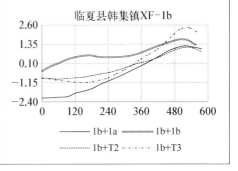

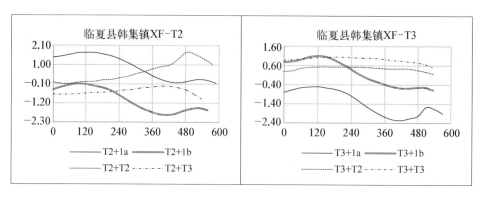

图 5-6　AB-CD 型双音节字调 LZ-SCORE 格局图

5.3.2.2　AB-CD 型单字调与双音节字调对应音高变化

我们将 AB-CD 型双音节字调拱形汇总,分别用特征表达与五度表达两种方式表达两小类双音节字调组合的调值,得到下表:

表 5-8　AB-CD 型双音节字调的拱形与调值

类别	调类	特征表达				五度表达			
		T1a	T1b	T2	T3	T1a	T1b	T2	T3
第一小类	T1a	H-HL	H-HL	H-MLM	HL-MLM	55-52	55-52	52/523	523
	T1b	HL-HL	HL-HL	HL-MLM	HL-MLM	52-52	52-52	523	523
	T2	LM-HL	LM-HL	HL-MLM	LM-HL	35-52	35-52	523	32_4-42
	T3	LM-HL	LM-HL	MLM-HL	MH-LM	325-52	325-52	324-42/45	24-23
第二小类	T1a	MH-MH	MH-HL	LM-H	LM-ML	25-25	324-42	325-55	324-42
	T1b	LM-MH	MLM-HL	MLM-H	MLM-HL	25	324-52	325-55	324-52
	T2	H-MLM	H-MLM	MLM-HL	MLM-ML	55-523	55-523	323/33-52	324-31
	T3	H-MLM	H-MLM	H-H	H-H	55-523	55-523	55-55	55-55

AB-CD 型第一小类的双音节字调中出现了 H、HL、MLM、LM、MH 五种

音高拱形。单字调与双音节字调之间在共时层面的对应变化如下：

（37）T1a：HL→H/[＿ T（T＝T1a、T1b、T2）

（38）T2：MLM→LM/[＿ T（T＝T1a、T1b、T3）

（39）T2：MLM→ HL/[＿ T（T＝T2）；T ＿](T＝T3)

（40）T3：MLM→LM/[＿ T（T＝T1a、T1b）；T ＿](T＝T3)

（41）T3：MLM→MH/[＿ T（T＝T3）

（42）T3：MLM→HL/T ＿](T＝T2)

从上面的推导公式来看，主要出现了五种变化：高降变高平（阴平首字）；凹变低升（上声、去声首字；去声尾字）；凹变高降（上声首字；上声、去声尾字）；凹变高升（去声首字）。

高降变高平（37）HL→H，属于"简化原则"，变化原理如 ABD-C 型所述。凹变低升（38）（40）MLM→LM 也属于"简化原则"，凹变高降 MLM→HL（39）（42），先经历"简化原则"MLM→ML，再经历高低变化 ML→HL。凹变高升（41）先经历"简化原则"MLM→LM，再经历高低变化 LM→MH。

第一小类中阳平最稳定，无论是居于首字，还是尾字，都保持高降，而且与它的单字调拱形始终保持一致。其次是阴平，高降与高平的变化属于语音变体。上声与去声的活跃度相当，去声变化更多。活跃度为：去声>上声>阴平>阳平。

AB-CD 型第二小类的双音节字调中出现了 MH、HL、LM、ML、MLM、H 六种音高拱形。单字调与双音节字调在共时层面的对应变化如下：

（43）T1a：MLM→MH/[＿ T（T＝T1a、T1b）；T ＿](T＝T1a、T1b)

（44）T1a：MLM→LM/[＿ T（T＝T2、T3）

（45）T1b：MLM→LM/[＿ T（T＝T1a）

（46）T1b：MLM→HL/T ＿](T＝T1a、T1b)

（47）T2：HL→H/[＿ T（T＝T1a、T1b）；T ＿](T＝T1a、T1b、T3)

（48）T2：HL→MLM/[＿ T（T＝T2、T3）

（49）T3：HL→H/[__ T（T=T1a、T1b、T2、T3）；T __]（T=T3）

（50）T3：HL→ML/T __]（T=T1a、T2）

从上面推导公式来看，主要出现了六种变化：凹变低升（阴平、阳平首字）；凹变高升（阴平首字、阴平尾字）；凹变高降（阳平尾字）；高降变高平（上声、去声首字和尾字）；高降变凹（上声首字）；高降变低降（去声尾字）。

（44）（45）（47）和（49）的变化都属于"简化原则"，（43）（46）是在"简化原则"之后，又有高低变化，具体推演在上文已经详细阐述，此处不再赘述。高降变凹（48），经历了两个过程，一是伊普（Yip 1989）提到的"嵌入原则"，即 HL→HLM，调尾插入一个特征，从上声变化的环境也很容易看出来，这个变化是当上声与上、去组合，并居于首字的时候，后面的尾字是降调，降调的调头必须要抬高，所以首字上声的调尾很可能被"嵌入"一个高的特征［H/M］，这样尾字才能接着下降，所以上声首字先经历 HL→HLM/H 的过程，然后再经历第二个过程，即高低变化 HLM→MLM。高降与低降（50）的变化又是语音层面的高低变体。

从稳定性来看，这个小类也是阳平相对最稳定，从活跃度来看，变化最大的是去声，其次是上声。活跃度为：去声>上声>阴平>阳平。

5.3.2.3　AB-CD 型声调底层拱形

从这两小类双音节字调的拱形变化，可以得出以下几点：

1）阳平和阴平要比上声、去声更稳定。阳平最稳定。

2）与 ABD-C 型情况类似，阴平在双音节字调的拱形变化中，存在特例，这很可能是阴平的底层拱形，而且阴平出现语音变化机制例外的情况都是阴平与阴平组合，或者阴平与阳平组合的时候。

上声和去声在这个小类里都比较活跃，但是观察表 5-8，会发现一旦形成双音节字调，包含去声的双音节字调拱形变化更多，上声相对要更加稳定一些。目前可以确定的是，阴平、阳平合并时，是阴平归入阳平；上声、去声合并时，是去声归入上声。根据 AB-CD 型单音节和双音节字调的音高拱形分

布,推演出底层拱形如表5-9所示:

表5-9 AB-CD型声调的底层拱形

小类	T1a	T1b	T2	T3
第一小类	H *	HL	MH	MLM *
第二小类	MH *	MLM	H	* ——

5.3.3 AC-BD型

AC-BD型共有8位发音人的双音节语料被整理出来,他们分别是:青海循化县街子镇的HLP、西宁市城西区的ZZ、门源县浩门镇的DHY、互助县丹麻镇的LWF、湟中区大才乡的MY和都兰县香日德镇的HRY;甘肃永登县河桥镇的ML和宁夏海原县李俊乡蒿滩村的THT。按照双音节字调拱形可以将其分为两小类。青海的发音人HLP、ZZ、DHY、LWL、MY和HRY成一小类;永登县河桥镇的ML和海原县李俊乡的THT成一小类。其他发音人的语音数据虽然没有整理为声调格局图,但是根据调研时候的听感记音,门源、西宁、互助、化隆、湟源、祁连、乌兰和兴海的发音人都属于第一小类的双音节字调格局。吴忠市红寺堡区的发音人与海原县李俊乡的发音人一样,都是第二小类的格局。

5.3.3.1 AC-BD型双音节字调描写

AC-BD型第一小类(参看图5-7,HLP、ZZ、DHY、LWL、MY和HRY的双字调格局图):

阴平为首字:阴平、阳平、上声尾字都为"高平+高平"拱形,整体都像一个高平调{55}。上声尾字有个别例外,为"高平+高升"拱形(如例字:钢板、颠倒);去声尾字时为"低升+高升"拱形,或者说是"低凹+高升"更准确,整体听起来像一个凹升调{325}。**阳平为首字:**阴平、阳平、上声尾字都为"低平+高平"的拱形;去声尾字为"低升(凹)+高升",与"阴平+去声"一样,整体也是一个凹升调{325}。**上声为首字**:拱形最为丰富,阴平尾字是"高平+高平"拱形;阳平尾字为"高降+低升"拱形;上声尾字为"低平+高平";去声尾字为"高平+低平"拱形。在上声首字的双音节组合中,出现了高平、高降、低升、低平四种拱形。**去声为首字**:阴平、上声做尾字为"低平+高平"拱形;阳平、去声做尾字为"低平+中平"拱形。这二者其实在听感上是一样的,但是基频高度有明显差异,也许是阴高阳低留下的痕迹。

门源 DHY、互助 LWL、湟中 MY 和都兰 HRY 的其他组合都与第一小类完全一样。只有**去声+去声**的时候,为"低升+低升"的拱形。听感上就像两个凹调,但是第一个凹调不充分,又像一个升调。

AC-BD 型第二小类(见图 5-7,ML 和 THT 的双音节字调格局图):

阴平为首字:阴平、阳平尾字为"高平+高降"拱形;上声尾字为"高平+凹";去声尾字为"高降+凹"拱形,整体像个长后凹调。**阳平为首字**:阴平、阳平尾字都为"高降+高降"拱形;上声尾字为"高降+低平";去声尾字为"高降+低降"。**上声为首字**:阴平尾字是"高降+高降"拱形;阳平、上声尾字为"高降+低降"拱形;去声尾字为"高降+低凹"。**去声为首字**:阴平、阳平、上声做尾字都为"低凹+高降"拱形;去声做尾字为"低升+低凹"拱形。这与临夏型的永登双音节字调非常接近。

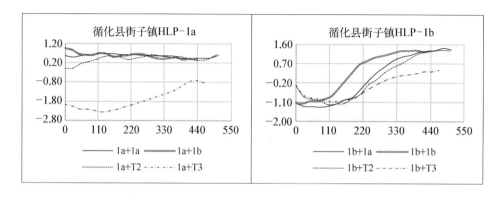

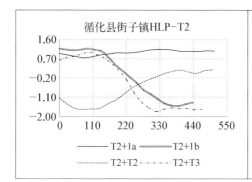

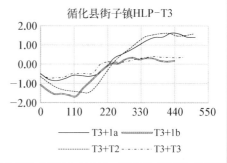

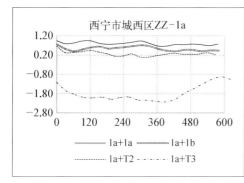

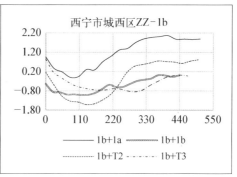

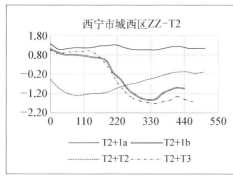

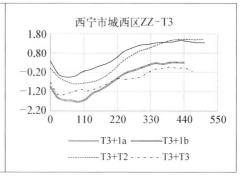

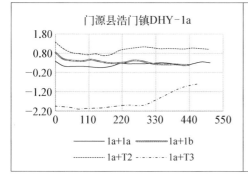

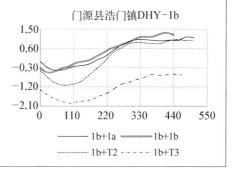

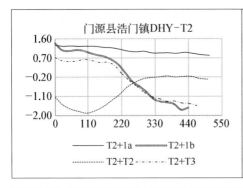

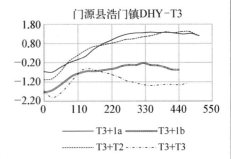

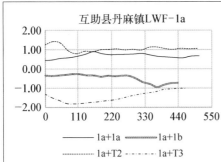

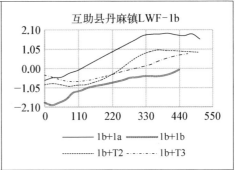

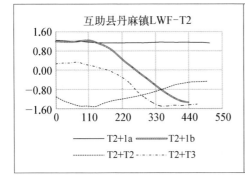

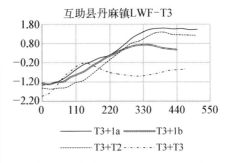

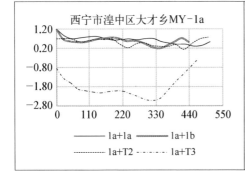

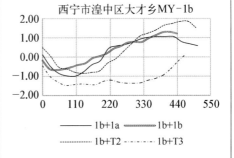

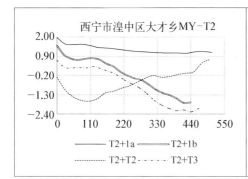

西宁市湟中区大才乡MY-T2

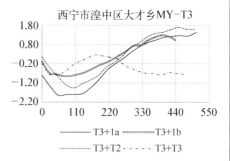

西宁市湟中区大才乡MY-T3

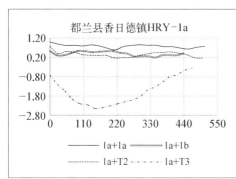

都兰县香日德镇HRY-1a

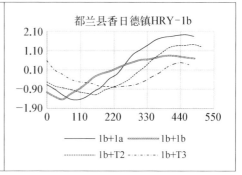

都兰县香日德镇HRY-1b

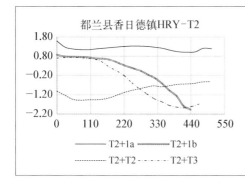

都兰县香日德镇HRY-T2

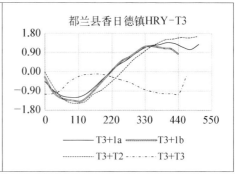

都兰县香日德镇HRY-T3

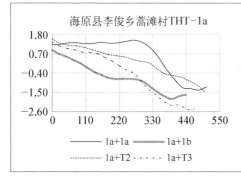

海原县李俊乡蒿滩村THT-1a

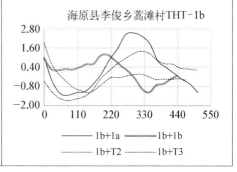

海原县李俊乡蒿滩村THT-1b

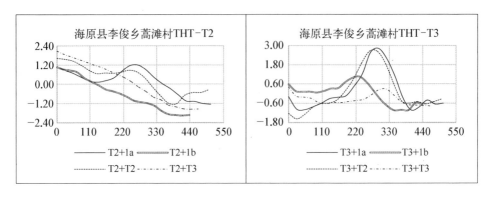

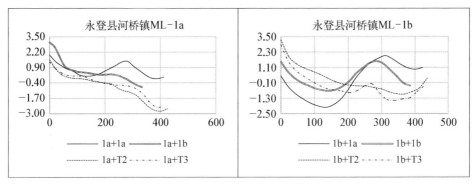

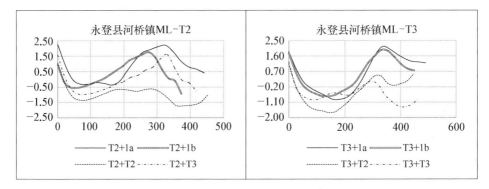

图 5-7 AC-BD 型双音节字调 LZ-SCORE 格局图

5.3.3.2 AC-BD 型单字调与双音节字调对应音高变化

我们将 AC-BD 型双音节字调拱形汇总,分别用特征表达与五度表达两种方式表达两小类双音节字调组合调值,得到表 5-10:

表 5-10 **AC-BD 型双音节字调的拱形与调值**

类别	调类	特征表达				五度表达			
		T1a	T1b	T2	T3	T1a	T1b	T2	T3
第一小类	T1a	H-H	H-H	H-H	LM-MH	55-55	55-55	55-55/35	324-45
	T1b	M-H	M-H	M-H	LM-MH	33-55	33-55	33-55	324-45
	T2	H-H	HL-MH	M-H	H-M	55-55	52-23	33-55	55-22
	T3	M-H	M-H	M-H	LM-MH	33-55	33-44	33-55	33-44
第二小类	T1a	H-HL	H-HL	H-MLM	HL-MLM	55-52	55-52	52/523	523
	T1b	HL-HL	HL-HL	HL-M	HL-ML	52-52	52-52	52-33	52-32
	T2	HL-HL	HL-ML	HL-ML	HL-MLM	52-52	52	52	53-324
	T3	MLM-HL	MLM-HL	MLM-HL	LM-MLM	325-52	325-52	324-42/45	24-23

AC-BD 型第一小类的双音节字调中出现了 H、LM、MH、M、HL 五种音高拱形。单字调与双音节字调之间在共时层面的对应变化如下：

（51）T1a：H→LM /[__ T（T=T3）

（52）T1b：MH→M/[__ T（T=T1a、T1b、T2）

（53）T1b：MH→LM/[__ T（T=T3）

（54）T1b：MH→H/[__ T（T=T1a、T1b、T3）

（55）T2：H→HL/[__ T（T=T1b）

（56）T2：H→M/[__ T（T=T2）

（57）T3：MH→M/[__ T（T=T1a、T1b、T2）；T __]（T=T2）

（58）T3：MH→LM/[__ T（T=T3）

根据上面的推导公式,主要出现了这样几个变化：高平变低升(阴平首字)；高升变低平(阳平首字、去声首字、去声尾字)；高升变低升(阳平、去声首字)；高平变低平(上声首字)；高平变高降(上声首字)；高升变高平(阳平首字)。

上述变化中：高平变低平(56),高升变低升(53)(58),都属于语音的高

121

低变体,互补分布,没有语义的对立;高升变低平 MH→M(52)(57),属于"简化原则"(simplification),调尾的特征[H]被截断;高升变高平(54),经过两步,先由"简化原则"变成低平 MH→M,再由低平变高平 M→H,后者属于高低变化,呈现互补分布的情况;高平变高降(55),属于伊普(Yip 1989)说的"嵌入原则",和前面的"简化原则"方向相反,H→HL 调尾被嵌入了一个特征[L]。此外,阴平的高平变低升(51),也需要两步,第一步,降低高度,H→M;第二步,经过"嵌入",M→LM。

从稳定性来看,阴平似乎最稳定,除了与去声尾字组合时是个低升,其他情况都是高平;上声尾字都是高平,首字有高平、高降和中平。整体看起来上声变化更多,最活跃,但是上声的变化都可以用一条语音机制来解释,比如:高平变高降,高平变中平。阴平变化的语音机制则需要两步,这个时候,我们更愿意推测,阴平与去声组合后的拱形,很有可能原本是阴平的底层拱形。阳平和去声相比,去声更加稳定,有四处保持升的拱形,而阳平只有两处,更多情况是一个中平。所以,活跃性为:上声>阴平;阳平>去声。

AC-BD 型第二小类的双音节字调中出现了 H、HL、MLM、M、ML、LM 六种音高拱形。单字调与双音节字调之间在共时层面的对应变化如下:

(59) T1a:HL→H/[__ T(T=T1a、T1b、T2)

(60) T1b:MLM→ML/HL/[__ T;T __](T=T1a、T1b、T2、T3)

(61) T2:HL→MLM/T __](T=T1a)

(62) T2:HL→M/T __](T=T1b)

(63) T2:HL→ML/T __](T=T2)

(64) T3:MLM→LM/[__ T(T=T3)

(65) T3:MLM→ML/T __](T=T1b)

根据上面的推导公式,主要出现了这样几个变化:高降变高平(阴平首字);高降变中平(上声尾字);高降变低降(上声尾字);高降变低凹(上声尾字);低凹变高降、低降(阳平;去声尾字);低凹变低升(去声首字)。

上述变化中:高降变高平 HL→H(59)、低凹变低降 MLM→ML(60)

（65）、低凹变低升 MLM→LM（64），都是遵循"简化原则"，或者调尾特征脱落，或者调头特征脱落；主要是上声的变化比较多，高降变低降 HL→ML（63），可以视为高低互补分布；高降变中平 HL→M（62），先是经历"简化原则"HL→H，继而高平与低平出现高低互补分布 H→M；高降变低凹（61），经历了两步，先由高降变低降 HL→ML，接着是"嵌入原则"，调尾添加一个特征 ML→MLM。（60）的变化中，还有 ML→HL 的一步，属于互补分布。

从声调拱形的稳定性来看：阴平、阳平最稳定，阳平在所有的环境里都实现为降调；去声大部分实现为低凹，它的两处变化也可以用同一条语音机制解释；只有上声最活跃，阴平与上声比，活跃性应该是：上声>阴平；而阳平与去声稳定性相当，但是从单字调的拱形考虑，阳平变化更多。阳平的底层拱形初步判断应该是双音节字调中的降调，还有待后续的判断确认，而去声则是低凹。

5.3.3.3　AC-BD 型声调底层拱形

从 AC-BD 型两小类双音节字调拱形变化，可以得出以下几点：

1）两个小类虽然单字调归并一致，但是双音节字调情况不同；以西宁为代表的青海方言点阴平和去声更加稳定，上声和阳平比较活跃；以海原为代表的方言点的阴平、阳平和去声在双音节字调里的表现都很稳定，也由此可以判断出它们对应的底层拱形。

2）可以通过阴平例外的变化判断其底层拱形。

总体来讲，AC-BD 型的双音节字调不如 ABD-C 型的复杂，相对同质性更高一些，也更容易找出规律。目前根据单音节和双音节字调的情况，可推演出 AC-BD 型的底层拱形如表 5-11 所示：

表 5-11　AC-BD 型声调的底层拱形

小类	T1a	T1b	T2	T3
第一小类	LM	*——	H	MH
第二小类	HL	ML	*——	MLM

5.3.4　ABC-D 型

ABC-D 型共有 5 位发音人的双音节字调录音得到有效处理,他们分别是武威市凉州区的 LGC、ZYF 和 ZWR,金昌市永昌县河西堡镇的 GB,永靖县西河镇的 LHM。大体将它们分为两个小类,第一小类是武威和金昌的 4 位发音人,第二小类是永靖县的发音人。

5.3.4.1　ABC-D 型双音节字调描写

ABC-D 型第一小类(参看图 5-8 中 LGC、ZYF、ZWR 和 GB 的双音节字调格局):

阴平、阳平为首字:所有的组合都是"高升+高降",整体听感上都是一个凸降调。发音人 LGC 的"阴平+阳平"组合是"低平+低平",这是个例外。**上声为首字**:阴平、阳平、去声尾字时,依然是"高升+高降"的凸降拱形,只有上声尾字例外,是"高降+低升"。**去声为首字**:阴、阳平和上声为尾字的时候,都是"高降+低降",个别变体是"高降+低凸降",但整体都是一个长降调或者后凹调的拱形。只有去声尾字不同,为"中平+低降"拱形,整体像一个起点比较低的凸降调。

需要说明的是,"高升+高降"的组合会出现个体差异,前面一个音节有人读为高升,也有人读为高平,但都属于随机变体,没有规律。所以从音系上都处理为"高升"。武威的双音节字调需要特别关注的还有一点,仔细观察它的双音节字调组合,会发现双音节字调的拱形总体也就只有两大类:一是,"高升+高降"形成的凸降;二是,"高降+低降"形成的长降调。而"中平+低降"可以视为后者的变体。

从语言接触和西北汉语方言形成的角度来看(阿错、向洵 2015;陈保亚 1996;敏春芳 2018),武威型的声调系统应该是处于"匹配"的最初阶段,还没有回归,无论是单字调,还是双音节字调,都更接近少数民族无声调语言的"高低"轻重音。

ABC-D 型第二小类(参看图 5-8 中 LHM 的双音节字调格局):

阴平为首字：阴平、上声尾字都是"高平+中平"拱形,尾字有低凹变体;阳平尾字为"中平+低升"拱形,尾字也有低凹变体;去声尾字为"中平+高平"。**阳平为首字**：阴平尾字为"中平+高降"拱形;阳平和上声尾字为"低升+低升"拱形;去声尾字为"中平+高平"。**上声为首字**：阴平、阳平、去声尾字都为"中平+高平"拱形;上声尾字为"中平+高降"拱形。**去声为首字**：阴平、阳平、上声尾字都为"高平+中平"拱形,尾字有低升变体;去声尾字为"高平+高降"拱形。

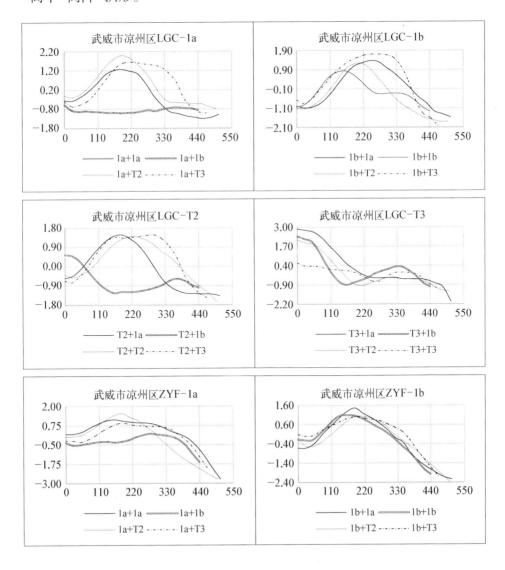

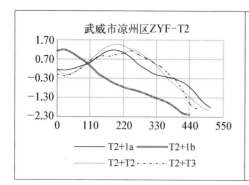

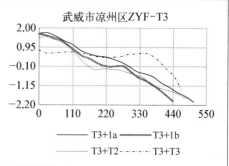

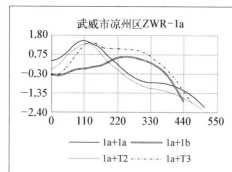

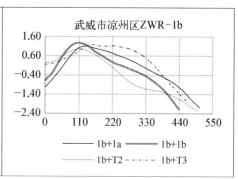

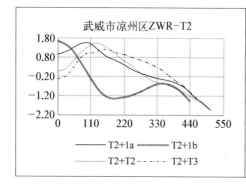

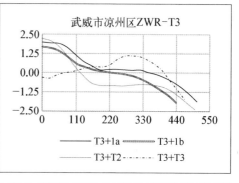

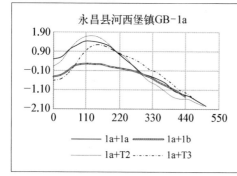

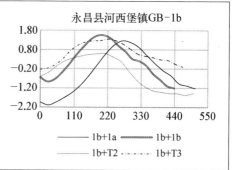

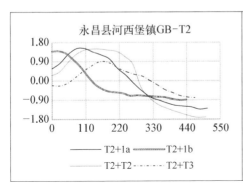
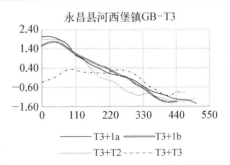
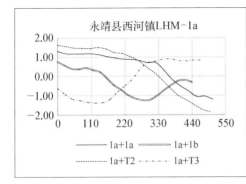
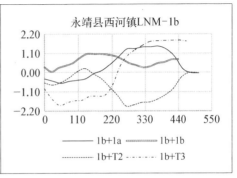
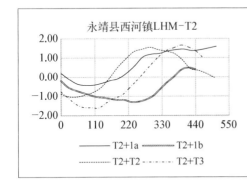
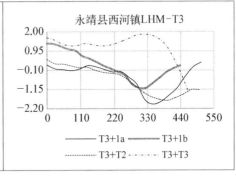

图 5-8 ABC-D 型双音节字调 LZ-SCORE 格局图

5.3.4.2 ABC-D 型单字调与双音节字调对应音高变化

将 ABC-D 型双音节字调拱形汇总,分别用特征表达与五度表达两种方式表达两小类双音节字调组合调值,得到表 5-12:

表 5-12 ABC-D 型双音节字调的拱形与调值

类别	调类	特征表达				五度表达			
		T1a	T1b	T2	T3	T1a	T1b	T2	T3
第一小类	T1a	MH-HL	MH-HL	MH-HL	MH-HL	25-52	25-52	25-52	25-52
	T1b	MH-HL	MH-HL	MH-HL	MH-HL	25-52	25-52/42	25-52	25-52
	T2	MH-HL	HL-ML	MH-HL	MH-HL	25-52	52/523	25-52	25-52
	T3	HL-ML	HL-ML	HL-ML	M-HL	52-242	52-242	52-242	44-42
第二小类	T1a	H-M/MLM	M-LM/MLM	H-M/MLM	M-H	55-33	33-324	55-33	33-55
	T1b	M-HL	LM-LM	LM-LM	M-H	33-52	34-34	34-34	33-55
	T2	M-H	M-H	M-HL	M-H	33-55	33-55	34-52	33-55
	T3	H-M/LM	H-M/LM	H-M/LM	H-HL	55-324	55-324	55-324	55-52

ABC-D 型第一小类的双音节字调中出现了 MH、HL、ML、M 四种音高拱形。单字调与双音节字调之间在共时层面的对应变化如下：

（66）T1a：MLM→MH/[__ T（T=T1a、T1b、T2、T3）

（67）T1a：MLM→HL/T __]（T=T1a、T1b、T2）

（68）T1a：MLM→ML/T __]（T=T3）

（69）T1b：MLM→MH/[__ T（T=T1a、T1b、T2、T3）

（70）T1b：MLM→HL/T __]（T=T1a、T1b）

（71）T1b：MLM→ML/T __]（T=T2、T3）

（72）T2：MLM→MH/[__ T（T=T1a、T2、T3）

（73）T2：MLM→HL/[__ T（T=T1b）；T_（T=T1a、T1b、T2）

（74）T2：MLM→ML/T __]（T=T3）

（75）T3：HL→M/[__ T（T=T3）

虽然每个调类都有变化,但是音高的变化并不如前面几类那么丰富,主要有:凹调(确切地讲是两折调)变高升(阴平、阳平、上声首字);凹调变高降(阴平、阳平、上声尾字);凹调变低降(阴平、阳平、上声尾字);高降变中平(去声首字)。即:阴平、阳平、上声的凹调在首字时,变为高升(66)(69)(72);在尾字时,变为降调(67)(68)(70)(71)(73)(74)。武威这几位发音人的阴、阳平和上声在语音测量上显示为一个两折调⌊3252⌋,而且这三个调类的变化都可以看作是"简化原则"在起作用,而首字用升,尾字用降,又更加符合轻重音的韵律模式。去声的变化非常稳定,高降变中平(75),上文也陈述过,尽管会多一个步骤,但也属于"简化原则"的范畴之内。此外,去声的变化只出现在"去声+去声"组合成双音节字调的情况下,其他情况都是高降。

第二小类的双音节字调中出现了 H、M、HL、MLM、LM 五种音高拱形。其中 MLM 属于一个随机的语音变体,此处不做讨论。单字调与双音节字调之间在共时层面的对应变化如下:

(76) T1a:MH→H/[__ T(T=T1a、T2);T __](T=T2)

(77) T1a:MH→M/[__ T(T=T1b、T3);T __](T=T1a、T3)

(78) T1a:MH→HL/T __](T=T1b)

(79) T1b:MH→M/[__ T(T=T1a、T3);T __](T=T3)

(80) T1b:MH→LM/[__ T(T=T1b、T2);T __](T=T1a、T1b)

(81) T1b:MH→H/T __](T=T2)

(82) T2:MH→M/[__ T(T=T1a、T1b、T2、T3);T __](T=T1a、T3)

(83) T2:MH→LM/[__ T(T=T1b)

(84) T2:MH→HL/[__ T(T=T2)

(85) T3:HL→H/[__ T(T=T1a、T1b、T2、T3);T __](T=T1a、T1b、T2)

该类音高的变化有这样四种:高升变高平或中平(阴、阳平首字;阴、阳平尾字;上声首字、尾字);高升变高降(阴平尾字、上声首字);高升变低升

（阳平首字、尾字；上声首字）；高降变高平（去声首字、尾字）。

其中，高升变平 MH→H、MH→M（76）（77）（79）（81）（82），高降变高平 HL→H（85），都是"简化原则"。高升变低升 MH→LM（80）（83）则为互补分布。高升变高降 MH→HL（78）（84），需要两个步骤，先依"简化原则"脱落调头的特征 [M]，然后依"嵌入原则"，在调尾附加特征 [L]。在这个双音节字调格局中，两处高升变高降，都出现在调尾，一处是阴平尾字，一处是上声尾字。而它们相对应的其他位置要么保持升调不变，要么变为高平，所以这里有理由推测，这两处高降很可能只是音节末尾的特点，而不是双音节字调的特点。

5.3.4.3　ABC-D 型声调底层拱形

ABC-D 型的双音节字调在四类二声系统的双音节字调中是最特殊的，即使组成了双音节字调，四个调类无论是做前字，还是后字，它形成的双音节字调拱形都没有超过两种。前面几个点双音节字调的组合方式，最少两个，最多四个，可以形成比较大的声调格局上的对立效应，但是 ABC-D 型在形成双音节字调之后依然保持两个调。

第一小类总体来看，是去声最稳定，变化最小，基本和单字调降调拱形一致。而阴、阳、上发生变化的情况几乎一模一样，无法从双音节字调判断它们彼此的稳定性，更无法判断它们的底层拱形。如果考察邻近的方言点，会发现上声比较活跃，或者与阴平合并（古浪型），或者与阳平合并（酒泉型），要获得更细致的分析须继续考察三音节字调的格局。

第二小类也是去声更稳定，但是去声在双音节字调中的拱形大都是高平，其单字调拱形是高降，具体哪个是它的底层拱形还不能确定。从拱形的变化上看，阳平要比阴平和上声更加稳定，变化更小。考察邻近的方言点，我们发现它们都是阴阳平合并（永靖刘家峡），但是底层拱形还是要继续考察相关文献和三音节字调中的拱形分布才能做判断。目前推演出 ABC-D 型的底层拱形如表 5-13 所示：

表 5-13　ABC-D 型声调的底层拱形

小类	T1a	T1b	T2	T3
第一小类	*——	*——	*——	HL
第二小类	*——	*——	*——	H/HL

5.4　二声系统的三音节字调格局

针对三音节字调格局的调查,共有 7 位发音人录制了语音材料。对应二声系统的五个小类,分别是:ABD-C 型的第一小类和第四小类,以红古、海原为例;AC-BD 型的第一小类,以西宁为例;AB-CD 型的第二小类,以临夏为例;ABC-D 型的第一小类,以武威为例。下面依次分析它们的三音节字调拱形。

5.4.1　ABD-C 型:红古

ABD-C 型阴平、阳平、去声合并,三音节字调的第一小类以红古区发音人为代表,发音人的单字调调值是 1a/1b/T3＝MH,T2＝HL;其三音节字调模式如表 5-14[①] 所示,表(a)至表(d)分别表示阴平、阳平、上声、去声居于首字时候的三音节字调搭配(下同),调值用特征和五度表达。特征表达能更直观地表现音高拱形的变化。

在三音节字调中,单字调与三音节字调的对应拱形变化如下[②]:

---

① 本书讨论的三音节字调不涉及轻声,下同。

② 下文分析中,ANYTONE 指 T1a、T1b、T2、T3 的任何一种情况;T^I = initial tone,指首字;T^M = middle tone,指中字;T^F = final tone,指尾字。

表 5-14　ABD-C 型红古区三音节字调的拱形与调值

调类组合	特征表达	五度表达	调类组合	特征表达	五度表达
1a+1a+1a	LM–L–LM	24–21–24	1b+1a+1a	L–LM–LM	21–24–24
1a+1a+1b	L–LM–LM	21–24–24	1b+1a+1b	L–LM–LM	21–24–24
1a+1a+T2	LM–L–HL	24–21–51	1b+1a+T2	LM–L–HL	24–21–51
1a+1a+T3	LM–L–LM	24–21–24	1b+1a+T3	LM–L–LM	24–21–24
1a+1b+1a	L–LM–LM	21–24–24	1b+1b+1a	L–LM–L	21–24–21
1a+1b+1b	L–LM–LM	21–24–24	1b+1b+1b	L–LM–LM	21–24–24
1a+1b+T2	LM–L–H	24–21–55	1b+1b+T2	LM–L–HL	24–21–51
1a+1b+T3	LM–L–LM	24–21–24	1b+1b+T3	LM–L–LM	24–21–24
1a+T2+1a	L–H–LM	21–55–24	1b+T2+1a	L–H–L	21–55–21
1a+T2+1b	L–H–LM	21–55–24	1b+T2+1b	LM–H–LM	24–55–24
1a+T2+T2	LM–L–H	24–21–55	1b+T2+T2	LM–H–HL	24–55–51
1a+T2+T3	L–H–LM	21–55–24	1b+T2+T3	L–H–LM	21–55–24
1a+T3+1a	L–LM–LM	21–24–24	1b+T3+1a	L–LM–L	21–24–21
1a+T3+1b	L–LM–LM	21–24–24	1b+T3+1b	L–LM–LM	21–24–24
1a+T3+T2	L–LM–HL/H	21–24–51/55	1b+T3+T2	LM–L–HL	24–21–51
1a+T3+T3	L–LM–LM	21–24–24	1b+T3+T3	L–LM–LM	21–24–24

（a）　　　　　　　　　　　　　　（b）

调类组合	特征表达	五度表达	调类组合	特征表达	五度表达
T2+1a+1a	H–LM–LM	55–24–24	T3+1a+1a	LM–H–LM	24–55–24
T2+1a+1b	H–LM–LM	55–24–24	T3+1a+1b	LM–H–LM	24–55–24
T2+1a+T2	LM–L–HL	24–21–55	T3+1a+T2	LM–L–HL/H	24–21–51/55

调类组合	特征表达	五度表达	调类组合	特征表达	五度表达
T2+1a+T3	H−L−LM	55−21−24	T3+1a+T3	LM−L−LM	24−21−24
T2+1b+1a	H−LM−LM	55−24−24	T3+1b+1a	LM−L−LM	24−21−24
T2+1b+1b	H−LM−LM	55−24−24	T3+1b+1b	LM−L−LM	24−21−24
T2+1b+T2	H−L−HL/H	55−21−51/55	T3+1b+T2	LM−L−H	24−21−55
T2+1b+T3	H−LM−LM	55−24−24	T3+1b+T3	LM−L−LM	24−21−24
T2+T2+1a	H−L−LM	55−21−24	T3+T2+1a	L−H−LM	21−55−24
T2+T2+1b	L−LM−LM	21−24−24	T3+T2+1b	L−H−LM	21−55−24
T2+T2+T2	H−L−H	55−21−55	T3+T2+T2	LM−L−H	24−21−55
T2+T2+T3	H−H−LM	55−55−24	T3+T2+T3	LM−H−LM	24−55−24
T2+T3+1a	H−LM−LM	55−24−24	T3+T3+1a	LM−H−LM	24−55−24
T2+T3+1b	H−LM−LM	55−24−24	T3+T3+1b	LM−LM−LM	24−24−24
T2+T3+T2	H−L−HL	55−21−51	T3+T3+T2	LM−L−H	24−21−55
T2+T3+T3	H−LM−LM	55−24−24	T3+T3+T3	LM−LM−LM	24−24−24

（c）　　　　　　　　　　　　　　　　　　（d）

阴平（1a）的变化：

（86）T1a：MH→LM/〔＿ T^M+T^F（T^M=1a；T^F=1a、T2、T3）；（T^M=1b；T^F=T2、T3）；（T^M=T2；T^F=T2）

（87）T1a：MH→L/〔＿ T^M+T^F（T^M=1a；T^F=1b）；（T^M=1b；T^F=1a、1b）；（T^M=T2；T^F=1a、1b、T3）；（T^M=T3；T^F=ANYTONE）

（88）T1a：MH→L/T^I＿ T^F（T^I=1a；T^F=1a、T2、T3）；（T^I=1b、T2/T3；T^F=T2、T3）

（89）T1a：MH→LM/T^I＿ T^F（T^I=1a；T^F=1b）；（T^I=1b；T^F=1a、1b）；（T^I=T2；T^F=1a、1b）

(90) T1a：MH→H/T^I __ T^F（T^I=T3；T^F=1a、1b）

(91) T1a：MH→LM/T^I+T^M __]（T^I=1a/T2/T3；T^M=ANYTONE）;（T^I=1b；T^M=1a）

(92) T1a：MH→L/T^I+T^M __]（T^I=1b；T^M=1b，T2，T3）

阳平(1b)的变化：

(93) T1b：MH→L/[__ T^M+T^F（T^M=1a/1b；T^F=1a，1b）;（T^M=T2；T^F=1a，T3）;（T^M=T3；T^F=1a，1b，T3）

(94) T1b：MH→LM/[__ T^M+T^F（T^M=1a/1b；T^F=T2、T3）;（T^M=T2；T^F=1b、T2）;（T^M=T3；T^F=T2）

(95) T1b：MH→LM/T^I __ T^F（T^I=1a/1b；T^F=1a、1b）;（T^I=T2；T^F=1a、1b、T3）

(96) T1b：MH→L/T^I __ T^F（T^I=1a/1b；T^F=T2、T3）;（T^I=T3；T^F=ANYTONE）;（T^I=T2；T^F=T2）

(97) T1b：MH→LM/T^I+T^M __]（T^I/T^M=ANYTONE）

上声(T2)的变化：

(98) T2：H→LM/[__ T^M+T^F（T^M=1a；T^F=T2）;

(99) T2：H→L/[__ T^M+T^F（T^M=T2；T^F=1b）

(100) T2：H→L/T^I __ T^F（T^I=1a；T^F=T2）;（T^I=T2；T^F=1a、T2）

(101) T2：H→LM/T^I __ T^F（T^I=T2；T^F=1b）

(102) T2：H→HL/T^I+T^M __]（T^I=1a；T^M=1a、T3）;（T^I=1b；T^M=ANYTONE）;（T^I=T2；T^M=1a、1b、T3）

去声(T3)的变化：

(103) T3：MH→LM/[__ T^M+T^F（T^M=1a/1b/T3；T^F=ANYTONE）;（T^M=T2；T^F=T2、T3）

(104) T3：MH→L/[__ T^M+T^F（T^M=T2；T^F=1a、1b）

(105) T3：MH→H/T^I __ T^F（T^I=T3；T^F=1a）

(106) T3：MH→LM/T^I __ T^F（T^I=1a；T^F=ANYTONE）;（T^I=1b/T2；

$T^F = 1a$、$1b$、$T3$) ; ($T^I = T3$; $T^F = 1b$、$T3$)

（107）$T3$：$MH \rightarrow L/T^I$ ___ T^F（$T^I \neq 1a$；$T^F = T2$）

（108）$T3$：$MH \rightarrow LM/T^I + T^M$ ___]（$T^I/T^M = ANYTONE$）

ABD-C 型第一小类的三音节字调有如下几个特点：

1）所有调类的尾字都更稳定。阳平和去声的尾字都为升调拱形，与单字调一致。阴平有三处是低降，其他情况下也都为升调拱形。上声的尾字都为高调，或为高降、或为高平，或者两种情况都出现，互为变体，但二者没有形成对立。

2）中字几个调类大多会出现纯低调的情况，用五度表达就是[21]，特征表达就是 L，听感上很像凹调的最低点，音高有时候看起来像个低平，有时候像个低降。上声和去声相对稳定，上声有四处是纯低，一处是升，其他情况都是高平；去声有三处纯低，一处高平，其他都为升；阴平和阳平的中字，纯低拱形略大于升调拱形，基本各占一半，阴平还有两处变为高平。

3）首字：上声有一处纯低，一处升，其他都为高平；去声有两处纯低，其他都为升调拱形；阴平和阳平首字纯低调居多，阴平有十处，阳平有九处，其他都为升调拱形。

总体来看，上声的底层拱形是个高调，要么是高降，要么是高平。结合双音节字调格局，上声的底层拱形更应该是个高降。其次，去声比阴平、阳平更稳定，这也和双音节字调的分析结论一致。阴平从分布上看，底层拱形更像一个低调，要么是低降，要么是低平。阳平还不能确定，阳平一半与去声一致，另一半又与阴平一致，底层拱形是低升的可能性很大。目前能够得出的底层拱形是：$1a = L$；$1b = L/LM *$ ；$T3 = MH$；$T2 = HL$。

5.4.2　ABD-C 型：海原西安

ABD-C 型的三音节字调的另一个小类的代表是海原县西安镇的发音人，发音人单字调的调值是 $1a/1b/T3 = MLM$，$T2 = HL$；其三音节字调模式如表 5-15 所示。

表 5-15 ABD-C 型海原西安镇三音节字调的拱形与调值

调类组合	特征表达	五度表达	调类组合	特征表达	五度表达
1a+1a+1a	LM–L–ML	24–21–31	1b+1a+1a	LM–L–LM	24–21–24
1a+1a+1b	LM–L–LM	24–21–24	1b+1a+1b	L–L–LM	21–21–24
1a+1a+T2	LM–L–HL	24–21–51	1b+1a+T2	L–LM–HL	21–24–51
1a+1a+T3	LM–L–LML	24–21–242	1b+1a+T3	LM–L–LML	24–21–242
1a+1b+1a	L–LM–ML	21–24–31	1b+1b+1a	LM–L–ML	24–21–31
1a+1b+1b	L–LM–LM	21–24–24	1b+1b+1b	LM–L–LM	24–21–24
1a+1b+T2	L–LM–HL	21–24–51	1b+1b+T2	LM–L–HL	24–21–51
1a+1b+T3	L–LM–L	21–24–21	1b+1b+T3	LM–L–LML	24–21–242
1a+T2+1a	L–HL–ML	21–51–31	1b+T2+1a	LM–L–ML	24–21–31
1a+T2+1b	L–HL–LM	21–51–24	1b+T2+1b	LM–L–LM	24–21–24
1a+T2+T2	L–H–HL	21–55–51	1b+T2+T2	LM–L–HL	24–21–51
1a+T2+T3	L–HL–LML	21–51–242	1b+T2+T3	L–HL–LML	21–51–242
1a+T3+1a	L–LM–ML	21–24–31	1b+T3+1a	LM–L–ML	24–21–31
1a+T3+1b	L–LM–LM	21–24–24	1b+T3+1b	LM–L–LM	24–21–24
1a+T3+T2	L–LM–HL	21–24–51	1b+T3+T2	L–LM–HL	21–24–51
1a+T3+T3	L–LM–LML	21–24–242	1b+T3+T3	LM–L–LML	24–21–242

（a）　　　　　　　　　　　　　　（b）

调类组合	特征表达	五度表达	调类组合	特征表达	五度表达
T2+1a+1a	HL–L–ML	51–21–31	T3+1a+1a	L–LM–LML	21–24–24
T2+1a+1b	HL–L–LM	51–21–24	T3+1a+1b	L–ML–LM	21–31–24
T2+1a+T2	H–L–HL	55–21–51	T3+1a+T2	LM–ML–HL	24–31–51

调类组合	特征表达	五度表达	调类组合	特征表达	五度表达
T2+1a+T3	HL-L-LML	51-21-242	T3+1a+T3	LM-L-LML	24-21-242
T2+1b+1a	HL-L-LML	51-21-24	T3+1b+1a	LM-L-ML	24-21-31
T2+1b+1b	HL-LM-LM	51-24-24	T3+1b+1b	LM-L-LM	24-21-24
T2+1b+T2	HL-L-HL	51-21-51	T3+1b+T2	LM-L-HL	24-21-51
T2+1b+T3	HL-L-LML	51-21-242	T3+1b+T3	LM-L-LML	24-21-242
T2+T2+1a	H-HL-ML	55-51-31	T3+T2+1a	L-HL-ML	21-51-31
T2+T2+1b	H-HL-LM	55-51-24	T3+T2+1b	L-HL-LM	21-51-24
T2+T2+T2	H-HL-HL	55-51-51	T3+T2+T2	L-LM-HL	21-24-51
T2+T2+T3	HL-L-LML	51-21-242	T3+T2+T3	L-HL-LML	21-51-242
T2+T3+1a	HL-LM-LML	51-24-24	T3+T3+1a	LM-LM-ML	24-24-31
T2+T3+1b	HL-L-LM	51-21-24	T3+T3+1b	L-LM-LM	21-24-24
T2+T3+T2	HL-LM-HL	51-24-51	T3+T3+T2	L-LM-HL	21-24-51
T2+T3+T3	HL-LM-LML	51-24-242	T3+T3+T3	LM-LM-LML	24-24-242

（c）　　　　　　　　　　　　　（d）

在三音节字调中,单字调与三音节字调的对应拱形变化如下:

阴平（1a）的变化:

（109）T1a: MLM→LM/[__ T^M+T^F（T^M = 1a;T^F = ANYTONE)

（110）T1a: MLM→L/[__ T^M+T^F（T^M = 1b/T2/T3;T^F = ANYTONE)

（111）T1a: MLM→L/T^I __ T^F（T^I = 1a/T2;T^F = ANYTONE);（T^I = 1b;T^F = 1a、1b、T3);（T^I = T3;T^F = T3)

（112）T1a: MLM→LM/T^I __ T^F（T^I = 1b;T^F = T2);（T^I = T3;T^F = 1a)

（113）T1a: MLM→ML/T^I __ T^F（T^I = T3;T^F = 1b、T2)

（114）T1a: MLM→ML/T^I+T^M __]（T^I = 1a;T^M = ANYTONE);（T^I =

1b;T^M=1b、T2、T3);(T^I=T2;T^M=1a、T2);(T^I=T3;T^M=1b、T2、T3);

(115) T1a：MLM→LM/T^I+T^M __]（T^I=1b/T3;T^M=1a）;（T^I=T2;T^M=1b、T3）

阳平(1b)的变化：

(116) T1b：MLM→L/[__ T^M+T^F（T^M=1a;T^F=1b、T2）;（T^M=T2;T^F=T3）;（T^M=T3;T^F=T2）

(117) T1b：MLM→LM/[__ T^M+T^F（T^M=1a;T^F=1a、T3）;（T^M=1b;T^F=ANYTONE）;（T^M=T2;T^F=1a/1b/T2）;（T^M=T3;T^E=1a/1b/T3）

(118) T1b：MLM→LM/T^I __ T^F（T^I=1a;T^F=ANYTONE）;（T^I=T2;T^F=1b)

(119) T1b：MLM→L/T^I __ T^F（T^I=1b/T3;T^F=ANYTONE）;（T^I=T2;T^F=1a、T2、T3）

(120) T1b：MLM→LM/T^I+T^M __]（T^I=ANYTONE;T^M=ANYTONE）

上声(T2)的变化：

(122) T2：HL→H/[__ T^M+T^F（T^M=1a;T^F=T2）;（T^M=T2;T^F=1a、1b、T2)

(123) T2：HL→H/T^I __ T^F（T^I=1a;T^F=T2）

(124) T2：HL→L/T^I __ T^F（T^I=1b;T^F=1a、1b、T2）;（T^I=T2;T^F=T3）

(125) T2：HL→LM/T^I __ T^F（T^I=T3;T^F=T2）

去声(T3)的变化：

(126) T3：MLM→LM/[__ T^M+T^F（T^M=1a;T^F=T2、T3）;（T^M=1b;T^F=ANYTONE）;（T^M=T3;T^F=1a、T3）

(127) T3：MLM→L/[__ T^M+T^F（T^M=1a;T^F=1a、1b）;（T^M=T2;T^F=ANYTONE）;（T^M=T3;T^F=1b、T2）

(128) T3：MLM→LM/T^I __ T^F（T^I=1a/T3;T^F=ANYTONE）;（T^I=1b;T^F=T2）;（T^I=T2;T^F=1a、T2、T3）

(129) T3：MLM→L/T^I __ T^F（T^I=1b;T^F=1a、1b、T3）;（T^I=T2;

$T^F = 1b$）

（130）T3：MLM→LML/T^I+T^M __］（T^I=1a；T^M=1a、T2、T3）；（T^I=1b/T2/T3；T^M=ANYTONE）

（131）T3：MLM→L/T^I+T^M __］（T^I=1a；T^M=1b）

其分布主要有如下几个特点：

1）这个小类的单字调格局中，通常一个调是两折调，或者说是凹调，另一个调是高降调，形成三音节字调后，首字和尾字通常比较稳定，中字变化较多；

2）几个调类中拱形最稳定的是上声，居于首字时，要么是高平，要么是高降，高降居多。高平一般出现在中字上声之前；尾字为上声的都为高降；

3）阳平和去声的尾字最稳定，阳平都是升，去声只在组合 1a+1b+T3 中有一处例外，其他都是凸降拱形。阳平和去声在中字和首字时，或为纯低调，或为升调；

4）阴平尾字在大多数情况下是低降，首字和中字的阴平或者是升，或者是低降，相比之下，中字的时候阴平低降的情况更多。

总体看来，上声的底层拱形应该是个高降，而去声要比阳平和阴平更稳定，而且去声的底层拱形很可能是凸降，在单字调时，与阴平、阳平合并为两折调。这个点三音节字调中阴平的音高说明它的底层拱形是个低调，拱形为低降、低凹或者低平。阳平的稳定性与去声相当，都是升调。目前能够得出的底层拱形是：1a=L；1b=MH；T3=MHL；T2=HL。

5.4.3 AC-BD型

AC-BD型阴平、上声合并，阳平、去声合并，三音节字调以西宁市的发音人为代表，发音人单字调的调值是 1a/T2=H；1b/T3=MH，对应双音节字调 AC-BD型的第一小类。其三音节字调模式如表5-16所示。

表 5-16 AC-BD 型三音节字调的拱形与调值

调类组合	特征表达	五度表达	调类组合	特征表达	五度表达
1a+1a+1a	H–H–H	55–55–55	1b+1a+1a	MH–H–H	24–55–55
1a+1a+1b	H–H–MH	55–55–24	1b+1a+1b	MH–H–MH	24–55–24
1a+1a+T2	H–H–H	55–55–55	1b+1a+T2	MH–L–H	24–21–55
1a+1a+T3	H–H–MH	55–55–24	1b+1a+T3	L–MH–MH	21–24–24
1a+1b+1a	H–H–H	55–55–55	1b+1b+1a	MH–L–H	24–21–55
1a+1b+1b	H–H–MH	55–55–24	1b+1b+1b	MH–L–MH	24–21–24
1a+1b+T2	H–H–H	55–55–55	1b+1b+T2	MH–L–H	24–21–55
1a+1b+T3	H–H–MH	55–55–24	1b+1b+T3	MH–L–MH	24–21–24
1a+T2+1a	H–H–H	55–55–55	1b+T2+1a	L–MH–H	21–24–55
1a+T2+1b	H–H–MH	55–55–24	1b+T2+1b	L–MH–MH	21–24–24
1a+T2+T2	H–H–H	55–55–55	1b+T2+T2	MH–L–H	24–21–55
1a+T2+T3	H–H–MH	55–55–24	1b+T2+T3	L–MH–MH	21–24–24
1a+T3+1a	L–MH–H	21–24–55	1b+T3+1a	L–MH–H	21–24–55
1a+T3+1b	L–MH–MH	21–24–24	1b+T3+1b	L–MH–MH	21–24–24
1a+T3+T2	L–L–H	21–21–55	1b+T3+T2	L–MH–H	21–24–55
1a+T3+T3	L–MH–MH	21–24–24	1b+T3+T3	L–MH–MH	21–24–24

（a）   （b）

调类组合	特征表达	五度表达	调类组合	特征表达	五度表达
T2+1a+1a	H–L–H	55–21–55	T3+1a+1a	MH–H–H	24–55–55
T2+1a+1b	H–L–MH	55–21–24	T3+1a+1b	MH–H–MH	24–55–24
T2+1a+T2	H–H–H	55–55–55	T3+1a+T2	MH–H–H	24–55–55

调类组合	特征表达	五度表达	调类组合	特征表达	五度表达
T2+1a+T3	H–L–MH	55–21–24	T3+1a+T3	L–H–MH	21–55–24
T2+1b+1a	H–L–H	55–21–55	T3+1b+1a	MH–MH–H	24–24–55
T2+1b+1b	H–MH–MH	55–24–24	T3+1b+1b	MH–MH–MH	24–24–24
T2+1b+T2	H–L–H	55–21–55	T3+1b+T2	MH–L–MH	24–21–24
T2+1b+T3	H–L–MH	55–21–24	T3+1b+T3	MH–L–MH	24–21–24
T2+T2+1a	L–MH–H	21–24–55	T3+T2+1a	L–MH–H	21–24–55
T2+T2+1b	L–MH–MH	21–24–24	T3+T2+1b	L–H–MH	21–55–24
T2+T2+T2	L–MH–H	21–24–55	T3+T2+T2	L–H–H	21–55–55
T2+T2+T3	L–MH–MH	21–24–24	T3+T2+T3	L–H–MH	21–55–24
T2+T3+1a	H–MH–H	55–24–55	T3+T3+1a	L–MH–H	21–24–55
T2+T3+1b	H–L–MH	55–21–24	T3+T3+1b	MH–MH–MH	24–24–24
T2+T3+T2	H–L–H	55–21–55	T3+T3+T2	MH–L–H	24–21–55
T2+T3+T3	H–L–MH	55–21–24	T3+T3+T3	MH–MH–MH	24–24–24

（c）　　　　　　　　　　　　　　　　（d）

在三音节字调中，单字调与三音节字调的对应拱形变化如下：

阴平（1a）的变化：

（132）T1a：$H \rightarrow L /[\underline{\quad} T^M + T^F (T^M = T3 ; T^F = \text{ANYTONE})$

（133）T1a：$H \rightarrow L / T^I \underline{\quad} T^F (T^I = 1b ; T^F = T2) ; (T^I = T2 ; T^F = 1a、1b、T3)$

（134）T1a：$H \rightarrow MH / T^I \underline{\quad} T^F (T^I = 1b ; T^F = T3)$

阳平（1b）的变化：

（135）T1b：$MH \rightarrow L /[\underline{\quad} T^M + T^F (T^M = 1a ; T^F = T3) ; (T^M = T2 ; T^F = 1a、1b、T3) ; (T^M = T3 ; T^F = \text{ANYTONE})$

（136）T1b：$MH \rightarrow H / T^I \underline{\quad} T^F (T^I = 1a ; T^F = \text{ANYTONE})$

（137）T1b：MH→L/T^I __ T^F（T^I = 1b；T^F = ANYTONE）；（T^I = T2；T^F = 1a、T2、T3）；（T^I = T3；T^F = T2、T3）

上声（T2）的变化：

（138）T2：H→L/[__ T^M+T^F（T^M = T2；T^F = ANYTONE）

（139）T2：H→MH/T^I __ T^F（T^I = 1b；T^F = 1a、1b、T3）；（T^I = T2；T^F = ANYTONE）；（T^I = T3；T^F = 1a）

（140）T2：H→L/T^I __ T^F（T^I = 1b；T^F = T2）

（141）T2：H→MH/T^I+T^M __]（T^I = T3；T^M = 1b）

去声（T3）的变化：

（142）T3：MH→L/[__ T^M+T^F（T^M = 1a；T^F = T3）；（T^M = T2；T^F = ANYTONE）；（T^M = T3；T^F = 1a）

（143）T3：MH→L/T^I __ T^F（T^I = 1a；T^F = T2）；（T^I = T2；T^F = 1b、T2、T3）；（T^I = T3；T^F = T2）

这个小类主要有如下几个特点：

1）阴平最稳定，做首字时，只有去声为中字的时候为纯低调，其他情况都为高平，尾字没有例外，都是高平。做中字的时候，变化比较多，首字是去声和阴平的时候，阴平中字为高平；阳平和上声为首字的时候，中字阴平有三种拱形：高平、低（降）、升；

2）上声的单字调和阴平一样，做首字时，只有中字也是上声的时候是纯低（降），其他都是高平，尾字的上声除了一处例外都是高平，但是，尾字也有高降的个人变体，中字的时候有高平、升、低（降）三种拱形，高平居多；

3）阳平和去声的单字调拱形为升调，或者凹升调。它们处于尾字的时候，都是升，没有例外，处于首字和中字时，低（降）和升交替出现，频率相当。

这个小类的三音节字调在二声系统中是比较稳定的。三音节字调的组合中，也会有一些例外的情况，而例外总是出现在有上声的组合里。

综合上述分析，结合双音节字调的情况来看：可以确定的是阴平的底层拱形是个高调，高平或高降；三音节字调中阳平与去声相当，但是双音节字调里去声更加稳定,所以可以判断去声的底层拱形是个升调;阳平有凹调变体,推测阳平是个凹调,或升调;上声最活跃,双音节字调里上声出现的变体也最多。目前能够得出的底层拱形是：1a＝H;1b＝MLM＊[①];T3＝MH;T2＝HL/H＊。

5.4.4　AB-CD 型

AB-CD 型阴平、阳平合并,上声、去声合并,三音节字调以临夏市的发音人为代表,单字调的调值是 1a/1b＝MLM,T2/T3＝HL,对应双音节字调 AB-CD 临夏型的第二小类。其三音节字调模式如表 5-17 所示。

表 5-17　AB-CD 型三音节字调的拱形与调值

调类组合	特征表达	五度表达	调类组合	特征表达	五度表达
1a+1a+1a	L-LM-L	21-24-21	1b+1a+1a	LM-LM-LM	24-24-24
1a+1a+1b	LM-LM-LM	24-24-24	1b+1a+1b	LM-LM-LM	24-24-24
1a+1a+T2	L-LM-HM	21-24-53	1b+1a+T2	LM-LM-HM	24-24-53
1a+1a+T3	LM-L-HM	24-21-53	1b+1a+T3	LM-LM-HM	24-24-53
1a+1b+1a	L-LM-L	21-24-21	1b+1b+1a	L-LM-L	21-24-21
1a+1b+1b	L-LM-LM	21-24-24	1b+1b+1b	L-LM-L	21-24-21
1a+1b+T2	L-LM-HM	21-24-53	1b+1b+T2	LM-L-HM	24-21-53
1a+1b+T3	LM-L-HM	24-21-53	1b+1b+T3	LM-L-HM	24-21-53
1a+T2+1a	LM-HM-L	24-53-21	1b+T2+1a	LM-HM-L	24-53-21
1a+T2+1b	L-HM-LM	21-53-24	1b+T2+1b	LM-HM-LM	24-53-24
1a+T2+T2	L-HM-HM	21-53-53	1b+T2+T2	LM-H-HM	24-55-53

----

① 星号表示尚未确定。

调类组合	特征表达	五度表达
1a+T2+T3	LM-HM-HM	24-53-53
1a+T3+1a	L-H-L	21-55-21
1a+T3+1b	L-HM-L	21-53-21
1a+T3+T2	L-H-L	21-55-21
1a+T3+T3	L-H-HM	21-55-53

（a）

调类组合	特征表达	五度表达
1b+T2+T3	L-H-HM	21-55-53
1b+T3+1a	L-H-LM	21-55-24
1b+T3+1b	L-H-LM	21-55-24
1b+T3+T2	L-H-HM	21-55-53
1b+T3+T3	L-H-HM	21-55-53

（b）

调类组合	特征表达	五度表达
T2+1a+1a	L-H-LM	21-55-24
T2+1a+1b	L-H-LM	21-55-24
T2+1a+T2	L-H-HM	21-55-53
T2+1a+T3	H-L-HM	55-21-53
T2+1b+1a	H-LM-L	55-24-21
T2+1b+1b	HM-L-LM	53-21-24
T2+1b+T2	H-L-HM	55-21-53
T2+1b+T3	H-L-HM	55-21-53
T2+T2+1a	H-HM-LM	55-53-24
T2+T2+1b	H-HM-LM	55-53-24
T2+T2+T2	H-H-HM	55-55-53
T2+T2+T3	H-L-HM	55-21-53
T2+T3+1a	H-H-L	55-55-21
T2+T3+1b	H-H-L	55-55-21
T2+T3+T2	H-L-HM	55-21-53
T2+T3+T3	H-L-HM	55-21-53

（c）

调类组合	特征表达	五度表达
T3+1a+1a	H-LM-LM	55-24-24
T3+1a+1b	H-L-LM	55-21-24
T3+1a+T2	H-L-HM	55-21-53
T3+1a+T3	H-L-HM	55-21-53
T3+1b+1a	H-L-LM	55-21-24
T3+1b+1b	H-L-LM	55-21-24
T3+1b+T2	H-LM-HM	55-24-53
T3+1b+T3	H-LM-HM	55-24-53
T3+T2+1a	L-HM-LM	21-53-24
T3+T2+1b	H-H-LM	55-55-24
T3+T2+T2	H-H-HM	55-55-53
T3+T2+T3	H-H-HM	55-55-53
T3+T3+1a	LM-HM-LM	24-53-24
T3+T3+1b	H-H-LM	55-55-24
T3+T3+T2	H-H-HM	55-55-53
T3+T3+T3	H-H-HM	55-55-53

（d）

在三音节字调中,单字调与三音节字调的对应拱形变化如下:

阴平(1a)的变化:

(144) T1a: MLM→L/[___ T^M+T^F(T^M=1a;T^F=1a/T2);(T^M=1b;T^F=1a/1b/T2);(T^M=T2;T^F=1b/T2);(T^M=T3;T^F=ANYTONE)

(145) T1a: MLM→LM/[___ T^M+T^F(T^M=1a;T^F=1b/T3);(T^M=1b;T^F=T3);(T^M=T2;T^F=1a/T3)

(146) T1a: MLM→LM/T^I ___ T^F(T^I=1a;T^F=1a/1b/T2);(T^I=1b;T^F=ANYTONE);(T^I=T3;T^F=1a)

(147) T1a: MLM→L/T^I ___ T^F(T^I=1a;T^F=T3);(T^I=T2;T^F=T3);(T^I=T3;T^F=1b/T2/T3)

(148) T1a: MLM→H/T^I ___ T^F(T^I=T2;T^F=1a/1b/T2)

(149) T1a: MLM→L/T^I+T^M ___](T^I=1a;T^M=ANYTONE);(T^I=1b;T^M=1b/T2);(T^I=T2;T^M=1b/T3)

(150) T1a: MLM→LM/T^I+T^M ___](T^I=1b;T^M=1a/T3);(T^I=T2;T^M=1a/T2);(T^I=T3;T^M=ANYTONE)

阳平(1b)的变化:

(151) T1b: MLM→LM/[___ T^M+T^F(T^M=1a;T^F=ANYTONE);(T^M=1b;T^F=T2/T3);(T^M=T2;T^F=1a/1b/T2)

(152) T1b: MLM→L/[___ T^M+T^F(T^M=1b;T^F=1a/1b);(T^M=T2;T^F=T3);(T^M=T3;T^F=ANYTONE)

(153) T1b: MLM→LM/T^I ___ T^F(T^I=1a;T^F=1a/1b/T2);(T^I=1b;T^F=1a/1b);(T^I=T2;T^F=1a);(T^I=T3;T^F=T2/T3)

(154) T1b: MLM→L/T^I ___ T^F(T^I=1a;T^F=T3);(T^I=1b;T^F=T2/T3);(T^I=T2;T^F=1b/T2/T3);(T^I=T3;T^F=1a/1b)

(155) T1b: MLM→LM/T^I+T^M ___](T^I=1a;T^M=1a/1b/T2);(T^I=1b;T^M=1a/T2/T3);(T^I=T2;T^M=1a/1b/T2);(T^I=T3;T^M=ANYTONE)

(156) T1b: MLM→L/T^I+T^M ___](T^I=1a;T^M=T3);(T^I=1b;T^M=1b);

（T^I＝T2；T^M＝T3）

上声（T2）的变化：

（157）T2：HL→L/[__ T^M＋T^F（T^M＝1a；T^F＝1a/1b/T2）；

（158）T2：HL→H/[__ T^M＋T^F（T^M＝1a；T^F＝T3）；（T^M＝1b；T^F＝1a/T2/T3）；（T^M＝T2/T3；T^F＝ANYTONE）

（159）T2：HL→HM/[__ T^M＋T^F（T^M＝1b；T^F＝1b）

（160）T2：HL→HM/T^I __ T^F（T^I＝1a；T^F＝ANYTONE）；（T^I＝1b；T^F＝1a/1b）；（T^I＝T2；T^F＝1a/1b）；（T^I＝T3；T^F＝1a）

（161）T2：HL→H/T^I __ T^F（T^I＝1b；T^F＝T2/T3）；（T^I＝T2；T^F＝T2）；（T^I＝T3；T^F＝1b/T2/T3）

（162）T2：HL→L/T^I __ T^F（T^I＝T2；T^F＝T3）

（163）T2：HL→HM/T^I＋T^M __]（T^I＝1a；T^M＝1a/1b/T2）；（T^I＝1b/T2/T3；T^M＝ANYTONE）

（164）T2：HL→L/T^I＋T^M __]（T^I＝1a；T^M＝T3）

去声（T3）的变化：

（165）T3：HL→H/[__ T^M＋T^F（T^M＝1a/1b；T^F＝ANYTONE）；（T^M＝T2/T3；T^F＝1b/T2/T3）

（166）T3：HL→L/[__ T^M＋T^F（T^M＝T2；T^F＝1a）

（167）T3：HL→LM/[__ T^M＋T^F（T^M＝T3；T^F＝1a）

（168）T3：HL→H/T^I __ T^F（T^I＝1a；T^F＝1a/T2/T3）；（T^I＝1b；T^F＝ANYTONE）；（T^I＝T2；T^F＝1a/1b）；（T^I＝T3；T^F＝1b/T2/T3）

（169）T3：HL→HM/T^I __ T^F（T^I＝1a；T^F＝1b）；（T^I＝T3；T^F＝1a）

（170）T3：HL→L/T^I __ T^F（T^I＝T2；T^F＝T2/T3）

（171）T3：HL→HM/T^I＋T^M __]（T^I、T^M＝ANYTONE）

这个小类主要有如下几个特点：

1）尾字最稳定,阴平尾字始终是一个纯低（降）调,阳平是升调,上、去都是高降;

2）上去相比,上声的中字更稳定,都为高调,或为高降、或为高平。去声的首字更稳定,去声首字除了在组合 T3+T2+1a 和 T3+T3+1a 中为纯低调,其他都为高平,上声首字在 T2+1a+1a、T2+1a+1b、T2+1a+T2 组合中是纯低调,其他情况或为高平、或为高降;

3）阴平、阳平的首字与中字很不稳定,总体只有两种拱形,或为低升,或为纯低调,基本没有规律。但是阴平要比阳平更加活跃一些,比如在最小对 1a+1a+T2 和 1a+1a+T3 组合中,上声和去声的拱形不变,都是高降,但是前面的组合会互相置换拱形,成为 L-LM-HM 和 LM-L-HM。同样的情况,阳平就不会出现这种置换,在上述两个组合中都是 LM-LM-HM 拱形。

综合来看:以尾字判断,则阳平的底层拱形是升,而阴平是纯低调,或者是低降、低凹,或者是低升。上声和去声稳定性相当,以拱形判断,上声高降居多,而去声高平出现的情况比较多。几个调类的底层拱形应该是:1a=L;1b=MH;T3=H;T2=HL。

5.4.5　ABC-D 型

ABC-D 型阴平、阳平、上声合并,三音节字调以武威市的发音人为代表,发音人单字调的调值是 1a/1b/T2=MLHL;T3=HL,对应双音节字调的第一小类。其三音节字调模式如表 5-18 所示。

表 5-18　ABC-D 型三音节字调的拱形与调值

调类组合	特征表达	五度表达	调类组合	特征表达	五度表达
1a+1a+1a	LM-M-M	24-44-44	1b+1a+1a	LM-L-L	24-21-21
1a+1a+1b	M-M-ML	44-44-242	1b+1a+1b	LM-L-ML	24-21-242
1a+1a+T2	M-M-ML	44-44-242	1b+1a+T2	LM-L-ML	24-21-242
1a+1a+T3	M-M-HL	44-44-51	1b+1a+T3	LM-L-L	24-21-21
1a+1b+1a	M-M-ML	44-44-242	1b+1b+1a	LM-LM-L	24-24-21

续表

调类组合	特征表达	五度表达
1a+1b+1b	M-M-ML	44-44-242
1a+1b+T2	M-M-ML	44-44-242
1a+1b+T3	M-M-HL	44-44-51
1a+T2+1a	LM-L-ML	24-21-242
1a+T2+1b	LM-L-ML	24-21-242
1a+T2+T2	LM-L-ML	24-21-242
1a+T2+T3	LM-L-ML	24-21-242
1a+T3+1a	LM-HL-ML	24-51-242
1a+T3+1b	LM-HL-ML	24-51-242
1a+T3+T2	LM-HL-ML	24-51-242
1a+T3+T3	LM-HL-HL	24-51-51

(a)

调类组合	特征表达	五度表达
1b+1b+1b	LM-LM-ML	24-24-242
1b+1b+T2	LM-LM-ML	24-24-242
1b+1b+T3	LM-L-L	24-21-21
1b+T2+1a	LM-L-ML	24-21-242
1b+T2+1b	LM-L-ML	24-21-242
1b+T2+T2	LM-L-ML	24-21-242
1b+T2+T3	LM-L-ML	24-21-242
1b+T3+1a	LM-HL-ML	24-51-242
1b+T3+1b	LM-HL-ML	24-51-242
1b+T3+T2	LM-HL-ML	24-51-242
1b+T3+T3	LM-HL-L	24-51-21

(b)

调类组合	特征表达	五度表达
T2+1a+1a	LM-L-ML	24-21-242
T2+1a+1b	LM-L-ML	24-21-242
T2+1a+T2	LM-L-ML	24-21-242
T2+1a+T3	LM-L-L	24-21-21
T2+1b+1a	ML-L-ML	42-21-242
T2+1b+1b	ML-L-ML	42-21-242
T2+1b+T2	ML-L-ML	42-21-242
T2+1b+T3	ML-L-ML	42-21-242
T2+T2+1a	LM-L-ML	24-21-242

调类组合	特征表达	五度表达
T3+1a+1a	HL/H-L-ML	51/5-21-242
T3+1a+1b	HL/H-L-ML	51/5-21-242
T3+1a+T2	HL-L-ML	51-21-242
T3+1a+T3	H-L-ML	55-21-42
T3+1b+1a	H-L-ML	55-21-242
T3+1b+1b	H-L-ML	55-21-242
T3+1b+T2	H-L-ML	55-21-242
T3+1b+T3	H-L-ML	55-21-242
T3+T2+1a	H-L-ML	55-21-242

调类组合	特征表达	五度表达	调类组合	特征表达	五度表达
T2+T2+1b	LM–L–ML	24–21–242	T3+T2+1b	HL–L–ML	51–21–242
T2+T2+T2	LM–L–ML	24–21–242	T3+T2+T2	HL–L–L	51–21–21
T2+T2+T3	LM–L–ML	24–21–242	T3+T2+T3	HL–L–ML	51–21–242
T2+T3+1a	LM–HL–ML	24–51–242	T3+T3+1a	H–L–ML	55–21–242
T2+T3+1b	LM–HL/H–ML	24–51/5–242	T3+T3+1b	H–L–ML	55–21–242
T2+T3+T2	LM–HL–ML	24–51–242	T3+T3+T2	H–L–ML	55–21–242
T2+T3+T3	LM–HL–L	24–51–21	T3+T3+T3	H–H–HL	55–55–51

（c）　　　　　　　　　　　　　　　　　　（d）

在三音节字调中,单字调与三音节字调的对应拱形变化如下:

阴平(1a)的变化:

（172）T1a：MLM→LM/[___ T^M+T^F（T^M=1a；T^F=1a）；（T^M=T2/T3；T^F=ANYTONE）

（173）T1a：MLM→M/[___ T^M+T^F（T^M=1a；T^F=1b/T2/T3）；（T^M=1b；T^F=ANYTONE）

（174）T1a：MLM→M/T^I ___ T^F（T^I=1a；T^F=ANYTONE）

（175）T1a：MLM→L/T^I ___ T^F（T^I=1b/T2/T3；T^F=ANYTONE）

（176）T1a：MLM→M/T^I+T^M ___]（T^I=1a；T^M=1a）

（177）T1a：MLM→ML/T^I+T^M ___]（T^I=1a；T^M=1b/T2/T3）；（T^I=1b；T^M=T2/T3）；（T^I=T2/T3；T^M=ANYTONE）

（178）T1a：MLM→L/T^I+T^M ___]（T^I=1b；T^M=1a/1b）

阳平(1b)的变化:

（179）T1b：MLM→LM/[___ T^M+T^F（T^M、T^F=ANYTONE）；

（180）T1b：MLM→M/T^I ___ T^F（T^I=1a；T^F=ANYTONE）

（181）T1b：MLM→LM/T^I ___ T^F（T^I＝1b；T^F＝1a/1b/T2）

（182）T1b：MLM→L/T^I ___ T^F（T^I＝1b；T^F＝T3）；（T^I＝T2/T3；T^F＝ANYTONE）

（183）T1b：MLM→ML/T^I＋T^M ___]（T^I、T^M＝ANYTONE）

上声（T2）的变化：

（184）T2：MLM→LM/[___ T^M＋T^F（T^M＝1a/T2/T3；T^F＝ANYTONE）；

（185）T2：MLM→ML/[___ T^M＋T^F（T^M＝1b；T^F＝ANYTONE）

（186）T2：MLM→L/T^I ___ T^F（T^I、T^F＝ANYTONE）

（187）T2：MLM→ML/T^I＋T^M ___]（T^I＝1a/1b/T2；T^M＝ANYTONE）；（T^I＝T3；T^M＝1a、1b、T3）

（188）T2：MLM→L/T^I＋T^M ___]（T^I＝T3；T^M＝T2）

去声（T3）的变化：

（189）T3：HL→H/[___ T^M＋T^F（T^M＝1a；T^F＝T3）；（T^M＝T2；T^F＝1a）；（T^M＝1b/T3；T^F＝ANYTONE）

（190）T3：HL→L/T^I ___ T^F（T^I＝T3；T^F＝1a/1b/T2）

（191）T3：HL→H/T^I ___ T^F（T^I＝T3；T^F＝T3）

（192）T3：HL→ML/T^I＋T^M ___]（T^I＝1a/1b；T^M＝T2）；（T^I＝T2；T^M＝1b/T2）；（T^I＝T3；T^M＝1a/1b/T2）

（193）T3：HL→L/T^I＋T^M ___]（T^I＝1b；T^M＝1a/1b/T3）；（T^I＝T2；T^M＝1a/T3）

ABC-D 型的三音节字调主要有如下几个特点：

1）阳平在几个调类中拱形相对最稳定，首字都是升调拱形，尾字都是凸降拱形，做中字的时候，有高平、升和低（降）几种拱形；

2）去声在首字的时候比较稳定，或者是一个高降［HL］、或者是一个高平［H］，值得一提的是，无论是高降还是高平都没有形成对立，所以总体来说，去声在首字的时候都是一个高调的拱形。当居于中字时，除了首字是去声的情况，其他三种情况都是高降拱形。首字是去声、尾字为阴阳平上的时

候,中字的去声是个低调,低平或低降,三个去声字连读时,前两个都是高平,最后一个是高降。做尾字的去声有降和低平两种情况;

3) 上声在首字的时候,或者是低升,或者是中降,居于中字的时候都是低(降)调,没有例外。做尾字时,只有 T3+T2+T2 组合时是个低(降),其他都是凸降调,总体来说,降调的情况居多;

4) 阴平拱形变化比较多,相对最活跃,做首字时要么是升调拱形,要么是中平,后者很可能是受到了普通话的影响。中字的阴平有中平、低(降)两种拱形。尾字阴平有中平、低(降)、凸降三种情况,凸降居多。

ABC-D 型的三字组和其他几个二声系统都不一样,在三字组的后两个字的组合中,大部分的拱形都是"低+凸降"拱形,共出现了 33 次,占一半以上的频次。虽然变化比较多,但是尾字拱形的变化却比较少。这也是这个方言点的特点之一。

结合 ABC-D 型的双音节字调来看,几个调类的底层拱形为:$1a = L$;$1b = MH$;$T3 = HL$;$T2 = ML *$。

5.5 小结与讨论

5.5.1 单字调与连字调

从二声系统的单字调、双音节字调和三音节字调的格局分布可以得出以下几点:

1) 连字调中每个调类的拱形类别都要大于单字调。每个调类居于首字和居于尾字的时候,都分别能够形成两至四种不同的拱形组合(ABC-D 型例外),这样就形成了比较大的声调对立空间,也能从另一个角度说明,在二声系统的交流中,连字调的权重更高。

2) 连字调中所有的拱形变化,基本都能用"简化原则"和"嵌入原则"解释。几种二声系统里出现的音高拱形共有四种：凹、升、降、平，笔者将它们在连字调中的变化做了一个统计，见表5-19，表中第一行是四种调类，左面第一列是音高拱形在连字调中出现过的变化（包括双音节字调和三音节字调），通过统计它们在不同的组合中和不同调类出现的变化的次数，按照四个调类的顺序分别放到第2至5列，第6列是变化频次的合计。可以清楚地看出来，出现最多的拱形变化集中在凹调MLM的各种变化，变化最频繁的是MLM→LM、MLM→L和MLM→ML，三个变化无一例外都属于"简化原则"可以解释的范畴。升调变低平MH→L/M也位居前列，这个变化首先是"简化原则"统筹的范围，其次是高低变体的变化。平和降中出现频次比较高的变化都是高低的变体变化，如高平变低平，高降变低降。因"嵌入原则"而产生的变化，出现的次数不多。出现最少的变化是高降变低升HL→LM，只有一处；还有高平变低升，即H→LM，只出现三处。这两个变化都需要两个过程，先降低高度，再嵌入特征，所以远不如"简化原则"下的变化更多。从变化数量上看，阴平和阳平的变化次数最多，如果从拱形变化来看，阴平有15种拱形变化，阳平有12种，上声有16种，去声有13种拱形变化。上声和阴平在二声系统的连字调里是最活跃的。

3）三音节字调中尾字通常与单字调保持一致，从韵律角度分析，尾字更重，首字次之，中字最轻。中字也是拱形变化最多的。

表5-19　二声系统连字调变化频次

拱形变化	T1a	T1b	T2	T3	合计
MLM→LM/LML	57	63	15	24	159
MLM→L	47	50	17	13	127
MLM→ML	31	29	22	6	88
MLM→MH	8	7	7	1	23
MLM→HL	7	5	4	3	19

拱形变化	T1a	T1b	T2	T3	合计
MLM→H/M	16	1	0	1	18
MH→L/M	20	34	0	19	101
MH→LM	26	27	1	27	81
MH→H	9	14	0	29	52
MH→ML	2	4	0	20	26
MH→HL	5	4	1	0	10
HL→H	10	0	32	23	65
HL→ML/HM	0	4	29	16	49
HL→M/L	0	0	10	9	19
HL→MLM	0	0	3	0	3
HL→LM	0	0	1	0	1
H→M/L	8	0	11	0	19
H→MH	1	0	11	0	12
H→HL	0	0	10	0	10
H→LM	1	0	2	0	3
合计	256	250	182	212	900

5.5.2 二声系统中的语言接触痕迹

此处,笔者要再一次提到陈保亚(1996)有关语言接触的两个概念:"匹配"与"回归"。"匹配"是母语对目标语言干扰的第一阶段,"回归"是经过匹配之后的"第二语言"。西北地区汉语方言的形成有其特殊的历史原因。在本书第二章,笔者综述了本调查地的历史沿革和移民概况,可以看出来这里自古就不断有汉族和少数民族人口移入。在西北地区居住的民族语人群，他们在学习汉语时，汉语方言是目标语言，所以受影响的是目标语。与此同时，移入的汉族人也要学习少数民族的语言(葛剑雄2022)。张成材在《试论青海汉语方言的形成》(1992)一文中谈道："在调查方言中，我们往往发现一条大河相隔，河两边的人讲话就有差异，或者一座高山相隔，山两边的人讲话便有差异，这是因为大川、大山往往就是方言地图上的同言线走向的所在。但是我们也发现在同一流域的人讲话差不多的现象……"湟水流域是少数民族和汉族杂居的地区，少数民族语言主要是阿尔泰语系下的土话、撒拉话和蒙古语，以及汉藏语系下的藏语。湟水流域的藏语属于安多藏语，没有声调，所有的单音节词都是前高后低，很像声调语中的高降调。土话、撒拉话和蒙古语也没有声调，多音节词有固定位置的重音，通常都在第一个音节，也有在最后一个音节的。所以张成材认为这种接触造成了汉语方言声调类型的合并。

第一章已提到笔者在红古区做田野调研时，发现有些发音人的声调格局非常松散，比如发音人 XXF 的阴平和阳平都各有一个平和降的音高，而且"平"和"降"没有规律可循。为了便于读者阅读，复述如下：XXF 的阴平例字的音高为：阴(降)东(升)灯(降)分(平)刀(降)乡(平)刚(降)边(升)安(平)丁(降)超(降)粗(平)天(降)偏(升)开(降)都(降)低(平)疤(降)爸(平)。阳平例字的音高模式为：羊(平)同(降)麻(升)阳(平)穷(降)陈(升)球(降)床才唐(平)平(平)寒(升)详(降)扶爬(平)图(升)题田提(平)时(升)。笔者在排除了录音时长、录音方式的问题之后，发现该发音人的阴、阳平例字还是会形成这种"音高拱形"，但是她的上声和去声例字在录制的时候却非常整齐，都是平调。这种情况正是非常典型的"匹配"过程，即语言自然习得的过程一定是从自然语流的连字调入手，然后才慢慢将自然语流中的特征匹配到单字调上。这也解释了为什么二声系统双音节字调和三音节字调的格局更丰富，也更稳定。

5.5.3 演变正在进行中

从连字调的格局来看,上述的"匹配"与"回归"还处于一个可见的变化之中。比如 ABC-D 型,它的双音节字调和单字调都保持两种音高模式。听感上更像无声调语言的轻重音模式。一直到了三音节字调,每个调类居于首字的时候才能出现 3~5 种拱形变化。在交流中,AC-BD 型的连字调权重也要远远高于单字调。这种变化从文献中也能看出来,AC-BD 型的方言点原来在文献的记录中大都为三声或者四声系统。《西宁方言记略》中记录西宁话的声调有四个: 阴平[44]、阳平[24]、上声[53]、去声[213](张成材1980)。张成材(2016)也将中原秦陇片和陇中片的调形特征归纳为:"四个调为基准,阴平多为低降或半高平,阳平中升或高升,上声高降或中降,去声高平、半高平或低降升。阴入归阴平,阳入归阳平。中原陇中片⋯⋯基本为三个调,阴阳平合并,为低升,上声高降或中降,去声高平、半高平或高降,入声归平声。"

芦兰花(2011)认为西宁的阳平和去声出现合流,属于"自变型"的演变。"自变型"和"他变型"是曹志耘(1998b)提出的声调演化的两种类型。"自变型"是自身语言系统,特别是语音系统内部原因导致的变化,这种变化通常是渐变的,而且有很强的系统性;"他变型"通常是语言系统外部的原因造成,比如强势语言、方言的影响,这种变化通常是突变的,系统性差,往往演变得不彻底,造成很多异读字(一字多调)的现象。上述永登连城镇发音人XXF 的情况就属于后者。芦兰花(2011)认为声调简化的主要动因是汉语的双(多)音节化,这样单字作为词使用的频率大大降低,单字调在语音系统中的地位也降低了,从经济原则讲就会促使单音节字调朝着简化的方向发展。多音节化程度越高,词语自身的意义范畴也越明确,借助其他手段辨义的要求就越低,所以多音节词不再需要所有的语素都有音高的差异。很多方言中的多音节词在尾字的地方轻化(轻声),也可以看作是这个发展趋势的一种表现。

综上,根据对二声系统单字调、双音节字调和三音节字调格局的描写比对,我们可以得出一个基本的结论,这个声调系统还处于一个动态的变化之中。今后针对这个地区的调查和研究应该要做持续观察,这不仅能够更客观地记录方言声调格局的变化,同时也能对声调的演化有更直观的认识。

第六章

三声系统

6.1 三声系统概述

李荣(1985b)很早就注意到三声调方言,他关注的是单字调与连字调孰为本调的问题。张世方在《汉语方言三调现象初探》(2000)一文中指出三声方言主要分布于官话区的胶辽官话、冀鲁官话、中原官话和兰银官话,并总结三声方言的东区以烟台型、莱州型、青岛型、滦县型、银川型为主,西北主要以银川型和滦县型为主,东西部的声调格局都和阳平有关。邓文靖(2009b)对近五十年的文献进行梳理后,总结出新疆、青海、甘肃、宁夏和内蒙古西部的部分地区的131个三声调方言点,其中包括中原官话68个点,兰银官话63个点。朱晓农、衣莉(2015)针对西北五省区(陕甘宁青新)的兰银官话和中原官话77个点的声调进行考察,在一手录音材料基础上,做了一个类型学的探讨,发现西北方言的声调分布格局类似于一个马鞍。马鞍中央7个方言点的单字调有两个调类,向西、向东金城、河西和陇中片是三个调类,再往两边扩展开去的秦陇、关中、南疆、北疆、京北是四个调类。

邓文靖(2009b)认为这131个三声调方言点的形成与语言接触有关,即与阿尔泰语系语言的接触有关。也有很多类似的研究提到过西北地区无声调的少数民族语言对汉语方言的影响,比如针对红古的研究(雒鹏1999,莫超、朱富林2014,张文轩、邓文靖2010)和宁夏银川的研究(张安生2005)。朱晓农(2018a)则认为声调的产生、消失会因为环境气候的外在因素而自然演化,炎热的气候会导致发声态多样化,从而激发声调的产生。相反,气候凉爽、温度低的地方,则可能会引起单音节向多音节转化,从而进一步引起声调的消失。

笔者调查到的三声系统的方言点包括:兰银金城、河西走廊一带兰银河西、新疆兰银北疆、宁夏兰银银吴,和宁夏、甘肃境内的部分中原陇中和中原秦陇官话等方言点。

根据以往文献的研究(张盛裕1985,曹志耘1998a,周磊1998a,吴开华2009),兰银河西片方言的声调模式大多数都属于"河西"型(张燕来2003),即阳平上合并为高降,阴平为平,去声为低凹、低降等。这个类型与"银吴"片的合并模式一样。曹志耘(1998a)的研究提到河东话接近中原官话的陇中片,河西话接近兰银官话的河西片。笔者的调研也证实了这种分类的存在。

宁夏境内的方言按自然地理状况划分为两个部分:北部川区话和南部山区话。张安生、张盛裕、李倩(转引自林涛2016)针对银川话和另外三个银吴方言进行过调查,发现在连读字调中,阳平和上声在去声和部分轻声字前面仍然存在差别,可以分为两个调类。丁邦新在《汉语声调的演变》(1998)一文中也提到,银川话的上声原调值可能就是今变调值,并用以证明他"变调与原调的想法"。

针对青海汉语方言的调查,上一章已经提到,这个地区方言点的声调在演化过程中,简化的程度是比较大的,合并情况出现的也比较晚,声调格局是比较新的一个地区。笔者目前调研到的青海方言点,除了几个发音人还有三声格局的残留变体,大都已经成为两个单字调的格局。

周磊(2005)对新疆汉语方言的研究中,共涉及34个方言点,分别为乌鲁木齐市、乌鲁木齐县、米泉、阜康、呼图壁、玛纳斯、吉木萨尔、昌吉、木垒、奇台、五家渠、石河子、克拉玛依、奎屯、温泉、博乐、精河、阿勒泰、布尔津、富蕴、福海、哈巴河、吉木乃、清河、沙湾、额敏、乌苏、塔城、裕民、托里和布克赛尔、哈密、伊吾、巴里坤。它们的内部一致性很强,声调的分类也很整齐,都是三个声调,拱形分布都是"平—降—降—低"的模式,"低"指各种低调,包括低

四、低降、低升和低平。但在笔者的调研中,只在昌吉市、木垒县、奇台县、阿图什市、伊宁县、喀什市岳普湖县发现了三声系统的发音人,在新疆其他的调查点,所调查到的发音人都已经成为北京官话的声调类型。

此外值得一提的是,在前期的文献中,如林涛(2012)的研究中,宁夏固原市彭阳县被记为四个调;固原市隆德县被记为三个调,而杨苏平(2015)则记为四个调。我们在调研中也发现彭阳县有四个调的发音人,但是彭阳县王洼镇的 MSJ、隆德县沙塘镇的 XSS、隆德县城关镇的 ZZH,他们的阴平、阳平都呈现出明显合并的趋势,无论是听感上、观察到的基频曲线上,还是发音人的自我报告,都表明他们的阴平、阳平已经合并。

本书调查到的"三声系统",共有 125 位发音人的语音材料是有效的。涉及"甘青宁新"四省区 65 个方言点(以乡镇为单位),整体看来,三声系统主要集中于兰银官话区和甘、宁境内的中原陇中及秦陇片。本章开篇综述了以往文献中对四省区方言点三声系统的研究(§6.1),接下来将详细描写调查整理到的六种合并类型的三声系统,首先是单字调的声调格局、调类合并和调型特征(§6.2),其次是双音节字调、三音节字调格局的拱形组合、拱形变化的语音与音系解释,并推测各调类的底层拱形(§6.3,§6.4),最后针对拱形变化的频次、分布和背后的语音机制与音系规则,进行讨论并得出本章小结(§6.5)。

6.2 三声系统的单字调格局

北方官话的声调系统中,一般还保留四个调类:阴平、阳平、上声和去声,如果按照任意两个调类组合形成三个声调调类的对立,一共能产生六种组合模式,分别是阴阳平、阴平上、阴平去、阳平上、阳平去和上去组合。笔者将它们分别命名为:AB 型、AC 型、AD 型、BC 型、BD 型和 CD 型。目前在笔者调研到的 125 位发音人中,这六种类型都出现了,但是分布很不均衡,比如 AD 型合并(阴平去)就只发现了一位发音人,BD 型合并(阳平去)只有五位发音人。以下依次对所调查到的三声系统方言点进行描述。正文叙述和图表中都以方言点标明发音人。需要说明的是,与"二声系统"相同,笔者在表示调类合并的时候,仍旧采用"="号,标明的也仅仅是调类合并,并没有强调合并的方向。这个问题在演化路径一章(§九章)会详细阐释。

6.2.1 AB 型(阴阳平合并)

第一种合并类型是阴平、阳平合并,分布的方言点基本都属于中原官话区,宁夏吴忠同心县的豫海镇和下马关镇在方言地图上被划入兰银银吴小片,但是根据张安生(2008)的研究,她认为同心县处于中原官话和兰银官话的过渡地带,这两个点的归属还需斟酌。新疆昌吉市被归入兰银北疆片,不过笔者调查到的这位发音人的读音与中原官话的特点非常相符,还有两位同属于昌吉州的发音人(木垒县和奇台县)就属于 BC 型合并,与大多数兰银河西片的方言点特征一致。目前本研究调查到的 AB 型发音人的入声都归入了平声。涉及的方言点在四个省区都有分布,宁夏和甘肃的方言点居多。宁夏的方言点有:固原市原州区(5 人);固原市西吉县偏城乡下堡村(1 人)、将台堡镇(1 人)、火石寨乡(1 人)、吉强镇龙王坝村(1 人);固原市彭阳县王洼镇(1 人);固原市隆德县城关镇(1 人)、沙塘镇(1 人);中卫市海原县海城镇(2 人)、树台乡(1 人)、三河镇(1 人);吴忠市同心县下马关镇(1 人)、豫海镇(1 人)。甘肃的方言点有:临夏州永靖县刘家峡镇(3 人)、太极镇(3 人)和盐锅峡镇(2 人);白银市会宁县会师镇(2 人);平凉市庄浪县大庄镇(1 人);平凉市静宁县余湾乡(1 人);定西市临洮县站滩乡(1 人);定西市通渭县华岭镇(1 人);定西市渭源县会川镇(1 人);天水市清水县永清镇(1 人);天水市秦安县云山镇(1 人)、兴国镇(1 人)。新疆的方言点有:昌吉州昌吉市延安北路街道(1 人)、克孜勒苏柯尔克孜自治州阿图什市新街街道(1 人);青海的方言点有:海东市民和县巴州镇(1 人)、海东市乐都区瞿昙镇(1 人)。

按照音高拱形的不同,AB 型大体还可以再分为四个小类,但是四个小类的分布很不均匀。第一小类主要是分布在宁夏境内的方言点(表 6-1,AB1 至 AB16);第二小类主要是分布在甘肃境内的大部分方言点和新疆昌吉的发音人(表 6-1,AB17 至 AB33);第三小类只有四个发音人,分布点并不集中,分别为固原市的 GHY(表 6-1,AB34)、同心县的 MZ(表 6-1,AB35)、永靖县刘家峡镇的 DMX(表 6-1,AB36)和会宁县会师镇的 TLP(表 6-1,AB37);第四小类只有三人,是新疆阿图什的 XMXNR(表 6-1,AB38)、青海海东市乐都区的 XSL(表 6-1,AB39)和民和巴州镇的 MXZ(表 6-1,AB40)。

如表 6-1 和图 6-1 所示,第一小类的音高拱形表现为平声低凹{323/324},上声高降{52/53},去声高平{44}。第二小类的上、去与第一小类表现一样,区别是平声更趋向于升调或者凹升{24/25/325},也有几个点是两折调{3242}。笔者将它们认定为凹调。第三小类的四位发音人的去声在语音实现上表现为低降或低平降。从发音的角度来讲,当平调的调尾松懈,或者处于音节末的时候,平调很容易实现为平降,甚至降调。所以从音系的角度来看,他们也都可以被归入平调调型。比如永靖县刘家峡镇的两位发音人DMX 和 LF,虽然他们的去声一个是降调拱形,一个是平调拱形,但他们彼此之间的交流并没有形成障碍。第四小类的去声为升调或者两折调,除了上声高降,与其他三小类一样,另外两个调的对立也不是"平—凹"对立,而是"凹—升"对立。总体来说,AB 型音高的拱形对立有两种:平—上—去:凹/升—降—平;平—上—去:凹—降—升。

表 6-1　AB 型发音人单字调的拱形与调值

编号	方言片	县/市	乡镇区+发音人	特征表达				五度表达			
				1a	1b	T2	T3	1a	1b	T2	T3
AB1	中原秦陇	固原市	原州区 MXY	MLH	=1a	HL	H	324	**=1a**	52	44
AB2	中原秦陇	固原市	原州区 JY	MLH	=1a	HL	H	324	**=1a**	52	44

编号	方言片	县/市	乡镇区+发音人	特征表达				五度表达			
				1a	1b	T2	T3	1a	1b	T2	T3
AB3	中原秦陇	固原市	原州区 MH	MLH	=1a	HL	H	324	=1a	52	44
AB4	中原秦陇	固原市	原州区 HAA	MLH	=1a	HL	H	3242	=1a	52	44
AB5	中原陇中	西吉县	偏城乡下堡村 MCH	MLH	=1a	HL	H	324	=1a	52	44
AB6	中原陇中	西吉县	将台堡镇 JT	MLH	=1a	HL	H	324	=1a	52	44
AB7	中原陇中	西吉县	火石寨乡 YPZ	MLH	=1a	HL	H	324	=1a	52	44
AB8	中原陇中	西吉县	吉强镇龙王坝村 JYT	MLH	=1a	HL	H	324	=1a	52	44
AB9	中原陇中	海原县	海城镇 YXH	MLH	=1a	HL	H	324	=1a	52	44
AB10	中原陇中	海原县	海城镇 LH	MLH	=1a	HL	H	324	=1a	52	44
AB11	中原陇中	海原县	树台乡 CQ	MLH	=1a	HL	H	324	=1a	52	44
AB12	中原陇中	海原县	三河镇 YWF	MLH	=1a	HL	H	324	=1a	52	44
AB13	中原秦陇	彭阳县	王洼镇 MSJ	MLH	=1a	HL	H	324	=1a	52	44
AB14	中原陇中	隆德县	城关镇 ZZH	MLH	=1a	HL	H	324	=1a	52	44
AB15	中原陇中	隆德县	沙塘镇 XSS	MLH	=1a	HL	H	324	=1a	52	44
AB16	兰银银吴	同心县	下马关镇 YY	MH	=1a	HL	H	$_3$25	=1a	52	44
AB17	中原陇中	永靖县	刘家峡镇 LF	MH	=1a	HL	H	24	=1a	53	55
AB18	中原陇中	永靖县	刘家峡镇 KLH	MH	=1a	HL	H	25	=1a	53	44
AB19	中原陇中	永靖县	太极镇 WLP	MLM	=1a	HL	H	3242	=1a	52	44
AB20	中原陇中	永靖县	太极镇 KWS	MH	=1a	HL	H	35	=1a	42	33
AB21	中原陇中	永靖县	太极镇 KCS	MH	=1a	HL	H	24	=1a	54	44
AB22	中原陇中	永靖县	盐锅峡镇 ZJW	MH	=1a	HL	H	24	=1a	54	33
AB23	中原陇中	永靖县	盐锅峡镇 LSZ	MH	=1a	HL	H	324	=1a	52	445
AB24	中原陇中	会宁县	会师镇 ZLL	MH	=1a	HL	H	$_3$24	=1a	52	55
AB25	中原陇中	庄浪县	大庄镇 DSQ	MLM	=1a	HL	H	3242	=1a	52	55

编号	方言片	县/市	乡镇区+发音人	特征表达				五度表达			
				1a	1b	T2	T3	1a	1b	T2	T3
AB26	中原陇中	静宁县	余湾乡 LHT	MH	=1a	HL	H	$_324$	**=1a**	52	55
AB27	中原陇中	临洮县	站滩乡 MXH	MH	=1a	HL	H	$_324$	**=1a**	52	55
AB28	中原陇中	通渭县	华岭镇 WJ	MH	=1a	HL	H	$_324$	**=1a**	52	44
AB29	中原陇中	渭源县	会川镇 WX	MH	=1a	HL	H	3242	**=1a**	52	55
AB30	中原陇中	清水县	永清镇 PLJ	MH	=1a	HL	H	3242	**=1a**	52	55
AB31	中原陇中	秦安县	云山镇 LXJ	MH	=1a	HL	H	24_3	**=1a**	52	55
AB32	中原陇中	秦安县	兴国镇 CQ	MH	=1a	HL	H	3242	**=1a**	52	44
AB33	兰银北疆	昌吉市	延安北路街道 MJ	MH	=1a	HL	H	$_325$	**=1a**	52	55
AB34	中原秦陇	固原市	原州区 GHY	MLM	=1a	HL	ML	3232	**=1a**	52	32
AB35	兰银银吴	同心县	豫海镇 MZ	MH	=1a	HL	ML	325	**=1a**	52	32
AB36	中原陇中	永靖县	刘家峡镇 DMX	MH	=1a	HL	ML	3232	**=1a**	52	442
AB37	中原陇中	会宁县	会师镇 TLP	MLM	=1a	ML	HL	3232	**=1a**	544	52
AB38	中原南疆	阿图什	新街街道 XMXNR	MH	=1a	HL	H	325	**=1a**	52	445
AB39	中原陇中	乐都区	瞿昙镇 XSL	MLM	=1a	HL	MH	324	**=1a**	54	35
AB40	中原陇中	民和县	巴州镇 MXZ	MH	=1a	HL	MLM	24	**=1a**	452	3242

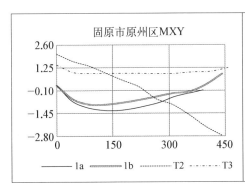

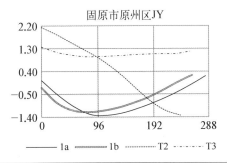

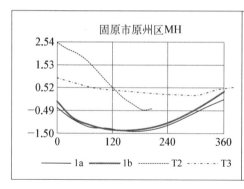

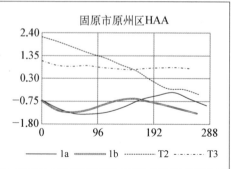

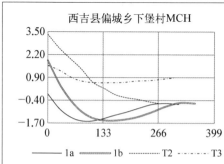

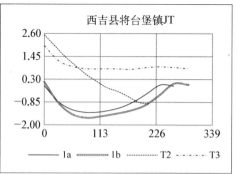

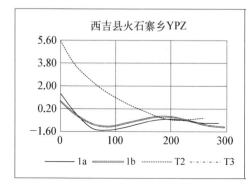

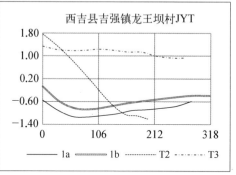

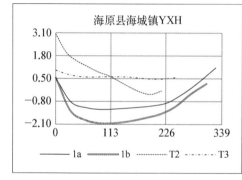

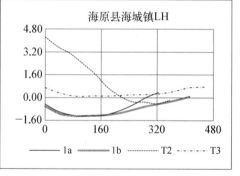

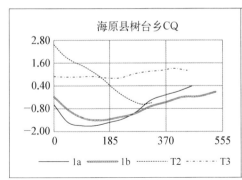

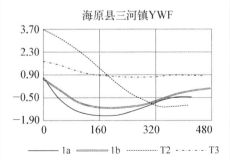

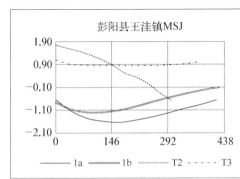

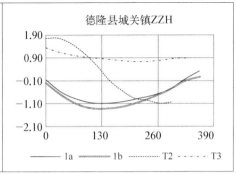

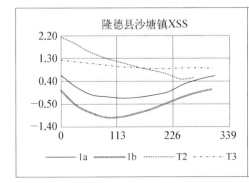

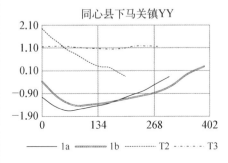

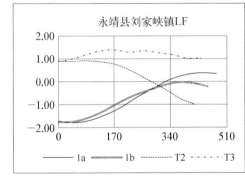

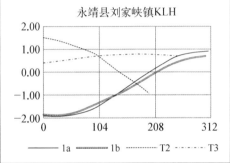

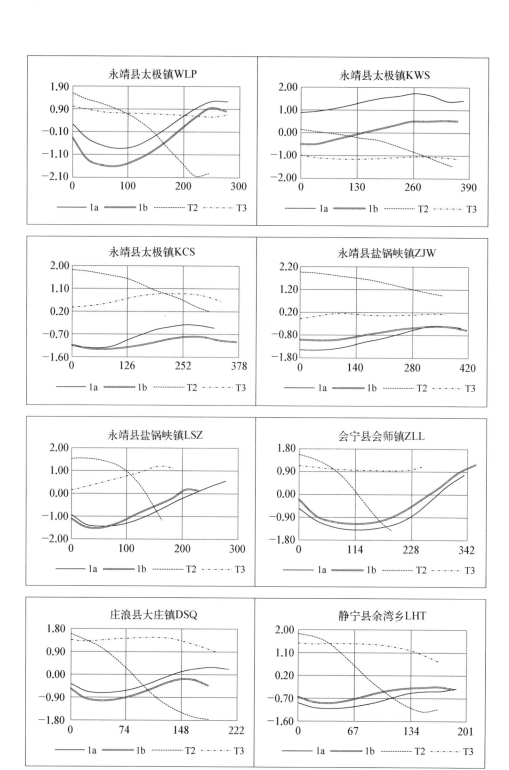

"甘青宁新"四省区汉语方言声调演化研究

168

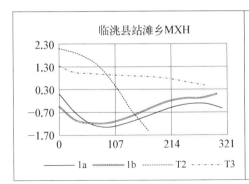

临洮县站滩乡MXH

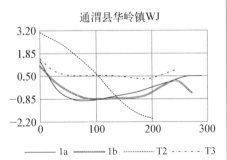

通渭县华岭镇WJ

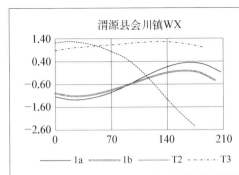

渭源县会川镇WX

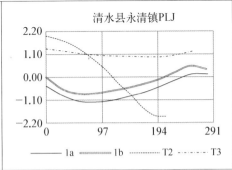

清水县永清镇PLJ

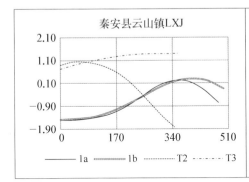

秦安县云山镇LXJ

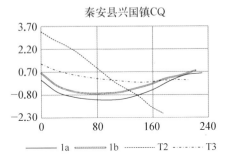

秦安县兴国镇CQ

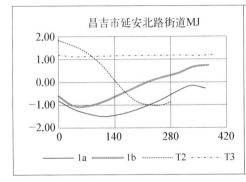

昌吉市延安北路街道MJ

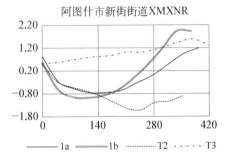

阿图什市新街街道XMXNR

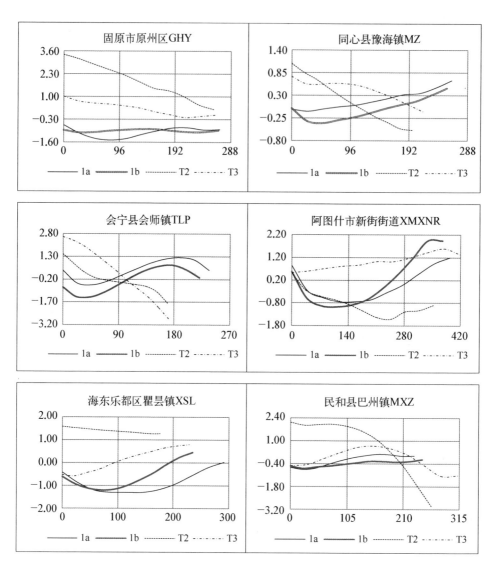

图 6-1 AB 型发音人 LZ-SCORE 声调格局图

6.2.2 AC 型(阴平上合并)

第二种合并类型就是张燕来(2003)称之为"古浪型"的三声系统。笔者

将其命名为 AC 型合并。表现为阴平和上声合并,与阳平和去声形成三声对

立。阴入归入阴平和去声,阳入归入阳平。涉及的方言点都在甘肃境内:武威市古浪县安宁镇(1人)、酒泉市肃州区总寨镇(1人)、白银市景泰县中泉镇龙湾村(1人)、临夏州临夏县莲花镇(1人)、兰州市永登县连城镇(1人)、兰州市永登县河桥镇(1人)。

如表6-2和图6-2所示,发音人的阴平和上声都是平调{44/33/55}。古浪ZXZ的阳平与去声形成高低降调的对立,阳平为高降{52},去声为低降{32};肃州区总寨镇的WMJ、景泰县中泉镇的LWY其阳平与去声形成高降{52/53}与低凹{323}的对立;临夏县莲花镇的SZF的阳平与去声形成两折{3232}与高降{52}的对立;永登县连城镇的ZJH的阳平与去声形成升调{25}与低凹{323}的对立。永登县河桥镇SDW的上声分为平调和升调,一部分与阴平合并,一部分与去声合并。

表6-2 AC型发音人单字调的拱形与调值

编号	方言片	县/市	乡镇区+发音人	特征表达				五度表达			
				1a	1b	T2	T3	1a	1b	T2	T3
AC1	兰银河西	酒泉市	肃州区总寨镇 WMJ	H	HL	=1a	MLM	44	52	=1a	323
AC2	兰银河西	武威市	古浪县定宁镇 ZXZ	H	HL	=1a	ML	44	52	=1a	32
AC3	中原秦陇	景泰县	中泉镇龙湾村 LWY	H	HL	=1a	MLM	44	53	=1a	323
AC4	中原陇中	临夏县	莲花镇 SZF	H	MLM	=1a/1b	HL	33	3232	=1a/1b	52
AC5	兰银金城	永登县	连城镇 ZJH	H	MH	=1a	MLM	55	25	=1a	323
AC6	兰银金城	永登县	河桥镇 SDW	H	HL	1a/T3	MH	55	52	=1a/T3	25

古浪县定宁镇的发音人ZXZ还有很多去声字读为低平,比如"到、正、变、样、共、旧、害、饭、用"。临夏县莲花镇的SZF也有例外的情况,她的上声字一半归入阴平,为平调拱形,一半归入阳平,为两折调拱形。

　　从归并后调类之间的拱形对立来看,这个形式的合并应该比较新,正处于演化的过程中,原因有两点:一是目前发现的发音人和方言点都很少;二是每个人的声调格局都不是很稳定,上声会有语音变体,去声的音高拱形更是多变。这在本书关于演化的章节(§9)中还有详细讨论。

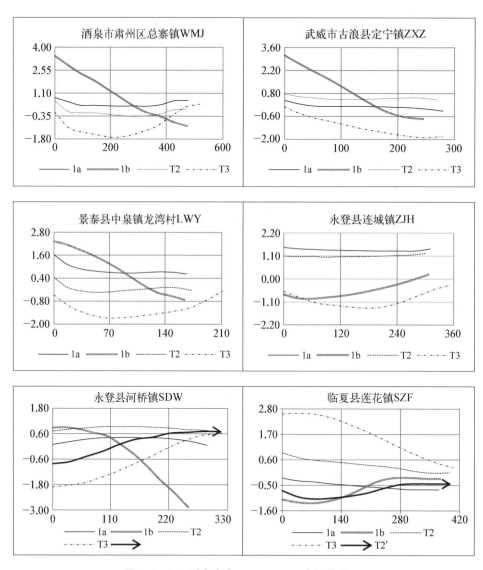

图6-2　AC型发音人LZ-SCORE声调格局图

6.2.3 AD 型(阴平去合并)

截至目前,在笔者的调查中,阴平和去声的合并类型,即 AD 型只发现了一位发音人(兰州市红古区红古镇)。他的邻居们都是上去合并型。只有他是阴平与去声合并,都是高平｛55｝,在听感上去声略低,语图中也可以清楚地看出去声的音高拱形要明显低于阴平的音高拱形,但是调查时的听辨测试显示,发音人听不出这二者的区别,所以先暂时将其归入一类,希望未来能发现更多的案例并验证这个类型(见表 6-3 和图 6-3)。调值上阳平为升调｛25｝,上声为高降｛52｝。

表 6-3 AD 型发音人单字调的拱形与调值

编号	方言片	县/市区	乡镇+发音人	特征表达				五度表达			
				1a	1b	T2	T3	1a	1b	T2	T3
AD1	兰银金城	红古区	红古镇 MDX	H	MH	HL	= 1a	55	25	52	**= 1a**

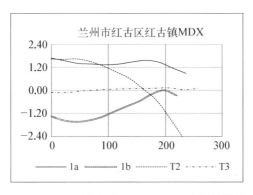

图 6-3 AD 型发音人 LZ-SCORE 声调格局图

6.2.4　BC 型（阳平上合并）

BC 型的方言点都在兰银官话区,主要分布在宁夏、甘肃和新疆。位于宁夏境内的方言点有: 银川市金凤区(1 人),吴忠市同心县豫海镇(3 人)、同心县河西镇(1 人)、同心县丁塘镇(1 人);中卫市沙坡头区(3 人)、中卫市中宁县宁安镇(2 人);青铜峡市裕民街道(1 人);石嘴山市大武口区(1 人)、石嘴山市平罗县(1 人)。位于甘肃的方言点有: 酒泉市肃州区新街街道(6 人)、肃州区西峰镇(1 人)、肃州区上坝镇(1 人)、肃州区总寨镇(1 人)、肃州区清水镇(2人),酒泉市金塔县鼎新镇新西村(4 人)、金塔县鼎新镇芨芨村(2 人),酒泉市瓜州县西湖镇(1 人);张掖市高台县罗城镇(1 人)、高台县南华镇(1 人),张掖市临泽县沙河镇(2 人),张掖市肃南县马蹄藏族乡(1 人)、肃南县红湾寺镇(1 人)、武威市天祝县打柴沟镇(1 人)。位于新疆的方言点有: 昌吉州木垒县木垒镇(1人)、昌吉州奇台县老奇台镇(1 人)、伊犁哈萨克自治州伊宁县吉里于孜镇(1人)、喀什地区岳普湖县岳普湖镇(1 人)。位于宁夏的方言点都属于兰银银吴小片,位于甘肃的方言点都属于兰银河西小片,位于新疆的方言点大部分属于兰银河西小片,只有岳普湖县在方言地图上没有标注,应该属于尚未被调查的地区。

这一类的声调格局与传统文献中描写的河西方言的声调格局完全一致,而且分布非常整齐。如表 6-4 与图 6-4 所示,这些方言点的声调格局特点为:阴平都为高平{55/44},阳平上声合并,除了同心县丁塘镇、伊宁县吉里于孜镇和岳普湖县岳普湖镇的发音人,拱形都为高降{53/52},阴入都归入去声,阳入归入去声和阳平。只有去声的拱形与文献中的记录有些出入,它有几种拱形变体:低降、低凹、嘎裂凹等,还有少许低平的拱形变体,但是该低平拱形出现在有低降变体的发音人当中,所以可忽略不计。宁夏境内方言点的去声以凹调为主,倾向于凹升。去声的共性是处于声调格局中的低端,表现出的声调目标(tonal target)也是以低为主体,有时甚至会有嘎裂、喉堵、气声这样表示"低"的发声态出现。

表 6-4 BC 型发音人单字调的拱形与调值

编号	方言片	县/市	乡镇区+发音人	特征表达				五度表达			
				1a	1b	T2	T3	1a	1b	T2	T3
BC1	兰银银吴	同心县	豫海镇 ZZJ	H	HL	=1b	MLM	44	52	**=1b**	3232
BC2	兰银银吴	同心县	豫海镇 MWY	H	HL	=1b	MH	44	52	**=1b**	$_3$25
BC3	兰银银吴	同心县	豫海镇 YLM	H	HL	=1b	MH	44	52	**=1b**	$_3$25
BC4	兰银银吴	同心县	河西镇 MD	H	HL	=1b	MH	44	52	**=1b**	$_3$25
BC5	兰银银吴	银川市	金凤区 WLS	H	HL	=1b	MH	33	52	**=1b**	$_3$25
BC6	兰银银吴	中卫市	沙坡头区 GP	H	HL	=1b	MH	55	52	**=1b**	$_3$25
BC7	兰银银吴	中卫市	沙坡头区 LH	H	HL	=1b	MH	44	52	**=1b**	$_3$25
BC8	兰银银吴	中卫市	沙坡头区 HSJ	H	HL	=1b	MLM	44	52	**=1b**	323
BC9	兰银银吴	中宁县	宁安镇 LJJ	H	HL	=1b	MLM	44	52	**=1b**	323
BC10	兰银银吴	中宁县	宁安镇 ZY	H	HL	=1b	MLM	44	52	**=1b**	323
BC11	兰银银吴	青铜峡市	裕民街道 JH	H	HL	=1b	MLM	44	52	**=1b**	323
BC12	兰银银吴	石嘴山市	大武口区 WXL	H	HL	=1b	MLM	44	52	=1b	323
BC13	兰银银吴	平罗县	城关镇 LJL	H	HL	=1b	MLM	44	52	=1b	323
BC14	兰银河西	酒泉市	肃州区新街道 ZQ	H	HL	=1b	MLM	44	52	=1b	323

175

编号	方言片	县/市	乡镇区+发音人	特征表达				五度表达			
				1a	1b	T2	T3	1a	1b	T2	T3
BC15	兰银河西	酒泉市	肃州区新街街道 WU	H	HL	=1b	MLM	44	52	=1b	323
BC16	兰银河西	酒泉市	肃州区西峰镇 GHJ	H	HL	=1b	MLM	44	52	=1b	323
BC17	兰银河西	酒泉市	肃州区总寨镇 WYT	H	HL	=1b	MLM	44	52	=1b	323
BC18	兰银河西	酒泉市	肃州区清水镇 XGL	H	HL	=1b	MLM	44	52	=1b	323
BC19	兰银河西	酒泉市	肃州区清水镇 XHL	H	HL	=1b	MLM	44	52	=1b	323
BC20	兰银河西	金塔县	鼎新镇新西村 LD	H	HL	=1b	MLM	44	52	=1b	323
BC21	兰银河西	金塔县	鼎新镇新西村 LJ	H	HL	=1b	MLM	44	52	=1b	323
BC22	兰银河西	金塔县	鼎新镇新西村 YYF	H	HL	=1b	MLM	44	52	=1b	323
BC23	兰银河西	金塔县	鼎新镇芨芨村 GCL	H	HL	=1b	MLM	44	52	=1b	323
BC24	兰银河西	金塔县	鼎新镇芨芨村 GDZ	H	HL	=1b	MLM	44	52	=1b	323
BC25	兰银河西	天祝县	打柴沟镇 MJM	H	HL	=1b	MLM	44	52	=1b	323
BC26	兰银河西	临泽县	沙河镇 GXL	H	HL	=1b	MLM	44	52	=1b	323
BC27	兰银河西	高台县	罗城镇 MXT	H	HL	=1b	MLM	44	52	=1b	323
BC28	兰银河西	瓜州县	西湖镇 NXX	H	HL	=1b	MLM	44	52	=1b	323

续表

编号	方言片	县/市	乡镇区+发音人	特征表达				五度表达			
				1a	1b	T2	T3	1a	1b	T2	T3
BC29	兰银河西	高台县	南华镇 WH	H	HL	=1b	=1b/MLM	44	52	=1b	323
BC30	兰银北疆	奇台县	老奇台镇 CMF	H	HL	=1b	MLM	44	52	=1b	323
BC31	兰银北疆	木垒县	木垒镇 ZC	H	HL	=1b	MLM	44	52	=1b	323
BC32	兰银河西	酒泉市	肃州区上坝镇 TWY	H	HL	=1b	ML	44	52	=1b	31
BC33	兰银河西	金塔县	鼎新镇 LY	H	HL	=1b	ML	44	52	=1b	31
BC34	兰银河西	酒泉市	肃州区新街街道 JY	H	HL	=1b	ML	44	52	=1b	31
BC35	兰银河西	酒泉市	肃州区新街街道 YZL	H	HL	=1b	ML	44	52	=1b	31
BC36	兰银河西	酒泉市	肃州区新街街道 GYL	H	HL	=1b	ML	44	52	=1b	31
BC37	兰银河西	临泽县	沙河镇 YF	H	HL	=1b	ML	44	52	=1b	31
BC38	兰银河西	肃南县	马蹄藏族乡 DGQ	H	HL	=1b/MLM	ML	55	52	=1b/323	31
BC39	兰银河西	肃南县	红湾寺镇 AF	H	HL	=1b	ML	55	52	=1b	31
BC40	兰银银吴	同心县	丁塘镇 YJB	H	MH	=1b	HL	55	$_3$25	=1b	52
BC41	兰银北疆	伊宁县	吉里于孜镇 ZJM	H	MH	=1b	HL	55	$_3$25	=1b	52
BC42	未标注	岳普湖县	岳普湖镇 SBNR	H	MH	=1b	HL	55	$_3$25	=1b	52

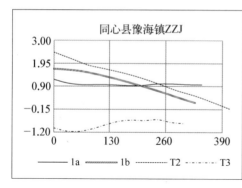

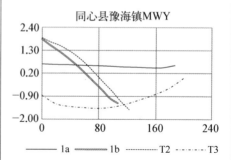

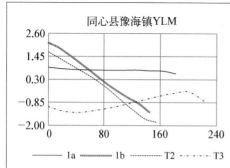

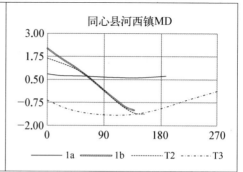

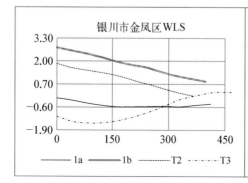

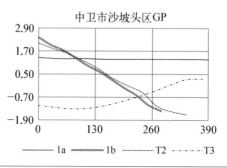

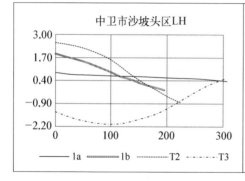

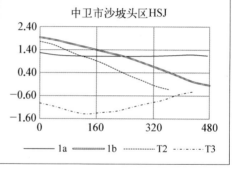

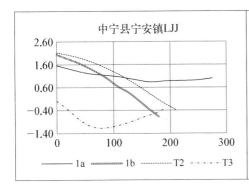

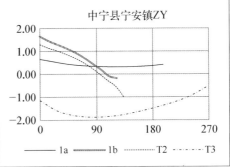

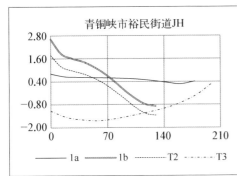

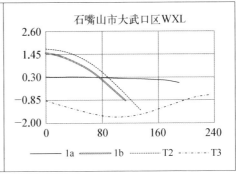

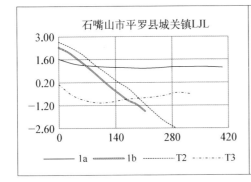

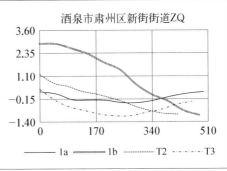

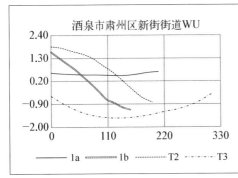

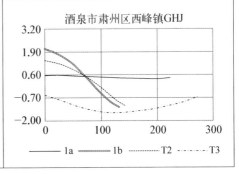

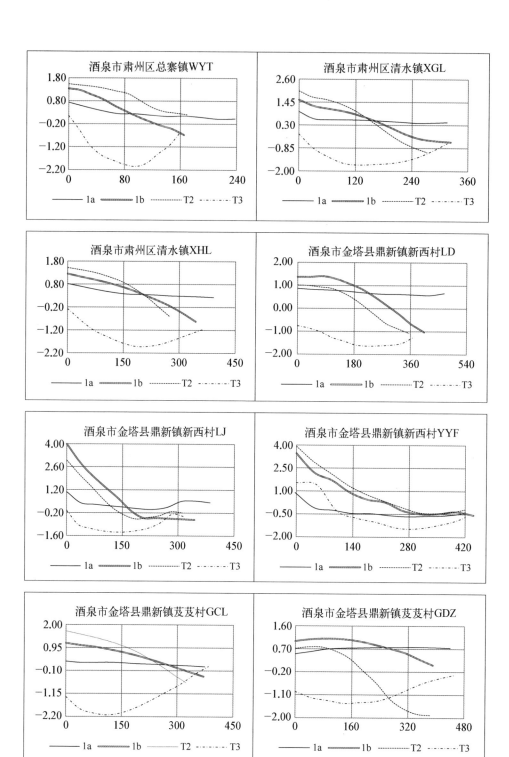

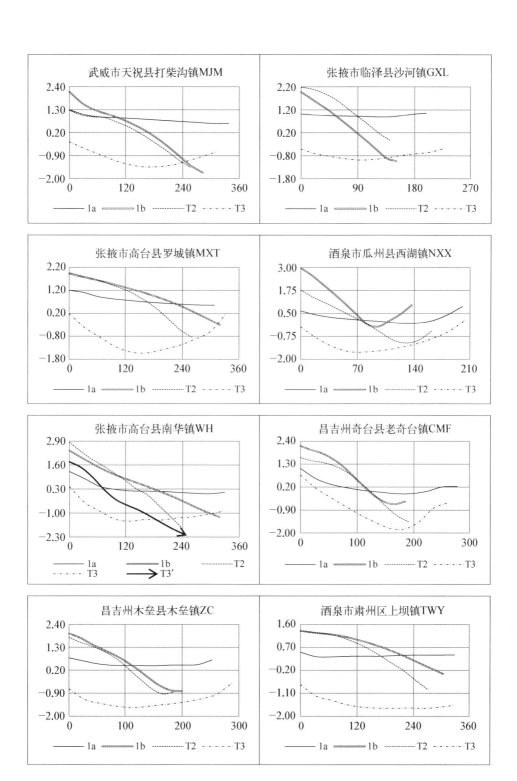

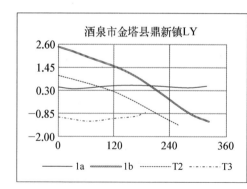

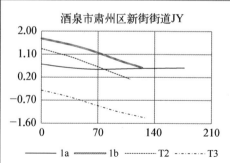

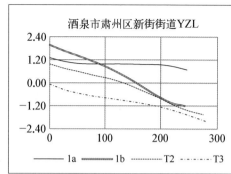

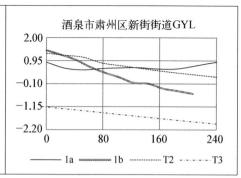

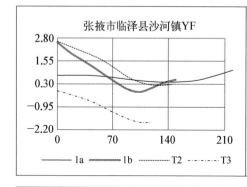

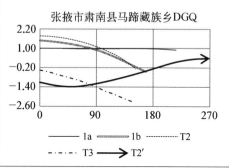

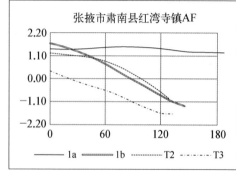

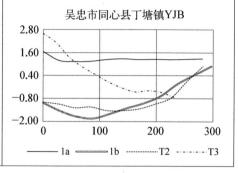

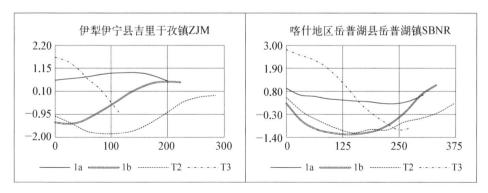

图 6-4　BC 型发音人 LZ-SCORE 声调格局图

最后需要说明几点：第一,是入声的归并。上述发音人的阴入归去后,音高拱形会随着去声的变化而变化,如果其去声的拱形是个低降,那么其阴入字也读为低降,如果其去声是个低凹调,那么其阴入的拱形也是一个低凹的拱形。第二,个别发音人的阳平和上声有向凹调发展的趋势。比如张掖临泽沙河镇的发音人 YF 的阳上高降都有一个向上的调尾,而在她去声的低降中则完全没有,说明这不是个体差异。这个趋势在酒泉瓜州西湖镇的发音人 NXX 的声调格局中也能看到。NXX 的少数上声字（比如"想"）已经变为凹升调,其阴入字有一半是高降（急、竹、得、笔）,另一半是低凹。第三,还要说一下阴平的音高拱形,大多数发音人的阴平都是高平{55/44},但是也有部分发音人的阴平是低平{33/22},比如酒泉肃州鼎新镇新西村的发音人 YYF 和 LJ、肃州区新街街道的 ZQ。不过,在他们各自的声调格局中没有另一个"高平"与之对立,所以将这三位发音人的阴平拱形视为高平/44/的语音变体形式。银川发音人的入声与其他兰银官话的归并都有所不同,他们的入声被派入了三声。最后,张掖肃南县的发音人 DGQ 来自马蹄藏族乡,她的上声出现了分化,一半字是降调,与阳平合并,另一半字为前凹{₃23}（图中标有箭头的线条）,这有理由怀疑是受到了藏语或汉语普通话的影响。张掖市高台县南华镇的发音人 WH 去声也发生分化,一大半字是凹,另一半变为高降,与阳平上一致,而且她的阴入字都读为降调,只有极少数的字还保留低凹的拱形。这也许是它声调进一步合并为两调的前奏,也可能是单字调正处于从两调向三调"匹配"和"回归"的过程(陈保亚1996)。详细阐述见下文"演化"一章(§9)。

6.2.5 BD型(阳平去合并)

BD型只有5位发音人,分别是:宁夏中卫市海原县海城镇的ZYY和ZQ、宁夏吴忠市盐池县王乐井乡的SWH、甘肃白银市靖远县乌兰镇的ZLP和WU。

按照音高拱形,我们分为两个小类(见表6-5和图6-5):第一小类是宁夏海原县的发音人ZYY、ZQ和盐池县的发音人SWH,阴平为低平{33}或低降{31/42},阳平和去声为升{25},上声为高降{52}。入声与阳平和去声一致。张安生(1992)认为盐池的方言应该归为中原秦陇官话,这里从调型的角度来看,盐池方言的确和其他兰银官话不太一样,但是从入声的归并看,与兰银片的归并更加接近。第二小类是甘肃靖远县乌兰镇的两位发音人ZLP和WU,阴平为高降{52},阳平和去声为凹升{325}或两折{3242},上声为高平{55}。阴入与阴平一致,阳入与阳平和去声一致。

表6-5 BD型发音人单字调的拱形与调值

编号	方言片	县/市	乡镇+发音人	特征表达				五度表达			
				T1a	T1b	T2	T3	T1a	T1b	T2	T3
BD1	中原陇中	海原县	海城镇 ZYY	ML	MH	HL	=1b	33/31	25	52	**=1b**
BD2	中原陇中	海原县	海城镇 ZQ	ML	MH	HL	=1b	31	25	52	**=1b**
BD3	兰银银吴	盐池县	王乐井乡 SWH	ML	MH	HL	=1b	42	25	52	**=1b**

续表

编号	方言片	县/市	乡镇+发音人	特征表达				五度表达			
				T1a	T1b	T2	T3	T1a	T1b	T2	T3
BD4	中原秦陇	靖远县	乌兰镇 ZLP	HL	MLM	H	=1b	52	325	55	**=1b**
BD5	中原秦陇	靖远县	乌兰镇 WU	HL	MLM	H	=1b	52	3242	55	**=1b**

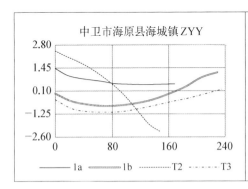

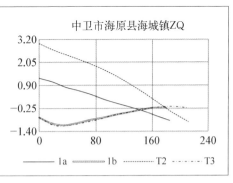

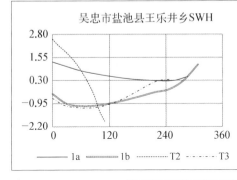

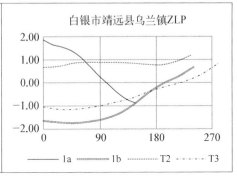

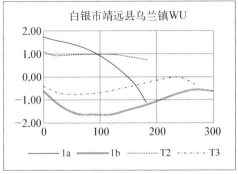

图 6-5　BD 型发音人 LZ-SCORE 声调格局图

6.2.6 CD型(上去声合并)

CD型都集中于兰银金城小片,涉及的方言点都在兰州市,包括红古区窑街镇(3人)、海石湾镇(2人)、永登县河桥镇(10人)、永登县连城镇(8人)、永登县城关镇(1人)、兰州市内四个城区(城关区、七里河区、安宁区、西固区)(7人)。我们在兰州市市区其实共调查了34位发音人,但因为城关四区的声调处于一个比较特殊的、正在演化的状态,所以它的声调格局在后面的章节中单独描写(第八章)。兰州城区内50岁以下的人群,声调拱形基本都属于这一类的三声系统(衣莉等2017;Yi et al. 2024)。

这一个大类的音高主要表现为阴平高平{33/44/55}或低降{42},阳平高降{42/52},上声与去声合并,为凹调,这里的凹调是指凹调大类,具体因发音人个体差异而有很多不同的语音变体,包括升、低凹、凹升、两折调{25/323/324/3232/3242},这些不同的拱形是存在于发音人之间的个体差异,没有形成语义的对立。同时,无论在个体之间有什么音高拱形的差异,上声和去声都无例外地在每一个发音人的声调格局中合并为一个调类(衣莉2019)。阴入归入上去声,阳入归入阳平。

另外,有两位发音人的调类归并与总体的格局有出入。红古区海石湾的发音人JJ的阴平和阳平都有不同的变体,阴平除了高平,还有一个高降的变体,阳平除了高降,还有一个低凹的变体,而且与上去的低凹合并。阴平的降调变体不能完全确定是否与阳平的降调合并了,只能判断也许是原来低降调的残留形式(衣莉等2017)。连城镇LXD的阳平有个高平变体,与阴平的高平合并。入声的归并与其他发音人都一致。

表 6-6 CD 型发音人单字调的拱形与调值

序号	方言片	县/市	乡镇区+发音人	特征表达				五度表达			
				1a	1b	T2	T3	1a	1b	T2	T3
CD1	兰银金城	红古区	窑街街道 CFY	H	HL	MLM	=T2	55	52	325	=T2
CD2	兰银金城	红古区	窑街街道 HYL	ML	HL	MLM	=T2	42	52	3242	=T2
CD3	兰银金城	红古区	窑街街道 WMF	ML	HL	MLM	=T2	42	52	325	=T2
CD4	兰银金城	红古区	海石湾镇 YJQ	H	HL	MLM	=T2	44	52	3232	=T2
CD5	兰银金城	永登县	河桥镇 LWT	H	HL	MLM	=T2	44	52	323	=T2
CD6	兰银金城	永登县	河桥镇 THL	H	HL	MLM	=T2	55	52	323	=T2
CD7	兰银金城	永登县	河桥镇 XYY	H	HL	MLM	=T2	44	52	323	=T2
CD8	兰银金城	永登县	河桥镇 YSQ	H	HL	MLM	=T2	55	52	323	=T2
CD9	兰银金城	永登县	河桥镇 YYQ	H	HL	MLM	=T2	55	52	323	=T2
CD10	兰银金城	永登县	河桥镇 ZJP	H	HL	MLM	=T2	44	52	323	=T2
CD11	兰银金城	永登县	河桥镇 ZCG	H	HL	MLM	=T2	55	52	3242	=T2
CD12	兰银金城	永登县	河桥镇 HYX	H	HL	MLM	=T2	55	52	324	=T2
CD13	兰银金城	永登县	河桥镇 ZYF	H	HL	MLM	=T2	44	52	323	=T2
CD14	兰银金城	永登县	连城镇 MZJ	H	HL	MLM	=T2	44	52	323	=T2
CD15	兰银金城	永登县	连城镇 XYL	H	HL	MLM	=T2	44	52	323	=T2
CD16	兰银金城	永登县	连城镇 SJH	H	HL	MLM	=T2	44	52	323	=T2
CD17	兰银金城	永登县	连城镇 WC	H	HL	MLM	=T2	55	52	324	=T2
CD18	兰银金城	永登县	连城镇 WSP	H	HL	MLM	=T2	44	52	325	=T2
CD19	兰银金城	永登县	连城镇 WYY	H	HL	MLM	=T2	44	52	323	=T2

续表

序号	方言片	县/市	乡镇区+发音人	特征表达				五度表达			
				1a	1b	T2	T3	1a	1b	T2	T3
CD20	兰银金城	永登县	连城镇 YFL	H	HL	MLM	=T2	55	52	423	**=T2**
CD21	兰银金城	永登县	城关镇 LJC	H	HL	MLM	=T2	443	52	323	**=T2**
CD22	兰银金城	永登县	连城镇 LXD	H	HL	MLM	=T2	55	55/52	3242	**=T2**
CD23	兰银金城	永登县	河桥镇 ZMS	H	MH	M	=T2	55	25	33	**=T2**
CD24	兰银金城	红古区	海石湾镇 JJ	H	HL	MLM	=T2	55/52	52/324	323	**=T2**
CD25	兰银金城	兰州市	安宁区 SL	H	HL	MLM	=T2	44	52	3242	**=T2**
CD26	兰银金城	兰州市	安宁区 YW	H	HL	MLM	=T2	55	52	323	**=T2**
CD27	兰银金城	兰州市	城关区 GYM	H	HL	MH	=T2	55	52	25	**=T2**
CD28	兰银金城	兰州市	城关区 XN	H	HL	MLM	=T2	55	52	3242	**=T2**
CD29	兰银金城	兰州市	西固区 YL(F)	H	HL	MLM	=T2	55	52	323	**=T2**
CD30	兰银金城	兰州市	西固区 CYX	ML	HL	MH	=T2	42	52	24	**=T2**
CD31	兰银金城	兰州市	七里河区 PLP	ML	HL	MH	=T2	42	52	25	**=T2**

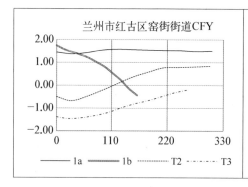

兰州市红古区窑街街道CFY

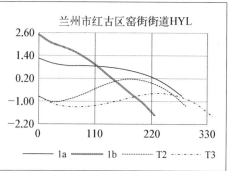

兰州市红古区窑街街道HYL

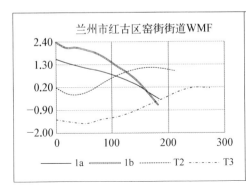

兰州市红古区窑街街道WMF

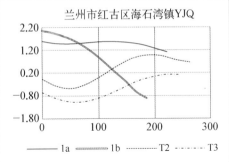

兰州市红古区海石湾镇YJQ

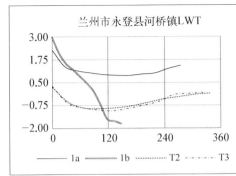

兰州市永登县河桥镇LWT

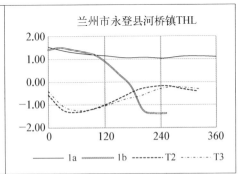

兰州市永登县河桥镇THL

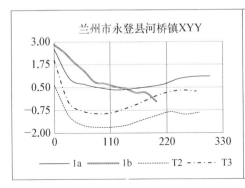

兰州市永登县河桥镇XYY

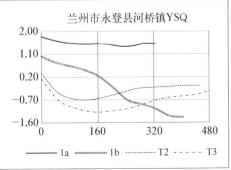

兰州市永登县河桥镇YSQ

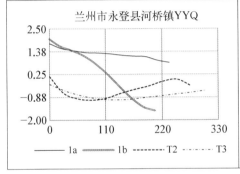

兰州市永登县河桥镇YYQ

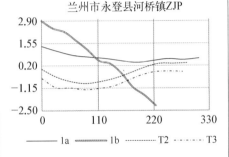

兰州市永登县河桥镇ZJP

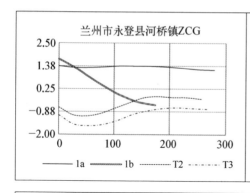

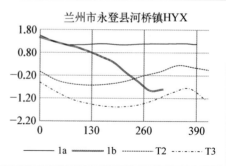

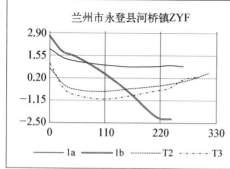

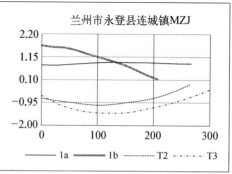

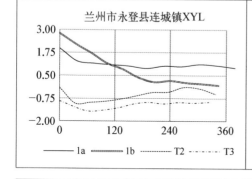

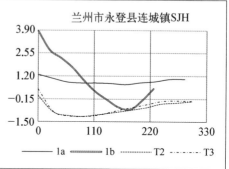

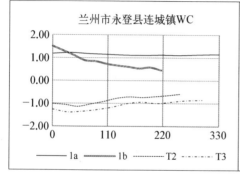

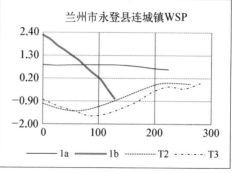

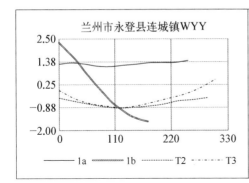

兰州市永登县连城镇WYY

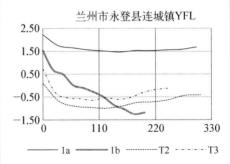

兰州市永登县连城镇YFL

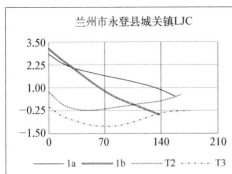

兰州市永登县城关镇LJC

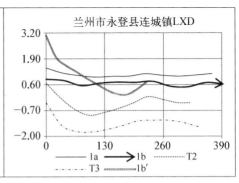

兰州市永登县连城镇LXD

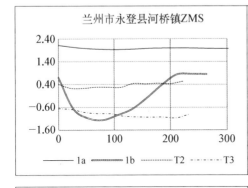

兰州市永登县河桥镇ZMS

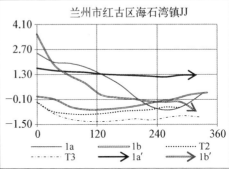

兰州市红古区海石湾镇JJ

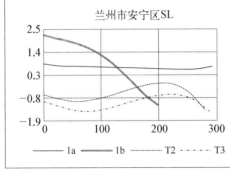

兰州市安宁区SL

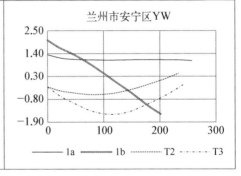

兰州市安宁区YW

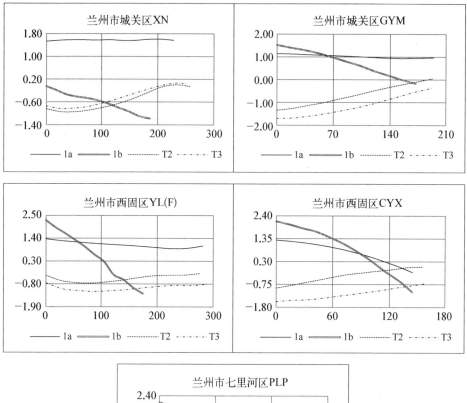

图6-6 CD型发音人LZ-SCORE声调格局图

6.3 三声系统的双音节字调格局

三声系统的发音人中,有52位发音人录制了双音节字调的语料,下面依

次按照单字调合并类型的顺序描写相应的双音节字调格局。遗憾的是,AD
型的发音人只有单字调的语料,所以在双音节字调的部分没有这个类型的描
写。下面首先描写每个类别的双音节字调格局,其次分析共时层面单字调与
双音节字调拱形互变的规律,最后按照不同调类的活跃度推测每个调类的底
层拱形。

6.3.1 AB 型双音节字调

阴阳平合并的类型中,共有 17 位发音人录制了双音节字调的语料。分
别是:固原市原州区的 MXY、MH、HAA 和 GHY,西吉县偏城乡下堡村的
MCH,西吉县将台堡镇的 JT,西吉县火石寨乡的 YPZ,西吉县吉强镇龙王坝
村的 JYT,海原县海城镇的 YXH 和 LH,海原县树台乡的 CQ,海原县三河镇
的 YWF,彭阳县王洼镇的 MSJ,隆德县城关镇的 ZZH,隆德县沙塘镇的 XSS,
同心县下马关镇的 YY,同心县豫海镇的 MZ。

6.3.1.1 AB 型双音节字调描写

图 6-7 展示了每位发音人双音节字调的 LZ-SCORE 声调格局图。由于
个体差异,每位发音人的双音节字调拱形会有一些小的差别,比如有的发音
人在每个调的调尾都会有些上扬(如图 6-7 海原县海城镇 YXH 的声调格
局),但这个上扬的部分并没有形成语义上的对立。音高拱形在整体上的趋
势是一致的。

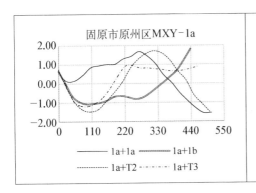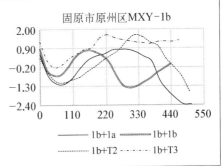

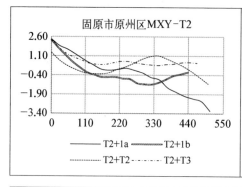

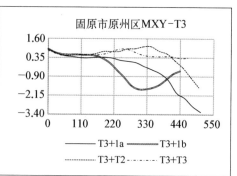

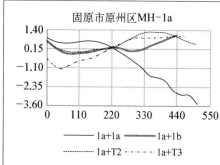

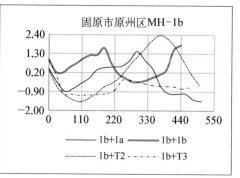

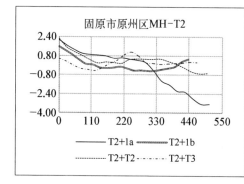

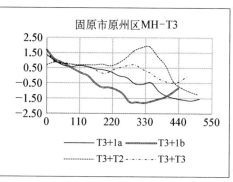

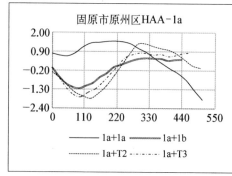

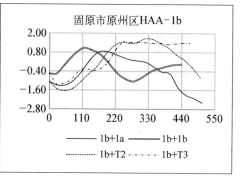

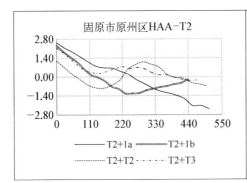

固原市原州区HAA-T2

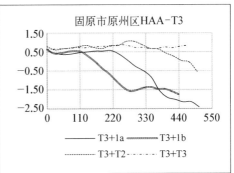

固原市原州区HAA-T3

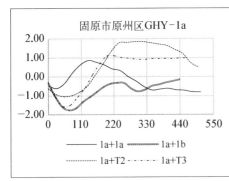

固原市原州区GHY-1a

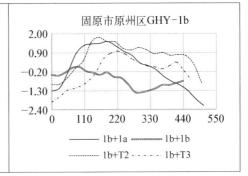

固原市原州区GHY-1b

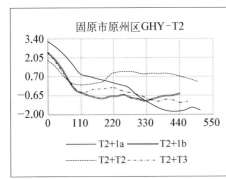

固原市原州区GHY-T2

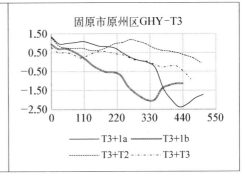

固原市原州区GHY-T3

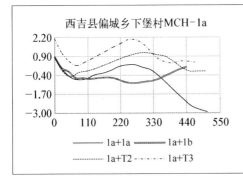

西吉县偏城乡下堡村MCH-1a

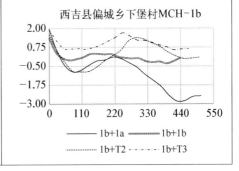

西吉县偏城乡下堡村MCH-1b

195

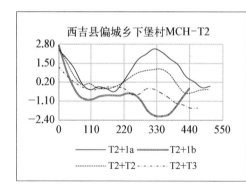

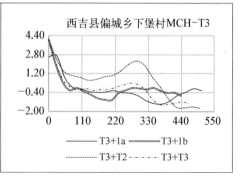

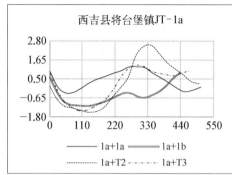

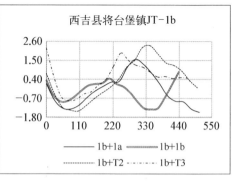

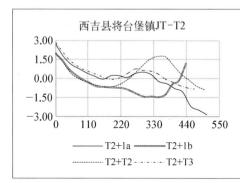

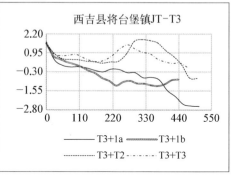

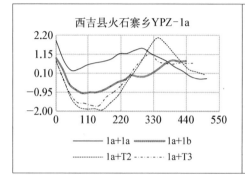

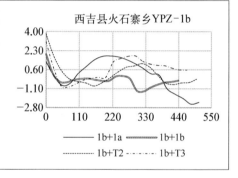

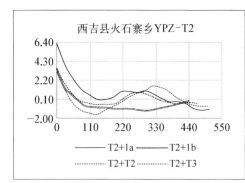

西吉县火石寨乡YPZ-T2

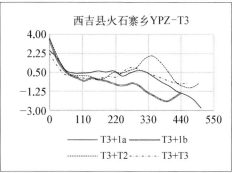

西吉县火石寨乡YPZ-T3

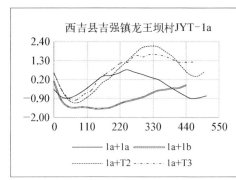

西吉县吉强镇龙王坝村JYT-1a

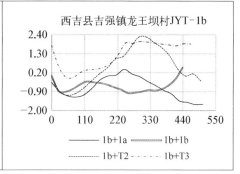

西吉县吉强镇龙王坝村JYT-1b

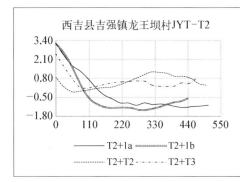

西吉县吉强镇龙王坝村JYT-T2

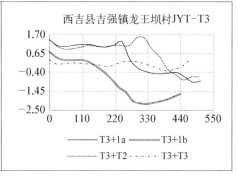

西吉县吉强镇龙王坝村JYT-T3

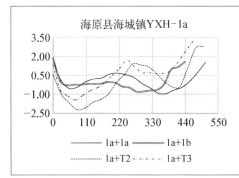

海原县海城镇YXH-1a

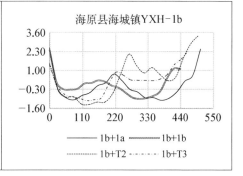

海原县海城镇YXH-1b

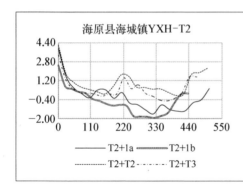

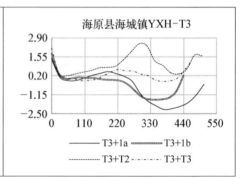

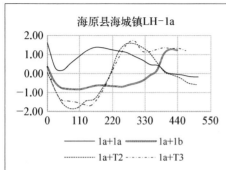

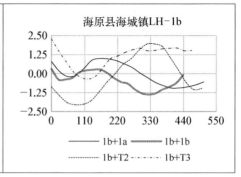

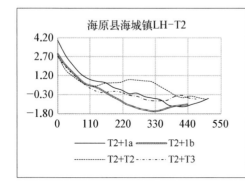

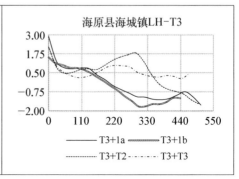

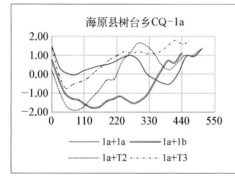

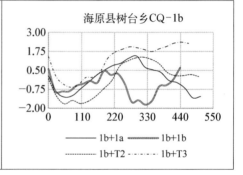

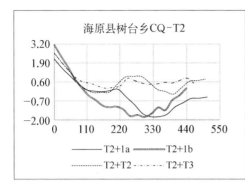

海原县树台乡CQ-T2

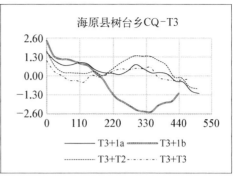

海原县树台乡CQ-T3

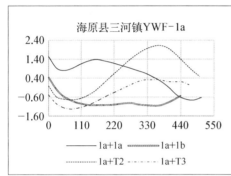

海原县三河镇YWF-1a

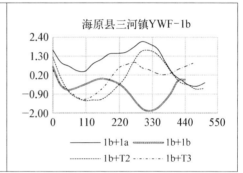

海原县三河镇YWF-1b

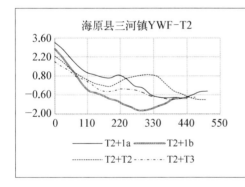

海原县三河镇YWF-T2

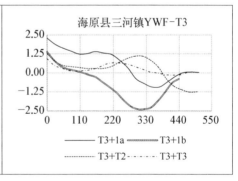

海原县三河镇YWF-T3

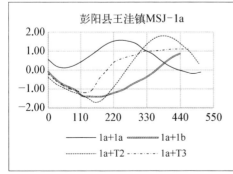

彭阳县王洼镇MSJ-1a

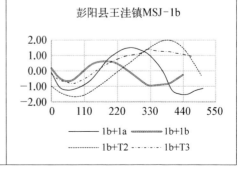

彭阳县王洼镇MSJ-1b

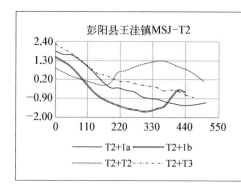

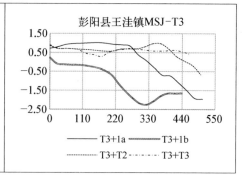

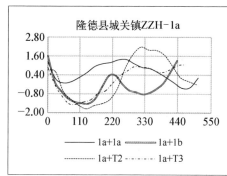

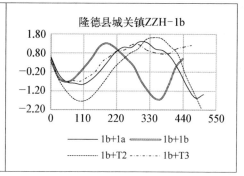

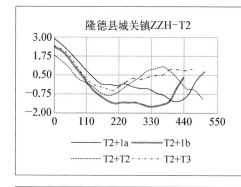

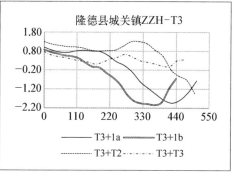

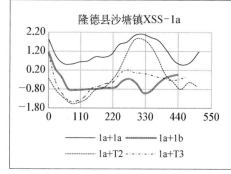

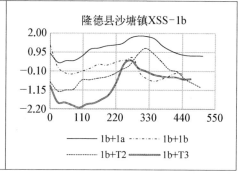

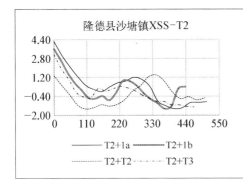

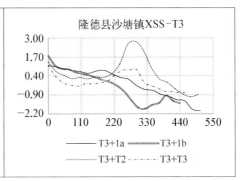

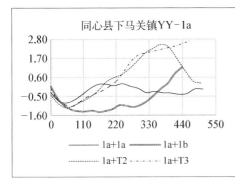

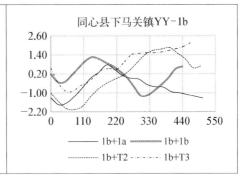

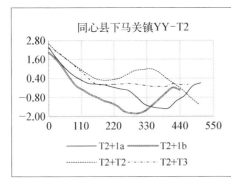

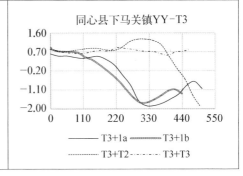

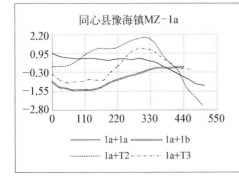

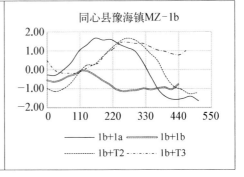

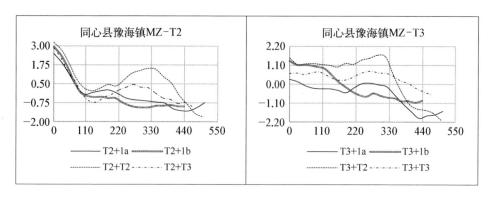

图 6-7　AB 型双音节字调 LZ-SCORE 格局图

　　总的来说,他们的双音节字调格局是比较一致的。阴平为首字时,无论尾字是哪个调类都是低升。同样,阴平为尾字时,无论首字为何,都为低降。阳平为首字和尾字时,始终是个低升调,没有发生变化。在"阴平+阳平"的组合中,尾字的升调要更高一些,是个"低升+高升"的组合,但是升调的拱形不变,同时低升和高升也只是互补分布的变体,没有形成语义对立。上声为首字和尾字的时候始终是高降,去声首字和尾字都是高平,这与它们的单字调完全一致。所以在这一类三声系统的双音节字调组合中,只有阴平在尾字的时候拱形出现了变化,单字调为低升,双音节字调为低降。

　　6.3.1.2　AB 型单字调与双音节字调对应音高变化

　　我们将 AB 型双音节字调拱形汇总,分别用特征表达与五度表达两种方式表达双音节字调组合调值,得到下表:

表 6-7　AB 型双音节字调的拱形与调值

调类	特征表达				五度表达			
	T1a	T1b	T2	T3	T1a	T1b	T2	T3
T1a	LM-ML	LM-MH	LM-HL	LM-H	24-42	24-35	24-52	24-55
T1b	LM-ML	LM-LM	LM-HL	LM-H	24-42	24-24	24-52	24-55
T2	HL-ML	HL-LM	HL-HL	HL-H	52-32	52-24	52-52	52-44
T3	H-ML	H-LM	H-HL	H-H	55-42	55-24	55-52	55-55

AB 型的双音节字调共出现了 LM、MH、ML、HL、H 五种拱形。单字调与双音节字调在共时层面的对应变化如下：

（1）T1a：MLM→ML/T __]（T=ANYTONE）

（2）T1a：MLM→LM/[__ T（T=ANYTONE）

（3）T1b：MLM→LM/[__ T（T=ANYTONE）；T __]（T=1b、T2、T3）

（4）T1b：MLM→MH/T __]（T=T1a）

无论阴平和阳平的低凹 MLM 是变为低升，还是低降（1）（2）（3），都属于"简化原则"（Yip 1989），而低凹变高升 MLM→MH（4），则是在第一步"简化原则"起作用之后，又增加了低升抬高的一个过程，LM→MH，是语音变体。语音原理很好解释，两个升调组合时，为了增加区分度，在第二个升调开始的时候抬高，其目的应该就是与"阳平+阳平"的组合做出区分。此外，可以参考上文 6.2.1 小节，表 6-1 中"特征表达"的"1a"列，会发现阴阳平的低凹调在语音实现上更接近一个调尾比较高的凹升调。

综上，AB 型双音节组合中一共出现了四个拱形，从稳定性来看，阴平最活跃、最不稳定。单字调的归并方向也更倾向于是阴平归于阳平。上声和去声都非常稳定，单字调和双音节字调都没有出现变化。单字调的底层拱形可以初步推断为：1a=ML，1b=LM/MLM，T2=HL，T3=H。

6.3.2　AC 型双音节字调

阴平上合并的类型中，有两位发音人的双音节字调数据得到处理，他们分别是酒泉市肃州区总寨镇的 WMJ 和武威市古浪县定宁镇的 ZXZ。双音节字调格局如下图 6-8 所示。

6.3.2.1　AC 型双音节字调描写

阴平与阳平无论居于首字还是尾字，都始终与其单字调拱形保持一致，分别为高平和高降。上声为首字时，与阳平组合，为低降；与去声组合，为低升；与阴平和上声组合，为高平。上声为尾字时，与阴平一致，始终是高平的

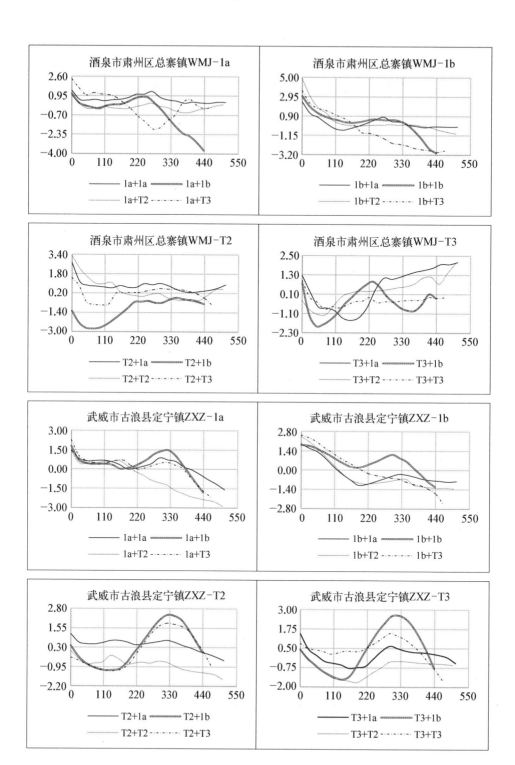

图 6-8　AC 型双音节字调 LZ-SCORE 格局图

拱形。去声为首字时都是低凹,但是这也与尾字的高调头有关。"去声+去声"的组合,首字去声的凹调是凹升,比另外三个低凹调的调尾要高。去声尾字的时候大多数为高降,只有与阳平组合时,为低凹。

6.3.2.2 AC 型单字调与双音节字调对应音高变化

将 AC 型双音节字调拱形汇总,分别用特征表达与五度表达两种方式表达双音节字调组合调值,得到表6-8:

表 6-8 AC 型双音节字调的拱形与调值

调类	特征表达				五度表达			
	1a	1b	T2	T3	1a	1b	T2	T3
1a	H–H	H–HL	H–H	H–HL	55–55	55–52	55–55	55–55/52
1b	HL–H	HL–HL	HL–H	HL–MLM	52–44	52–42	52–44	52–323
T2	H–H	ML–HL	H–H	MH–HL	55–55	31–52	55–55	23–42
T3	MLM–H	MLM–HL	MLM–H	MLH–HL	323–55	325–52	324–44	324–42

AC 型出现了 H、HL、MH、MLM 四种拱形,变化仅限于上声和去声,单字调与双音节字调在共时层面的对应变化如下:

(5) T2:H→ML/[__ T(T=T1b)

(6) T2:H→MH/[__ T(T=T3)

(7) T3:MLM→HL/T __](T=T1a、T2、T3)

整体看来,这一类的双音节字调中,阴平和阳平的拱形都最稳定,与其单字调基本都能保持拱形一致。上声的两个变化(5)和(6)都属于"嵌入原则"(Yip 1989)。但是高平变低降的变化中 H→ML,还多了一步,即高平先变为中平 H→M,然后调尾嵌入低 L 这个特征。去声的变化(7)刚好相反,先是"简化原则"脱落调尾特征 M,即 MLM→ML,然后由低降变为高降 ML→HL。从变化来看上声最活跃。单字调的归并方向更可能是上声归于阴平。

单字调的底层拱形可以初步推断为：1a = H, 1b = HL, T2 = ML/MH, T3 = MLM。

6.3.3 BC型双音节字调

阳平上的合并类型中，共有13位发音人录制了双音节字调，分别是：吴忠市同心县豫海镇的 ZZJ 和丁塘镇的 YJB，中卫市沙坡头区的 GP、LH 和 HSJ，中卫市中宁县的 LJJ，银川市金凤区的 WLS，酒泉市肃州区上坝镇的 TWY，酒泉市肃州区清水镇的 XGL 和 XHL，武威市天祝县打柴沟镇的 MJM，张掖市高台县罗城镇的 MXT 和高台县南华镇的 WH。

6.3.3.1 BC型双音节字调描写

BC型的双音节字调拱形可以分为两小类(如图6-9所示)。

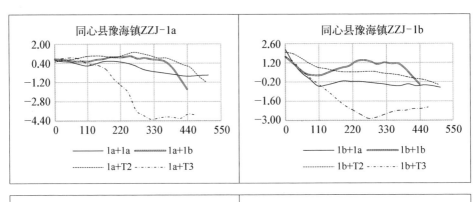

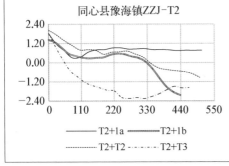

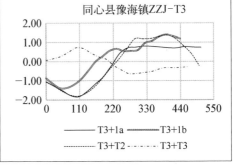

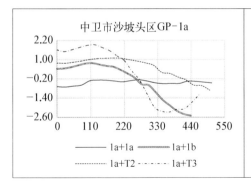

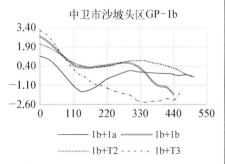

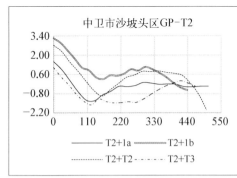

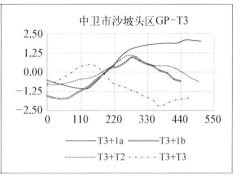

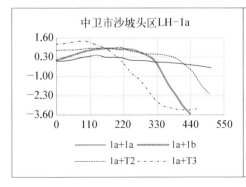

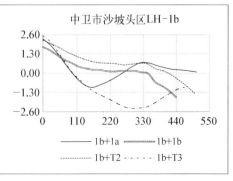

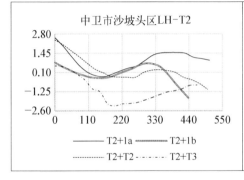

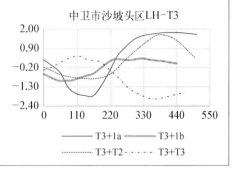

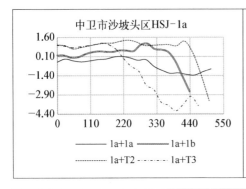

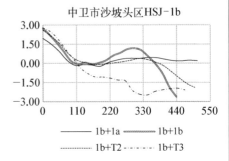

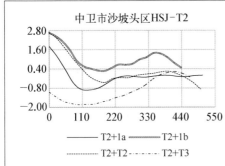

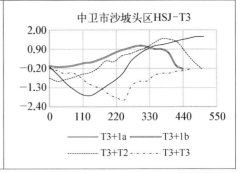

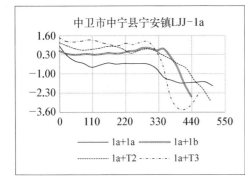

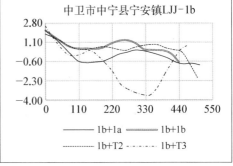

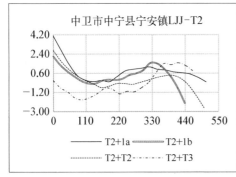

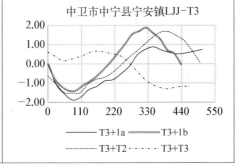

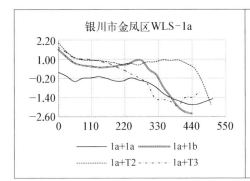

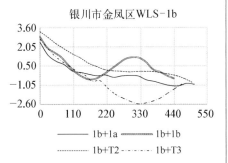

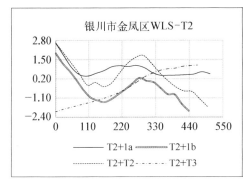

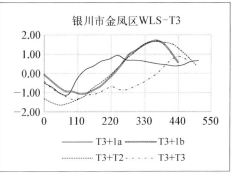

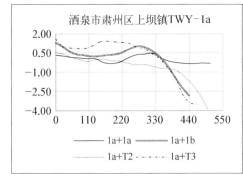

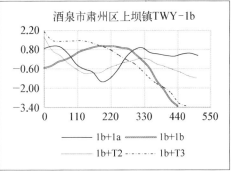

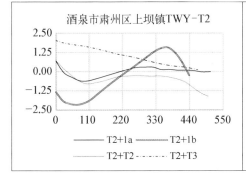

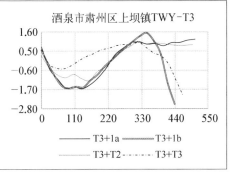

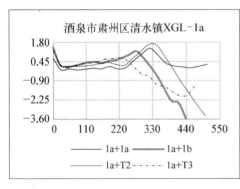

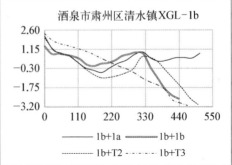

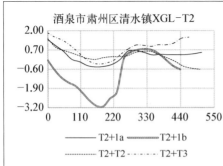

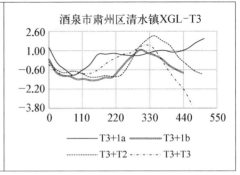

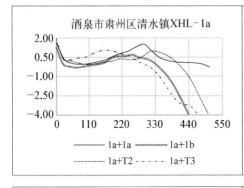

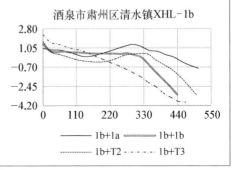

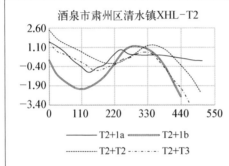

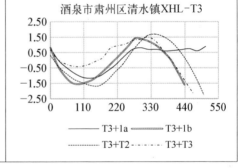

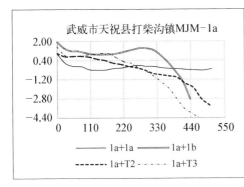

武威市天祝县打柴沟镇MJM-1a

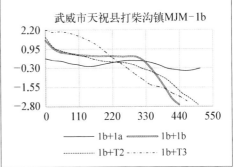

武威市天祝县打柴沟镇MJM-1b

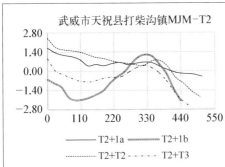

武威市天祝县打柴沟镇MJM-T2

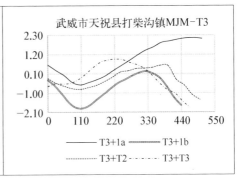

武威市天祝县打柴沟镇MJM-T3

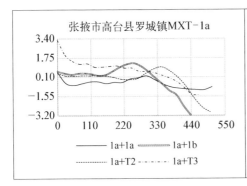

张掖市高台县罗城镇MXT-1a

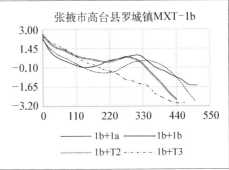

张掖市高台县罗城镇MXT-1b

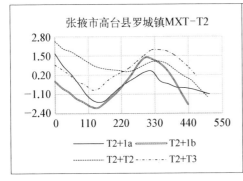

张掖市高台县罗城镇MXT-T2

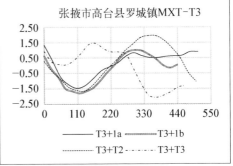

张掖市高台县罗城镇MXT-T3

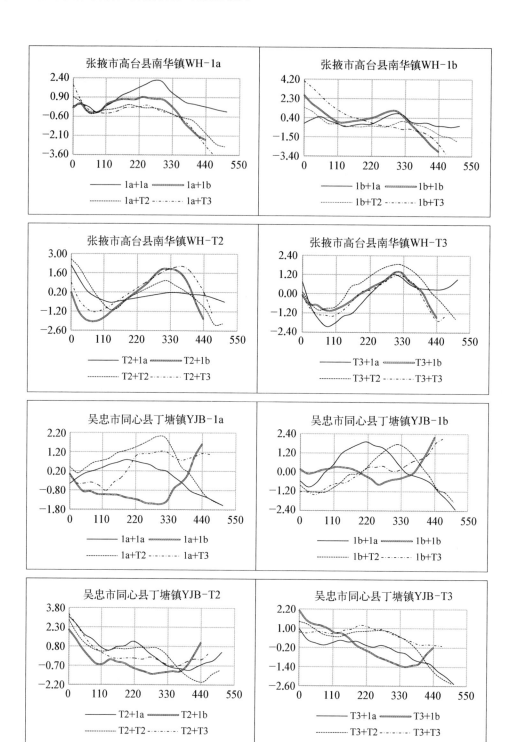

图 6-9　BC 型双音节字调 LZ-SCORE 格局图

第一小类和§6.3.5将讨论的兰银金城官话的双音节字调非常像,但是相比之下,这里又更加整齐和少变化。笔者将其称为"银川型"。阴平为首字时都是低平,为尾字时,"阴平+去声"的组合中阴平成为高平,在其他三个组合里也都是低平。阳平为首字和尾字的时候都是高降,与它的单音节字调保持一致。上声首字和尾字的时候都是高降,与阳平在双音节字调中的拱形保持一致。去声为首字时,与阴平、阳平和上声组成双音节字调的时候,是低降,与去声组成双音节字调的时候是低升,为尾字的时候都是凹升调。

第二小类笔者将其称为"酒泉型"。这个类别的阴平、阳平和上声的拱形在双音节字调中都没有发生变化,无论是居于首字还是尾字,阴平总是高平,上声和阳平总是高降。但是阳平和上声都有不同的变体,阳平有高平的变体。上声为尾字时,与阴平和阳平组合,大都时候为高降,少量与阴平的组合变为高平。上声为尾字时,始终是高降。去声为首字时,基本都为凹升拱形。去声为尾字时,或为低凹,或为低降。

上述发言人中还有一位的双音节字调要单独描写,但是我们在下节中没有分析他,因为他的双音节字调变体太多。笔者将他视作一个特例。该发音人是属于兰银银吴小片同心县丁塘镇的 YJB 。他的"阴平+阴平"有三种情况:低升+高平、低升+高降、低升+低升。前面的低升是非常轻微的,其实应该是一个平调拱形,因为后半截的拱形要出现变化,所以尾部要抬起来一些。总体来说,这个组合应该是"低升+高平/升"的拱形。"阴平+阳平"的组合没有例外,都是"低降+高升"的拱形。"阴平+上声"也没有例外,都是"低升+高降",这里的"低升"从听感上来说应该是个低平调,也是由于尾字调头的缘故,拱形抬高了调尾。"阴平+去声"的组合是"低平+高平"的组合。总体看来,阴平在首字的时候,变化比较多,尽管拱形上有低升、低降和低平三种情况,听感上更加趋向于"低平",可以归纳为是个"纯低调"调型。"阳平+阴平"和"阳平+上声"的组合都是一个"升+高降",前面音节的升调拱形非常明显,是个高升,后面接一个高降。"阳平+阳平"是"低升+高升",低升到调尾的时候甚至有些下降,然后在后面的音节处又抬起来。"阳平+去声"是

"低升+高平",这个组合与"阴平+去声"的组合是一样的,都是"低升+高平"。这位发音人单字调中阳平和上声合并了,但是双音节字调的模式又和中原官话的同心县有相似之处,即阴平和阳平拱形重合。"上声+阴平"是"高平+低平/低降"的组合,"上声+阳平"是"高降+高升","上声+上声"是"高降+高降",第一个降调调尾会有点停顿,就是为了第二个音节的调头能抬起来。"上声+去声"是"高降+高平"。上声无论为调头还是为调尾的时候,都是高降,这和这位发音人的单音节字调的上声不同,他的上声与阳平合并,是个凹升调,但是在双音节字调中,又很像同心县其他几个点(豫海镇和河西镇)的拱形模式,成为了高降。去声为首字和尾字的时候都是高平,这也和它的单音节字调不同,这位发音人的单音节去声是个高降调,他的去声双音节字调与同心县下马关镇的发音人去声一致,所以这位发音人的双音节字调,结合了中原官话和兰银官话的两种特点。从这个发音人的情况来看,更能证明一个假设,即双音节字调的权重要比单字调高,相比单音节字调(见上文表6-4与图6-4),他的双音节字调与周围邻近方言点的双音节字调模式更加接近,说明正处在"匹配"的过程中,先匹配的是双音节字调,然后才慢慢"回归"到单字调上。

6.3.3.2 BC型单字调与双音节字调对应音高变化

我们将BC型双音节字调拱形汇总,分别用特征表达与五度表达两种方式表达双音节字调组合调值,得到下表:

表6-9 BC型双音节字调的拱形与调值

类别	调类	特征表达				五度表达			
		1a	1b	T2	T3	1a	1b	T2	T3
第一小类	1a	M-M	M-HL	M-HL	M-MLH	33-33	44-52	44-52	33-325
	1b	HL-M	HL-HL	HL-HL	HL-MLH	52-33	52-52	52-52	52-324
	T2	HL-M	HL-HL	HL-HL	HL-MLH	52-33	52-52	52-52	52-324
	T3	ML-H	ML-HL	ML-HL	LH-MLH	31-55	31-52	31-52	23-325

续表

类别	调类	特征表达				五度表达			
		1a	1b	T2	T3	1a	1b	T2	T3
第二小类	1a	H–H	H–HL	H–HL	H–ML	55–55	55–52	55–52	55–31/3
	1b	HL–H	HL–HL	HL–HL	HL–ML	52–55	52–52	52–52	53–31
	T2	HL–H	HL–HL	HL–HL	HL–ML	52–55	52–52	52–52	53–31
	T3	MLH–H	MLH–HL	MLH–HL	MLH–ML	325–55	325–52	325–52	325–31

BC 型第一小类（银川型）的双音节字调共出现了 HL、M、ML、H、MLH 五种拱形。单字调与双音节字调在共时层面的对应变化如下：

（8）T1a：H→M/ [__ T（T＝ANYTONE）；T __]（T＝T1a、T1b、T2）

（9）T3：MLH→ML/T __]（T＝T1a、T1b、T2）

（10）T3：MLH→LH/ [__ T（T＝T3）

双音节字调和单字调的拱形对应中，出现拱形变化的仅限于去声（9）（10），上声和阳平不仅单字调拱形完全一样，在双音节字调里也完全一样。阴平只有高低的变化（8），但是这种高低变化没有形成语义对立，处于互补分布的情况，所以可以忽略。去声的变化完全属于“简化原则”，只是截断的方向不同，一个是后面的特征脱落，MLH→ML。一个是前面的特征脱落，MLH→LH。

第二小类（酒泉型）的变化更加简单，也是仅限于去声，并且仅限于后字，变化的原理和第一小类的去声一样，都由凹调变成了低降。这一点从语音上讲非常简单，就是省力原则，音系上属于“简化原则”。在音节末，又没有辨义的需求，调尾最后一个特征就被简化掉。

（11）T3：MLH→ML/T __]（T＝ANYTONE）

针对上述 BC 型的两个小类，可以有把握判断的底层拱形是：1a＝H，1b＝HL，T2＝HL，T3＝MLM。要进一步判断阳平和上声的归并方向，需要借助三音节字调以及参考周围的方言拱形。

6.3.4 BD 型双音节字调

阳平去合并类型的双音节字调,我们只调查了宁夏的 3 位发音人,而靖远的发音人则没有机会录制到他们的双音节字调语料。只有海原县 ZYY 的双音节语料得以处理,另外几位发音人的语音材料由于录音环境不佳,做数据处理时,不能完整地提取出来,但是他们的语音材料是可以播放的,通过听辨其他几位发音人材料,我们得出这个类型的双音节字调格局是一致的,如图 6-10 所示。

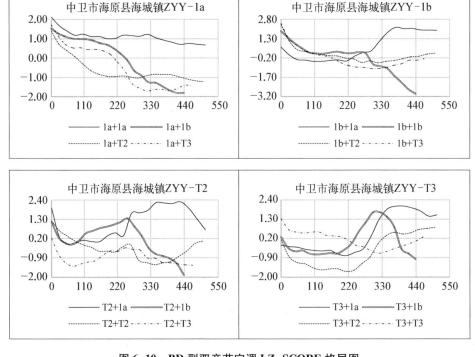

图 6-10 BD 型双音节字调 LZ-SCORE 格局图

6.3.4.1 BD 型双音节字调描写

阴平位于首字时,都是低平,位于尾字时,都是低降。阳平无论是首字还是尾字,都是高升,与它的单字调保持一致。上声位于首字时,只有"上声+

上声"的组合中是高平,其他都是高降;位于尾字时,都是高降。去声变化最多,位于首字时,与阴平、阳平、去声组合为低平,与上声组合为高平;位于尾字时,与阴平组合为高升,与阳平组合为高平,与上声和去声组合为低降。

6.3.4.2 BD 型单字调与双音节字调对应音高变化

我们将 BD 型双音节字调拱形汇总,分别用特征表达与五度表达两种方式表达双音节字调组合调值,得到下表:

表 6-10 BD 型双音节字调的拱形与调值

调类	特征表达				五度表达			
	1a	1b	T2	T3	1a	1b	T2	T3
1a	M-ML	M-MH	M-HL	M-MH	33-31	33-35	33-51	33-35
1b	MH-ML	MH-MH	MH-HL	MH-H	24-31	24-24	35-51	35-55
T2	HL-ML	HL-MH	H-HL	HL-ML	51-31	52-24	55-51	52-31
T3	M-ML	M-MH	H-HL	M-ML	33-31	33-35	55-51	33-31

BD 型的双音节字调中,出现了 M、ML、MH、HL、H 五种音高拱形。单字调与双音节字调在共时层面的对应变化如下:

(12) T1a:ML→M/[__ T(T=T1a、T1b、T2、T3)

(13) T2:HL→H/[__ T(T=T2)

(14) T3:MH→M/[__ T(T=T1a、T1b、T3)

(15) T3:MH→H/[__ T(T=T2);T __](T=T1b)

(16) T3:MH→ML/T __](T=T2、T3)

其中阴平和上声首字的变化(12)和(13),完全符合"简化原则"。都属于调尾的特征[L]脱落。去声的变化中(14)(15),MH→M 也是典型的"简化原则"下产生的变化。而 MH→H 根据变化的环境来看,属于"简化原则"附加语音同化。不过"阳平+去声"的组合中,去声成为高平,一是有简化原则,二也是为了增加区分度,因为"阳平+阳平"的组合就是"高升+高升",尾字并没有出现变化,也由此我们可以推测,在阳平和去声合并的过程中,是去声归并于阳平。去声最后一个变化,是高升到低降(16)。这个对应关系启发了我们,去声也许底层拱形是低降,阴平是低平,那么当阴平向低降变化的时候,在声调格局中,与去声发生了冲突,去声的选择有两个:1)与阴平合并,这一点可以从它们在双音节字调首字和部分尾字的表现看出来;2)与阳平合并,在双音节字调尾字表现出来。所以这个声调格局应该还不稳定。目前可以判断它的底层拱形应该是:1a=M∗,1b=MH,T2=HL,T3=ML∗。

6.3.5 CD型双音节字调

上去合并类型的双音节字调,我们一共整理了十九位发音人的材料,分别是:红古区窑街街道的 HYL,红古区海石湾镇的 YJQ,永登县河桥镇的 LWT、THL、XYY、YSQ、YYQ、ZJP、ZCG、HYX、ZYF,永登县连城镇的 MZJ、XYL、SJH、WC、WSP、WYY,西固区的 CYX,和七里河区的 PLP。兰州市核心城区的四个区(城关区、七里河区、安宁区、西固区)也都属于这个类型。本节所涉核心城区的材料只有西固区的 CYX 和七里河区的 PLP,关于兰州市核心城区的声调格局,请见第八章的详细讨论。

6.3.5.1 CD型双音节字调描写

阴平为首字。首字阴平总是为高平。尾字为阴平时有两种情况:高降和高平,在十九位发音人中,高平的情况居多,只有三位发音人的尾字阴平是高降。尾字为阳平时,形成很统一的"高平+高降"的模式,没有例外。尾字为上声和去声时,模式一样,格局图显示尾字的上声和去声都是凹调,听感上也是个凹调。调尾因个人而异,上扬幅度不同,有些人的上扬幅度大,有些人几乎看不出来。从音系上可以将它们归入低凹调。

阳平为首字。首字阳平总是高降。尾字为阴平时有两种情况,一是"高降+高降",这个组合实际上是两个调,中间有明显空隙,而且两个降调在一起,第二个降调一定要回到一个比较高的起点,所以有的组合就很像一个两折调"高—低—高—低"。或者是一个次第下降的降调,但是总的来说,都是"降+降"。二是"高降+高平",这种情况整体连到一起就像是一个升调。但是笔者认为,这是第一种"降+降"的变体,原本可能是要达到"高—低—高—低"四个点,但是因为音节尾的音很多会被省掉,所以最后一个"低"的特征可能会脱落掉,变成"高—低—高"。尾字为阳平时,形成"高降+高降"的格局,两个字连起来像是一个幅度很大的两折调,第一个字是降调,尾部到达一个低点,第二个字的调头要抬到比第一个字的调头更高的位置,然后降下去,这样有时候第一个字的调尾还没有降到底,这个调就到了第二字的调头,第二个字需要一个更高的调头,然后降下去,整体就会形成一个凸降的拱形。上声和去声为尾字的时候,尾字的声调拱形有多种情况,首字"高降"不变,尾字或者是低升,或者是低平,或者是低降,整体上更像是一个后凹调。可以将它们理解为凹调的变体,从音系上都可以归入低凹调。

上声为首字。尾字为阴平时,形成"低平(/升)+高降/高平"的拱形,整体上看,形似一个凸降调。尾字为阳平时,形成"低升+高降"的格局,整体也是一个凸降调,与阴平尾字的区别是,不像阴平那样还存在例外的情况,尾字为阳平的更整齐。尾字为上声时,为"低升+低降",所以整体上也像一个凸降调,与尾字为阴平的情况有点像,但是幅度要小,后面的部分降调的起点低,是个小幅度的凸降或者低升。尾字为去声时,情况与尾字为上声时很像,但是大多数情况后字为低降,整体上几乎都是凸降调。

去声为首字。尾字为阴平时,形成"低升+高平"的格局,其实,低升不明显,是因为后面的那个字要成为高平,前字才显得有点升,实际上更像是一个"低平+高平",听感上像是英语里面重读在第二个音节的单词 *record*。尾字为阳平时,形成"低升+高降"的组合,整体是一个凸降调。尾字为上声时,形成"低升+高升"的格局,这个组合能明显听出来是两个音节调,没有形成一个整体,两个音节中间有明显的空隙。尾字为去声时,形成"低升+低降"的格局,整体也像是一个凸降调,但是幅度比尾字为阳平时的格局要小很多(如下图 6-11 所示)。

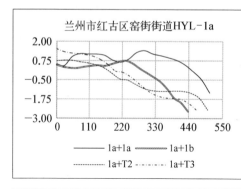

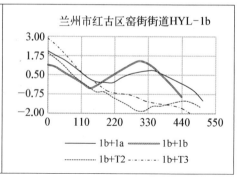

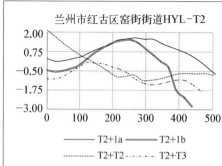

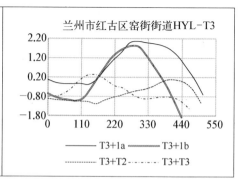

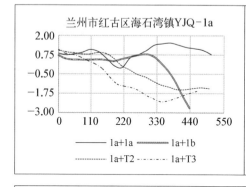

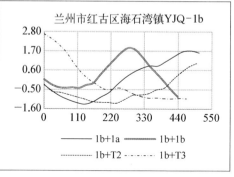

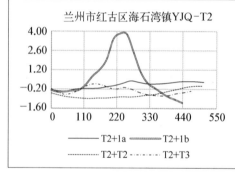

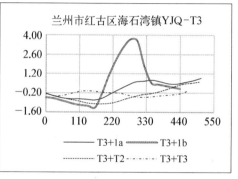

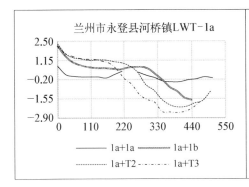

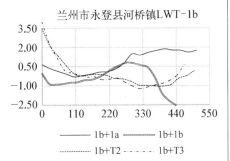

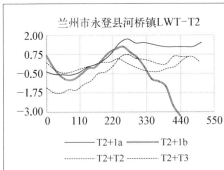

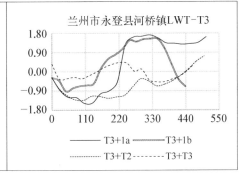

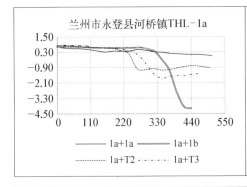

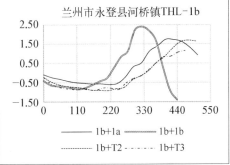

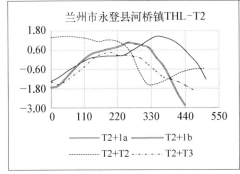

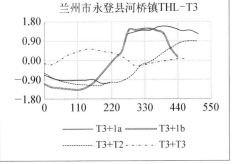

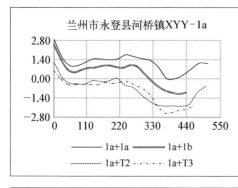

兰州市永登县河桥镇XYY-1a

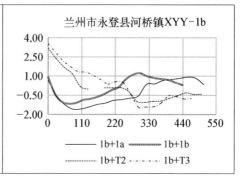

兰州市永登县河桥镇XYY-1b

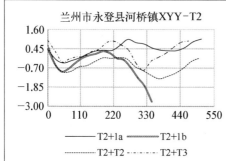

兰州市永登县河桥镇XYY-T2

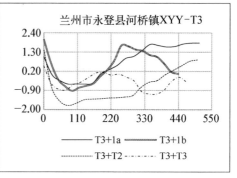

兰州市永登县河桥镇XYY-T3

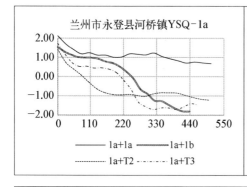

兰州市永登县河桥镇YSQ-1a

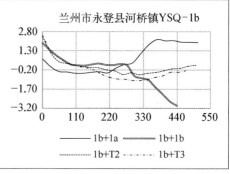

兰州市永登县河桥镇YSQ-1b

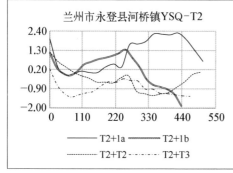

兰州市永登县河桥镇YSQ-T2

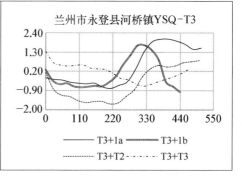

兰州市永登县河桥镇YSQ-T3

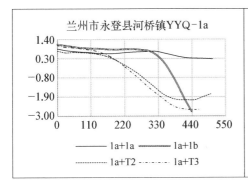

兰州市永登县河桥镇YYQ-1a

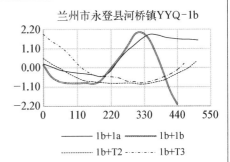

兰州市永登县河桥镇YYQ-1b

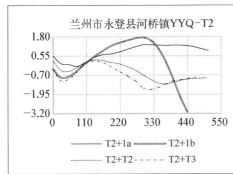

兰州市永登县河桥镇YYQ-T2

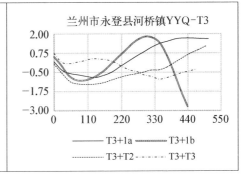

兰州市永登县河桥镇YYQ-T3

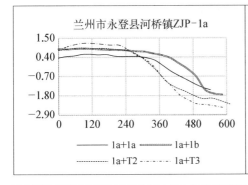

兰州市永登县河桥镇ZJP-1a

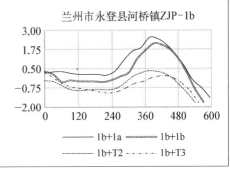

兰州市永登县河桥镇ZJP-1b

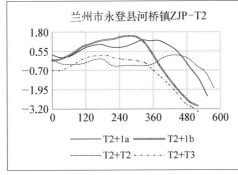

兰州市永登县河桥镇ZJP-T2

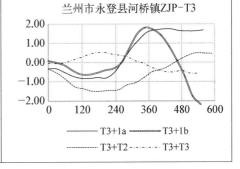

兰州市永登县河桥镇ZJP-T3

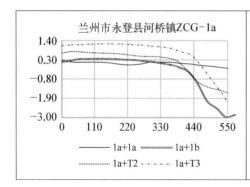

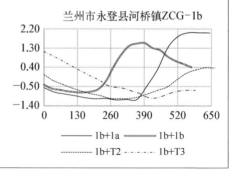

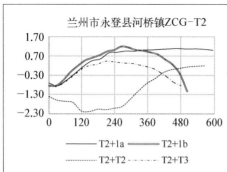

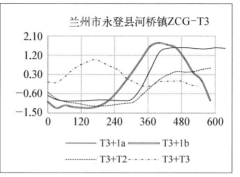

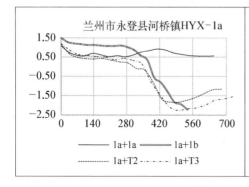

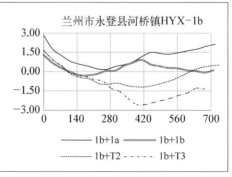

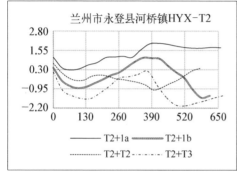

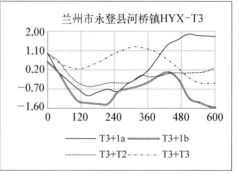

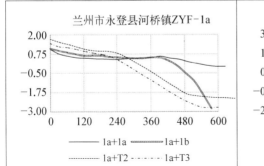

兰州市永登县河桥镇ZYF-1a

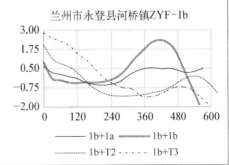

兰州市永登县河桥镇ZYF-1b

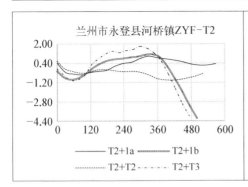

兰州市永登县河桥镇ZYF-T2

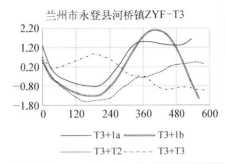

兰州市永登县河桥镇ZYF-T3

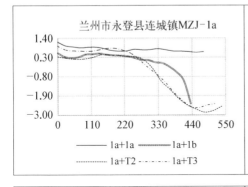

兰州市永登县连城镇MZJ-1a

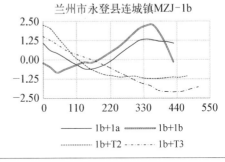

兰州市永登县连城镇MZJ-1b

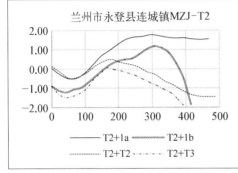

兰州市永登县连城镇MZJ-T2

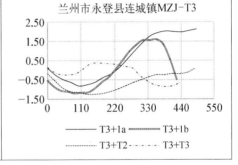

兰州市永登县连城镇MZJ-T3

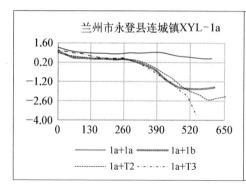

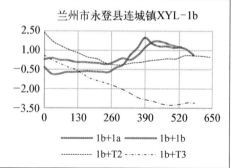

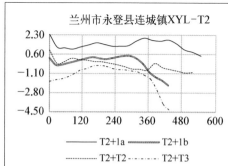

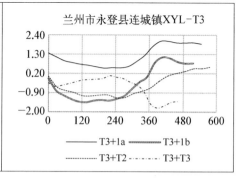

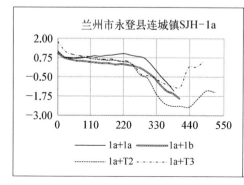

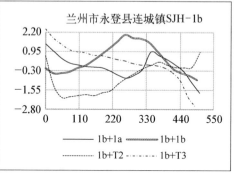

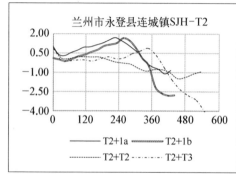

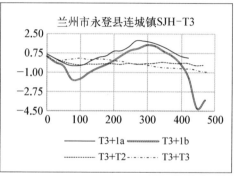

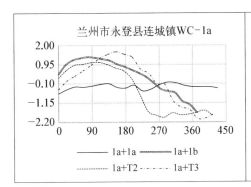

兰州市永登县连城镇WC-1a

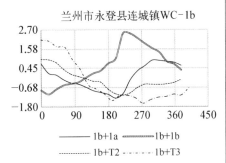

兰州市永登县连城镇WC-1b

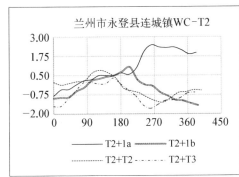

兰州市永登县连城镇WC-T2

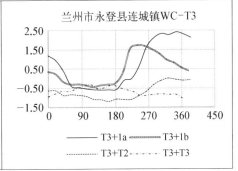

兰州市永登县连城镇WC-T3

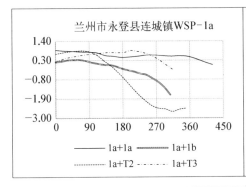

兰州市永登县连城镇WSP-1a

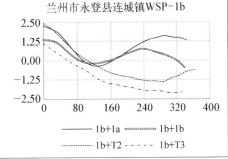

兰州市永登县连城镇WSP-1b

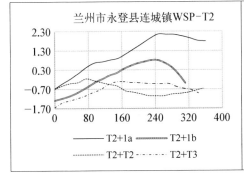

兰州市永登县连城镇WSP-T2

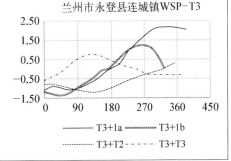

兰州市永登县连城镇WSP-T3

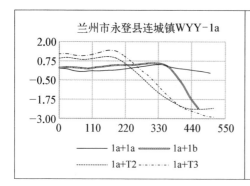

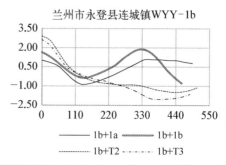

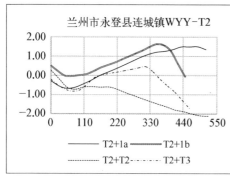

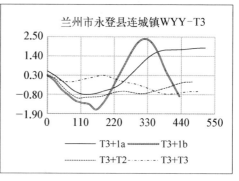

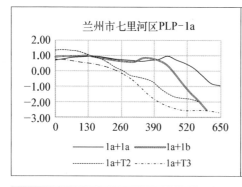

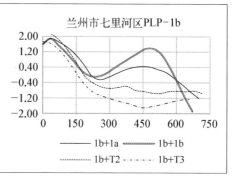

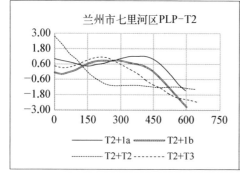

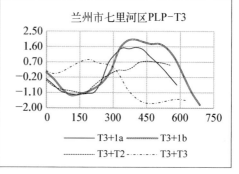

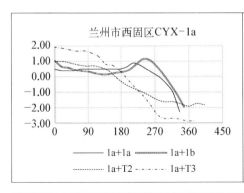
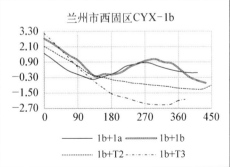
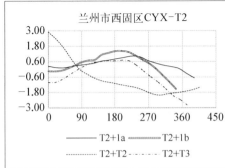
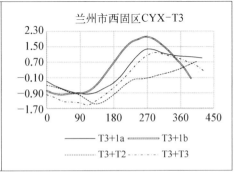

图 6-11 CD 型双音节字调 LZ-SCORE 格局图

6.3.5.2 CD 型单字调与双音节字调对应音高变化

我们将 CD 型双音节字调拱形汇总,分别用特征表达与五度表达两种方式表达双音节字调组合调值,得到下表:

表 6-11 CD 型双音节字调的拱形与调值

调类	特征表达				五度表达			
	1a	1b	T2	T3	1a	1b	T2	T3
1a	H–H	H–HL	H–MLM	H–MLM	55–55/52	55–52	55–323	55–323
1b	HL–HL	HL–HL	HL–MLM	HL–MLM	52–52	52–52	52–323	52–323
T2	LM–HL	LM–HL	LM–ML	LM–ML	24–52	24–52	24–31	24–31
T3	LM–H	LM–HL	LM–MH	LM–ML	24–55	24–52	23–35	24–31

229

CD 型的双音节字调中,出现了 H、HL、MLM、LM、ML、MH 六种音高拱形。单字调与双音节字调在共时层面的对应变化如下:

(17) T1a:H→HL/T ＿](T=1b、T2)

(18) T2:MLM→LM/[＿ T(T=ANYTONE)

(19) T2:MLM→ML/T ＿](T=T2)

(20) T2:MLM→MH/[＿ T(T=T3)

(21) T3:MLM→LM/[＿ T(T=ANYTONE)

(22) T3:MLM→ML/T ＿](T=T2、T3)

可以看出来,CD 型的变化也几乎都发生在上声和去声,阴平只有在尾字的变化(17)。尾字非常容易出现高平与高降之间的变化,从语音机制上讲,在音节末尾,很容易出现表示话语结束时声门关闭的情况,从而引起音高下降。上声和去声的变化(18~22)都属于"简化原则"可以解释的范畴。从语音机制解释,无论是居于首字还是尾字,调头和调尾的中高[M]特征脱落,都是省力原则造成的。而去声与上声组合时,上声表现得比去声的升调要更高,是因为首字调尾的起点就比较高,那么后面的升调其实仅仅是一个高低语音变体。初步推测 CD 型调类的底层拱形为:1a=H,1b=HL,T2=LM∗,T3=LM∗。上声和去声彼此之间的归并还需进一步考察三音节字调的拱形。

6.3.6 三声系统声调底层拱形

从上面五个类型的双音节字调格局,可以得出这样几个结论:

1) 三声系统的双音节字调格局要比二声系统的双音节字调格局更加稳定,单字调与双音节字调之间的对应变化更少。特别是没有与其他调类合并的调类拱形,通常会表现出单字调与双音节字调拱形一致的情况。

2) 综合上面五类,会发现除了 AB 型,其他几个类型的上声和去声的变化都比较多。阳平是最稳定的一个调类。

3）双音节字调中,和二声系统一样,也是尾字降调的情况比较多,AB 型尾字降调出现了 8 次,AC 型出现了 7 次,BC 型中的两个小类都出现了 8 次,BD 型出现了 10 次,CD 型出现了 9 次。这种情况也和调尾的语调特点相契合。

4）结合前面的分析,大致可以得出每个类别中不同调类的底层拱形（表 6-12）。当然 ,还有无法确定的情况,需要进一步考察三音节字调的拱形。

表 6-12 三声调类的底层拱形（初判）

小类	T1a	T1b	T2	T3
AB	ML	LM/MLM	HL	H
AC	H	HL	ML/LM/M *	MLM
BC	H	HL	HL *	MLM
BD	ML	MH	HL	* ——
CD	H	HL	LM *	LM *

注:" * "表示底层拱形尚不能判断。

6.4 三声系统三音节字调格局

6.4.1 AB 型三音节字调

AB 型的三音节字调,我们主要调查了固原市原州区的 5 位发音人,他们的单字调调值是:1a/1b＝MLH/MH,T2＝HL,T3＝H（如上文表 6-1 所示）,其三音节字调的调值如表 6-13 所示。

表 6-13　AB 型三音节字调拱形与调值

调类组合	特征表达	五度表达	调类组合	特征表达	五度表达
1a+1a+1a	LM-LM-ML	24-24-21	1b+1a+1a	LM-ML-LM	24-21-24
1a+1a+1b	H-ML-LM	55-21-24	1b+1a+1b	LM-ML-LM	24-21-24
1a+1a+T2	LM-ML-HL	24-21-51	1b+1a+T2	LM-ML-HL	24-21-51
1a+1a+T3	LM-ML-H	24-21-55	1b+1a+T3	LM-ML-H	24-21-55
1a+1b+1a	ML-LM-ML	21-24-21	1b+1b+1a	LM-LM-ML	24-24-21
1a+1b+1b	ML-LM-LM	21-24-24	1b+1b+1b	LM-LM-LM	24-24-24
1a+1b+T2	ML-LM-HL	21-24-51	1b+1b+T2	LM-LM-HL	24-24-51
1a+1b+T3	ML-LM-H	21-24-55	1b+1b+T3	LM-LM-H	24-24-55
1a+T2+1a	ML-HL-ML	21-51-21	1b+T2+1a	LM-HL-ML	24-51-21
1a+T2+1b	ML-HL(ML)-LM	21-51(21)-24	1b+T2+1b	LM-HL-LM	24-51-24
1a+T2+T2	ML-HL-HL	21-51-51	1b+T2+T2	LM-HL-HL	24-51-51
1a+T2+T3	ML-HL-H	21-51-55	1b+T2+T3	LM-HL-H	24-51-55
1a+T3+1a	ML-H-ML	21-55-21	1b+T3+1a	LM-H-ML	24-55-21
1a+T3+1b	ML-H-LM	21-55-24	1b+T3+1b	LM-H-LM	24-55-24
1a+T3+T2	ML-H-HL	21-55-51	1b+T3+T2	LM-H-HL	24-55-51
1a+T3+T3	ML-H-H	21-55-55	1b+T3+T3	LM-H-H	24-55-55

（a）　　　　　　　　　　　　　　　　（b）

调类组合	特征表达	五度表达	调类组合	特征表达	五度表达
T2+1a+1a	HL-LM-ML	51-24-21	T3+1a+1a	H-LM-LM(ML)	55-24-24(21)
T2+1a+1b	HL-ML-LM	51-21-24	T3+1a+1b	H-ML-LM	55-21-24
T2+1a+T2	HL-ML-HL	51-21-51	T3+1a+T2	H-ML-HL	55-21-51

调类组合	特征表达	五度表达	调类组合	特征表达	五度表达
T2+1a+T3	HL-ML-H	51-21-55	T3+1a+T3	H-ML-H	55-21-55
T2+1b+1a	HL-LM-ML	51-24-21	T3+1b+1a	H-LM-LM(ML)	55-24-24(21)
T2+1b+1b	HL-LM-LM	51-24-24	T3+1b+1b	H-LM-LM	55-24-24
T2+1b+T2	HL-LM-HL	51-24-51	T3+1b+T2	H-LM-HL	55-24-51
T2+1b+T3	HL-LM-H	51-24-55	T3+1b+T3	H-LM(ML)-H	55-24(21)-55
T2+T2+1a	HL-HL-ML	51-51-21	T3+T2+1a	H-HL-ML	55-51-21
T2+T2+1b	HL(ML)-HL-LM	51(21)-51-24	T3+T2+1b	H-HL-LM	55-51-24
T2+T2+T2	HL(ML)-HL-HL	51(21)-51-24	T3+T2+T2	H-ML-HL	55-53-51
T2+T2+T3	HL-HL-H	51-51-55	T3+T2+T3	H-HL-H	55-51-55
T2+T3+1a	HL-H-MLM	51-55-213	T3+T3+1a	H-H-LM(ML)	55-55-24(21)
T2+T3+1b	HL-H-LM	51-55-24	T3+T3+1b	H-H-LM	55-55-24
T2+T3+T2	HL-H-HL	51-55-51	T3+T3+T2	H-H-HL	55-55-51
T2+T3+T3	HL-H-H	51-55-55	T3+T3+T3	H-H-H	55-55-55

(c)　　　　　　　　　　　　　　　　(d)

在三音节字调中,单字调与三音节字调的对应拱形变化如下:

阴平(1a)的变化:

(1) T1a: MLM→LM/[___ T^M+T^F(T^M = 1a;T^F = 1a/T2/T3);

(2) T1a: MLM→H/[___ T^M+T^F(T^M = 1a;T^F = 1b)

(3) T1a: MLM→ML/[___ T^M+T^F(T^M = 1b/T2/T3;T^F = ANYTONE)

(4) T1a: MLM→LM/T^I ___ T^F(T^I = 1a/T2/T3;T^F = 1a)

(5) T1a: MLM→ML/T^I ___ T^F(T^I = 1a/T2/T3;T^F = 1b/T2/T3);(T^I = 1b;T^F = ANYTONE)

(6) T1a: MLM→ML/T^I+T^M ___](T^I = 1a;T^M = ANYTONE);(T^I = 1b;

$T^M = 1b/T2/T3$）；（$T^I = T2$；$T^M = 1a/1b/T2$）；（$T^I = T3$；$T^M = T2$）

（7）T1a：MLM→LM/$T^I + T^M$ ＿］（$T^I = 1b$；$T^M = 1a$）；（$T^I = T3$；$T^M = 1a/$
$1b/T3$）

阳平（1b）的变化：

（8）T1b：MLM→LM/［＿$T^M + T^F$（T^M、$T^F = ANYTONE$）；

（9）T1b：MLM→LM/T^I ＿T^F（T^I、$T^F = ANYTONE$）

（10）T1b：MLM→LM/$T^I + T^M$ ＿］（T^I、$T^M = ANYTONE$）

上声的变化：

（11）T2：HL→ML/［＿$T^M + T^F$（$T^M = T2$；$T^F = 1b/T2$）

（12）T2：HL→ML/T^I ＿T^F（$T^I = 1a$；$T^F = 1b$）

（13）T2：HL→ML/T^I ＿T^F（$T^I = T3$；$T^F = T2$）

AB 型三音节字调主要有如下几个特点：

1）去声和阳平最稳定，它们无论处于三音节字调组的哪个位置，前字、中字，还是尾字，去声始终都保持高平的拱形，与其单字调的调值一致。阳平虽然与单字调拱形不同，但始终都是低升拱形；

2）上声在尾字的时候，始终和单字调调值一致，保持高降的拱形，位于首字和中字时，会有低降的变体。比如，同样是上声做首字和中字，如果尾字是阴平，前面两个上声都是高降不变；如果尾字是阳平，首字的上声会有低降变体。三个上声连读的时候，首字的上声也同样有低降变体。比较稳定的低降出现在 T3+T2+T2 的中字；

3）阴平的单字调拱形与阳平的单字调一样，但是在三音节字调中，阴平的拱形变化最多。首字有高平（1a+1a+1b）、低升（阴平中字，阴平、上声、去声尾字）、低降（其他组合）。阴平的中字大部分是低降，有三处与阳平一样，为低升，分别是 1a+1a+1a、T2+1a+1a、T3+1a+1a，可以看出来它们的共性是后两个音节都是阴平字，但是这种情况在阳平为首字的时候没有出现，大概和阳平的低升拱形有关，当两个低升连读时，不如一个低升、一个低降的区别性更强。在 1b+1a+1a 这个组合中，尾字的阴平变为低升。阴平做尾字时，

除了在上述这一个组合中是低降,还有三处组合是低降与低升共现,分别是
T3+1a+1a、T3+1b+1a、T3+T3+1a 组合,它们并没有什么共性,而且低降与低
升不形成对立,是随机出现。还有一处组合 T2+T3+1a,尾字的阴平是低凹。

从阴平、阳平的合并情况来看,阴平应该是处于变化之中,是向阳平靠近
的一方。连字调中出现诸如低降与低升共现的情况,应该就是在这个变化的
过程中出现的语音变体,而单字调的低凹调无论是成为低降,还是低升,都脱
离不了音系的"简化原则"。从 AB 型三音节字调拱形,我们可以确定各调类
的底层拱形应该是:1a=ML,1b=LM/MLM,T2=HL,T3=H。

6.4.2　AC 型三音节字调(古浪)

AC 型的发音人单字调调值为 1a/T2=H,1b=HL,T3=MLM(见表
6-2),通过对 6 位发音人的三音节字调进行整理,得到其三音节字调的特征
表达和五度表达。如表 6-14 所示:

表 6-14　AC 型三音节字调拱形与调值

调类组合	特征表达	五度表达	调类组合	特征表达	五度表达
1a+1a+1a	H-H-HL	55-55-51	1b+1a+1a	HL-H-H	51-55-55
1a+1a+1b	H-H-HL	55-55-51	1b+1a+1b	HL-H-HL	51-55-51
1a+1a+T2	H-H-HL	55-55-51	1b+1a+T2	HL-H-H	51-55-55
1a+1a+T3	H-H-MLM	55-55-213	1b+1a+T3	HL-H-MLM	51-55-213
1a+1b+1a	H-HL-H	55-51-55	1b+1b+1a	HL-HL-H	51-51-55
1a+1b+1b	H-HL-HL	55-51-51	1b+1b+1b	HL-HL-HL	51-51-51
1a+1b+T2	H-HL-L	55-51-21	1b+1b+T2	HL-HL-H	51-51-55
1a+1b+T3	H-HL-MLM	55-51-213	1b+1b+T3	HL-HL-MLM	51-51-213
1a+T2+1a	H-HL-H	55-51-55	1b+T2+1a	HL-L-H	51-21-55

续表

调类组合	特征表达	五度表达
1a+T2+1b	H-H(HM)-HL	55-55(53)-51
1a+T2+T2	H-H(HL)-H	55-55(51)-55
1a+T2+T3	H-H-MLM	55-55-213
1a+T3+1a	H-MLM-H	55-213-55
1a+T3+1b	H-MLM-HL	55-213-51
1a+T3+T2	H-MLM-H	55-213-55
1a+T3+T3	H-ML-HL	55-31-51

（a）

调类组合	特征表达	五度表达
1b+T2+1b	HL-LM-HL	51-24-51
1b+T2+T2	HL-HL-L	51-51-21
1b+T2+T3	HL-HL-MLM	51-51-213
1b+T3+1a	HL-L-H	51-21-55
1b+T3+1b	HL-MLM-HL	51-213-51
1b+T3+T2	HL-MLM-LM	51-213-24
1b+T3+T3	HL-LM-MLM	51-24-213

（b）

调类组合	特征表达	五度表达
T2+1a+1a	LM-H-H	24-55-55
T2+1a+1b	H-H-HL	55-55-51
T2+1a+T2	LM-H-L	24-55-21
T2+1a+T3	LM-H-ML	24-55-31
T2+1b+1a	LM-HL-H	24-51-55
T2+1b+1b	LM-HL-HL	24-51-51
T2+1b+T2	LM-HL-L	24-51-21
T2+1b+T3	LM-HL-MLM	24-51-213
T2+T2+1a	H-H-H	55-55-55
T2+T2+1b	HL-L-HL	51-21-51
T2+T2+T2	HL-HL-L	51-51-21
T2+T2+T3	HL-LM-MLM	51-24-213
T2+T3+1a	H-MLM-H	55-213-55

调类组合	特征表达	五度表达
T3+1a+1a	MLM-H-H	213-55-55
T3+1a+1b	MLM-H-HL	213-55-51
T3+1a+T2	MLM-H-M	213-55-33
T3+1a+T3	MLM-H-HL	213-55-51
T3+1b+1a	MLM-HL-H	213-51-55
T3+1b+1b	MLM-HL-HL	213-51-51
T3+1b+T2	MLM-HL-M	213-51-33
T3+1b+T3	MLM-HL-MLM	213-51-213
T3+T2+1a	MLM-H-H	213-55-55
T3+T2+1b	MLM-LM-HL	213-24-51
T3+T2+T2	MLM-HL-M	213-51-33
T3+T2+T3	MLM-H-MLM	213-55-213
T3+T3+1a	MLM-ML-H	213-31-55

调类组合	特征表达	五度表达
T2+T3+1b	H−MLM−HL	55−213−51
T2+T3+T2	H−MLM−H	55−213−55
T2+T3+T3	H−MLM−L	55−213−21

(c)

调类组合	特征表达	五度表达
T3+T3+1b	M−ML(M)−HL	33−31(33)−51
T3+T3+T2	H−ML−LM	55−31−24
T3+T3+T3	M−M−ML	33−33−31

(d)

在三音节字调中,单字调与三音节字调的对应拱形变化如下:

阴平(1a)的变化:

(14) T1a: H→HL/T^I+T^M ___] (T^I = 1a; T^M = 1a)

上声(T2)的变化:

(15) T2: H→LM/[___ T^M+T^F (T^M = 1a; T^F = 1a/T2/T3); (T^M = 1b; T^F = ANYTONE)

(16) T2: H→HL/[___ T^M+T^F (T^M = T2; T^F = 1b/T2/T3)

(17) T2: H→HL/T^I ___ T^F (T^I = 1a; T^F = 1a/T2); (T^I = 1b; T^F = T2/T3); (T^I = T2; T^F = T2); (T^I = T3; T^F = T2)

(18) T2: H→HM/T^I ___ T^F (T^I = 1a; T^F = 1b)

(19) T2: H→L/T^I ___ T^F (T^I = 1b; T^F = 1a); (T^I = T2; T^F = 1b)

(20) T2: H→LM/T^I ___ T^F (T^I = 1b; T^F = 1b); (T^I = T2; T^F = T3); (T^I = T3; T^F = 1b)

(21) T2: H→HL/T^I+T^M ___] (T^I = 1a; T^M = 1a)

(22) T2: H→L/T^I+T^M ___] (T^I = 1a; T^M = 1b); (T^I = 1b; T^M = T2); (T^I = T2; T^M = 1a/1b/T2)

(23) T2: H→LM/T^I+T^M ___] (T^I = 1b; T^M = T3); (T^I = T3; T^M = T3)

(24) T2: H→M/T^I+T^M ___] (T^I = T3; T^M = 1a/1b/T2)

去声(T3)的变化:

(25) T3: MLM→M/[___ T^M+T^F (T^M = T3; T^F = 1b/T3)

（26）T3：MLM→H/[__ T^M+T^F（T^M=T3；T^F=T2）

（27）T3：MLM→ML/T^I __ T^F（T^I=1a；T^F=T3）；（T^I=T3；T^F=1a/1b/T2）

（28）T3：MLM→L/T^I __ T^F（T^I=1b；T^F=1a）

（29）T3：MLM→LM/T^I __ T^F（T^I=1b；T^F=T3）

（30）T3：MLM→M/T^I __ T^F（T^I=T3；T^F=T3）

（31）T3：MLM→HL/T^I+T^M __]（T^I=1a；T^M=T3）；（T^I=T3；T^M=1a）

（32）T3：MLM→ML/T^I+T^M __]（T^I=T2；T^M=1a）；（T^I=T3；T^M=T3）

（33）T3：MLM→L/T^I+T^M __]（T^I=T2；T^M=T3）

AC 型三音节字调具体的特征如下：

1）阴平、阳平最稳定，阴平只有一处变为高降，其他情况和阳平一致：无论居于首字、中字、还是尾字，都始终与其单字调调值、拱形保持一致，阴平为高平，阳平为高降；

2）上声的变化最多。几乎无规律可循，居于首字时，有高平、低升、高降三种拱形，居于中字时，有高平、高降、低升、低降四种拱形，居于尾字时，有高平、高降、低升、中平、低升、低六种拱形。这里的"低"不是低平，也不是严格意义的低降，也不是轻声，是低凹调凹点的那种"低"。唯一的规律是：如果居于首字，那么中字如果是高调（高平或高降），它会成为低升；如果中字是低调（低凹、低降），它会成为高平，但中字是上声时例外，中字是上声时，首字上声为高降或高平。位于中字和尾字的上声都没有这个规律变化。总体来讲，上声低升的情况出现得最多；

3）去声较之阴平、阳平要活跃，但是和上声相比要稳定得多。去声在三音节字调中更多出现的拱形是低凹，与其单字调一致，也会出现低降、低升、低平的情况，这些都是可以用"简化原则"来解释的变体，极少数情况会出现高平和高降的情况。

古浪的这位发音人和酒泉 BC 型的发音人不同的地方是，BC 型最后一个音节多与单字调保持一致，而他更偏重前面的音节，属于前重型。另外，这位发音人的上声特别活跃。不过这也更凸显了在单字调合并的过程中,是上声向阴平合并的事实。从上声出现的变体判断,它的底层应该是个低调拱形,要么是低平,要么是低降。从单字调与阴平合并的情况来看,低平的可能性更高。

6.4.3 BC型三音节字调(酒泉)

BC型的发音人单字调的调值是:1a＝H,1b/T2＝HL,T3＝MLH,通过对同心县4位发音人ZZJ、MWY、YLM和MD、银川市发音人WLS、酒泉市6位发音人ZQ、WU、GHJ、WYT、XHL和XGL三音节字调的整理,我们得到如下三音节字调的拱形和调值,如表6-15所示:

表6-15 BC型三音节字调拱形与调值

调类组合	特征表达	五度表达	调类组合	特征表达	五度表达
f1a+1a+1a	H-H-H	55-55-55	1b+1a+1a	HL-H-H	51-55-55
1a+1a+1b	H-H-HL	55-55-51	1b+1a+1b	HL-H-HL	51-55-51
1a+1a+T2	H-H-HL	55-55-51	1b+1a+T2	HL-H-HL	51-55-51
1a+1a+T3	H-H-MLM	55-55-213	1b+1a+T3	HL-H-MLM	51-55-213
1a+1b+1a	H-HL-H	55-51-55	1b+1b+1a	HL-HL-H	51-51-55
1a+1b+1b	H-HL-HL	55-51-51	1b+1b+1b	H-ML-HL	55-21-51
1a+1b+T2	H-HL-HL	55-51-51	1b+1b+T2	ML-H(M)L-HL	21-51-51/51-21-51
1a+1b+T3	H-HL-MLM	55-51-213	1b+1b+T3	H-HL-MLM	55-51-213
1a+T2+1a	H-HL(H)-H	55-51(55)-55	1b+T2+1a	HL-ML-H	51-31-55
1a+T2+1b	H-HL(ML)-HL	55-51(21)-51	1b+T2+1b	HL-ML-HL	51-31-51
1a+T2+T2	H-HL-HL	55-51-51	1b+T2+T2	HL-ML-HL	51-31-51
1a+T2+T3	H-HL-MLM	55-51-213	1b+T2+T3	H-HL-MLM	55-51-213

调类组合	特征表达	五度表达
1a+T3+1a	H-MLM-H	55-213-55
1a+T3+1b	H-MLM-HL	55-213-51
1a+T3+T2	H-MLM-HL	55-213-51
1a+T3+T3	H-ML-MLM	55-21-213

（a）

调类组合	特征表达	五度表达
1b+T3+1a	HL-MLM-H	51-213-55
1b+T3+1b	HL-MLM-HL	51-213-51
1b+T3+T2	HL-MLM-HL	51-213-51
1b+T3+T3	HL-ML-MLM	51-21-213

（b）

调类组合	特征表达	五度表达
T2+1a+1a	HL-H-H	51-55-55
T2+1a+1b	HL(H)-H-HL	51(55)-55-51
T2+1a+T2	HL-H-HL	51-55-51
T2+1a+T3	HL-H-MLM	51-55-213
T2+1b+1a	ML-HL-H	21-51-55
T2+1b+1b	ML-HL-HL	21-51-51
T2+1b+T2	ML-HL-HL	21-51-51
T2+1b+T3	ML-HL-MLM	21-51-213
T2+T2+1a	ML-HL-H	31-51-55
T2+T2+1b	HL-ML-HL	51-31-51
T2+T2+T2	HL-ML-HL	51-31-51
T2+T2+T3	HL-HL-MLM	51-51-213
T2+T3+1a	HL-MLM-H	51-213-55
T2+T3+1b	HL-MLM-HL	51-213-51
T2+T3+T2	HL-MLM-HL	51-213-51
T2+T3+T3	HL-MLM-MLM	51-213-213

（c）

调类组合	特征表达	五度表达
T3+1a+1a	MLM-H-H	213-55-55
T3+1a+1b	MLM-H-HL	213-55-51
T3+1a+T2	MLM-H-HL	213-55-51
T3+1a+T3	MLM-H-MLM	213-55-213
T3+1b+1a	MLM-HL-H	213-51-55
T3+1b+1b	MLM-HL-HL	213-51-51
T3+1b+T2	MLM-HL-HL	213-51-51
T3+1b+T3	MLM-HL-MLM	213-51-213
T3+T2+1a	MLM-HL-H	213-51-55
T3+T2+1b	MLM-LM-HL	213-24-51
T3+T2+T2	MLM-ML-HL	213-31-51
T3+T2+T3	MLM-HL-MLM	213-51-213
T3+T3+1a	LM-MLM-H	24-213-55
T3+T3+1b	LM-MLM-HL	24-213-51
T3+T3+T2	LM-MLM-HL	24-213-51
T3+T3+T3	LM-MLM-MLM	24-213-213

（d）

在三音节字调中,单字调与三音节字调的对应拱形变化如下:

阳平(1b)的变化:

(34) T1b: HL→H/[＿ T^M＋T^F(T^M＝1b;T^F＝1b/T3);(T^M＝T2;T^F＝T3)

(35) T1b: HL→ML/[＿ T^M＋T^F(T^M＝1b;T^F＝T2)

(36) T1b: HL→ML/T^I ＿ T^F(T^I＝1b;T^F＝1b/T2)

上声(T2)的变化:

(37) T2: HL→ML/[＿ T^M＋T^F(T^M＝1b;T^F＝ANYTONE);(T^M＝T2;T^F＝1a)

(38) T2: HL→ML/T^I ＿ T^F(T^I＝1a;T^F＝1b);(T^I＝1b;T^F＝1a/1b/T2);(T^I＝T2;T^F＝1b/T2);(T^I＝T3;T^F＝T2)

(39) T2: HL→LM/T^I ＿ T^F(T^I＝T3;T^F＝1b)

去声(T3)的变化:

(40) T3: MLM→LM/[＿ T^M＋T^F(T^M＝T3;T^F＝ANYTONE)

(41) T3: MLM→ML/T^I ＿ T^F(T^I＝1a/1b;T^F＝T3)

BC 型三音节字调的具体特点如下:

1) 阴平和去声相对稳定。阴平最稳定,在三音节的连调中无论居于首字、中字还是尾字都是高平[H],与其单字调保持一致;去声也比较稳定,在尾字时总是凹调拱形,与其单字调一致。首字、中字在大多数情况都是低凹拱形,只有两处例外:去声同时为首字和中字,首字为低升;去声同时为中字和尾字,并且首字分别为阴平、阳平时,中字为低降。无论低降还是低升,都可以看作是凹调在"简化原则"作用下产生的变化。

2) 阳平尾字都是高降,中字有两处有高低的变化:三个阳平连读时,首字为高平,中字为低降,尾字为高降,这种情况非常像是首字与中字联合形成了一个高降。还有一处是在 1b＋1b＋T2 的组合中,这时出现了两种情况,尾字都是高降,首字和中字或者是"低降+高降",或者是"高降+低降"的组合。从发音的角度来考虑,当两个或三个高降连读的时候,如果每次都要将调头恢复到最高点,是非常费力的,所以当三个高降连读时,出现了高低降的变体。做首字时,变化较多,主要都是高降变为高平,或者变为低降。

3)最活跃且变化最多的是上声。虽然变化多,但是规律很好找:上声在所有的尾字都是高降;在其他位置时,由它后面声调的拱形决定它的拱形,如果后面是高降,那么它会成为低降或低升(低升的情况只出现了一次,其他的情况都是低降),如果后面的调是一个高平或者低凹,它会是一个高降调,与阳平一样。

由此可以断定,阳上合并型,主要是上声向阳平合并,而不是相反,而且也可以基本断定上声的底层是个低降调。

6.4.4 BD 型三音节字调(海原海城)

BD 型的三音节字调整理了海原县海城镇的发音人 ZYY 的语料,该类型的单音节字调的调值是:1a=ML,1b/T3=MH,T2=HL(详见上表 6-5);其三音节字调的拱形和调值如表 6-16 所示:

表 6-16 BD 型三音节字调拱形与调值

调类组合	特征表达	五度表达	调类组合	特征表达	五度表达
1a+1a+1a	ML–LM–ML	31–24–31	1b+1a+1a	LM–LM–ML	24–24–31
1a+1a+1b	LM–ML–LML	24–31–242	1b+1a+1b	LM–ML–LML	24–31–242
1a+1a+T2	LM–ML–HL	24–31–51	1b+1a+T2	LM–ML–HL	24–31–51
1a+1a+T3	LM–ML–LML	24–31–242	1b+1a+T3	LM–ML–ML	24–31–31
1a+1b+1a	ML–LM–ML	21–24–31	1b+1b+1a	LM–LM–ML	24–24–31
1a+1b+1b	ML–LM–LML	21–24–242	1b+1b+1b	LM–LM–LML	24–24–242
1a+1b+T2	ML–LM–HL	21–24–51	1b+1b+T2	LM–LM–HL	24–24–51
1a+1b+T3	ML–LM–LML	21–24–242	1b+1b+T3	LM–LM–LML	24–24–242
1a+T2+1a	ML–HL–ML	21–51–31	1b+T2+1a	LM–HL–ML	24–51–31

调类组合	特征表达	五度表达
1a+T2+1b	ML-HL-LML	21-51-242
1a+T2+T2	ML-HL-HL	21-53-51
1a+T2+T3	ML-HL-LML	21-51-242
1a+T3+1a	ML-H-ML	21-44-31
1a+T3+1b	ML-H-LML	21-44-242
1a+T3+T2	ML-H-HL	21-44-51
1a+T3+T3	ML-H-LML	21-44-242

（a）

调类组合	特征表达	五度表达
1b+T2+1b	LM-HL-LML	24-51-242
1b+T2+T2	LM-HL-HL	24-51-51
1b+T2+T3	LM-HL-LML	24-51-242
1b+T3+1a	LM-H-ML	24-44-31
1b+T3+1b	LM-H-LML	24-44-242
1b+T3+T2	LM-H-HL	24-44-51
1b+T3+T3	LM-H-LML	24-44-242

（b）

调类组合	特征表达	五度表达
T2+1a+1a	HL-LM-ML	51-24-31
T2+1a+1b	HL-ML-LML	51-31-242
T2+1a+T2	HL-ML-HL	51-31-51
T2+1a+T3	HL-ML-LML	51-31-242
T2+1b+1a	HL-LM-ML	51-24-31
T2+1b+1b	HL-LM-LML	51-24-242
T2+1b+T2	HL-LM-HL	51-24-51
T2+1b+T3	HL-LM-LML	51-24-242
T2+T2+1a	HL-HL-ML	51-51-31
T2+T2+1b	HL-HL-LML	51-51-242
T2+T2+T2	HL-HL-HL	51-51-51
T2+T2+T3	HL-HL-LML	51-51-242
T2+T3+1a	HL-H-ML	51-44-31

调类组合	特征表达	五度表达
T3+1a+1a	H-LM-ML	44-24-31
T3+1a+1b	H-ML-LML	44-31-242
T3+1a+T2	H-ML-HL	44-31-51
T3+1a+T3	H-ML-LML	44-31-242
T3+1b+1a	H-LM-ML	44-24-31
T3+1b+1b	H-LM-LML	44-24-242
T3+1b+T2	H-LM-HL	44-24-51
T3+1b+T3	H-LM-LML	44-24-242
T3+T2+1a	LM-HL-ML	24-51-31
T3+T2+1b	H-HL-LML	44-51-242
T3+T2+T2	H-H-HL	44-55-51
T3+T2+T3	H-HL-LML	44-51-242
T3+T3+1a	H-H-ML	44-44-31

续表

调类组合	特征表达	五度表达
T2+T3+1b	HL-H-LML	51-44-242
T2+T3+T2	HL-H-ML	51-44-21
T2+T3+T3	HL-H-LML	51-44-242

(c)

调类组合	特征表达	五度表达
T3+T3+1b	H-H-LML	44-44-242
T3+T3+T2	H-H-HL	44-44-51
T3+T3+T3	H-H-LML	44-44-242

(d)

在三音节字调中,单字调与三音节字调的对应拱形变化如下:

阴平(1a)的变化:

(42) T1a:ML→LM/[__ T^M+T^F(T^M=1a;T^F=1b/T2/T3)

(43) T1a:ML→LM/T^I __ T^F(T^I=ANYTONE;T^F=1a)

阳平(1b)的变化:

(44) T1b:MH→LM/[__ T^M+T^F(T^M、T^F=ANYTONE);

(45) T1b:MH→LM/T^I __ T^F(T^I、T^F=ANYTONE)

(46) T1b:MH→LML/T^I+T^M __](T^I、T^M=ANYTONE)

上声的变化:

(47) T2:HL→H/T^I __ T^F(T^I=T3;T^F=T2)

(48) T2:HL→ML/T^I+T^M __](T^I=T2;T^M=T3)

去声的变化:

(49) T3:MH→H/[__ T^M+T^F(T^M=1a/1b/T3;T^F=ANYTONE);(T^M=T2;T^F=1b/T2/T3)

(50) T3:MH→LM/[__ T^M+T^F(T^M=T2;T^F=1a)

(51) T3:MH→H/T^I __ T^F(T^I、T^F=ANYTONE)

(52) T3:MH→LML/T^I+T^M __](T^I=1a/T2/T3;T^M=ANYTONE);(T^I=1b;T^M=1b/T2/T3)

(53) T3:MH→ML/T^I+T^M __](T^I=1b;T^M=1a)

BD型三音节字调的具体特点如下:

1）上声最稳定,只有在 T3+T2+T2 组合的中字时,是一个高平,在 T2+T3+T2 的尾字时是低降,其他的情况下都和其单字调拱形一致,为高降;

2）第二稳定的是阳平,在三音节字调中,阳平所有的首字和中字都是低升调,只是其单字调的高低变体。尾字阳平在所有的组合中都是升调,但是在升调的后面加了一个小的降尾,没有例外。这个降尾目前来看,更像是音节末结束的标志,所以将其记录为低凸降,但音系上归类为低升;

3）阴平所有的尾字都是低降,没有例外,与其单字调拱形保持一致。阴平为首字时,大多数情况为低降,只有阴平做中字,阳平、上声、去声做尾字的时候变为低升。做中字时,如果尾字是阴平,中字为低升,其他情况为低降。

4）去声的尾字是低降,但是属于低凸降,前半截的权重不高。去声在首字的时候除了一处为低升,其他都是高平,中字的时候也都是高平。

总体来说,BD 型发音人的三音节字调是三声方言里最稳定的一个,变化最少,几乎没有例外。BD 型与位于宁夏的 AB 型方言点相邻,AB 型属于宁夏中原官话区,BD 型属于兰银官话银吴小片。两个类型的三音节字调有相似之处。从三音节字调大致可以判断去声的底层拱形应该是高平。而阴平的底层拱形要么是低降,要么是低平,和 AB 型的阴平底层拱形一样。

6.4.5 CD 型三音节字调（永登）

CD 型的三音节字调,我们主要整理了永登县发音人的材料。他们的单音节字调的调值是: 1a＝H,1b＝HL,T2/T3＝MLH。其三音节字调拱形与调值见表 6-17。

表 6-17 CD 型三音节字调拱形与调值

调类组合	特征表达	五度表达	调类组合	特征表达	五度表达
1a+1a+1a	H-H-H	55-55-55	1b+1a+1a	HL-H-H	51-55-55
1a+1a+1b	H-H-HL	55-55-51	1b+1a+1b	ML-H-HL	21-55-51

调类组合	特征表达	五度表达
1a+1a+T2	H−H−MLM	55−55−213
1a+1a+T3	H−H−MLM	55−55−213
1a+1b+1a	H−HL−H	55−51−55
1a+1b+1b	H−HL−HL	55−51−51
1a+1b+T2	H−HL−MLM	55−51−213
1a+1b+T3	H−HL−MLM	55−51−213
1a+T2+1a	H−LM−H	55−23−55
1a+T2+1b	H−ML−HL	55−21−51
1a+T2+T2	H−LM−LM	55−23−24
1a+T2+T3	H−LM−MLM	55−24−213
1a+T3+1a	H−ML−H	55−21−55
1a+T3+1b	H−ML−HL	55−21−51
1a+T3+T2	H−ML−LM	55−21−24
1a+T3+T3	H−LM−MLM	55−24−213

(a)

调类组合	特征表达	五度表达
1b+1a+T2	HL(ML)−H−LM	51(21)−55−23
1b+1a+T3	HL(ML)−H−LM	51(21)−55−23
1b+1b+1a	HL−ML−H	51−21−55
1b+1b+1b	ML−ML−HL	21−21−51
1b+1b+T2	ML−HL−LM	21−51−23
1b+1b+T3	ML−HL−LM	21−51−23
1b+T2+1a	HL−LM−H	51−23−55
1b+T2+1b	ML−LM−HL	21−23−51
1b+T2+T2	HL−ML−LM	51−21−23
1b+T2+T3	HL(ML)−LM−MLM	51(21)−23−213
1b+T3+1a	HL−MLM−H	51−213−55
1b+T3+1b	HL−ML−HL	51−21−51
1b+T3+T2	HL(ML)−ML−LM	51(21)−21−23
1b+T3+T3	HL−ML−LM	51−21−23

(b)

调类组合	特征表达	五度表达
T2+1a+1a	LM−H−H	24−55−55
T2+1a+1b	LM−H−HL	23−55−51
T2+1a+T2	ML−H−LM	21−55−24
T2+1a+T3	LM−ML−LM	24−21−24
T2+1b+1a	LM−HL−H	24−51−55
T2+1b+1b	LM−HL−HL	24−51−51

调类组合	特征表达	五度表达
T3+1a+1a	ML(M)−H−H	21(3)−55−55
T3+1a+1b	ML−H−HL	21−55−51
T3+1a+T2	ML−H−LM	21−55−24
T3+1a+T3	ML−H−LM	21−55−24
T3+1b+1a	ML−HL−H	21−51−55
T3+1b+1b	ML−HL−HL	21−51−51

调类组合	特征表达	五度表达
T2+1b+T2	LM-HL-LM	24-51-24
T2+1b+T3	LM-HL-LM	24-51-24
T2+T2+1a	LM-LM-H	24-24-55
T2+T2+1b	ML-LM-HL	21-24-51
T2+T2+T2	LM-LM-LM	24-24-24
T2+T2+T3	LM-LM-LM(ML)	24-24-24(21)
T2+T3+1a	LM-MLM-H	24-213-55
T2+T3+1b	LM-MLM-HL(H)	24-213-51(55)
T2+T3+T2	LM-MLM-LM	24-213-24
T2+T3+T3	LM-ML-LM	24-21-24

(c)

调类组合	特征表达	五度表达
T3+1b+T2	ML-HL-LM	21-51-24
T3+1b+T3	ML-HL-LM	21-51-24
T3+T2+1a	ML-LM-H	21-24-55
T3+T2+1b	ML-LM-HL	21-24-51
T3+T2+T2	ML-ML-LM	21-21-24
T3+T2+T3	ML-LM-MLM	21-24-213
T3+T3+1a	LM-MLM-H	24-213-55
T3+T3+1b	LM-MLM-HL	24-213-51
T3+T3+T2	LM-MLM-LM	24-213-24
T3+T3+T3	LM-MLM-MLM	24-213-213

(d)

在三音节字调中,单字调与三音节字调的对应拱形变化如下:

阴平(1a)的变化:

(54) T1a: H→ML/T^I ___ T^F(T^I=T2;T^F=T3)

阳平(1b)的变化:

(55) T1b: HL→ML/T^I ___ T^F(T^I=1b;T^F=1a/1b);/___ T^M+T^F(T^M=1b;T^F=1b/T2/T3;T^M=T2;T^F=1b)

上声(T2)的变化:

(56) T2: MLM→LM/[___ T^M+T^F(T^M=1a;T^F=1a/1b/T3);(T^M=1b/T3;T^F=ANYTONE);(T^M=T2;T^F=1a/T2/T3)

(57) T2: MLM→ML/[___ T^M+T^F(T^M=1a;T^F=T2);(T^M=T2;T^F=1b)

(58) T2: MLM→ML/T^I ___ T^F(T^I=1a;T^F=1b);(T^I=1b;T^F=T2);(T^I=T3;T^F=T2)

（59）T2：MLM→LM/T^I ＿ T^F（T^I＝1a；T^F＝1a/T2/T3）；（T^I＝1b/T3；T^F＝1a/1b/T3）；（T^I＝T2；T^F＝ANYTONE）

（60）T2：MLM→LM/T^I＋T^M ＿]（T^I＝1a；T^M＝T2/T3）；（T^I＝1b/T2/T3；T^M＝ANYTONE）

去声（T3）的变化：

（61）T3：MLM→ML/[＿ T^M＋T^F（T^M＝1a/1b/T2；T^F＝ANYTONE）

（62）T3：MLM→LM/[＿ T^M＋T^F（T^M＝T3；T^F＝ANYTONE）

（63）T3：MLM→ML/T^I ＿ T^F（T^I＝1a；T^F＝1a/1b/T2）；（T^I＝1b；T^F＝1b/T2/T3）；（T^I＝T2；T^F＝T3）

（64）T3：MLM→LM/T^I ＿ T^F（T^I＝1a；T^F＝T3）

（65）T3：MLM→LM/T^I＋T^M ＿]（T^I＝1b；T^M＝1a/1b/T3）；（T^I＝T2；T^M＝ANYTONE）；（T^I＝T3；T^M＝1a/1b）

CD 型三音节字调主要有如下几个特点：

1）阴平只有一处在中字时，变为低降，其他情况下，拱形始终与单字调保持一致，无论是居于首字、中字，还是尾字；

2）阳平做尾字的时候，拱形与单字调保持一致；阳平首字时，会出现低降的变体，没有规律可循，不同的发音人会在不同的组合中出现高降和低降的替换。所以笔者更愿意接受这是一个语音变体，不计入音系变化。阳平为中字时，阴平、上声、去声首字，中字阳平始终保持高降，但是阳平首字时，阴平、阳平尾字时，会有低降变体。

3）上、去在首字时，上声多为低升，只有两处为低降（T2＋1a＋T2，T2＋T2＋1b）；去声首字多为低降，只有中字也为去声时，首字去声变为低升。上、去为中字时，上声是低升（只有两处低降：1b＋T2＋T2，T3＋T2＋T2），去声是低降或者低凹。

4）上、去出现在相同的组合时，当中字是阴阳平时，尾字的上、去拱形会合并，无论低降、低凹或低升，两个组合的整体拱形是一样的。当中字为上声时，位于尾字的上声为低升，去声会分化，为低降、低凹，与尾字上声的组合形成整体拱形的对立。当中字为去声时,四种情况都不同:阴平首字,中字去声分化,尾字上去也分化,彼此形成对立;阳平首字,不分化,两个拱形重合;上声首字,中字去声拱形分化,尾字上去不分,但是整体两个拱形对立;去声首字,尾字上去分化,形成对立。在所有的变化中,上声变成低升的组合共有42处,而低降只有6处;去声低降有16处,低升有14处,其余都是保持低凹的拱形。

从这个分化和合并的趋势来看,去声和上声一样活跃,在它们单字调合并的过程中,目前无法判断是谁归入了谁。

综上,我们根据三音节字调与双音节字调结合的情况,再次分析,得到几个调类的底层拱形,如表6-18所示:

表6-18 三声调类的底层拱形

小类	T1a	T1b	T2	T3
AB	ML	LM/MLM	HL	H
AC	H	HL	ML/M	MLM
BC	H	HL	ML	MLM
BD	ML/M	MH	HL	H
CD	H	HL	LM	MLM

6.5　小　结　与　讨　论

6.5.1　单字调与连字调

针对三声方言单字调、双音节字调、三音节字调的分析,得出以下几点结论(参见表6-19):

1）与二声系统相比,连字调中出现的拱形类别虽然要多于单字调,但是远远比二声系统更稳定,总体变化的次数不到二声系统的一半。没有出现合并的调类,通常在连字调中保持与单字调一样的拱形,这一点在三音节字调中尤为明显。即使是合并的调类,出现拱形变化的次数也比二声系统要少。这说明虽然双音节字调和三音节字调在交流中权重更高,但是三声系统中的单字调也很稳定。

2）与二声系统一样,在连字调中出现的拱形变化,基本都能用"简化原则"和"嵌入原则"解释。几种在三声系统里出现的音高拱形变化都被列在表 6-19 中,可以清楚地看出来,出现最多的两个拱形变化是:凹变低升MLM→LM 和凹变低降 MLM→ML,它们都属于"简化原则"的范畴。平和降的变化中,最多的还是高低的变体变化,这一点与二声系统的变化一致。"嵌入原则"产生的变化出现次数不多,像高平变高升 H→MH 只出现了一次。还有一些变化虽然也属于"简化原则",但是需要不止一个步骤,比如低凹变高升 MLM→MH 就是如此,需要先简化调头,再抬高。单纯从变化次数上看,阴平和去声最活跃,但是从拱形的变化种类来看,上声有 12 种不同拱形的变化,阴平有 8 种不同变化,去声有 7 种、阳平只有 6 种。这说明上声非常活跃。

3）与二声系统不同,三声系统的三音节字调不仅尾字更稳定,而且首字也很稳定,多与其相应的单字调保持一致。最容易出现变化的是中字,这点和二声系统一样。

表 6-19　三声系统连字调变化频次

拱形变化	T1a	T1b	T2	T3	合计
MLM→LM	14	55	40	24	133
MLM→ML	40	0	7	30	77
MLM→MH	0	2	2	0	4

拱形变化	T1a	T1b	T2	T3	合计
MLM→HL	0	0	0	3	3
MLM→M/L/H	0	0	0	6	6
MH→LM/LML	48	0	0	1	49
MH→H/M	0	0	0	33	33
MH→ML	0	0	0	3	3
H→M/L	7	0	3	0	10
H→HL/HM	3	0	10	0	13
H→LM	0	0	12	0	12
H→ML	1	2	5	0	8
H→MH	0	0	1	0	1
HL→ML	0	2	13	0	15
HL→H	0	3	2	0	5
HL→LM	0	0	1	0	1
ML→LM	7	0	0	0	7
ML→M	4	0	0	0	4
合计	124	64	96	100	384

6.5.2 对过往研究的补充

本书附录表格中列举了笔者所调查到的方言点在过往文献中的记录。本章的研究是对过往研究的一些补充。

首先,是三声系统的地理分布与以往的研究有所不同。根据《中国语言地图集》(2012)的划分,文献中在青海境内的中原陇中官话的方言点和藏语区的汉语方言点,现在基本都变成了二声系统的单字调格局。在笔者调查到的三声系统中,青海境内只有两个方言点还保持三声系统,分别是乐都瞿昙和民和巴州。其他的调查点主要集中于宁夏、甘肃和新疆境内的兰银官话区,也有部分中原陇中和中原秦陇官话区的方言点,主要都集中在甘肃和宁夏兰银官话区的周边。文献中记录的分布于新疆的三声方言,现在大都变成了四声(详见第七章)。

其次,是三声系统的合并类型出现了新的情况。按照张燕来(2003)的分类,兰银官话的三声方言有五种合并方式,分别是:银川型,阳平上合并;永登型,阴阳平合并;古浪型,阴平上合并;盐池型,阳平去合并;民勤型,合并没有规律。在本研究中,笔者调查到的有效发音人共 125 位,以乡镇区为单位,共涉及的方言点有 65 个。我们共发现有六类三声系统的合并类型,换句话说,四个声调能够形成的合并类型都出现了,尽管有的合并类型只有一位发音人(阴平去合并),但是这个发现足以说明在这个地区三声系统的类别还有待进一步研究。此外,有些合并类型也与以往的文献描写不同,比如"永登型"。笔者一共调查了 19 位永登的发音人,没有一位的声调合并是阴阳平合并,大部分是上声和去声合并,还有少数是阴平和上声合并。而阴阳平合并的方言点多集中于宁夏南部的中原官话区,和甘肃、青海交界的中原官话区,以及少数新疆境内的方言点。分布很整齐的是阳平上合并的类型,根据以往文献(张盛裕 1993,曹志耘 1998a,周磊 1998a,吴开华 2009),兰银河西的方言大多属于"河西型"(张燕来 2003),这个类型与银吴片一样。曹志耘(1998a)的研究提到河东话接近于中原官话的陇中片,河西话接近于兰银官话的河西片,笔者的调研结果发现调型分布的确如此,但是入声的归并还有待商榷,本研究调查到的所有该类型的发音人的阴入都归入去声,阳入归入阳平(上)。

最后,是发现了新的合并类型,以往的调查中(张燕来 2003,2014),没有提到阴平去合并,也没有提到上去合并的类型。这两种类型在笔者调查的方言中都出现了,而且上去合并类型的发音人非常多,都集中于兰州市和永登县,兰州方言在过往的文献中被记录为四个单字调,但是笔者的调研显示,这个方言点的上声和去声已经开始合并(详见第八章)。至于阴平与去声合并,这个类型在文献中完全没有记录,笔者的调研中,也只遇到一例,是红古区红古乡的发音人,相邻的红古区海石湾镇、平安镇都已经变成两个单字调的声调系统,阳平、去声都与阴平合并,但是这位红古乡的发音人只有去声与阴平合并,阳平还保持独立。这还有待进一步的调查研究加以确认。

6.5.3　研究意义

本章针对西北方言区的三声方言点进行重新调研,着重点与传统的方言调研有所不同。本研究的目的是从单维度、共时层面,通过考察单字调与双音节字调、三音节字调的拱形对应变化,探究声调演化的路径。本研究排除古音韵的维度,单纯从共时层面入手,从音系变化的角度逆推不同声调类别的底层拱形。

以往很多的研究都认为单字调是本调,也有研究认为双音节字调才保留了更古老的声调拱形。这些说法都有其道理。本研究有两个假设:一个是西北方言属于汉语方言和少数民族语言接触而形成的方言;另一个假设是西北方言同其他汉语方言一样,都是自发产生而发展的。从第一条假设出发,如果西北方言是少数民族在以"汉语方言"为目标语言的情况下,习得而不断形成的,那么在习得的过程中,有理由推断,他们一定是从多音节字调入手的,然后将多音节词中的声调拱形匹配到自己的单字调上面,也就是说当他们学习多音节字调的时候,他们的单字调原本是拥有其母语特征的字调,也就是他们的本调。如果按照第二条假设,单字调一般在汉语方言的研究中都被当作本调来对待。所以,无论是哪一种假设,都可以把单字调作为"本调"来看。其实在汉语方言的研究中,单字调和双音节字调之间的等级其实还是一个没有定论的问题(李树俨、李倩 2001,李小凡 2002,钱曾怡 2001,Chen 2001),所以本研究不从谁先谁后入手,而是从共时层面的对应关系入手,来判断声调的底层拱形,进而从共时层面的研究,推演至历时层面的变化,就像奥哈拉(Ohala 1989)所说的"从共时的变异中找到语音变化的规律"。

　　本章还需要说明的一点是三声方言调研点的覆盖度。根据周磊(1998a)和刘俐李(1995)的研究,新疆存在大量的三声方言点。但是在笔者收集到的该区域的发音人语料中,只有 5 个方言点是三声系统。其他的都已经同北京官话的声调系统一样了。这个问题在本书有关语言接触(§9.4)的部分会详细讨论。

第七章

四声系统

7.1　四声系统概述

本章调查到的四声系统的发音人主要分布在新疆、甘肃和宁夏,在青海没有调查到四声系统的发音人。这三个省区中,新疆的发音人最集中,声调模式主要表现为北京官话的特点。以往的文献中关于三声方言的记录有很多方言点都分布在新疆,这大概与当时新疆的移民主要来自甘肃和宁夏有关。新疆在乾隆时期平定准噶尔部叛乱之后,天山北路的辽阔大地上基本没有居民村落,为巩固新疆的边防,清政府开始在伊犁、乌鲁木齐等地驻扎八旗和绿营,并开展屯田。新疆的移民事务由陕甘总督负责,他们首先从邻近的安西、肃州、甘州、凉州招募贫民携带家属前往新疆(葛剑雄 2022)。左宗棠平定叛乱后也一直积极兴办军屯民垦。1935 年从西安到新疆的公路修建之后,由内地到新疆的移民人数逐渐增加(葛剑雄 2022)。在《三声系统》一章,笔者已经提过在周磊(2005)的研究中,新疆有三十四个县市内部的声调系统一致性很强,分类也很整齐,都是三个声调,拱形分布都是"平—降—降—低"的模式。但是在笔者的田野调研中,上述大部分方言点的发音人都已经成为北京官话的声调类型。这也和笔者于 2006 年和 2007 年在新疆进行的"语言使用情况"的调查结果相契合,当时就已发现普通话的使用已经占据了语言使用生活的大部分(王远新 2007)。1949 年以来,随着大量内地移民支边建设,形成了民族杂居、方言混杂的情况,故而人们彼此之间的交流尽量采用普通话。20 世纪 80 年代后期,广播电视逐渐普及,普通话的影响力在这里变得越来越强。

甘肃和宁夏的情况较之文献中(邓文靖 2009b)的记录也出现了不同程度的变化,有的三声系统的方言归并为二声系统,有的还保持四声系统。在文献记录中,西宁方言是四声系统(张成材 1997),但是在笔者调查到的青海的发音人当中,并没有遇到四声格局的情况。

西北方言中的四声系统不是本研究的主要关注点,但是笔者在调研的过程中遇到这样一些情况,有些方言点的语音材料或者没有记录,或者与文献有出入。笔者认为有必要将所调研到的四声系统再进行描写,与三声、二声系统进行对比是一方面,同时也期待为后来的调查研究提供一个可以借鉴的资料数据。此外,本研究的主要目的是通过单字调与多音节字调的关系探究声调演化的规律,考察三声方言和二声方言的同时,对其周边四声方言的单字调与多音节字调的关系进行描写,并进行对比,也会带来很多启发。本章首先讨论四声方言描写的意义(§7.1),接下来详细描写几种类型的单字调格局(§7.2)、相应的双音节字调和三音节字调的格局(§7.3、§7.4),最后给出小结与讨论(§7.5)。

7.2 四声系统的单字调格局

四声系统的方言点共有 60 位发音人,按照声调阴阳上去的拱形分布,分成了四个类别:"平升低降""低升降平""双凹(升)对立"和"双降对立"。下面按照这个顺序,依次描写几种四声系统。

7.2.1 阴阳上去—平升低降

第一类是北京官话的声调类型,共有 32 位发音人,大多分布在新疆,零星分布于甘肃。涉及甘肃的方言点包括:嘉峪关市钢城街道(1 人),武威民勤县三雷镇(1人)、泉山镇(1人)、薛百镇(1人),临夏州永靖县三塬镇(1人);涉及新疆的方言点有:乌鲁木齐市(4人)和克拉玛依市(2人),伊犁哈萨克自治州的伊宁市(2人)、奎屯市(1人)、巩留县巩留镇(1人)和昭苏县昭苏镇(1人),巴音郭勒蒙古自治州的库尔勒市(2人)、库尔勒市阿瓦提乡(1人)、和静县和静镇(1人),阿勒泰地区的阿勒泰市(1人)、阿勒泰市红墩镇(1人)、富蕴县库额尔齐斯镇(1人)、库车市(1人)和库车市乌恰镇(1人),建设兵团的北屯市北屯镇(1人)和石河子市(1人),昌吉州昌吉市(1人)、哈密地区哈密市(1人)、和田地区和田县(1人)、塔城地区塔城市(1人)、博尔塔拉蒙古自治州温泉县博格达尔镇(1人)。

如表7-1和图7-1所示,他们的阴平都是高平{44},阳平为升调或凹升{24/25/325},去声都是高降{52/53/54}。观察这一类的声调格局图,会发现上声的拱形有很多语音变体,包括低凹{323}、低降{31}、嘎裂凹{303}、两折调{3232}等,其中以低凹调的拱形居多。在这个类别的四声系统中,上声没有另一个凹调与之形成对立,而且虽然出现低降、嘎裂凹调等语音变体,它们之间也没有形成最小语义对立,所以嘎裂声在这里不是一个"必备条件",而是伴随特征。具体说来,奎屯的发音人LZG,上声是一个很低的平调{22},乌鲁木齐的四位发音人中,有两位(YXY和LJ)的上声是低凹调,LZW的上声是两折调,WZZ的上声是一个低平。克拉玛依的发音人中,WU的上声有明显嘎裂声,中间基频曲线断裂,XYM的上声为一个偏低的后凹调。库尔勒的发音人MYSR上声是个低凹调,另一位库尔勒发音人ZLQ上声是个基频曲线断裂的嘎裂凹调。整体上来说,低降和低平也只是语音变体,音系层面可以将它们都归于纯低调中(衣莉2019)。

最后需要说明一点,虽然阴阳上去的声调拱形和北京官话一致,但是入声的归并还不完全一样。民勤的阴入归入去声,阳入归去声和阳平。其他点的发音人入声都被派入平上去三声。

表 7-1 四声系统(平升低降型)发音人单字调拱形和调值

编号	方言点	县市	乡镇区+发音人	特征表达				五度表达			
				1a	1b	T2	T3	1a	1b	T2	T3
1	兰银河西	嘉峪关市	钢城街道 BDR	H	MH	MLM	HL	44	25	323	52
2	兰银河西	民勤县	三雷镇 CJY	H	MH	MLM	HL	44	₃25	323	52
3	兰银河西	民勤县	泉山镇 DHR	H	MH	MLM	HL	44	₃25	323	52
4	兰银河西	民勤县	薛百镇 ZYW	H	MH	MLM	HL	44	25	323	53
5	中原陇中	永靖县	三塬镇刘家垣村 WYL	H	MH	MLM	HL	44	24	323	52
6	未标注	奎屯市	团结路街道 LZG	H	MH	L	HL	44	₃25	22	52
7	兰银北疆	阿勒泰市	金山路街道 BQXL	H	MH	ML	HL	44	₃25	31	52
8	兰银北疆	阿勒泰市	红墩镇 WW	H	MH	ML	HL	44	₃25	31	52
9	中原南疆	巩留县	巩留镇 LR	H	MH	ML	HL	44	₃25	31	52
10	兰银北疆	北屯市	北屯镇 DLT	H	MH	MLM	HL	44	₃25	323	52
11	兰银北疆	昌吉市	宁边路街道 YZW	H	MH	MLM	HL	44	₃25	323	52
12	兰银北疆	哈密市	伊州区 GLY	H	MH	MLM	HL	44	₃25	323	52
13	中原南疆	和静县	和静镇 SBD	H	MH	MLM	HL	44	₃25	323	52
14	中原南疆	和田县	巴格其镇 ADLT	H	MH	MLM	HL	44	₃25	323	54
15	北京官话	克拉玛依市	独山子区 XYM	H	MH	MLM	HL	44	₃25	323	52
16	北京官话	库尔勒市	新城街道 MYJ	H	MH	MLM	HL	44	₃25	323	53
17	北京官话	库尔勒市	阿瓦提乡 MYSR	H	MH	MLM	HL	44	₃25	323	52
18	北京官话	石河子市	老街街道 PJW	H	MH	MLM	HL	44	₃25	323	52
19	兰银北疆	乌鲁木齐	水磨沟区 LZW	H	MH	MLM	HL	44	₃25	3232	52

续表

编号	方言点	县市	乡镇区+发音人	特征表达				五度表达			
				1a	1b	T2	T3	1a	1b	T2	T3
20	兰银北疆	乌鲁木齐	水磨沟区 YXY	H	MH	MLM	HL	44	₃25	323	52
21	兰银北疆	乌鲁木齐	沙依巴克区 LJ	H	MH	MLM	HL	44	₃25	323	53
22	兰银北疆	乌鲁木齐	沙依巴克区 WZZ	H	MH	MLM	HL	44	₃25	22	53
23	中原南疆	昭苏县	昭苏镇 ETL	H	MH	MLM	HL	44	₃25	323	52
24	中原南疆	伊宁市	解放路街道 GZJ	H	MH	MLM	HL	44	₃25	323	52
25	中原南疆	伊宁市	解放路街道 SFN	H	MH	MLM	HL	44	₃25	323	52
26	北京官话	富蕴县	库额尔齐斯镇 WU	H	MH	MLM	HL	44	₃25	303	52
27	北京官话	克拉玛依市	克拉玛依区 WU	H	MH	MLM	HL	44	₃25	303	54
28	中原南疆	库车市	乌恰镇 SZJ	H	MH	MLM	HL	44	₃25	303	52
29	中原南疆	库车市	伊西哈拉镇 GLMT	H	MH	MLM	HL	44	₃25	303	54
30	北京官话	库尔勒市	团结街道 ZLQ	H	MH	MLM	HL	44	₃25	303	54
31	兰银北疆	塔城市	和平街道 SBT	H	MH	MLM	HL	44	₃25	303	53
32	北京官话	温泉县	博格达尔镇 DJ	H	MH	MLM	HL	44	₃25	303	52

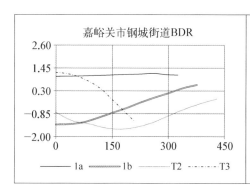

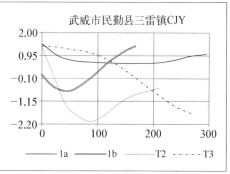

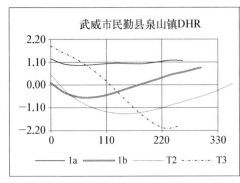

武威市民勤县泉山镇DHR

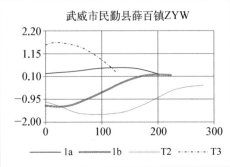

武威市民勤县薛百镇ZYW

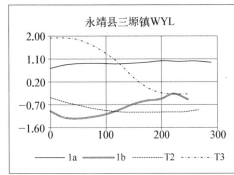

永靖县三塬镇WYL

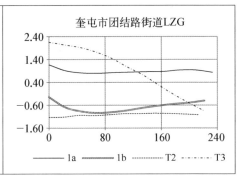

奎屯市团结路街道LZG

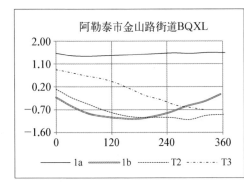

阿勒泰市金山路街道BQXL

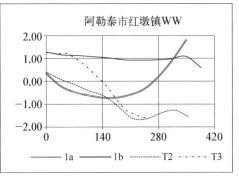

阿勒泰市红墩镇WW

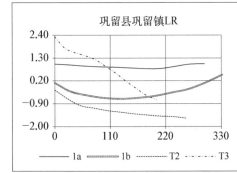

巩留县巩留镇LR

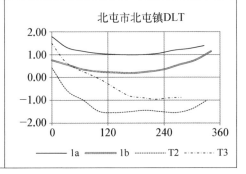

北屯市北屯镇DLT

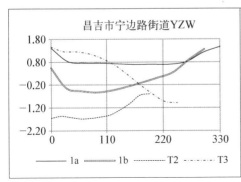

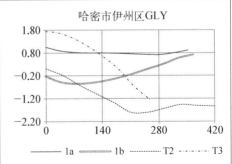

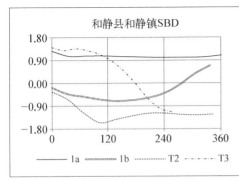

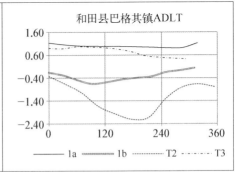

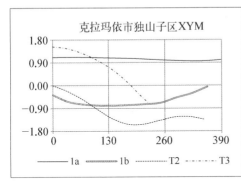

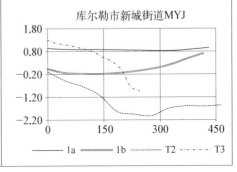

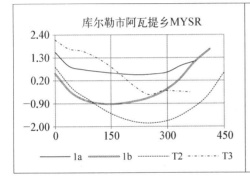

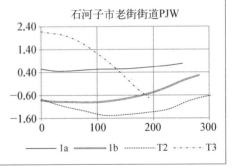

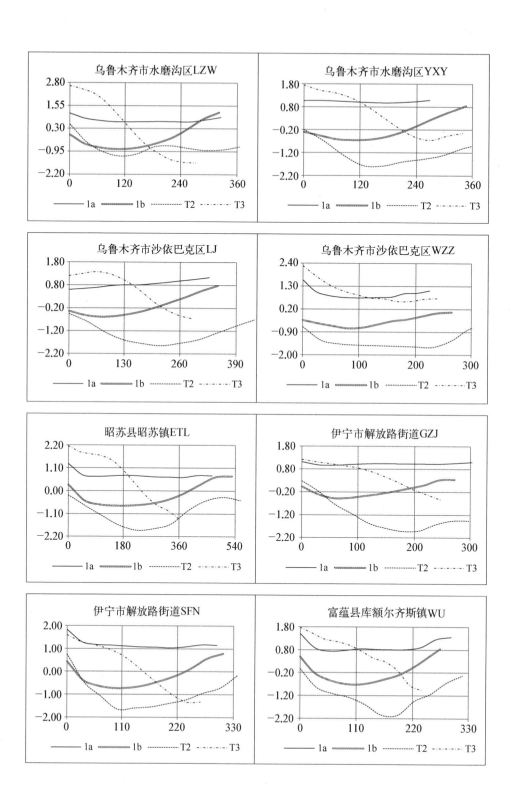

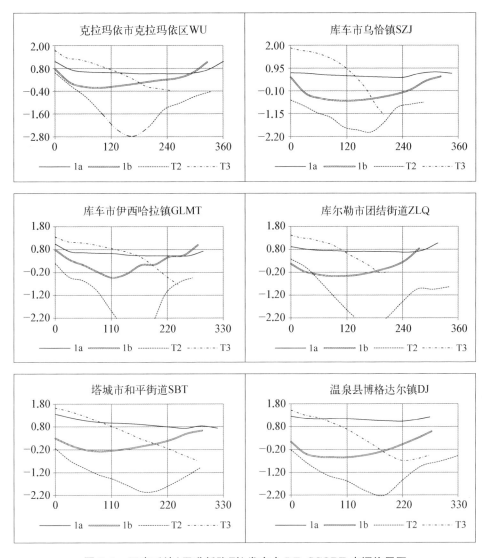

图 7-1 四声系统(平升低降型)发音人 LZ-SCORE 声调格局图

7.2.2 阴阳上去—低升降平

第二类四声系统的阴阳上去分别对应的拱形是"低升降平",共有 17 位发音人,涉及的方言点主要在宁夏和甘肃,宁夏的方言点包括:中卫市海原县海城镇(1人)、固原市泾源县大湾乡(1人)、泾源县香水镇(1人)、隆德县沙塘镇(1人)、隆德县城关镇(1人)、彭阳县白阳镇(2人)、彭阳县草庙乡(1人);甘肃的方言点包括:天水市甘谷县大庄镇(1人)、平凉市泾川县城关镇(1人)、陇南市礼县洮坪镇(1人)、陇南市两当县城关镇(1人)、庆阳市庆城县蔡口集乡(1人)、庆阳市宁县新庄镇(1人)、定西市陇西县福星镇(1人)、陇西县文峰镇(1人)、天水市武山县洛门镇(1人)。入声的归并都是阴入归阴平,阳入归阳平。

如表7-2和图7-2所示,这个类别的方言点音高拱形分布都很整齐,阳平都是凹升调或者两折调{325/3242},上声为高降或凸降{52/53/453},去声都是高平{44/55},只有隆德沙塘镇的发音人 ZHL 的去声是低降平{443},但它更像是个体差异。阴平的拱形变体较多,具体的拱形有嘎裂凹{303}、低降{31/21}、低凹{323},这个调类也可以归入纯低调类别。泾源县大湾乡发音人的阴平是嘎裂凹调,用发声态来实现"低"的目标,泾源县香水镇的发音人则是低降,调尾没有上升。同样的,彭阳县白阳镇也有两位发音人的阴平拱形不同,一位是嘎裂凹调、一位是低降调。隆德沙塘镇和城关镇的发音人都用低降来实现"低"的目标。也许会有人提出质疑,认为香水镇和大湾乡不是一个方言点,他们的阴平拱形的差异就是他们调类的对立特征,但是这点在解释彭阳县两位发音人的阴平拱形时,就无法解释得通。这几位发音人的阴平拱形之间都没有形成最小语义对立。此外,还有一个旁证,就是前人的研究结果(林涛 2012;杨苏平 2015):隆德的阴平就有{213}和{24}两种记录,彭阳的阴平通常被记录为{213},泾源的阴平通常被记录为{21},可见声调拱形的不一致由来已久,并不是此次调研才出现的情况。

此外,中卫市海原县海城镇发音人 MLZ 的阴平与阳平也呈现明显的对立,不仅是声调格局图显示出明显不同,而且听感上也明显不一样,阴平更趋近于一个低凹调,而阳平更趋近于一个升调,所以整体上调类呈现出四个单字调的模式。但是另一位海城镇的发音人 LH 的阴平和阳平(见第六章《三声系统》表6-1)却呈现出非常明显的合并走向。更重要的是,当笔者实地调查的时候,两位发音人的自我报告也不一样:MLZ 自我报告声称这两个调是不一样的,有区别,而 LH 自我报告阴平和阳平没有区别。林涛(2012)的研究显示海原县是四声系统,阴平为低凹或者低降,阳平为升调拱形。至于海原县声调的演化,即三声和四声孰前孰后,我们将在下一章中讨论。

表 7-2　四声系统(低升降平型)发音人单字调拱形和调值

编号	方言点	县市	乡镇区+发音人	特征表达				五度表达			
				1a	1b	T2	T3	1a	1b	T2	T3
1	中原陇中	海原县	海城镇 MLZ	MLM	MH	HL	H	323	₃25	52	33
2	中原关中	泾源县	大湾乡 MRX	MLM	MH	HL	H	303	₃25	52	55
3	中原关中	泾源县	香水镇 SW	ML	MH	HL	H	31	₃25	52	44
4	中原陇中	隆德县	沙塘镇 ZHL	ML	MH	HL	H	31	₃25	52	443
5	中原陇中	隆德县	城关镇 CJ	ML	MH	HL	H	31	₃25	52	44
6	中原秦陇	彭阳县	白阳镇 MTY	ML	MH	HL	H	31	₃25	52	55
7	中原秦陇	彭阳县	白阳镇 HYL	MLM	MH	HL	H	323	₃25	52	55
8	中原秦陇	彭阳县	草庙乡 HNN	MLM	MH	HL	H	323	₃25	53	55
9	中原秦陇	甘谷县	大庄镇 WS	MLM	MH	HL	H	303	₃25	52	44
10	中原秦陇	泾川县	城关镇 JCY	ML	MH	HL	H	31	₃25	52	55
11	中原秦陇	礼县	洮坪镇 LP	ML	MH	HL	H	31	₃25	53	55
12	中原秦陇	两当县	城关镇 MM	ML	MH	HL	H	31	₃25	52	44
13	中原秦陇	庆城县	蔡口集乡 ZBM	ML	MH	HL	H	31	₃25	52	44
14	中原关中	宁县	新庄镇 GLL	ML	MLM	HL	H	21	3242	52/3232	554
15	中原秦陇	陇西县	福星镇 ZFL	ML	MLM	HL	H	31	3242	52	44
16	中原秦陇	陇西县	文峰镇 DWQ	ML	MH	HL	H	31	324	53	44
17	中原秦陇	武山县	洛门镇 PYD	ML	MH	HL	H	31	324	453	44

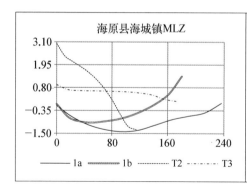

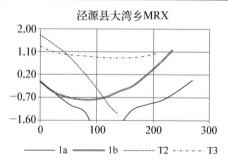

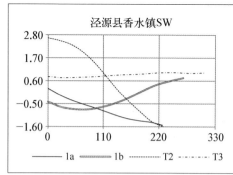

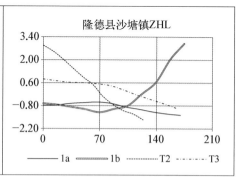

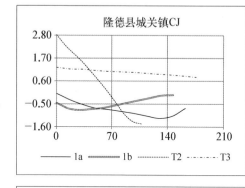

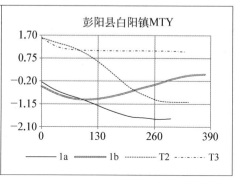

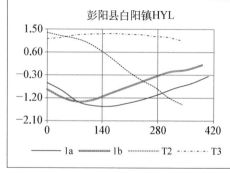

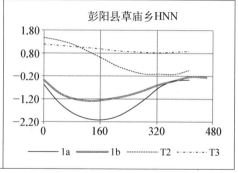

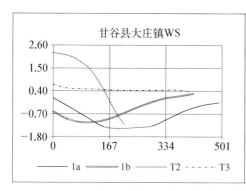

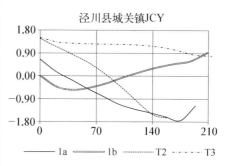

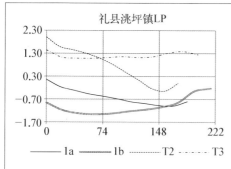

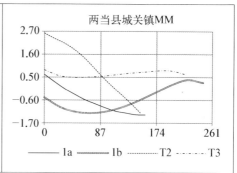

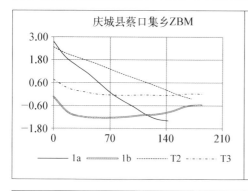

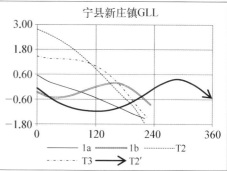

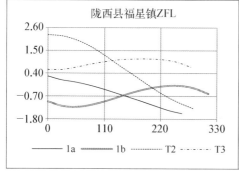

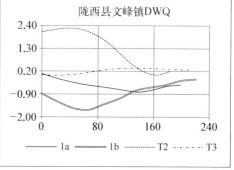

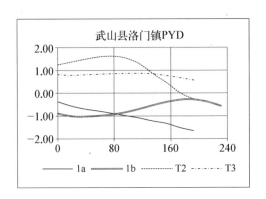

图7-2 四声系统(低升降平型)发音人LZ-SCORE声调格局图

宁县新庄镇的发音人的上声除了高降,还有一个两折调的变体,这个变体与阳平的两折调有些相似,但是又比阳平时长要长。而泾川、礼县、两当、庆城、宁县、陇西和武山的发音人阴平虽然是低降拱形,但是这个低降比泾源、隆德和彭阳发音人的低降拱形要更稳定一些,他们的阴平与上声形成了很稳定的高低降对立。武山县发音人PYD的上声是个凸降,但其主要的特征还是高的调头,所以也是一个"高—低"降调对立的模式。

7.2.3 阴阳上去—双凹(升)对立

第三类四声系统有3位发音人,涉及甘肃的3个方言点,分别是:庆阳市环县罗山川乡(1人)、白银市水泉镇(1人)、陇南市文县堡子坝镇(1人)。如表7-3和图7-3所示,这个类型的特征是阳平与去声形成了两个凹调或者两个升调的对立。环县的发音人阳平是凹升{324},去声是两折{3242},阴平为低降{42},上声为高降{54},相比阴平,上声的降调更高、更短。白银水泉镇的发音人阳平是凹升{325},去声为两折{3232},阴平为高降{52},上声为平{44},上声的调尾略有下降。文县发音人的阳平是低升{23},去声是高升{35},阴平是高降{52},上声为平调{55}。

表 7-3　四声系统(双凹/升对立型)发音人单字调拱形和调值

编号	方言点	县市	乡镇区+发音人	特征表达				五度表达			
				1a	1b	T2	T3	1a	1b	T2	T3
1	中原秦陇	环县	罗山川乡 WW	ML	MH	HL	MLM	42	324	54	3242
2	中原秦陇	白银市	水泉镇 LSX	HL	MH	H	MLM	52	325	44	3232
3	中原秦陇	文县	堡子坝镇 MC	HL	LM	H	MH	52	23	55	35

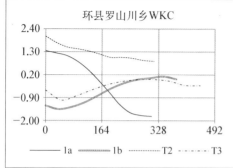

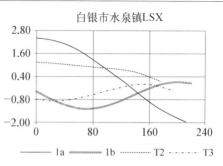

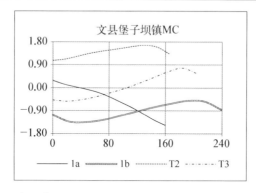

图 7-3　四声系统(双凹/升对立型)发音人 LZ-SCORE 声调格局图

7.2.4　阴阳上去—双降对立

第四类四声系统的阴阳上去对应的是"平降凹降"。他们涉及的方言点包括:甘肃的张掖市肃南县大河乡(2人)、张掖市民乐县顺化镇(1人)、武威市古浪县古丰镇(1人)、酒泉市肃州区清水镇(1人)、酒泉市玉门市赤金镇(1人),还有新疆阿勒泰地区的富蕴县(1人)。如表7-4和图7-4所示,这几位发音人的阳平都是高降{52/54},去声大部分为低降{31/42}。阴平都为平调{55/44},上声为凹调或两折调{323/3242},整体格局中形成两个降调的对立。酒泉玉门市发音人的去声有两个拱形变体,一个是两折调,与上声合并;一个是低降,与阳平形成对立。可以从声调格局图中看出,玉门市的发音人的去声变体与上声已经合并,这可以看作是一个过渡点,当上声和去声完全合并之后,这个声调格局就和兰州市区年轻一代的单音节字调格局一样了。肃南大河乡的发音人上声为低凹调{323},古浪的上声是个凸降调{242},酒泉清水镇的上声是两折调{3232}。张掖肃南的声调在刘俐李(2003b)的记录里,是3个调,阳平上合并,为高降调,阴平为平调,去声为低凹调[213]。笔者调查到的两位肃南县的发音人的阳平和上声没有合并。

表7-4 四声系统(双降对立型)发音人单字调拱形和调值

编号	方言点	县市	乡镇区+发音人	特征表达				五度表达			
				1a	1b	T2	T3	1a	1b	T2	T3
1	兰银河西	民乐县	顺化镇 LDC	H	HL	MLM	ML	33	52	3242	31
2	兰银河西	玉门市	赤金镇 ZJ	H	HL	MLM	ML/=T2	44	54	3242	31/3242
3	兰银河西	肃南县	大河乡 ACX	H	HL	MLM	ML	44	52	323	31
4	兰银河西	肃南县	大河乡 YYH	H	HL	MLM	ML	55	52	323	31
5	兰银河西	酒泉市	清水镇 WWC	H	HL	MLM	ML	44	52	3232	31
6	兰银河西	古浪县	古丰镇 ZJP	H	HL	LML	ML	44	52	242	31
7	北京官话	富蕴县	库额尔齐斯镇 BHJ	H	HL	MLM	ML	55	52	323	42
*	兰银金城	皋兰县	什川镇 WJB	ML	HL	LML	MLM	31	52	342	3232

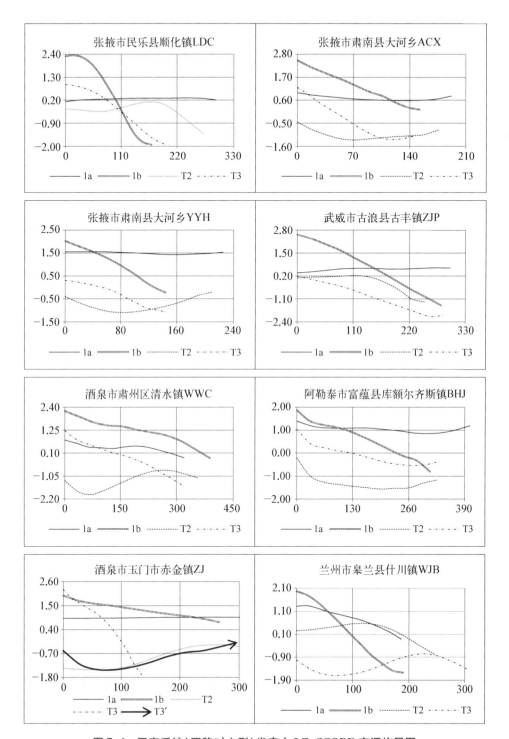

图 7-4 四声系统(双降对立型)发音人 LZ-SCORE 声调格局图

第四类还有一个方言点是在兰州市皋兰县什川镇,这位发音人的声调格局与上述四类都不一样,兰州市有三县六区,皋兰县是其中一个县,位于兰州市的西北部。这位发音人的四声格局与以往文献中对兰州话的描写几乎是一致的:阴平低降{31},阳平高降{52},以往文献中对兰州话上声的记录不统一,有低凹、升、凸降等,这位发音人的上声是个凸降调{342},去声凹调,具体表现为两折调拱形{3232}。兰州市城区的上声就有低凹、凹升、两折、凸降多种变体形式(详见第八章)。皋兰这位发音人的声调格局也从方言地理分布的角度侧面证实了兰州方言去声的底层拱形是个凹调(详见第八章、第九章)。

7.3 四声系统的双音节字调格局

四声系统中有 7 位发音人录制了双音节字调的语音材料,分别是:宁夏固原市彭阳县白阳镇的 MTY 和 HYL、彭阳县草庙乡的 HNN、隆德县沙塘镇的 ZHL,甘肃民勤县三雷镇的 CJY、薛百乡的 ZYW、古浪县古丰镇的 ZJP。前四位发音人属于"低升降平"的类型,后两位属于"平升低降"的类型。

如图 7-5 所示,第一小类是来自宁夏的 4 位发音人,他们的双音节字调相对来讲很稳定,总共出现了低降、高降、低升、高平、凹升五种拱形。阴平为首字和尾字的时候,都是低降{31},阳平为首字和尾字的时候,统一都为低升调{23/24}。去声为首字和尾字的时候,都为高平{55}。唯一出现变化的是上声,上声为尾字时,都是高降{52},为首字时,阴平、阳平、去声为尾字时,依然还是高降,当尾字为上声时,首字上声变为低升或凹升{24/325}。所以这个类型的双音节字调与普通话的双音节字调一样,也是在"上声+上声"的组合里,首字出现变化,其他情况下,都与其各自的单字调保持一致。

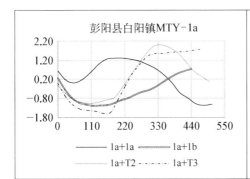

彭阳县白阳镇MTY-1a

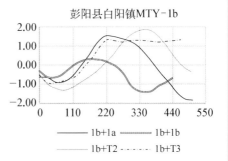

彭阳县白阳镇MTY-1b

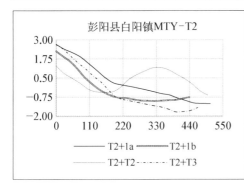

彭阳县白阳镇MTY-T2

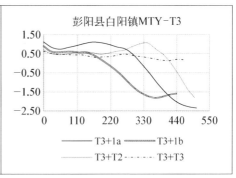

彭阳县白阳镇MTY-T3

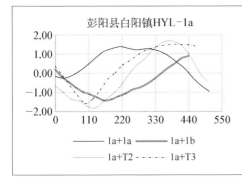

彭阳县白阳镇HYL-1a

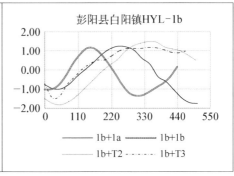

彭阳县白阳镇HYL-1b

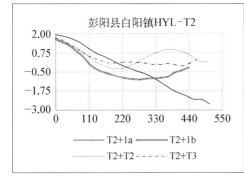

彭阳县白阳镇HYL-T2

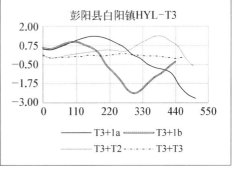

彭阳县白阳镇HYL-T3

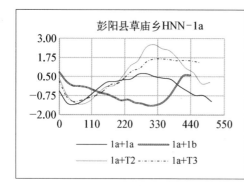

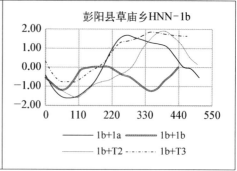

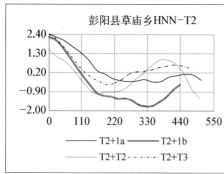

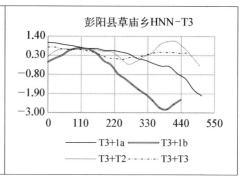

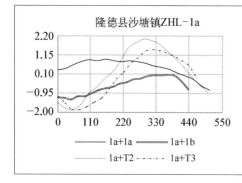

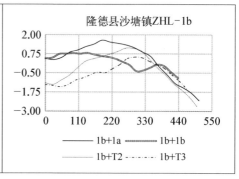

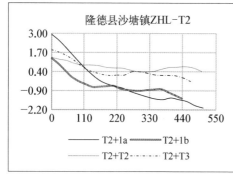

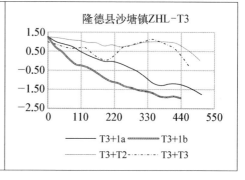

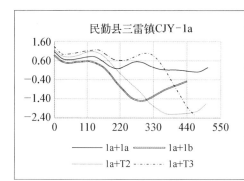

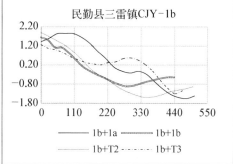

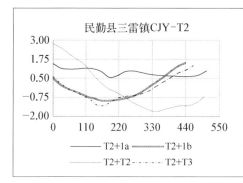

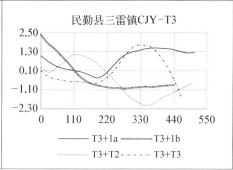

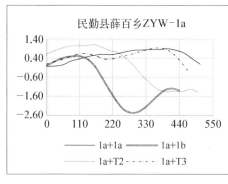

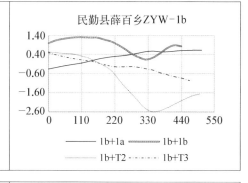

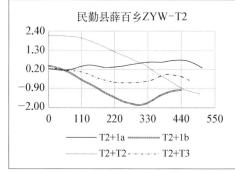

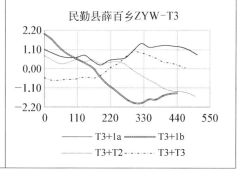

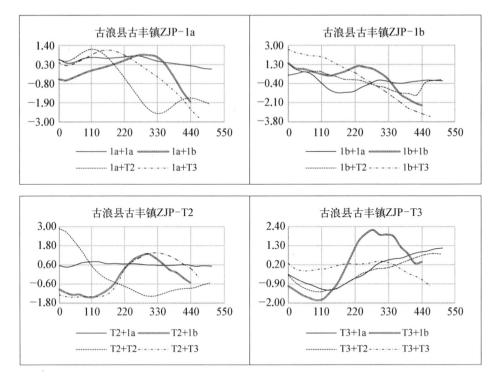

图7-5　四声发音人的 LZ-SCORE 双音节字调格局图

　　第二小类是两位来自民勤县和古浪县的发音人,属于兰银河西官话区,他们的双音节格局中最稳定的是阴平,无论居于首字还是尾字,都是高平的拱形。阳平为首字时,都是高降的拱形;居于尾字时,有高降(阴平首字)、高升(阳平和上声首字)和低升(去声首字)三种拱形。上声为首字时,有低升(阴平尾字)、低降(阳平尾字)和高降(上声和去声尾字)三种拱形;居于尾字时,有低降(阴平首字)、低凹(阳平和上声首字)、低平(去声首字)三种拱形。去声为首字时,有高降(阴平、阳平尾字)、高平(上声尾字)和低升(去声尾字)三种拱形;居于尾字时,有高降(阴平、去声首字)、低降(阳平首字)和低升(上声首字)三种拱形。

　　根据下表7-5,总结出以下对应变化,宁夏的发音人只出现了一处单字调与双音节字调不一致的地方,表达出来如下:

　　(1) T2:HL→MH/[__ T(T=T2)

民勤的发音人出现的单字调与双音节字调的对应变化如下：

（2）T1b：MH→HL/[__ T（T＝T1a、T1b、T2、T3）；T __]（T＝T1a）

（3）T2：MLM→LM/[__ T（T＝T1a）

（4）T2：MLM→ML/[__ T（T＝T1b）；T __]（T＝T1a）

（5）T2：MLM→HL/[__ T（T＝T2、T3）

（6）T2：MLM→M/T __]（T＝T3）

（7）T3：HL→H/[__ T（T＝T2）

（8）T3：HL→MH/[__ T（T＝T3）；T __]（T＝T2）

（9）T3：HL→ML/T __]（T＝T1b）

表7-5　四声系统双音节字调拱形和调值

类别	调类	特征表达				五度表达			
		1a	1b	T2	T3	1a	1b	T2	T3
第一小类	1a	ML-ML	ML-MH	ML-HL	ML-H	31-31	31-24	31-52	31-55
	1b	MH-ML	MH-MH	MH-HL	MH-H	23-31	23-23	24-52	23-55
	T2	HL-ML	HL-MH	**MH-HL**	HL-H	53-31	52-23	**325-52**	53-55
	T3	H-ML	H-MH	H-HL	H-H	55-31	55-23	55-52	55-55
第二小类	1a	H-H	**H-HL**	H-ML	**H-HL**	55-55	55-52	55-31	55-52
	1b	**HL-H**	**HL-MH**	**HL-MLM**	**HL-ML**	52-55	52-24	52-**323**	52-31
	T2	**LM-H**	**ML-MH**	**HL-MLM**	**HL-MH**	23-55	31-35	52-323	52-23
	T3	HL-H	HL-MH	**H-M**	**MH-HL**	52-55	52-23	55-**33**	23-52

从双音节字调与单字调的对应变化中，可以看出民勤的单字调虽然已经接近北京官话，但是发音人的双音节字调中的拱形还是与三声方言中河西酒泉的双音节字调拱形有很多相近之处（§6.3.3）。上述变化中，只有高降与升之间的对应变化不能用一条原则来解释，其他的变化要么是"简化原则"（3~7），要么就是简单的高低音变（9）。高降与升的对应变化应该是经过了两个规则，一个是"简化原则"HL→H，然后是"嵌入原则"H→MH。反之亦然。

7.4 四声系统的三音节字调格局

因为本研究的主要目的是考察三声方言的多音节字调与单字调的对应变化与演化的相关性,所以四声系统我们只考察了武威民勤发音人的三音节字调。虽然民勤的单字调更加接近北京官话,民勤的双音节字调格局与三声方言的双音节字调更加接近,同时在地理分布上,民勤与三声方言集中的酒泉地区相邻。民勤三音节字调的拱形模式如表7-6所示:

表7-6 四声系统三音节字调拱形与调值

调类组合	特征表达	五度表达	调类组合	特征表达	五度表达
1a+1a+1a	H-H-ML	55-55-41	1b+1a+1a	HL-H-H	51-55-55
1a+1a+1b	H-H-MH	55-55-24	1b+1a+1b	HL-H-MH	51-55-24
1a+1a+T2	H-H-ML	55-55-21	1b+1a+T2	HL-H-MLM	51-55-213
1a+1a+T3	H-H-HL	55-55-51	1b+1a+T3	HL-H-HL	51-55-51
1a+1b+1a	H-HL-H	55-51-55	1b+1b+1a	HL-HL-H	51-51-55
1a+1b+1b	H-HL-MH	55-51-24	1b+1b+1b	HL-ML-MH	51-21-24
1a+1b+T2	H-HL-ML	55-51-21	1b+1b+T2	HL-HL-MH	51-51-24
1a+1b+T3	H-HL-HL	55-51-51	1b+1b+T3	HL-ML-HL	51-21-51
1a+T2+1a	H-ML-H	55-21-55	1b+T2+1a	HL-ML-H	51-21-55
1a+T2+1b	H-ML-MH	55-21-24	1b+T2+1b	HL-ML-MH	51-21-24
1a+T2+T2	H-ML-MLM	55-21-213	1b+T2+T2	HL-ML-MLM	51-21-213
1a+T2+T3	H-ML-HL	55-21-51	1b+T2+T3	HL-ML-HL	51-21-51
1a+T3+1a	H-ML-H	55-21-55	1b+T3+1a	HL-ML-H	51-21-55
1a+T3+1b	H-ML-MH	55-21-24	1b+T3+1b	HL-ML-MH	51-21-24

调类组合	特征表达	五度表达
1a+T3+T2	H-ML-MLM	55-21-213
1a+T3+T3	H-ML-HL	55-21-51

（a）

调类组合	特征表达	五度表达
1b+T3+T2	HL-ML-MH	51-21-24
1b+T3+T3	HL-ML-HL	51-21-51

（b）

调类组合	特征表达	五度表达
T2+1a+1a	ML-H-H	21-55-55
T2+1a+1b	ML-H-MH	21-55-24
T2+1a+T2	ML-H-MLM	21-55-213
T2+1a+T3	ML-H-HL	21-55-51
T2+1b+1a	ML-HL-H	21-51-55
T2+1b+1b	ML-HL-MH	21-51-24
T2+1b+T2	ML-HL-MLM	21-51-213
T2+1b+T3	ML-MH-HL	21-24-51
T2+T2+1a	MH-ML-H	24-21-55
T2+T2+1b	ML-ML-MH	21-21-24
T2+T2+T2	ML-ML-MLM	21-21-213
T2+T2+T3	ML-ML-HL	21-21-51
T2+T3+1a	ML-HL-H	21-51-55
T2+T3+1b	ML-H-MH	21-55-24
T2+T3+T2	ML-ML-MLM	21-21-213
T2+T3+T3	ML-ML-HL	21-21-51

（c）

调类组合	特征表达	五度表达
T3+1a+1a	ML-H-H	21-55-55
T3+1a+1b	ML-H-MH	21-55-24
T3+1a+T2	ML-H-MLM	21-55-214
T3+1a+T3	ML-H-HL	21-55-51
T3+1b+1a	ML-HL-H	21-51-55
T3+1b+1b	ML-HL-MH	21-51-24
T3+1b+T2	ML-HL-MLM	21-51-213
T3+1b+T3	ML-ML-HL	21-21-51
T3+T2+1a	ML-ML-H	21-21-55
T3+T2+1b	ML-ML-MH	21-21-24
T3+T2+T2	ML-ML-MH	41-21-55
T3+T2+T3	ML-MH-HL	21-24-51
T3+T3+1a	MH-ML-H	24-21-55
T3+T3+1b	MH-HL-MH	24-51-24
T3+T3+T2	MH-ML-MLM	24-21-213
T3+T3+T3	MH-ML-HL	24-21-51

（d）

存在的拱形对应变化有：

（10）1a：H→ML/T^I+T^M __］（T^I = 1a；T^M = 1a）

（11）1b：MH→HL/［ __ T^M+T^F（T^M、T^F = ANYTONE）

（12）1b：MH→HL/T^I __ T^F（T^I = 1a、T^F = ANYTONE）；（T^I = 1b、T^F = 1a/T2）；（T^I = T2、T^F = 1a/1b/T2）；（T^I = T3、T^F = 1a/1b/T2）

（13）1b：MH→ML/T^I __ T^F（T^I = 1b、T^F = 1b/T3）；（T^I = T^F = T3）

（14）T2：MLM→ML/［ __ T^M+T^F（T^M≠T2；T^F≠1a）

（15）T2：MLM→ML/T^I __ T^F（T^I≠T3；T^F≠T3）

（16）T2：MLM→ML/T^I+T^M __］（T^I = 1a；T^M = 1a/1b）

（17）T2：MLM→MH/T^I+T^M __］（T^I = 1b；T^M = 1b/T3）；（T^I = T3；T^M = T2）

（18）T3：HL→ML/［ __ T^M+T^F（T^M = 1a/1b/T2、T^F = ANYTONE）

（19）T3：HL→MH/［ __ T^M+T^F（T^M = T3、T^F = ANYTONE）

（20）T3：HL→ML/T^I __ T^F（T^I = 1a/1b、T^F = ANYTONE）；（T^I = T2、T^F = T2/T3）；（T^I = T3、T^F = 1a/T2/T3）

（21）T3：HL→H/T^I __ T^F（T^I = T2、T^F = 1b）

民勤的三音节字调拱形变化有这样几个特点：

1）阴平几乎都为高平，只有一处发生了变化，就是三个阴平相连的时候，最后尾字的阴平变为低降；

2）阳平的首字都为高降，尾字都为升调。中字大部分为高降，也有低降（阳平首字，阳平去声尾字；去声首字、去声尾字）、升（上声首字、去声尾字）；

3）上声的首字和中字大都为低降，尾字个别情况为凹升调；

4）去声最稳定的是尾字，都为高降，首字和中字的去声大部分为低降，中字也为去声的时候，首字去声变为升调。中字除了低降，还有高平和高降。

从上面的变化可以看出，每个调类的尾字基本都与其单字调保持一致。而变化最活跃的是去声，这个特点与酒泉的 BC 型三声系统不同，而是更接近海原海城镇的 BD 型三声系统。

7.5　小结与讨论

从四声系统的单字调和相应的连字调来看,地理分布接近的地区,可能单字调已经出现了变化,但是在相应的多音节字调的格局中,还是能够看到彼此的相关之处。

针对民勤的双音节字调和三音节字调进行分析,得到表7-7这样一组数据:

表 7-7　四声系统民勤话连字调变化频次

拱形变化	1a	1b	T2	T3	合计
MLM→ML	0	0	36	0	36
MLM→MH/LM	0	0	4	0	4
MLM→HL	0	0	2	0	2
MLM→M	0	0	1	0	1
MH→HL	0	21	0	0	21
MH→ML	0	5	0	0	5
HL→H	0	0	0	2	2
HL→MH	0	0	0	6	6
HL→ML	0	0	0	26	26
H→ML	1	0	0	0	1
合计	1	26	43	34	104

我们发现,变化次数出现最多的依然是上声,与二声系统、三声系统类似,但是不一样的是,阴平非常稳定。拱形变化最多的原因一是"简化原

则",体现在低凹变低降;一是高低变体的变化,即高降变低降。但是有一个现象却是二声系统、三声系统不曾遇到的,即变化排在第三的是高升与高降的拱形对应变化,这是阳平的变化。阳平在单字调中是高升的拱形,但是在三音节字调中,更多的情况是高降,与邻近方言的阳平特点一致。这个拱形对应与语音变化机制相关性不大,而更大的可能性是汉语普通话对单字调阳平的影响。

这也从另一个角度启发我们,声调的研究除了从历时层面入手,还可以从共时层面入手,考察相邻、相近的方言类型,考察一个方言类型的单字调与连字调的类型,以及它们之间的对应变化,可以看出声调在历时层面的发展脉络。

本书主要是针对二声系统和三声系统展开,所涉及的四声系统都属于调查时的边缘案例,所以发音人和方言点都不如二声系统和三声系统所涉及的那样广泛和深入,目的也只是作为三声方言和二声方言的旁证和参考。

第八章

正在演化中的声调格局

8.1　兰州方言概述

　　兰州方言属于兰银官话金城小片,地理上处在兰银官话区的中间位置,东面是以银川为中心的银吴小片,西面是以酒泉张掖为中心的河西小片。兰州市内的四个区(城关区、七里河区、安宁区、西固区)并没有与这两个方言小片紧邻,城关四区的东北面是皋兰县,与靖远和白银相邻,它们属于中原官话秦陇片。西北面是永登县和红古区,它们与兰银官话河西片相邻。西南面与临夏永靖县相邻,东南面是榆中县,与临洮相邻,它们属于中原官话陇中片。兰银官话有很多方言点都是三个单字调,而过去的文献中大部分的记录都是将兰州方言描写为四个单字调(表8-1),所以张燕来(2003)和周磊(2005)都认为兰州方言是兰银官话三声方言的一个例外。笔者2010年在甘肃做方言调查时,录制了两位兰州市区内的女性发音人的单字调语料(图8-1),整理后发现她们的上声和去声都有合并的趋势(衣莉2014,朱晓农、衣莉2015),张冠宇(2012)的研究也有类似的结论。张世方(2000)的研究也认为兰州方言在"银川型"兰银官话的影响下,有成为三个声调的趋势,但是他认为合并的是阳平和上声,而不是去声与上声。从表8-1中我们也能看出,在以往文献的记录中,针对兰州方言单字调的调值描写分歧也比较大,比如十四处文献中有十二处将阴平描写为降调,一处描写为高平(宋法仁1991),一处认为平调、降调共存(张安生2005)。十四处文献中都将阳平描写为高降,这一点没有例外,但是文献中对阴平和阳平调值的描写很不一致,甚至有完全对立的结论:比如高葆泰(1980)和王毓兰(1983)对阴平和阳平调值的描写就完全相反"低—高[31/53]:高—低[53/31]"。针对上声的描写,分歧就更为突出,分别有降、凸、平、升几种拱形。鉴于上述文献描写的不一致性,加上笔者自己调研的材料,针对兰州市区的方言再做一个更深入和广泛的调查是很有必要的。除此之外,兰州自古以来就是西北地区的交通、军事重镇,它又处于兰银官话和中原官话的交界地带,周围还有少数民族聚居,比如青海民和的土族,循化的撒拉族,东乡还有讲唐汪话的东乡族等。根据2015年的人口统计,兰州地区有三十六个不同的少数民族居住。对于这样一个正处于变化之中的方言进行研究,从社会语言学的角度来说,是对语言变异研究有贡献;从方言地理类型的角度来说,也对揭示方言分布、语言演化与语言/方言接触有很大的启发意义。

表8-1 以往14处文献中兰州话的调值(转引自:朱晓农、衣莉2015)

	出　处	年份	类数	阴平	阳平	上	去
1	黄伯荣、赵浚	1960年	4	53	52	442	213
2	兰大中文系[i]	1963年	4	53	52	453	213
3	高葆泰	1980年	4	31	53	33	24
4	刘伶	1983年	4	43	51	442	13
5	王毓兰	1983年	4	53	31	42	24
6	宋法仁	1991年	3	44	41	>阴平	314
7	王森、赵小刚	1997年	4	31	53	442	13
8	张燕来	2003年	4	31	53	442	13
9	刘俐李	2004a年	4	21	53	33	24
10	张安生	2005年	4	44/42	53	354/442[ii]	113
11	雒鹏	2007年	4	544	53	332	213
12	张文轩、莫超	2009年	4	53	51	44	13

续表

	出　处	年份	类数	阴平	阳平	上	去
13	邓文靖	2009b 年	4	53	51	44	13
14	张冠宇	2012 年	3	43	51	23	12

ⅰ 全称为"兰州大学中文系语言研究小组"
ⅱ 张安生所记上声有多个变体[35/354/44/442/42]

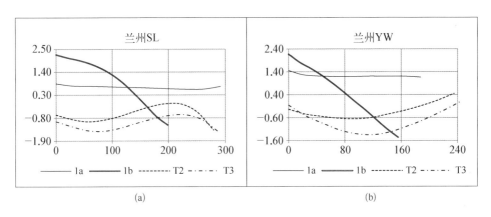

图 8-1　兰州话女性发音人的 LZ-SCORE 声调格局图
图 a 兰州话发音人 SL;图 b 兰州话发音人 YW(转引自:衣莉等 2017)

　　笔者于 2015—2017 年针对兰州市的四个城区(城关区、西固区、七里河区、安宁区)①进行了多次调研,特别是针对兰州方言阴平的拱形音变,上声与去声单字调是否合并,以及双音节字调对于这两个问题的影响进行调查。主要从以下几个角度探究兰州方言的声调格局:首先,阐释重新深入调查兰州方言的意义和目的(§8.1);其次,描写每一位发音人的单字调格局,并从社会语言学的角度探究单字调中阴平拱形与各社会因素之间的相关性。另外,因为兰州方言的上声和去声存在多个语音变体,有凸调、凹调、两折调和升调多个声调拱形(张安生 2005),本研究针对这个问题从基频数据统计、发音人报告和听辨实验三个方面考察了

---

　　① 行政区划上也属于兰州市的榆中县、皋兰县、永登县和红古区的声调模式与城关四个区的声调模式有显著差异,木章不做阐述。

兰州方言中上声和去声是否合并(§8.2);再次,描写每一位发音人的双音节字调格局,并讨论双音节字调与单字调对阴平的拱形变化是否有影响(§8.3);最后,结合以往的研究(衣莉等2017),和周边方言案例进行比较,探讨和分析兰州话单字调演化的多重原因:双音节字调模式是否扮演了重要的角色;普通话是否对单字调音系化过程有影响等(§8.4)。

8.2 兰州方言的单字调格局

8.2.1 单字调格局总览

8.2.1.1 发音人

本研究一共调查了36位发音人,男性15名,女性21名。其中两人为2010年所调查,其余为2015年调查。有一名男性发音人CTY因录音环境的问题,基频数据无法提取,只能靠人耳听辨来归纳,还有一名男性发音人DXY话语中掺杂了大量普通话的发音,不符合要求,也被排除在分析数据之外。其他的被调查人年龄最小16岁[①],最大79岁,教育程度涵盖小学、初中、高中、大学、研究生学历,职业包括警察、教师、学生、工人(含退休工人)、销售人员和无固定职业的人。另外,在本章开篇中也提到,针对兰州方言的调查只涉及安宁、城关、七里河和西固四个区。图8-2分别展示了被调查人性别、年龄、职业、教育程度和所在城区的分布情况。

8.2.1.2 单字调格局分析

表8-2列出了34位发音人的声调描写,图8-3给出了34位发音人单音节字调的LZ-SCORE声调格局图。

---

① 录音时获得了其母亲的同意。

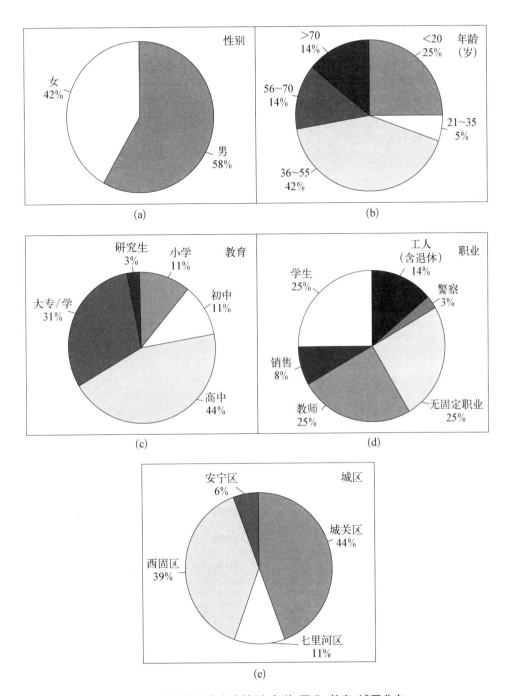

图8-2 兰州城区发音人性别、年龄、职业、教育、城区分布

表8-2 兰州城区发音人的单音节字调的调值

序号	方言点	区县	特征表达				五度表达			
			1a	1b	T2	T3	1a	1b	T2	T3
1	兰银金城	安宁区 SL	H	HL	MLM	=T2	44	52	3232	=T2
2	兰银金城	城关区 CSC	H	HL	MLM	=T2	44	52	3232	=T2
3	兰银金城	城关区 CSW	H	HL	MLM	=T2	44	52	3252	=T2
4	兰银金城	城关区 HW	H	HL	MLM	=T2	44	52	3242	=T2
5	兰银金城	城关区 LX	H	HL	MLM	=T2	44	52	3232	=T2
6	兰银金城	城关区 SJ	H	HL	MLM	=T2	44	52	3232	=T2
7	兰银金城	城关区 XN	H	HL	MLM	=T2	44	52	3232	=T2
8	兰银金城	城关区 YL(M)	H	HL	MLM	=T2	44	52	3242	=T2
9	兰银金城	城关区 GYM	H	HL	MH	=T2	44	52	24	=T2
10	兰银金城	城关区 GY	H	HL	MH	=T2	44	52	24	=T2
11	兰银金城	城关区 ZDD	H	HL	MH	=T2	44	52	24	=T2
12	兰银金城	西固区 CHLL	H	HL	MH	=T2	44	52	24	=T2
13	兰银金城	西固区 CXH	H	HL	LML	=T2	44	52	232	=T2
14	兰银金城	安宁区 YW	H	HL	MLM	=T2	44	52	323	=T2
15	兰银金城	城关区 GTP	H	HL	MLM	=T2	44	52	323	=T2
16	兰银金城	西固区 YL(F)	H	HL	MLM	=T2	44	52	323	=T2
17	兰银金城	城关区 HGZ	ML	HL	MLM	=T2	42	52	3242	=T2
18	兰银金城	城关区 XGF	ML	HL	MLM	=T2	42	52	3242	=T2
19	兰银金城	城关区 ZZ	ML	HL	MLM	=T2	42	52	3242	=T2
20	兰银金城	西固区 WXH	ML	HL	MLM	=T2	42	52	3242	=T2
21	兰银金城	西固区 XXY	ML	HL	MLM	=T2	42	52	3242	=T2
22	兰银金城	七里河区 ZMG	ML	HL	MH	=T2	42	52	24	=T2
23	兰银金城	西固区 CYX	ML	HL	MH	=T2	42	52	24	=T2
24	兰银金城	七里河区 PLP	ML	HL	LML	=T2	42	52	242	=T2

序号	方言点	区县	特征表达				五度表达			
			1a	1b	T2	T3	1a	1b	T2	T3
25	兰银金城	西固区 CBZ	HL	= 1a	MH	= T2	52	**= 1a**	24	**= T2**
26	兰银金城	西固区 QYZ	HL	= 1a	MLM	= T2	52	**= 1a**	3232	**= T2**
27	兰银金城	西固区 SFY	HL	= 1a	LML	= T2	52	**= 1a**	252	**= T2**
28	兰银金城	西固区 WZC	HL	= 1a	LML	= T2	52	**= 1a**	252	**= T2**
29	兰银金城	西固区 SMH	HL	= 1a	LML	= T2	52	**= 1a**	252	**= T2**
30	兰银金城	城关区 CHL	H	HL	LML	MLH	44	52	242	24
31	兰银金城	城关区 CXM	H	HL	LML	MLH	44	52	252	24
32	兰银金城	城关区 ZZY	H	HL	LML	MLM	44	52	232	324
33	兰银金城	西固区 CWM	ML	HL	LML	MLH	31	52	242	24
34	兰银金城	西固区 CCY	ML	HL	M	HL	31	52	33	42

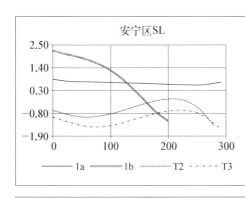

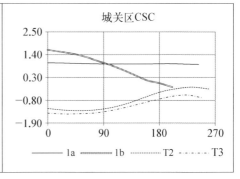

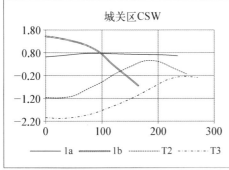

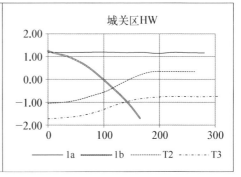

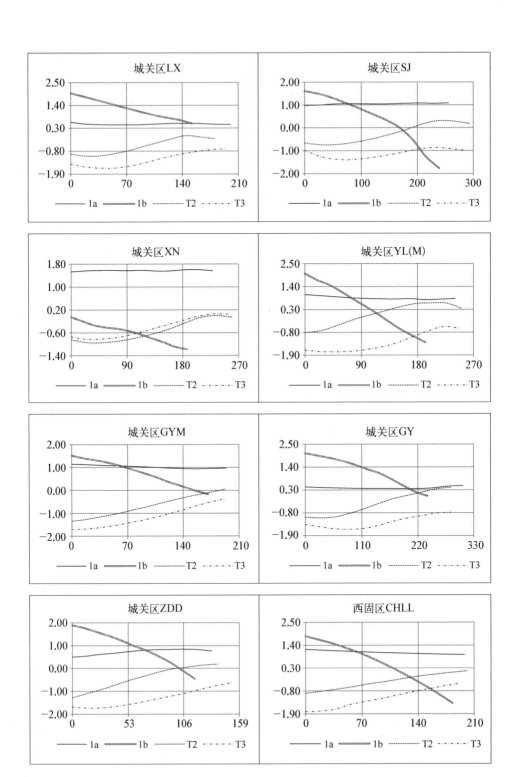

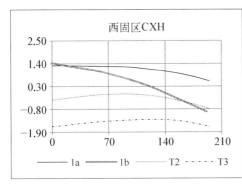

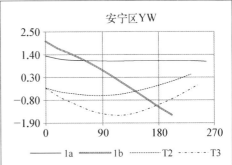

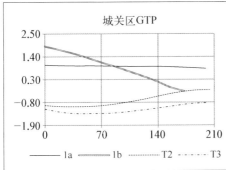

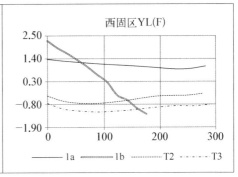

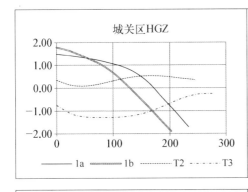

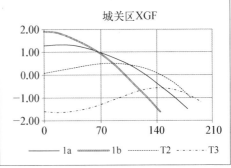

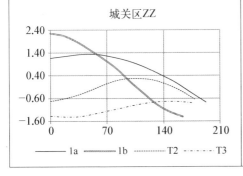

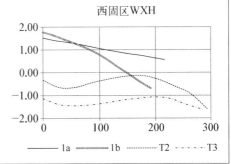

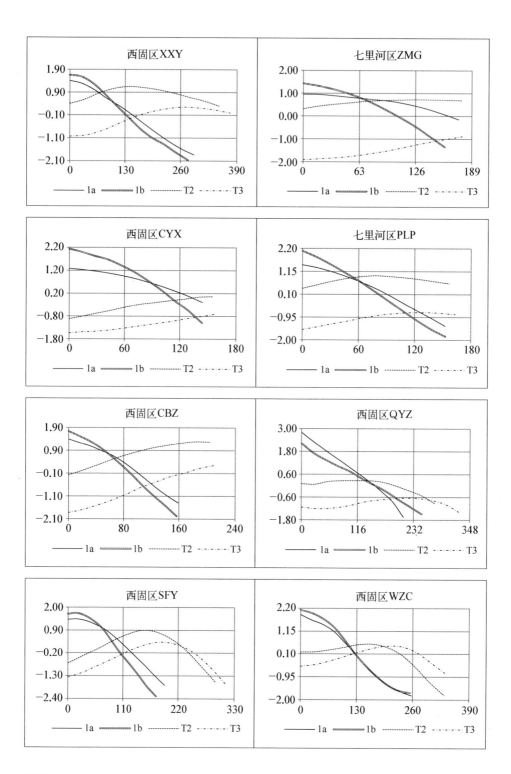

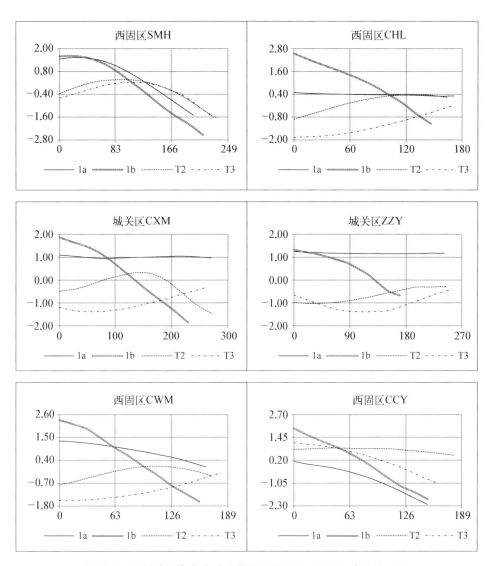

图8-3　兰州城区发音人单音节字调的 LZ-SCORE 声调格局图

按照调类合并来分,目前调查到的发音人就有三种类型:二声系统、三声系统和四声系统。总体来看,三声系统应该是主流,二声系统和四声系统的人数都比较少。

按照阴平的音高拱形来分,所有发音人可以分为两类:阴平为平调;阴平为降调。

阴平为平调。阴平为平调的发音人又依据上声和去声的拱形分为四个小类,前三个小类中,每位发音人各自的上声与去声拱形都保持一致,只是分别呈现为不同的音高拱形:两折{3242/3242/3252}(SL、CSC、CSW、HW、LX、SJ、XN、YL[M])、升(凸){24/232}(GYM、GY、ZDD、CHLL、CXH)、凹{323}(YW、GTP、YL[F])。第四小类上声和去声的拱形不一致,CHL 和 CXM 的上声为凸降{242/252},去声为升拱{24};ZZY 的上声为凸降{232},降尾不明显,也可以看作是一个升调拱形,去声为凹调拱形{324}。这一大类的阳平都是高降。

阴平为降调。阴平为降调的发音人依据上声和去声的拱形也分为四个小类,前三个小类的上声和去声拱形也都保持一致,分别呈现为不同的音高拱形:两折{3232/3242}(HGZ、XGF、ZZ、WXH、XXY、QYZ)、升{24}(ZMG、CYX、CBZ)、凸降{242/252}(PLP、SFY、WZC、SMH)。第四个小类的上声和去声拱形不同,CWM 上声为凸降{242},降尾不明显,也可以看作是一个升调拱形,去声为升{24}。CCY 的上声和去声也有明显差异,上声为平调{33},去声为低降{42}。这个大类的阳平都是高降。发音人 CBZ、QYZ、SFY、WZC、SMH 的阴平和阳平几乎没有区分,都是高降,无论是听感上还是基频曲线都显示两个调类已经合并。其他人的阴平都是低降{31/42}。

8.2.2 阴平拱形分布的社会因素分析

上述调查的结果显示兰州方言的阴平单字调有两个拱形,目前要分析这两种拱形分布的情况,并且要分辨哪一种拱形比较新,哪一种正在被取代。图 8-4 给出了阴平和阳平拱形分布的四种情况:阳平高降,阴平低降;阴平高降,阳平低降;阴平、阳平重合;阴平平调,阳平降调。从这四种分布情况可以得到一个初判:阴平和阳平拱形不稳定。如果调查的发音人刚好是其中一种,就很容易得出不一样的结论,这也解释了为什么以往文献中对阴平和阳平调值的描写会出现那么多显著的差异。

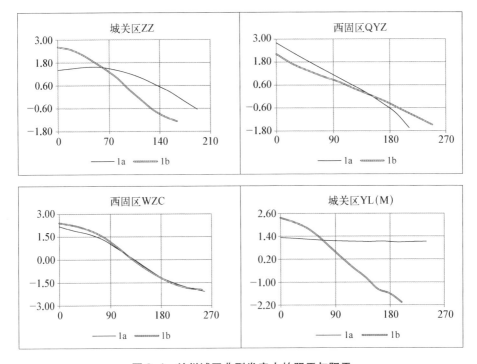

图 8-4　兰州城区典型发音人的阴平与阳平

8.2.2.1　城区、年龄、教育、性别因素分析

下面分别从城区、年龄、教育、性别几个方面来看阴平调拱形的分布。

在简单统计了每个城区中发音人阴平拱形的分布后,我们发现城关区的高平拱形占绝对优势,12 位发音人都是高平,只有一位是低降;安宁区两位发音人都是高平拱形;七里河区有两位发音人是高平,一位是低降;西固区有6 位发音人是高平,有 8 位是降。因为每个区的采样人数不均等,这样一个简单的统计结果并不能真实地展现每个城区的分布情况(图 8-5)。

接下来,我们针对年龄、性别和教育程度进行相关分析和逻辑回归分析,得出如下结果(见图 8-6、表 8-3、表 8-4):

图 8-6 表明阴平的高平拱形更有可能被受过高中及以上教育水平的说话者使用,而降调的拱形往往被那些学历较低的人所采用。在 12 位具有大学或以上教育背景的发音人当中,有 11 位将阴平读为高平,在完成高中学业的 14 位发音人当中,有 11 位也将阴平读为高平。与此同时,8 位只受过小学

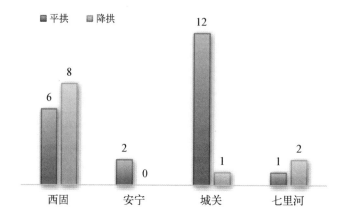

教育的发音人中就有7位的阴平是降调。

图 8-5　阴平平调和降调在四个城区发音人中的分布

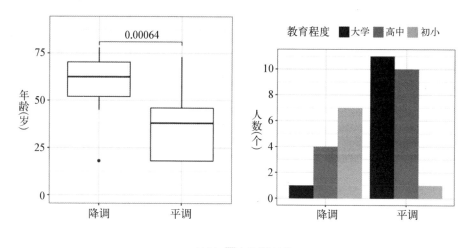

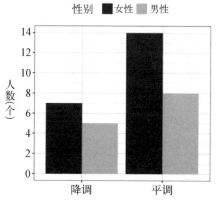

图 8-6　阴平平调和降调在年龄、教育和性别上的分布

表 8-3 年龄、性别、教育与阴平拱形的相关分析

	性别	年龄	教育	阴平
性别	1.000	.121 .496	-.294 .092	.052 .770
年龄	.121 .496	1.000	-.705** .000	-.685** .000
教育	-.294 .092	-.705** .000	1.000	.606** .000
阴平	.052 .770	-.685** .000	.606** .000	1.000

注：本章表 8-3、8-4、8-6，数值取小数点后三位。** 在.01 的水平上显著相关。

表 8-4 年龄、性别、教育与阴平拱形关系的逻辑回归分析

	系数	标准差	统计量	自由度	显著性	优势比
性别	1.666	1.164	2.047	1.000	.152	5.290
年龄	-3.183	1.141	7.780	1.000	.005	.041
教育	1.758	.711	6.111	1.000	.013	5.803

　　共有 34 位年龄在 16～79 岁之间的发音人（平均值 = 45.32；标准差 = 19.90）参与了调查。应用 t 检验来测试降调组和高平组之间的显著差异。降调组的平均年龄为 59.33 岁，而高平组的平均年龄为 37.17 岁，相比前者要年轻得多。结果证明，两组用户之间存在明确的年龄差异：持续使用降调的发音人往往年龄较大；年轻或中年发音人更有可能使用高平的音高拱形。

　　为了进一步检验年龄、教育程度、性别和声调选择的相关性，我们进行了成对相关性分析。首先，变量设定如下：男性 = 0，女性 = 1；<50 岁 = 0，≥50 岁 = 1；小学和初中教育 = 0，高中和大学学历 = 1；降调 = 0，平调 = 1。根据分析（如表 8-3 所示），性别与声调选择的相关性不显著。年龄和声调拱形的

选择有明显的负相关(-0.685),即50岁以上的人倾向于选择降调,50岁以下的人倾向于选择高平调。教育水平与声调选择有显著的正相关,即受过高等教育的人倾向于选择高平拱形。此外,年龄与教育程度(-0.705)呈显著负相关,表明年龄越大,教育水平越低。二元逻辑回归分析结果(表8-4)表明,年龄和教育程度的回归系数的显著性水平分别为0.005和0.013,两者对声调拱形选择均有显著影响,其影响与表8-3中的相关性分析结果一致。

8.2.2.2 个案分析

"性别"在相关性分析中不是一个重要因素。21位女性发音人中有14位阴平为高平拱形,13位男性发音人中有9位阴平为高平拱形。我们这一小节将通过三个家庭的案例研究进一步探索性别在声调变异中所起的作用。表8-5列出了三个家庭中三代人的阴平拱形。第一个家庭共有四名发音人:父亲CBZ,68岁,已退休,原来是西固化工厂的工人;大女儿CHL,47岁,小学教师;小女儿CHLL,37岁,化工厂的工人;儿子CYX,45岁,交通警察;这个家庭的母亲因为不识字,没有参加调查读字表。第二个家庭有祖孙三代:外祖母QYZ,75岁,城镇居民,无固定职业;大女儿CCY,52岁,无固定职业;小女儿CXH,47岁,无固定职业;外孙女YL是小女儿CXH的孩子,21岁,幼儿园教师。第三个家庭只调查了一位发音人ZZ:ZZ当时16岁,父母都只说汉语普通话,祖父母讲兰州方言。但是祖父母不认字,没有参加调查,ZZ从小由祖父母带大,当时就读于兰州市一所重点中学,位于城关区市中心。

表8-5 三个家庭发音人的阴平拱形分布

	家庭1			家庭2		家庭3
第一代	CBZ (M, 68)			QYZ (F,75)		—
第二代	CHL (F, 47)	CYX (M, 45)	CHLL (F, 37)	CCY (F, 52)	CXH (F, 47)	—
第三代	— —	—	—	—	YL (F, 21)	ZZ (M, 16)

注:标为阴影的发音人为降调拱形。

第一个家庭中需要对比分析的是大女儿 CHL 和儿子 CYX 的阴平拱形，CHL 阴平拱形是高平，CYX 的阴平是降调拱形。二人的父亲 CBZ 的阴平单字调是降调拱形。这二人的成长环境一致；从年龄上看，CHL47 岁，CYX45 岁，年龄相差 2 岁；两人都是大学本科学历，CHL 在兰州市读的大学，CYX 在西安读的大学。从外因接触的角度看，CYX 曾经离开兰州四年，而且职业是交通警察，每天接触到各种口音的机会远远大于 CHL。CYX 本应该有更多的机会被普通话或者其他方言影响，但结果是他始终和父亲 CBZ 保持一致的阴平拱形。而 CHL 是教小学语文的女教师，所以除了性别因素促使她采取更"新"的表达方式，还不能排除她有更多的机会使用汉语普通话这个因素。

第二个家庭中的四位家庭成员都从来没有离开过兰州市。外祖母 QYZ 和大女儿 CCY 的阴平调是降调，小女儿 CXH 和外孙女 YL 的阴平调是平调。我们主要对比这个家庭第二代两个女儿的情况，她们两个年龄相差 5 岁，都没有固定的工作，大女儿 CCY 初中学历，小女儿 CXH 高中学历。调查录音时，笔者发现大女儿 CCY 几乎没有和外人接触的经验，表现非常紧张。而小女儿 CXH 的表达更加流畅，与人交往也更从容。这两位女性发音人的阴平拱形从另一个角度验证了教育程度和年龄对阴平拱形的影响因素。

两个家庭的第三代是第三对需要对比的，即：第二个家庭的外孙女 YL 和第三个家庭的 ZZ。他们都是由祖父辈带大的：YL 从小由外祖母 QYZ 带大，现在还生活在一起。ZZ 一直和爷爷奶奶一起生活。ZZ 的阴平单字调是个降调，他爷爷奶奶的阴平单字调也是降调。对比 YL 和 ZZ，二者成长环境类似，年纪相仿，一个 21 岁，一个 16 岁，一个刚刚大专毕业，一个在上高二，与外界接触的机会相当，二人的祖父母辈阴平都是降调拱形。但是 YL 的阴平单字调是平调拱形，而 ZZ 是个降调拱形。

从上述这三组对比可以得出这样三点结论：第一，阴平平调拱形是个比较"新"的拱形，因为两位身份为祖辈的被调查者，CBZ 和 QYZ，还有被祖辈抚养大的 ZZ，都是将阴平读为降调；第二，教育程度与拱形密切相关，第二个家庭的两位姐妹 CCY 和 CXH 之间的对比，以及第一个家庭的大女儿 CHL

和第二个家庭的外孙女 YL 二者教师的身份,都从侧面印证了上文教育程度与拱形密切相关的统计结果;第三,如果平调拱形是一个比较"新"的形式,据最后一组年轻人的对比和第一组姐弟二人的对比,可以印证一个结论:女性在面对语言出现变异的时候,更快也更愿意选择新的表达方式(参看:Labov 2001)。

8.2.3　上声和去声单字调的合并

调查中发现兰州话上声和去声的拱形与以往文献中的描写都有出入,特别是被调查人的人数不断增加的时候,这种不一致性就愈加明显。衣莉(2014)最先观察到以往文献中对兰州话上声的描写分歧很大,有平调{33、44}(高葆泰 1980;宋法仁 1991;刘俐李 2004a;张文轩、莫超 2009;邓文靖 2009b)、降调{41、42、442、332、354}(黄伯荣、赵浚 1960;兰州大学中文系语言研究小组 1963;王毓兰 1983;刘伶 1983;王森、赵小刚 1997;张燕来 2003;张安生 2005;雒鹏 2007),还有升调{23}(张冠宇 2012)。以上文献中能够查证的只有王森和赵小刚编撰的《兰州话音档》,因为其他的描写当时依靠的是调查人的听辨能力,都没有声音文件加以佐证。衣莉(2014)用 PRAAT 软件重新分析《兰州话音档》(王森、赵小刚 1997)中"上声"的语音材料,发现音档中上声音高的拱形走向包括平、凸、凹升和两折等多个语音拱形变体(衣莉 2014),图 8-7 展示了《兰州话音档》中上声字"古""买""撒"的基频走向,可以看出来,它们的音高曲线分别为平升、凸和两折拱形。

8.2.3.1　上声和去声的拱形

前文已经提到,本研究针对兰州方言共整理出三十四位发音人的声调语音数据,经过标准化处理后,得到如下 LZ-SCORE 基频标准图(图 8-8)。

从图 8-8 中可以看出,上声和去声的确因发音人的不同而呈现出不一样的拱形,大体上讲,共有升、凹、两折、凸降四种拱形。除了五位发音人(CCY、CWM、CHL、CXM、ZZY)的上声和去声拱形完全不一样,其他发音人的上声和去声都呈现出拱形走向一样,上声和去声基频曲线平行分布的情况,只有程度不同的高低差异。甚至还有 3 人的上声和去声基频曲线已经完全重合(CSC、XN、SMH)。下图按照升—凹—两折—凸降的顺序排列 34 位发音人的基频图,每一种拱形内,又以上声和去声的高低距离由近到远排列。

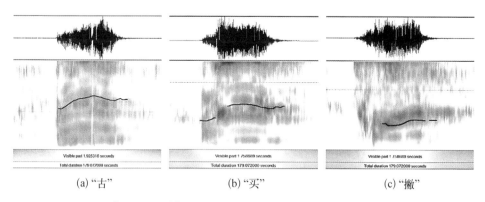

(a) "古"   (b) "买"   (c) "撇"

图 8-7 《兰州话音档》中上声字的声谱图,其中曲线为上声的基频曲线

(转引自衣莉 2014)

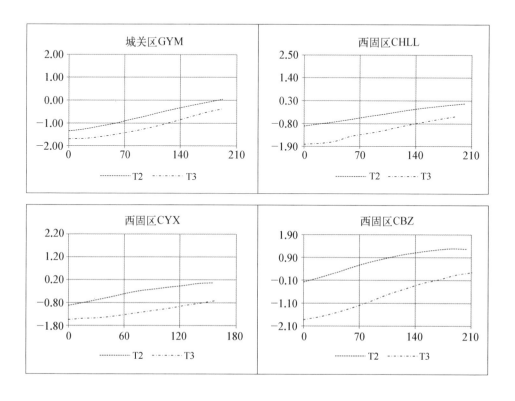

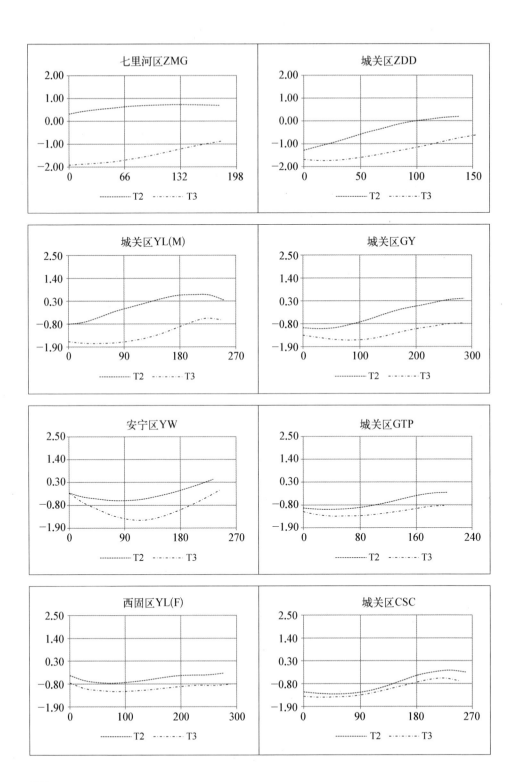

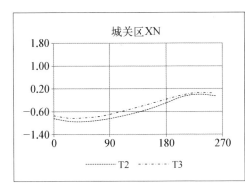

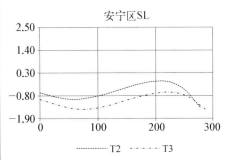

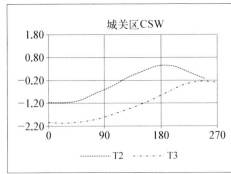

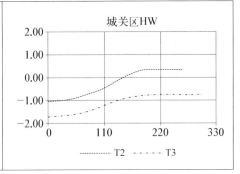

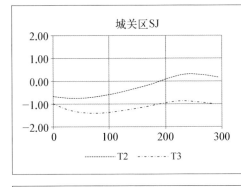

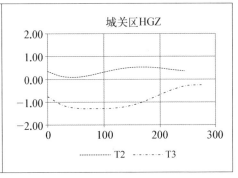

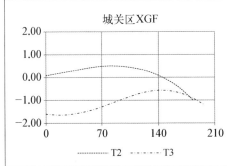

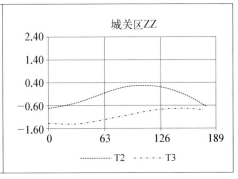

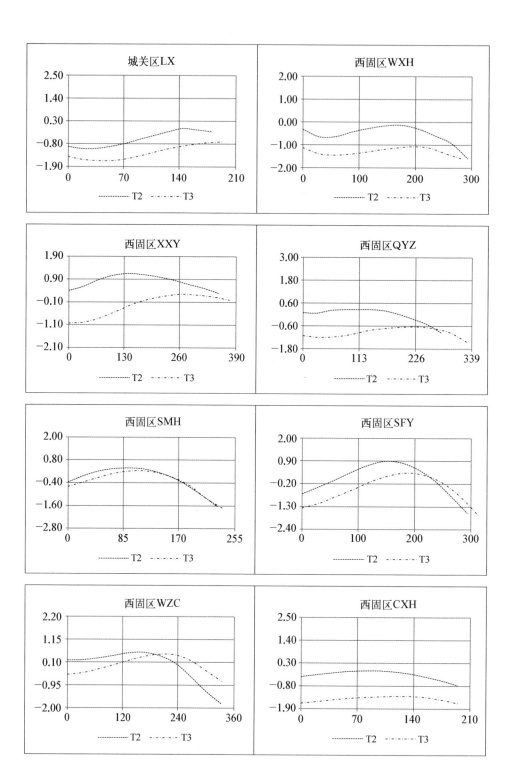

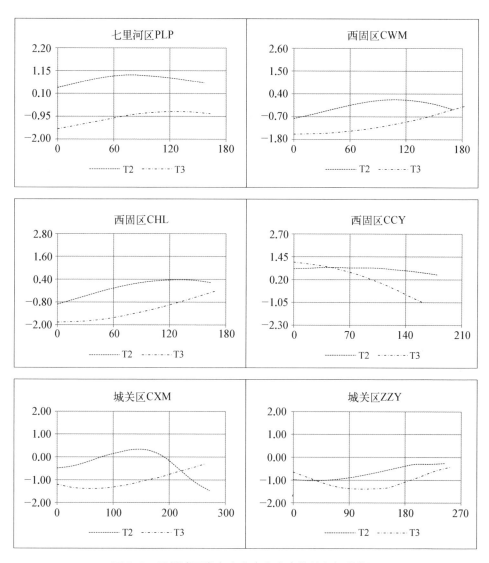

图 8-8　兰州城区发音人上声和去声的基频标准化图

最后要说明的是两折调的拱形。如果只看基频标准图,大概会得出结论认为发音人上声和去声的两个拱形很不一致的结论,比如 XGF 和 QYZ 的上声和去声,看起来两个拱形是不同的,但是因为两折调的两个折点在每个字上的位置都不一样,每个人发音的时候也不一样,所以做出来的基频图看起来会是不完全重合的两折调,比如 ZZ 的上声看起来调值像是{3242},去声是{3232},但是在听感上,他们的差别很小,甚至没有差异。此外,持有不同拱形的发音人之间,比如升调拱形的与两折调拱形的发音人在交流的时候,也没有出现任何交流障碍。这种情况与朱晓农等(2012)对凹调的研究结论是相契合的。他们认为,凹调是一个大类,从升调拱形、凹调拱形到两折调拱形是一个连续统。在这个连续统上,凹调会实现为前凹调、央凹调、后凹调、嘎裂凹调和两折调等不同的拱形变体。前凹调的调尾如果脱落,就会成为一个升调,两折调的调尾脱落,就会成为凸降调。从图8-8的基频标准图就可以看出,排除上声和去声拱形完全不一致的五位发音人,其他人的上声与去声的拱形基本上都是可以归入凹调大类的。

8.2.3.2 上声和去声的"对立"检验

接下来要讨论的是,上声和去声的高低差异是不是有语义上的对立。除了完全重合的情况,上声T2的音高总是要比去声T3高。针对这个问题,我们做了三样工作:首先是分析了所有发音人T2-T3的基频,用纯粹的数据统计,来看看它们之间是否有显著差别;其次是询问每一位发音人,他们从感知上是否认为这两个声调是一样的;再次,对这两个调做听辨实验来辨别数据上的高度差是否形成了语义听辨的最小对立对。

针对基频值做ANOVA检验(表8-6),可以看出来,上声和去声的基频差很明显,其实仅仅从基频的标准图上就能看出它们有非常明显的高低差,我们可得出结论,纯粹从数据上看,二者的高低是有显著差异的。

表8-6 每位发音人上声和去声音高差异的 ANOVA 检验
(sig <.05 显示非常显著)

发音人	声调对	差分	标准差	显著性	下限	上限
CBZ	T3-T2	−1.268*	.185	.000	−1.632	−.904
CCY	T3-T2	−.241	.185	.195	−.604	.123
CHL	T3-T2	−.774*	.131	.000	−1.031	−.517

续表

发音人	声调对	差分	标准差	显著性	下限	上限
CSC	T3-T2	−.318	.185	.086	−.682	.046
CSW	T3-T2	−.659*	.185	.000	−1.022	−.295
CWM	T3-T2	−.614*	.185	.001	−.978	−.250
CXH	T3-T2	−.929*	.185	.000	−1.293	−.565
CXM	T3-T2	−.694*	.185	.000	−1.057	−.330
CYX	T3-T2	−.756*	.185	.000	−1.119	−.392
GTP	T3-T2	−.581*	.185	.002	−.945	−.217
GY	T3-T2	−.950*	.185	.000	−1.314	−.586
GYM	T3-T2	−.532*	.185	.004	−.895	−.168
HGZ	T3-T2	−1.126*	.185	.000	−1.490	−.762
HW	T3-T2	−.634*	.185	.001	−.998	−.270
LX	T3-T2	−.550*	.185	.003	−.914	−.186
PLP	T3-T2	−1.545*	.185	.000	−1.909	−1.181
QYZ	T3-T2	−.680*	.185	.000	−1.043	−.316
SFY	T3-T2	−.509*	.185	.006	−.873	−.146
SL	T3-T2	−.964*	.185	.000	−1.328	−.600
SMH	T3-T2	−.101	.185	.585	−.465	.263
WXH	T3-T2	−.590*	.185	.001	−.954	−.227
WZC	T3-T2	.004	.185	.982	−.360	.368
XGF	T3-T2	−1.015*	.185	.000	−1.378	−.651
XN	T3-T2	−.069	.185	.709	−.433	.295
XXY	T3-T2	−.913*	.185	.000	−1.277	−.549

续表

发音人	声调对	差分	标准差	显著性	下限	上限
YL	T3-T2	-.739*	.131	.000	-.996	-.482
ZDD	T3-T2	-1.072*	.185	.000	-1.436	-.708
ZMG	T3-T2	-1.602*	.185	.000	-1.966	-1.239
ZZ	T3-T2	-.821*	.185	.000	-1.185	-.458

笔者在调查时,询问每一位发音人,要他们自己报告在读上声和去声的时候,是否有明显差异。报告结果显示:有九位发音人(CXM、ZZY、CHL、CWM、CCY、HGZ、XGF、XXY、CSW)认为这两个调有明显差异,调查的时候 CHL 还特意给笔者演示了这两个调如何不一样。9 位发音人当中包括上文提到的基频标准图明显呈现不一致的 5 位发音人(CXM、ZZY、CHL、CWM、CCY),至于另外 4 位发音人,尽管他们的基频标准图显示他们的上声和去声拱形基本一致,但是在他们的自我感知报告中,认为这两个调不同。其他 25 位发音人都报告称这两个调没有什么不同,声调是一样的。

为了检验上声和去声是否合并,我们又设计了听辨测试。实验的听辨材料来自前期录制的发音人材料,共选了 5 个人的录音语料(3 位男性,2 位女性),笔者将他们的录音材料剪切重新编辑,挑出十三对声母和韵母完全相同的上声字与去声字,另外加上一些迷惑项,即声母和韵母完全相同的字,但是他们要么都是去声字,要么都是上声字(见表8-7,最下面两排是用来迷惑的囮字)。加入这些字是不想让听辨人猜出实验的目的。听辨人共有 15 位(3 位女性,12 位男性),都是兰州本地人,母语都是兰州话。我们将表里面的字打乱,然后让听辨人听录音,并勾选出他们认为是正确的字。如果他们认为有可能两个字都对,就都打对钩,如果认为两个字都不对,就都打圈。

表8-7 上声与去声听辨字表

2a	懂	等	粉	岛	响	底	
3a	冻	凳	粪	到	向	帝	
2b	动	马	痒	舅	买	弟	
3b	洞	骂	样	旧	卖	第	
2a	懂	2b	罢	2b	是	3a	妒
2b	动	3a	霸	2b	士	3b	渡

做统计时,将最下面两排的结果剔除。最后结果是总共听辨1 539次,有856次选项是正确的,正确率是56%。随机测试的正确率应该在50%左右,56%的正确率说明两个声调的高度差还是有区别意义的。同时,在进一步观察后,笔者发现有些字的分辨正确率要远远高于其他的字,图8-9中:如(a)图所示,到—岛、响—向、买—卖、马—骂的分辨正确率都在70%左右,但是其他大多数字的分辨率都在50%以下;针对五位发音人的语音材料,分辨率也有不同,如(b)图所示,CXM的语音材料有高于73%的正确分辨率,SL的材料有62%,而CBZ只有40%,WZC仅45%,这两位的正确分辨率不足50%。

CXM和SL都是女性发音人,两人年龄相当,SL 45岁,CXM 40岁,SL是安宁区的发音人,CXM是城关区的发音人。她们二人的阴平都是平调拱形。她们两人对自己的上声和去声是否合并的报告不同,CXM始终声称上声字和去声字是有区别的,SL报告则称二者没有区别。另外三个发音人CBZ、WZC、SMH都是男性,都在50岁以上,他们的阴平都是降调拱形。他们自己报告感知时,都声称上声和去声没有区别。还有一个值得一提的男性发音人YL(M),他和发音人CXM是同事,都是兰州市城关区雁滩乡一带的人。在录音的过程中他和CXM产生争执,他执意认为上声和去声两个调完全没有区别,听辨的时候,他也声称没有区别。而且从他的基频标准图来看,上声和去声的音高拱形走向也是一致的,只是有高低的差异。

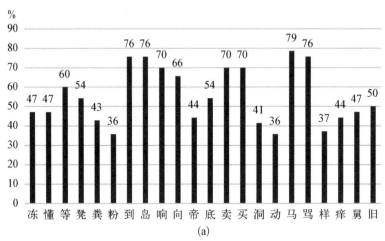

(a)

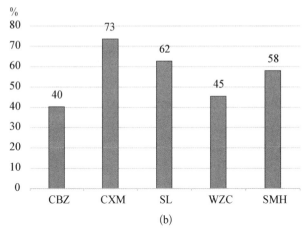

(b)

图 8-9 每个例字听辨的正确百分比(a);每个发音人的正确百分比(b)

综上,由以上三个方面我们可以得出这样的结论:兰州话的上声和去声在声学角度,基频存在明显的高度差别;对于大多数发音人来说,自我感知这两个声调的拱形走向是一致的,没有明显差异,但是针对某些上声字和去声字来说,还存在明显差异,目前还不能得出结论说它们已经完全合并,只能说它们处于合并的过程当中。

8.3　兰州方言的连字调格局

上文提到,兰州方言的单字调发音人一共有 34 位,在进行双音节字调调查时,录制了其中 27 位发音人的双音节字调。因为双音节字调没有录制 YL(M)的材料,所以在下面的图例中不再进行性别的标记。以下的 YL 就是单字调中的女性发音人 YL(F)。下面首先依次按照阴平、阳平、上声和去声为首字的顺序描写每一位发音人的双音节字调格局;然后讨论双音节字调与单字调的对应音高变化;最后再次讨论双音节字调中阴平的拱形与单字调中阴平拱形的相互关系。

8.3.1　双音节字调描写

这个部分将依次按照阴平、阳平、上声、去声为首字时的双音节字调给出描写。

阴平为首字

如图 8-10 所示,阴平为首字时,与阴平、阳平、上声、去声的四个组合中,首字都是高平。尾字的阴平有两种情况:一种是高降(CBZ、QYZ、HGZ、XGF、PLP、ZMG、CCY、CWM、CXH、CYX、SFY、SMH、WZC、XXY、**CHL**),一种是高平(CXM、YL、CHLL、GTP、ZZY、ZDD、CSC、GY、LX、SJ、**ZZ**、**WXH**)。有 3 位发音人的尾字阴平拱形与他们的单音节字调的阴平拱形不同(见标黑),CHL 的单字调阴平拱形为平调,双音节字调尾字阴平为降调;ZZ、WXH单字调阴平是降调拱形,在双音节字调尾字中是平调拱形。几乎所有人(CBZ 和 QYZ 除外):“阴平+阳平”的组合都是“高平+高降”;“阴平+上声”的组合表现为“高平+低降/低凹/低升”;“阴平+去声”的组合也表现为“高平+低降/低凹/低升”。但是阴平与上声和去声的这两个组合会有一些变化,有的发音人的两个组合完全一致(CXH、WZC、LX、ZZY、CSC、GY)、但大多数发音人并不一致,在不同发音人的声调格局中,会出现交替的变化,比如:HGZ 尾字为上声时,是"高平+低降",尾字为去声时,就变为是"高平+低升";WXH 则相反,尾字上声是"高平+低升",尾字去声是"高平+低降"。其他发音人都有不同程度的变化。最后,说一下 CBZ 和 QYZ 的双音节字调,在他们二人的"阴平+阴平""阴平+阳平"和"阴平+上声"的组合中,首字和尾字都是高降,只有"阴平+去声"是"高平+低降"的形式。

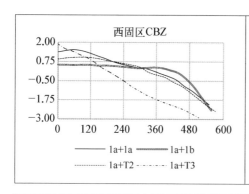
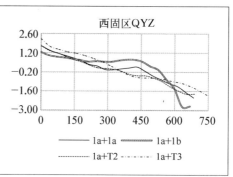

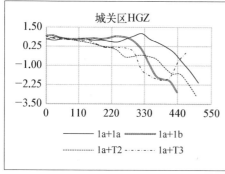
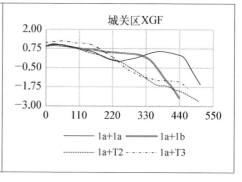

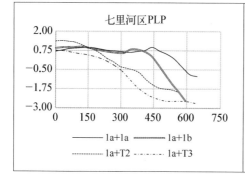
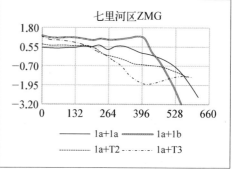

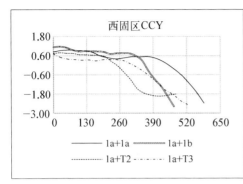

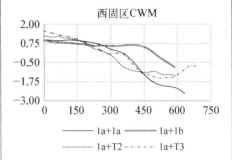

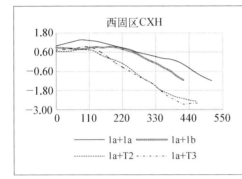

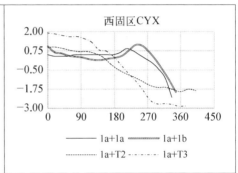

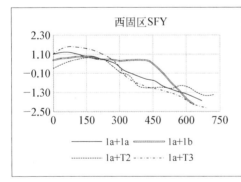

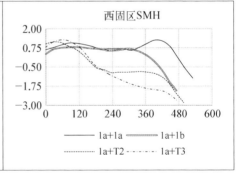

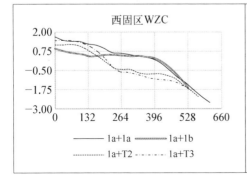

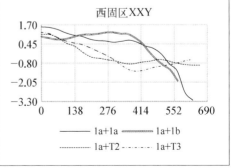

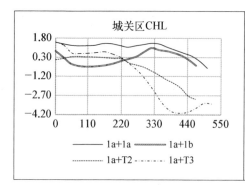

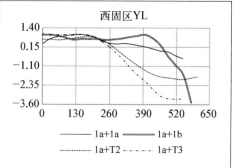

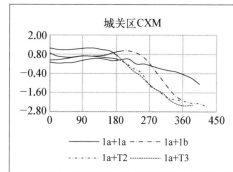

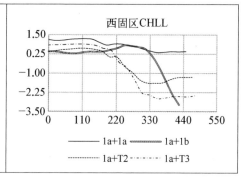

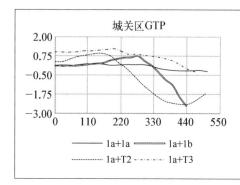

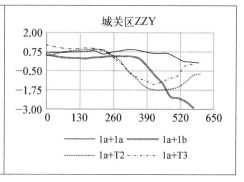

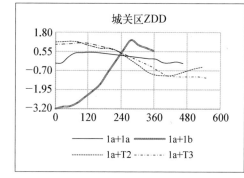

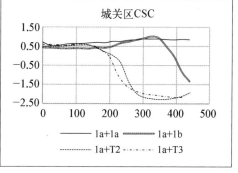

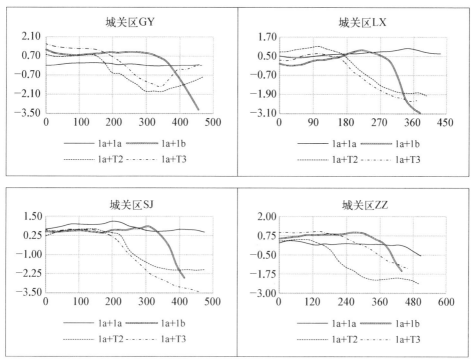

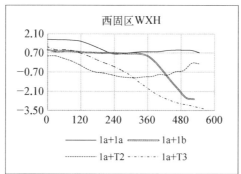

图 8-10 阴平为首字的双音节字调格局

阳平为首字

如图 8-11 所示,"阳平+阴平"的组合,有 8 位发音人(CHLL、YL、CXM、ZDD、CSC、GY、LX、SJ)的拱形是"高降+高平",其他发音人都是"高降+高降"的模式。"阳平+阳平"的组合无一例外都是"高降+高降"模式。无论是阴平尾字,还是阳平尾字,"高降+高降"模式的第二个音节的高降听感上都要比第一个音节的高降要低一些,但也不是低降,"高降+低降"的时候,第一个音节的调尾不再抬起来,直接再往下降,但是"高降+高降"的时候,第二个音节的调头要抬起来,再降下去,成为高降,或者不降下去,变为高平。这个从省力原则上考虑是讲得通的,第二个音节没有必要完全回到第一个音节调头的位置,所以"高降+高降"的组合听感上是两个高降,语图做出来,看起来就是两个起点不同,但是下降幅度一致的平行降调。"阳平+上声"和"阳平+去声"的组合为"高降+低凹/低升/低降",对于大部分发音人来说,"阳平+上声"和"阳平+去声"几乎重合,也有发音人(SJ、CSC、ZDD、XGF)在这两个组合中出现不同,多数情况是上声尾字为低凹或低升,去声尾字为低降。当去声尾字也为降调的时候,就能够很清晰地分辨出尾字阴平的高降与尾字去声低降的区别。最后要说发音人 ZDD,他的阳平首字在"阳平+阳平"和"阳平+上声"的组合中,首字都读为升调,这和多数发音人都不一样。只能推测这是受到了普通话阳平拱形的影响。

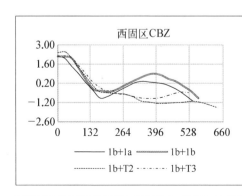

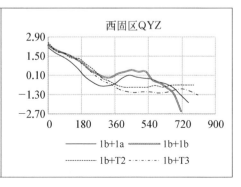

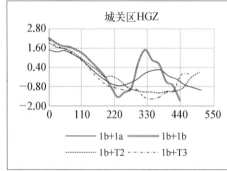

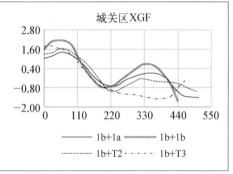

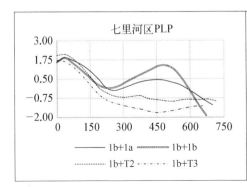

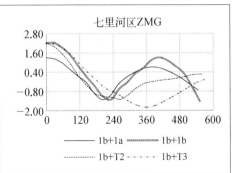

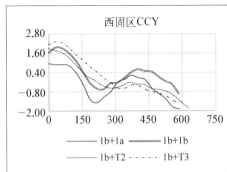

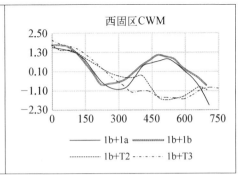

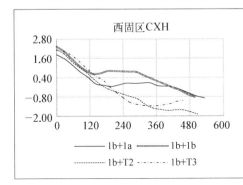

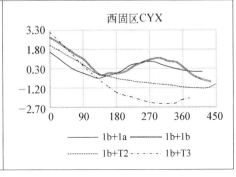

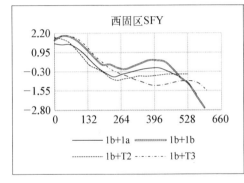

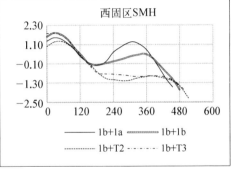

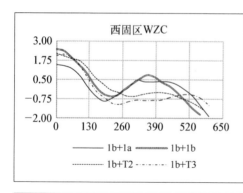

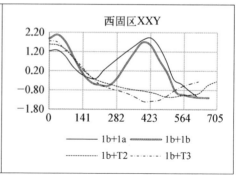

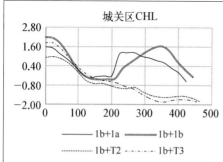

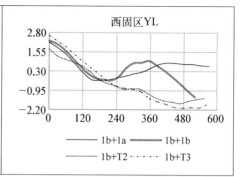

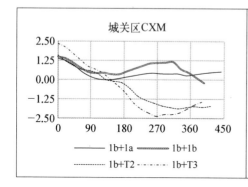

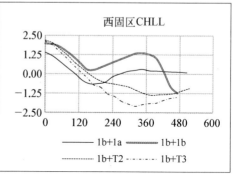

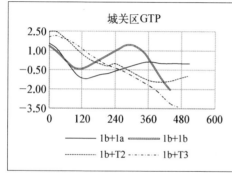

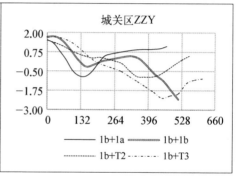

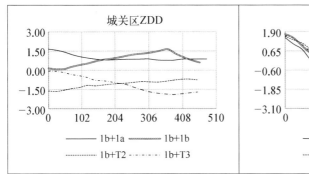

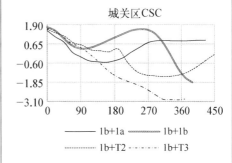

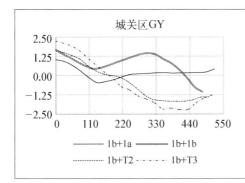

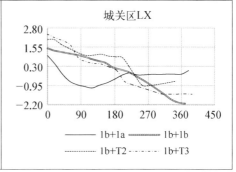

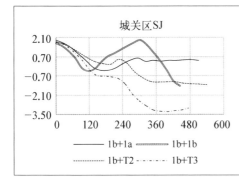

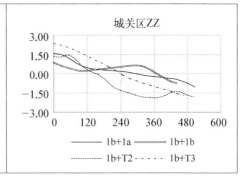

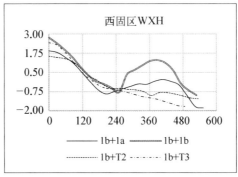

图8-11　阳平为首字的双音节字调格局

上声为首字

如图 8-12 所示,上声为首字时,"上声+阴平"分为两种情况:"低升+高降"和"低升+高平"。其中"低升+高平"占少数,只有九位发音人(CHLL、GTP、ZZ、ZZY、CXM、CSC、GY、LX、SJ)。"上声+阳平"是"低升+高降",大部分的发音人很一致,除了上述九位发音人,其他十八位发音人的"上声+阴平"和"上声+阳平"的拱形是一样的,整体上都是一个大的凸降调。"上声+上声"形成"高降+低平/低升/低凹"的模式,整体上很像一个后凹调,或者说长降调。"上声+去声"形成"低平/低凹/低升+低降/低凹/低升"的模式。这个组合的变化比较多,第一个音节整体上是个升的趋势,有可能是低凹,但凹调尾会抬起,有可能是低平,有可能是低升,第二个音节整体趋势是下降,所以整体看起来也像一个凸降调。第二个音节可能会降到一半,没有降调的调尾了,变成一个低平,也可能下降的时候调尾又上挑,形成一个低凹。对于大多数发音人来说,是能够分辨出去声尾字的拱形要低于阴平和阳平为尾字时形成的凸降调的,能够比较清晰地听出高低的差别。也有极个别的发音人(CBZ、CXH、WZC、SJ)的去声尾字和阳平、上声尾字组合听起来很像,差异非常小。

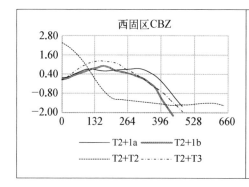

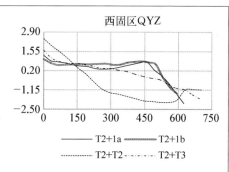

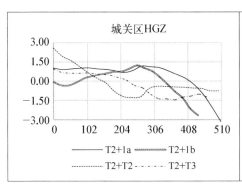

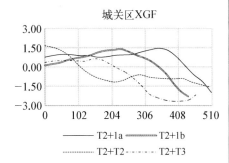

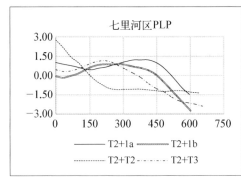

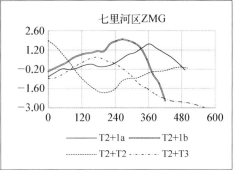

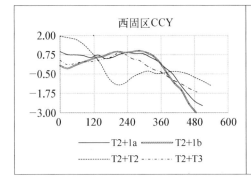

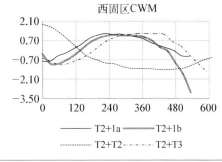

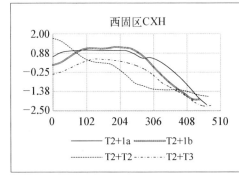

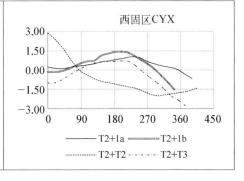

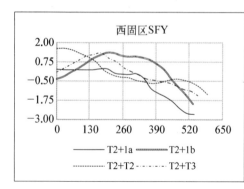

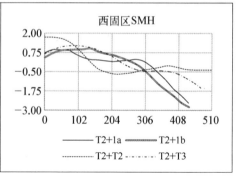

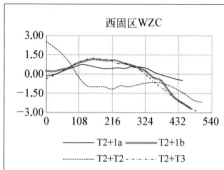

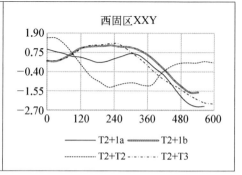

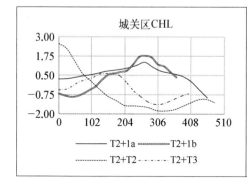

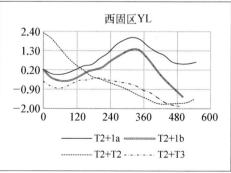

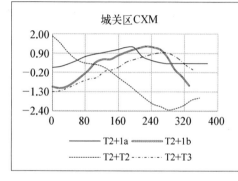

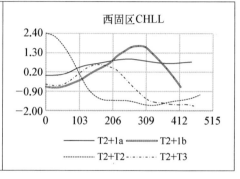

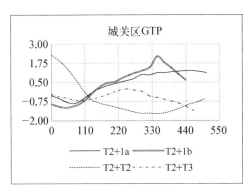

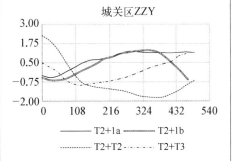

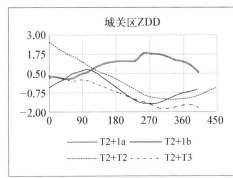

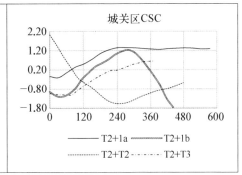

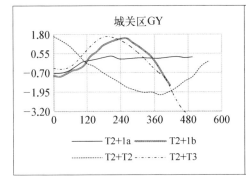

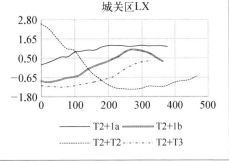

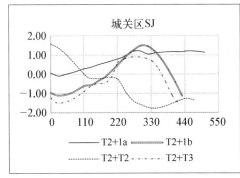

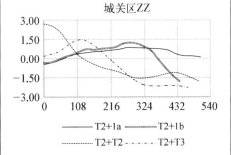

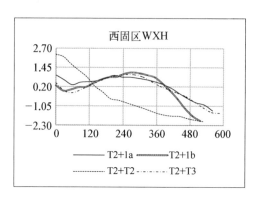

图8-12　上声为首字的双音节字调格局

去声为首字

如图8-13所示,去声为首字时,"去声+阴平"分两种情况:"低凹/低降+高降"和"低凹/低降+高平"。高平的情况有十三位发音人(CHLL、CYX、GTP、ZZ、CWM、YL、CXM、CSC、GY、LX、SJ、ZZY、ZDD)。"去声+阳平"比较统一,都是"低凹/低降+高降"。"去声+上声"分两种情况:"低凹/低降+高降"和"低凹/低降+高升",第二种情况可以看作是第一种情况的变体,即脱落了降调的调尾,本来是第一个音节的低凹调尾要升到一个位置然后下降,但是可能第二个音节有时会就此结束,使整体上成为一个升调。而且,"低凹/低降+高升"的发音人与阴平尾字为高平的发音人基本契合(CHLL、CYX、GTP、ZZ、CWM、YL、CXM、CSC、GY、LX、SJ、ZZY、ZDD)。"去声+去声"的拱形为"高升+低升",两个连续的升调在一起,整体听起来很像一个两折调"低—高—低—高",第二个音节的"高点"要低于第一个音节的"高点"。有很多发音人的第二个音节调尾不一定会升上去,所以有的发音人的这个组合看起来更像一个凸降(GTP、WXH、ZZ)。还有3位发音人(CYX、XGF、CCY)的"去声+去声"形成了"低凹+低降"的拱形,与其他发音人都不一样。

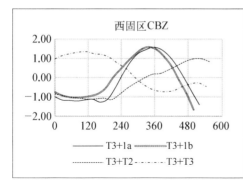

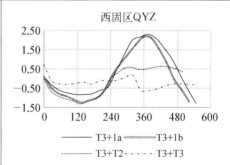

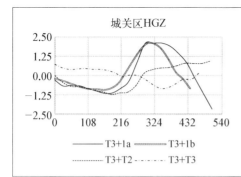

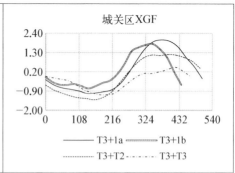

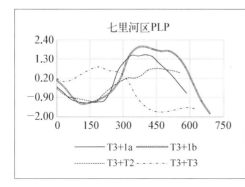

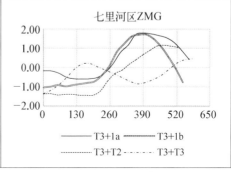

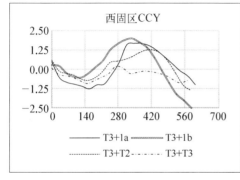

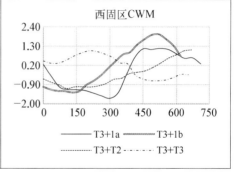

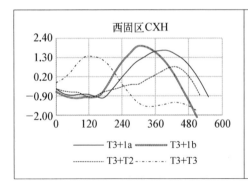

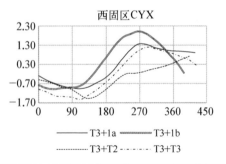

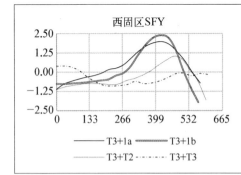

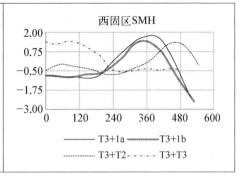

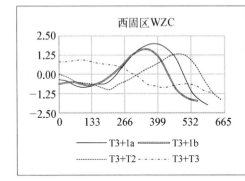

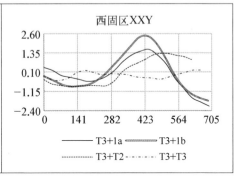

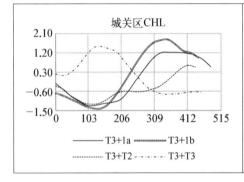

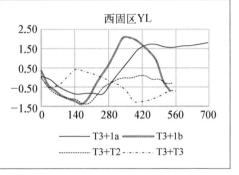

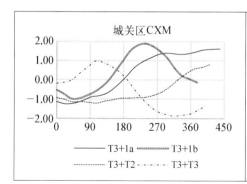

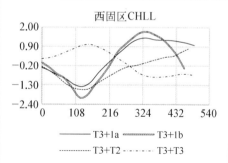

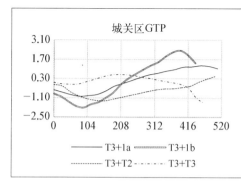

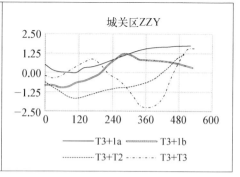

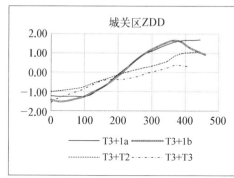

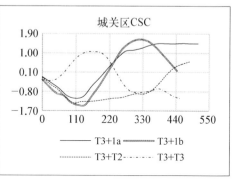

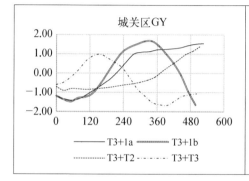

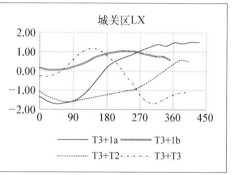

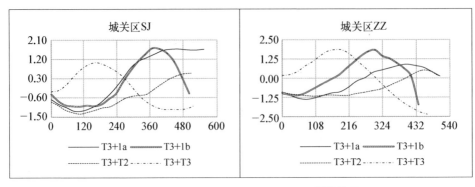

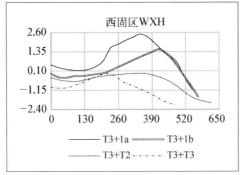

图 8-13　去声为首字的双音节字调格局

8.3.2　双音节字调与单字调的对应变化

综合上文的描写,我们将 27 位发音人的双音节字调拱形模式归纳到一个表格中,得到表 8-8:

表 8-8　兰州城区话双音节字调拱形

组合模式	组合模式			
	T1a	T1b	T2	T3
T1a	高平+高降	高平+高降	高平+低降/低凹/低升	
	高平+高平			
	高降+高降	高降+高降	高降+高降	

续表

组合模式	组合模式			
	T1a	T1b	T2	T3
T1b	高降+高降 高降+高平	高降+高降	高降+低凹/低升/低降	
T2	低升+高降 低升+高平	低升+高降	高降+低平/低升/低凹	低平/低凹/低升+低降/低凹/低升
T3	低凹/低降+高降 低凹/低降+高平	低凹/低降+高降	低凹/低降+高降 低凹/低降+高升	高升+低升 低凹+低降

从表8-8中可以看出,上声和去声在双音节字调中就如同它们的单字调一样,有很多的拱形变体,但是拱形变体之间又没有辨义作用。双音节字调的这个结果说明发音人之间的这种拱形差异属于语音层面,而上、去之间的合并趋势属于音系层面。所以,表8-9将上声和去声的拱形变体归并,用音系特征来表达,得到下表:

表8-9　双音节字调调值(特征表达)

组合模式	组合模式			
	T1a	T1b	T2	T3
T1a	H-HM/H	H-HL	H-MH	H-MH
T1b	HL-HM/H	HL-HL	HL-MH	HL-MH
T2	MH-HM/H	MH-HL	HL-MH	MH-MH
T3	ML-HM/H	ML-HL	ML-MH	MH-MH

接下来我们又将27位发音人在双音节字调中的阴平首字与尾字的调值以特征表达的方式列举出来,并且与每位发音人各自的单字调阴平相对比,得到下表8-10。表中第三列是每个发音人的阴平单字调拱形,第4至7列是阴平在双音节字调首字时的拱形,第8至11列是阴平在双音节字调尾字时的拱形。

表 8-10　每位发音人的双音节字调阴平首字与尾字的调值（特征表达）

编号	发音人	单字调	双音节字调首字				双音节字调尾字			
		1a	1a+1a	1a+1b	1a+T2	1a+T3	1a+1a	1b+1a	T2+1a	T3+1a
1	ZDD	H	H	H	H	H	H	H	HM	H
2	SJ	H	H	H	H	H	H	H	H	H
3	LX	H	H	H	H	H	H	H	H	H
4	GY	H	H	H	H	H	H	H	H	H
5	CSC	H	H	H	H	H	H	H	H	H
6	ZZY	H	H	H	H	H	H	HM	H	H
7	GTP	H	H	H	H	H	H	HM	H	H
8	CHLL	H	H	H	H	H	H	H	H	H
9	YL	H	H	H	H	H	H	H	HM	H
10	CXM	H	H	H	H	H	H	H	H	H
11	CHL	H	H	H	H	H	HM	HM	HM	HM
12	CXH	H	H	H	H	H	HM	HM	HM	HM
13	WXH	HM	H	H	H	H	HM	HM	HM	HM
14	ZZ	HM	H	H	H	H	H	HM	H	H
15	CWM	HM	H	H	H	H	HM	HM	HM	H
16	ZMG	HM	H	H	H	H	HM	HM	HM	HM
17	XXY	HM	H	H	H	H	HM	HM	HM	HM
18	WZC	HM	H	H	H	H	HM	HM	HM	HM
19	SMH	HM	H	H	H	H	HM	HM	HM	HM
20	SFY	HM	H	H	H	H	HM	HM	HM	HM
21	CYX	HM	H	H	H	H	HM	HM	HM	HM
22	CCY	HM	H	H	H	H	HM	HM	HM	HM
23	PLP	HM	H	H	H	H	HM	HM	HM	HM

续表

编号	发音人	单字调	双音节字调首字				双音节字调尾字			
		1a	1a+1a	1a+1b	1a+T2	1a+T3	1a+1a	1b+1a	T2+1a	T3+1a
24	XGF	HM	H	H	H	H	HM	HM	HM	HM
25	HGZ	HM	H	H	H	H	HM	HM	HM	HM
26	QYZ	HM	HM	HM	HM	H	HM	HM	HM	HM
27	CBZ	HM	HM	HM	HM	H	HM	HM	HM	HM

由表 8-9 和表 8-10 可以看出,阴平居于首字时,除了 QYZ 和 CBZ 两位发音人,几乎都是高平 H,居于尾字时,分为两类,单字调阴平是降调拱形的发音人,他们的尾字几乎都是降 HM(ZZ 和 CWM 有个别组合例外)。而单字调阴平是高平的,他们的尾字大部分是高平 H,也有部分发音人还保留高降。由此,我们首先得出阴平单字调与双音节字调之间的拱形对应变化:

(1) T1a:HM→H/[__ T(T=T1a、T1b、T2、T3)

这个变化在讨论二声系统和三声系统的连字调时(第五章和第六章)已经反复讨论过,这是一个非常典型的语音"截断"(Yang & Xu 2019),符合音系上的"简化原则"(Yip 1989)。再结合阴平在每个发音人双音节字调中的表现,我们可以构拟出阴平的高平拱形从双音节字调"回归"到单字调的过程(表 8-11):

表 8-11　阴平的高平拱形"回归"的构拟

阶段	适用规则	单字调	双音节字调	
			首字	尾字
阶段 1	简化原则	HM	H	HM
阶段 2	综合—回归	H	H	HM
阶段 3	同化	H	H	H

我们假设阴平的单字调底层拱形是个降调:第一阶段,底层降调进入双音节字调的首字时,在"简化原则"作用下,由降调变为平调 HM→H;第二阶段,在演化与接触共同作用下(§8.4.1),首字的高平回归到单字调的阴平上;第三阶段,单字调的阴平拱形又进而影响到双音节字调尾字的拱形,从而完成兰州方言阴平高平拱形逐渐扩散变化的过程。

我们接着观察表8-9,可以得出关于上声和去声的两个变化条件:

(2) T2:MH→HL/[__ T(T=T2)

(3) T3:MH→ML/[__ T(T=T1a、T1b、T2)

我们注意到上声和去声的变化都是升与降的变化,区别只是高降与低降的差别。这种高低的差异将"上声+上声"与"上声+去声"这组最小对区别开。说明还是有语言学意义的。此外上声只有在与上声组合时,才会出现升与高降的变化,在双音节字调的其他位置,上声都保持升的拱形。而去声变化的次数要比上声多,去声的尾字都保持升的拱形,基本不变(忽略个别的差异),只有在阴平、阳平、上声前面的时候会出现升与低降的变化。综合看表8-9,会发现有三组的拱形是一样的:"上声+去声"和"去声+去声"一样;"阴平+上声"和"阴平+去声";"阳平+上声""阳平+去声"和"上声+上声"一样。

8.3.3 兰州方言的三音节字调

兰州方言的三音节字调与三声方言中 CD 型(上去合并)发音人的三音节字调模式很像,我们考察的这位发音人的阴平是个高平调。得到他的三音节字调如下:

表8-12 兰州三音节字调拱形与调值

调类组合	特征表达	五度表达	调类组合	特征表达	五度表达
1a+1a+1a	H-H-H	55-55-55	1b+1a+1a	HL-H-H	51-55-55
1a+1a+1b	H-H-HL	55-55-51	1b+1a+1b	ML-H-HL	21-55-51

续表

调类组合	特征表达	五度表达
1a+1a+T2	H–H–MLM	55–55–213
1a+1a+T3	H–H–MLM	55–55–213
1a+1b+1a	H–HL–H	55–51–55
1a+1b+1b	H–HL–HL	55–51–51
1a+1b+T2	H–HL–MLM	55–51–213
1a+1b+T3	H–HL–MLM	55–51–213
1a+T2+1a	H–MH–H	55–23–55
1a+T2+1b	H–ML–HL	55–21–51
1a+T2+T2	H–MH–MH	55–23–24
1a+T2+T3	H–MH–MLM	55–24–213
1a+T3+1a	H–ML–H	55–21–55
1a+T3+1b	H–ML–HL	55–21–51
1a+T3+T2	H–ML–MH	55–21–24
1a+T3+T3	H–MH–MLM	55–24–213

(a)

调类组合	特征表达	五度表达
1b+1a+T2	HL–H–MH	51(21)–55–23
1b+1a+T3	HL–H–MH	51(21)–55–23
1b+1b+1a	HL–ML–H	51–21–55
1b+1b+1b	ML–ML–HL	21–21–51
1b+1b+T2	ML–HL–MH	21–51–23
1b+1b+T3	ML–HL–MH	21–51–23
1b+T2+1a	HL–MH–H	51–23–55
1b+T2+1b	ML–MH–HL	21–23–51
1b+T2+T2	HL–ML–MH	51–21–23
1b+T2+T3	HL–MH–MLM	51–23–213
1b+T3+1a	HL–MLM–H	51–213–55
1b+T3+1b	HL–ML–HL	51–21–51
1b+T3+T2	HL–ML–MH	51–21–23
1b+T3+T3	HL–ML–MH	51–21–23

(b)

调类组合	特征表达	五度表达
T2+1a+1a	MH–H–H	24–55–55
T2+1a+1b	MH–H–HL	23–55–51
T2+1a+T2	ML–H–MH	21–55–24
T2+1a+T3	MH–ML–MH	24–21–24
T2+1b+1a	MH–HL–H	24–51–55

调类组合	特征表达	五度表达
T3+1a+1a	ML(M)–H–H	21(3)–55–55
T3+1a+1b	ML–H–HL	21–55–51
T3+1a+T2	ML–H–MH	21–55–24
T3+1a+T3	ML–H–MH	21–55–24
T3+1b+1a	ML–HL–H	21–51–55

续表

调类组合	特征表达	五度表达	调类组合	特征表达	五度表达
T2+1b+1b	MH-HL-HL	24-51-51	T3+1b+1b	ML-HL-HL	21-51-51
T2+1b+T2	MH-HL-MH	24-51-24	T3+1b+T2	ML-HL-MH	21-51-24
T2+1b+T3	MH-HL-MH	24-51-24	T3+1b+T3	ML-HL-MH	21-51-24
T2+T2+1a	MH-MH-H	24-24-55	T3+T2+1a	ML-MH-H	21-24-55
T2+T2+1b	ML-MH-HL	21-24-51	T3+T2+1b	ML-MH-HL	21-24-51
T2+T2+T2	MH-MH-MH	24-24-24	T3+T2+T2	ML-ML-MH	21-21-24
T2+T2+T3	MH-MH-MH	24-24-24	T3+T2+T3	ML-MH-MLM	21-24-213
T2+T3+1a	MH-MLM-H	24-213-55	T3+T3+1a	MH-MLM-H	24-213-55
T2+T3+1b	MH-MLM-HL	24-213-51(55)	T3+T3+1b	MH-MLM-HL	24-213-51
T2+T3+T2	MH-MLM-MH	24-213-24	T3+T3+T2	MH-MLM-MH	24-213-24
T2+T3+T3	MH-MLM-MH	24-213-24	T3+T3+T3	MH-MLM-MLM	24-213-213

（c）   （d）

基本特点可以总结为：

1）阴平的拱形始终是高平,无论首字、中字还是尾字；

2）阳平做尾字的时候,拱形高降,与单字调保持一致。阳平首字时,处于中字音节的阳平有时会变成低降；

3）上、去在首字时,上声多为升,去声多为低降。但是也有相反的情况,当去声为中字的时候,首字无论是上,还是去,都是低升。上声为低降的情况很少,只有两处。上、去为中字的时候,上声更多是升,去声更多是低降或者低凹；

4）上、去出现在相同的组合时,无论首字为何,当中字是阴平或阳平时,尾字的上去拱形会合并,或为低凹,或为升。当中字为上声时,尾字的上声始终为升调拱形,去声或为低凹,或为升拱,低凹时与尾字上声的组合形成对立。当中字为去声时,四种情况都不同:阴平首字,中字去声分化,尾字上、去也分化,彼此形成对立;阳平和上声首字,上、去尾字拱形一致;去声首字,尾字上、去分化,形成对立。

从双音节字调和三音节字调组合来看,去声比上声更加活跃,根据尾字更重的特点来分析,去声的底层拱形很可能是低凹 MLM,而上声的底层拱形是升 MH。

8.4　小　结　与　讨　论

这一章我们讨论了两个问题:一是在兰州方言中,单字调与连字调的拱形哪个才是底层拱形;二是兰州方言的变化与汉语普通话接触的相关性。

8.4.1　兰州方言的单字调与连字调

以往的研究(李树俨、李倩 2001;李小凡 2002;钱曾怡 2001;Chen 2001)并没有确定下来单字调与连字调谁是底层,将单字调认作底层更多的是出于惯例。也有很多研究西北方言的专家(雒鹏 2001;张文轩、邓文靖 2005;邓文靖 2011)提出西北方言的连字调中蕴涵了西北方言调类更古老的形式。

笔者非常认同以往的研究结论,兰州方言的情况也从侧面证实了专家们的结论,但是笔者认为有必要就上一节中关于单字调与连字调之间的推演再做进一步的说明:首先,对于连字调与单字调之间谁先谁后的问题,先搁置一边。在声调变化的推演过程里,箭头的指向并不一定是与时间变化的先后相一致,它只是表达一种在共时层面的对应关系,这个方向也可以反过来。拿上声为例,在共时层面上,上声的单字调拱形为升,在双音节字调中,有一处它表现出高降的拱形,那么公式 MH→HL 显示的是在共时层面,上声单字调与双音节字调之间相互转化的关系。进一步观察上声的双音节字调和三音节字调时,会发现在连字调中,上声在更多的组合中仍然表现为上升拱形,这进一步证实,上声从上升拱形变高降(MH→HL)是它从底层到表层的变化,因为在音系推导中,有一个前提是将出现的环境多的那个变体视为底层,而出现的环境少,并且有条件约束的变体被视为表层变体。至于去声,单字调与双音节字调之间的推导为 MH→ML/[__ T(T=T1a、T1b、T2),这是基于它在双音节字调中,升(MH)的拱形出现的次数大于低降(ML)的拱形出现的次数。当我们进一步考察三音节字调之后,发现对于它的推导需要进一步的补充。因为我们发现去声在三音节字调中有更多的情况是低凹,这和去声单字调的拱形一致,所以我们就需要重新补充去声底层和连字调表层变化的公式对应关系如下:

(4) T3:MLM→ML/[__ T(T=T1a、T1b、T2)

(5) T3:MLM→MH/[__ T(T=T3);T __](T=T1a、T1b、T2、T3)

我们继续以 MLM 作为去声的底层,推导它在三音节字调中的变化,我们得到这样两个公式:

(6) T3:MLM→ML/[__ $T^M+T^F(T^I \neq T3)$;T^I __ T^F($TI=T1a$;$T^F=T1a$、T1b、T2);($T^I=T1b$;$T^F=T1a$、T1b、T3)

(7) T3:MLM→MH/T^I __ T^F($T^I=1a$;$T^F=T3$);T^I+T^M __($T^I=1b$;$T^M=$1a/1b/T3;$T^I=T2$;$T^M=ANYTONE$;$T^I=T3$;$T^M=1a/1b$)

可以看出,(4)至(7)的变化都符合音系的"简化原则"。而且上述公式能够解释去声在表8-9和表8-12中的所有变化。

8.4.2　汉语普通话与兰州方言的演化

兰州方言的阴平变化是本研究的着眼点,从上面的推演中,我们已经通过双音节字调的阴平分布推演出阴平的变化过程,但是还有一个问题需要澄清,即连字调首字的阴平拱形为什么能够进入到单字调的表层(表8-11)。这里我们需要考虑汉语普通话所扮演的角色。

连字调的阴平调与汉语普通话的阴平调拱形一致时,接受过教育的人群和年轻的人群首先会对占主流地位的语音变体更加敏感,最开始的阶段是二者同时出现,比如上文提到的在一个家庭内部,不同家庭成员带有的不同语音变体(见 8.2.2.2 小节)。在这种混用和交流的过程中,本来处于底层的阴平单字调降调拱形,就会渐渐被表层的阴平连字调平调拱形替代。之后它再进一步进入连字调的尾字当中,这一点可以从兰州方言的双音节字调和三音节字调中找到证据。《中华人民共和国国家通用语言文字法》自 2001 年 1 月 1 日开始施行,该法条明确规定"国家推广普通话,推行规范汉字""公民有学习和使用国家通用语言文字的权利",加上改革开放以来广播电视和各种媒体的覆盖度越来越高,人们有更多的机会接触汉语普通话,这也解释了为什么年龄会与阴平拱形变体的选择相关,同时也能解释为什么在以往的文献中多把阴平记录为降调。

接触是外在的原因,语音的变化还涉及与语音机制相关的内因。比如在本书中反复提到的"简化原则"。高降拱形变为高平拱形,这个变化不仅仅出现在兰州方言,在上文关于二声系统与三声系统的论述中,读者会注意到很多方言点的单字调与双音节字调之间存在这样的对应拱形变化。而且在不同的发音人之间还存在"高降—高平"的自由变体。为什么这个变化会那么普遍呢? 这个变化的语音机制就在于"截断":高降带有两个区别特征 [HL]或者[HM],而高平只有一个区别特征[H]。人们在开始习得这个调类的时候,首先识别出的区别特征是[H],如果发音的时长比较短,调头的特征最容易保留下来,而调尾的特征极有可能被"截断",况且,高降调尾的特征[L]或者[M]与音节末尾的语调特征又非常相近,人们在结束话语时,很容易发出因喉塞而出现的降调。所以高降变高平 HL/HM→H 是一种很自然的声调演化方向。[①] 也就是说,兰州方言的阴平演化有两个要素:外因是接触到汉语普通话,内因是遵循了声调的演化规律。

---

① 　与 Cathryn Yang 教授私人交流的看法。

此外,阴平的变化是否影响了上声和去声的变化。根据连字调和以往的文献,我们大致推测每个调类的早期拱形应该是与它们的底层拱形保持一致,即:1a=HM,1b=HL,T2=MH,T3=MLM。我们在双音节字调和三音节字调中注意到去声有很多变体是低降,那么去声的低降很有可能与阴平原有的降调相混合,这也应该是推动阴平发生变化的一个动因,目的是增加声调格局内部的区分度。

最后,发音人中,阴平的单字调存在高平和降调两个语音变体,但是在双音节和三音节字调当中,这种变异的情况逐渐减少。上声和去声的单字调渐渐出现合并的趋势,但是上声和去声在双音节字调和三音节字调中却形成多种对立形式,这两个方面都说明多音节字调在交际的过程中权重更高。单音节字调无论是在不同的发音人之间出现不同的变体,还是上声与去声的合并,都不影响交流。同时也能解释为什么有的发音人坚持上声和去声已经合并,而有的发音人坚持二者之间存在不同。究其根本,就是单字调的变化没有引起歧义和交流障碍,连字调才是更主要的交流形式。

第九章

声调演化与方言接触

9.1　演化还是接触

　　正如笔者在第三章中总结的,声调的变化有自变型、他变型(曹志耘 1998b)。具体变化的原因,不同的学者有不同的看法。针对西北方言的变化,"接触说"基本是个共识,这一方面是由西北地区的历史地理条件决定的,另一方面也和西北方言变化的特点有关。张燕来(2003)就提到由语言接触引起的语言变化一般都具有发展迅速的特点,而根据西北方言的文献记录,很多变化就发生在近三十年甚至近十年的时间。兰银官话的调类简化在同一个家庭的两代人之间就能观察到。这一点在笔者对兰州话的调查中也有同样的发现。

　　对于西北方言声调的演化趋势,不同的专家也有不一样的看法。有些学者(钱曾怡 2000;张世方 2000;张燕来 2003)认为西北方言的声调演化趋势是调类逐渐减少,他们是依据对过往文献的梳理总结出来这个结论,很多西北方言的调查记录显示,在近三十年的时间,很多方言点的声调类别就从四个变到三个,再到两个。还有专家认为西北方言是声调出现的起点,笔者在第一章导言中提到江荻的声调观是将所有的声调、音高、重读等都纳入一个"轻重音—声调"的连续范畴内,那么西北方言中,类似红古的二声系统就是处于"轻重音—声调"连续统(continuum)最前端,接近轻重音。还有一些学者从声调演化的一般规律来解释西北方言的声调演化,比如凯瑟琳·杨和许毅(Yang & Xu 2019)在总结了四十五个不同语言/方言中的五十二种声调演变的案例后,发现所有的声调演化大都沿着一条逆时针的演化路线。朱晓农（2018a）认为声调的发生和衰亡是在一个演化圈,不是一个单一方向的事件,其中包括顺时针演化,也包括逆时针演化,同时还有凹调演化圈。

再回到前面已经多次提到的"匹配"与"回归"原则（陈保亚1996）。"匹配"是母语对目标语言干扰的第一阶段,"回归"是经过匹配之后的"第二语言"向目标语言靠拢的阶段。这两个过程可以对标社会语言学当中的皮钦语和克里奥尔语（Foley 2001）。"匹配"的阶段是少数民族与汉民族接触杂居学习汉语的第一个阶段,这个阶段无论是语法、词汇,还是语调,都有多种语言拼接的痕迹。当第二代、第三代继续学习、使用这个语言时,就是"回归"的阶段,回归的度由社会变量决定。这种说法与西北方言的历史与事实也非常契合。西北汉语方言的确存在单字调数量不断减少的事实,比如武威话、西宁话的单字调。但是反过来,也有单字调数量增多的案例,比如笔者调查到的民勤方言。张燕来（2003）在调查兰银官话时,她发现三位民勤发音人的声调都是三个调,而且调类的归并比较混乱,但是笔者调查到的两位发音人都是四个调,调类归并也比较清楚。还有前文多次提到的,大量原本是三声调的新疆汉语方言,在笔者的调查中,都显示是四个单字调。此外,还有一些个别的方言点,比如甘肃永登河桥镇和宁夏海原县,它们都同时存在不止一种声调格局。有两个单字调调类的、有三个单字调调类的,也有四个单字调调类的。笔者还计算统计了所调查点方言声调拱形变化的频次,发现它们大多都遵循凯瑟琳·杨和许毅（Yang & Xu 2019）和朱晓农（2018a）总结出来的演化路线。综上,笔者认为西北方言的声调演化有两种力量在起作用,一方面是外力的接触,引发声调的"匹配"（减少）与"回归"（增多）,这个方面需要从社会语言学的角度来衡量;另一方面,在音高拱形变化的具体走向上又遵循演化的一般规律（Yang & Xu 2019;朱晓农2018a）,这属于演化的内因机制。

上文已经多次讨论过"连字调与单字调"的关系问题,有很多专家学者对于单字调与连字调之间谁先谁后的问题、谁是本调的问题,持有不一样的看法。有的专家认为单字调是本调,有的专家认为西北方言中,连字调保留了更多古调类的拱形。笔者认为这两种观点并不矛盾,因为它们不在一个维度上。认为连字调中保留了更多古调类的是从"历时"的角度看问题,而认为单字调是本调的是从"共时"的角度看问题。首先,我们接受关于西北汉语是语言接触的产物这个理论,从常识判断,在少数民族学习汉语的时候,一定是从生活的自然语流中习得的,最先获得的一定是连字调的知识,而日常用语中不太常用的单字调里就蕴涵了更多自己母语的"本调",所以这个时候说连字调中蕴涵更多的古调类是没有问题的。接着我们从共时的角度来看,一个讲西北汉语方言的幼儿,无论是少数民族还是汉族,当他/她把这种"混合"的语言作为母语来学习的时候,他们自己会在单字调和连字调之间建立一个转换生成的机制。按照大多数儿童习得母语的顺序,我们假设他们是从单字开始的,然后从周围人的话语中,生成双音节字调、三音节字调的转换规则。所以从共时层面讲,单字调是本调,连字调是生成的变调,也是说得通的。

　　笔者在第五章至第八章所总结的单字调与连字调之间拱形的对应变化规律,就是在模拟儿童在共时层面学习方言单字调与连字调的过程。通过研究共时层面声调拱形变化的语音机制,来探究声调拱形变化的一般机制。笔者所持有的前提是,语言变化不是随意的,一定要遵守一定的发音机制和音系规则,比如"省力原则""类推原则"和"清晰原则",它们是人类语言发展过程中的一般规则。说回到西北方言的声调演化问题,探寻它们在共时层面中单字调与连字调转换生成的语音机制和音系规则,并将其应用到对历时变化的探寻中,这是符合逻辑的。因为从语音常识讲,当说话人习惯于某一种语音变化,他就会在自己的话语中更多地使用这种变化机制,这也是省力原则的一个方面,继而类推到同一类别的语音机制上。也正因为如此,奥哈拉(Ohala 1989)才会说"在共时的音变中找出历时的语音演变"。说到这里,就要继续介绍两个术语,一个是"底层拱形",一个是"原型"。"底层拱形"是共时层面的概念,这个说法,笔者在第五至第八章中反复用到。底层拱形不一定是单字调,也不一定是连字调,在音系表达中,出现环境最多的那个语音形式常常被称为"底层表达",在其他结构上的语音表达形式被称为"表层变体"。"原型"是个历时的概念,就是早期的、最初的形式。"底层拱形"并不一定等于"原型",它只是为找到"原型"提供了一条线索,还有两条线索是历史比较语言学的线索:一是文献记录,二是与周围方言的声调拱形进行对比。这两个概念在后面(§9.3.1)还要详细解释。

本章主要讨论西北四省区(甘、青、宁、新)汉语方言调类合并的渊源以及它们演化的趋势。先介绍关于西北方言声调演化的不同观点,并且厘清几个关于演化问题的重要概念(§9.1);接着分析不同合并类型的调类与拱形的对应分布,总结归纳前面四章中单字调与连字调音高对应变化的语音机制和音系规则(§9.2);接下来结合一般语音机制和音系规则、文献记录、比较邻近方言点的拱形特征,逐一讨论六种三声方言和四种二声方言的声调演化,分析它们具体的演化路径(§9.3);同时,进一步讨论语言接触的问题,再结合两个方言点的特殊情况,讨论语言接触与语言演化的关系(§9.4),提出对方言划片的一些思考,最后做出总结(§9.5)。

9.2　音高拱形变化的语音机制与音系规则

有一点需要说明,西北方言的入声字只牵涉归并问题,这在前面几章中都做了介绍和描写,此处不再赘述,本节涉及的"调类"只有"阴阳上去"四个类。观察调类与拱形的对应关系在以往的研究中也有,用数据统计来说明问题,是近几年出现的研究方法(朱晓农、衣莉 2015;魏阳、朱晓农 2021;衣莉、朱晓农 2023)。这个方法虽然看似简单,但在研究不同方言、对比相邻方言的调类与拱形的对应关系时,能够一目了然地从拱形数量的分布上看出方言之间的相关性。

9.2.1　调类与拱形的对应

9.2.1.1　二声系统

如笔者在第五章中提到的,假定官话的底层是"阴阳上去"四个调类,那么它们中任意三个调类合并,与另一个调类形成对立的二声系统,理论上会有四种可能性;如果任意两个调类合并,两两对立,会有三种可能性。二声系统理论上就有七种合并方式:

ABC-D 型:阴阳平上—去——武威型(升/凹/平—降)

ABD-C 型:阴阳平去—上——红古型(凹—降)

ACD-B 型:阴平上去—阳平＊

BCD-A 型:阳平上去—阴平＊

AB-CD 型:阴阳平—上去——临夏型(凹—降)

AC-BD 型:阴平上—阳平去——西宁型(平—升、降—凹)

AD-BC 型:阴平去—阳平上＊

＊标识为目前还没有发现的对应类型

到目前为止,在文献记录和笔者的调研中,共发现二声系统有四种(ABD-C 红古型、AB-CD 临夏型、AC-BD 西宁型和 ABC-D 武威型)。还有三种合并类型尚没有发现。

二声系统我们共调查了 80 位发音人,每个发音人调类合并后形成两个拱形对立,还有三位发音人有语音变体情况的,即保留了三个声调拱形,但是归并上不规律。一共出现的不同拱形频次有 163 次,出现的拱形共有四种:平、降、凹、升。从表 9-1 可以看出每个拱形的分布情况,四种拱形的分布相对均匀,降调略有优势,占总体拱形出现频次的 30.4%,其次是凹调,25.7%,平调和升调基本一致,分别为 23.0% 和 20.9%。四种拱形基本各占四分之一。

表 9-1　二声系统拱形在四个调类上的分布

调类	平	降	凹	升
1a	27	0	0	0
1b	1.5	13.5	21	31
T2	9	24	18	2
T3	0	12	3	1
合计	37.5	49.5	42	34
占比%	23.0%	30.4%	25.7%	20.9%

注：占比数值取小数点后一位，本章后续表格同此。

如果再针对四类二声系统进行计算，会发现它们彼此之间还有比较明显的拱形分布差别（表 9-2）：AC-BD 型和 AB-CD 型两个中原官话非常稳定，前者基本是在"平—升"拱形之间形成对立，后者在"凹—降"拱形之间形成对立。ABC-D 型相比 ABD-C 型要稳定一些，它在"凹—降"与"升—降"之间形成两种二声拱形对立。ABD-C 型最不显著，在四种拱形中，只有"凹拱"明显占一些优势，其他三种拱形都相差不多，这也从侧面说明，ABD-C 型（红古型）的拱形对立并不稳定，还有进一步变化的空间。这个结论也与很多学者的研究相符（雒鹏 1999；莫超、朱富林 2014；朱晓农、衣莉 2015）。

表 9-2　四种二声系统的内部拱形分布占比情况

类	平	降	凹	升
ABD-C 型	20.6%	23.5%	38.2%	17.6%
AB-CD 型	5.9%	52.9%	37.3%	3.9%
AC-BD 型	45.6%	7.0%	3.5%	43.9%
ABC-D 型	9.1%	50.0%	22.7%	18.2%

9.2.1.2　三声系统

同二声系统一样，假定官话的底层是"阴阳上去"四个调类，如果按照任

意两个调类合并,与其他两个调类形成三足对立,就会有六种类型的三声系统,分别是:

AB 型:阴阳平合并与上、去对立(凹—降—平;凹—降—降)

AC 型:阴平上合并与阳平、去声对立(平—降—凹;平—凹—降)

AD 型:阴平去声合并与阳平、上声对立(平—升—降)

BC 型:阳平上声合并与阴平、去声对立(平—降—凹;平—降—低;平—凹—降)

BD 型:阳平去声合并与阴平、上声对立(平—降—凹;低—凹—降;降—凹—平)

CD 型:上去合并与阴平、阳平对立(平—降—凹;降—降—升)

三声系统我们共调查到 125 位发音人,每个发音人调类合并后,共出现不同的拱形频次 375 次。计算之后发现,三声系统共发现五种不同的拱形:平、高降、低降、凹、升,几种拱形的分布有比较明显的差异(表9-3)。降调和平调的比例最高,升调最低,凹调居中。降调总共占 38.1%,包括高降与低降,高降主要分布在阳平和上声,低降主要分布在去声。平调拱形占比 30.1%,主要分布在阴平,还有三分之一在去声。凹调(包括两折调)在阴平、上声和去声分布均匀,少量出现在阳平。升调占比最低,主要出现在阴平,其他三个调类有少量分布。

表 9-3　三声系统拱形在不同调类上的分布数量和占比

调类	平	高降	低降	凹	升
1a	76	2	7	20	20
1b	0	73	0	9	3
T2	3	43	1	27.5	3
T3	34	5	12	28.5	8
合计	113	123	20	85	34
占比	30.1%	32.8%	5.3%	22.7%	9.1%

从每一种合并类型的内部来看,拱形的分布是有一些差异的,AB 型和 BD 型方言点大部分在宁夏境内,少部分在甘肃境内,零星的两个点在青海和新疆(详见第六章)。按照《汉语方言地图集》的划分,这一类的方言点基本都属于中原官话,降调占比很高,主要分布在上声。AC 型和 BC 型主要分布在兰银官话河西片和银吴片,它们的平调拱形与降调拱形的分布比例相当,特别是 BC 型,平调拱形主要出现在阴平,降调拱形主要出现在阳平,也有少量出现在去声,低降都在去声。AD 型只有一位发音人,和 CD 型发音人地理位置重合,都位于兰银金城小片。这二者的平调拱形大多分布在阴平,降调主要分布在阳平。凹和升的拱形都在上、去。少数几个低降也在阴平(见表9-4)。

表 9-4　六种三声系统的内部拱形分布占比情况

类	平	高降	低降	凹	升
AB	28.3%	33.3%	3.3%	17.5%	17.5%
AC	33.3%	27.8%	5.6%	22.2%	11.1%
AD	33.3%	33.3%	0.0%	0.0%	33.3%
BC	33.3%	33.3%	6.3%	19.8%	7.1%
BD	13.3%	33.3%	20.0%	13.3%	20.0%
CD	30.1%	32.3%	4.3%	29.0%	4.3%

上述六类三声系统在调类与拱形分布上的差异,能体现出它们地理位置分布的差异。阴阳平合并的 AB 型和阳平上合并的 BC 型分布范围最广,也最稳定,它们也都不同程度地呈现跨省域、跨方言片的分布特点,而阴平上 AC 型、阳平去 BD 型合并的类型大多分布在 AB 型和 BC 型的周边地区,更像是上述两种合并类型发展过程中出现的"过渡变化"。阴平去合并的 AD 型和上去合并的 CD 型都集中在兰银金城小片,AD 型非常少见,也像是阴平上合并向上去合并的"过渡变化"。

9.2.1.3　四声系统

在四声系统中,调类和拱形的对立可以有很多种不同的选择,本研究涉及的调查点共有这样四类:

阴阳上去:平升低降

阴阳上去:低升降平

阴阳上去:双凹/升对立

阴阳上去:双降对立

四声系统发音人共有 56 位,按照乡镇区为单位,涉及的方言点共有 49 个,拱形完全相同,并且方言点完全相同的发音人不重复计入,按照每个点出现 4 个拱形对立计算,共有 196 次。四声系统一共出现五种拱形:平、高降、低降、凹、升,这与三声系统出现的拱形一致。表 9-5 的每一格数值分为两个部分,括号外是不同拱形出现的频次,括号内表示不同拱形出现频次所占的比例。在它们当中,平、凹和高降,各占四分之一,升和低降拱形合计占四分之一。如果把高降和低降合并,降调的比例最高,有 35.6%。需要一提的是,阴平出现了比较多的低降拱形,升拱几乎都出现在阳平,凹调大部分出现在上声,其次是阳平。高降拱形更多集中于上声和去声。虽然出现的拱形一致,但是拱形在调类间的分布与二声和三声系统有显著不同,特别是降调的分布。

表 9-5　四声系统调拱的频次(占比)(Ⅰ)

拱形	调类				合计
	1a	1b	T2	T3	
平	28(14.3%)	0(0.0%)	2(1.0%)	17(8.7%)	47(24.0%)
高降	2(1.0%)	4(2.0%)	19(9.7%)	25(12.8%)	50(25.5%)
低降	14(7.1%)	0(0.0%)	3(1.5%)	3(1.5%)	20(10.1%)
凹	5(2.6%)	18(9.2%)	25(12.8%)	4(2.0%)	52(26.6%)

拱形	调类				合计
	1a	1b	T2	T3	
升	0(0.0%)	27(13.8%)	0(0.0%)	0(0.0%)	27(13.8%)
合计	49(25.0%)	49(25.0%)	49(25.0%)	49(25.0%)	196(100.0%)

需要说明的是,在四声方言的调查点中,有 21 例是新疆的方言点,其中 20 例呈现出非常同质的声调系统模式,都是北京官话的声调体系。笔者尝试将这 20 个点只保留一个,这样就一共得到 30 个拱形分布不同的方言点,再按照每个点出现四个拱形对立计算,共有 120 次。经过相同的计算步骤得到表 9-6。观察每种拱形的分布情况,可以看出平、升和降调拱形的分布都有了显著的变化。还是凹、降、平占多数,但是原来的平调拱形主要分布于阴平,现在分布于去声,降拱则由去声移到上声,阴平的优势拱形变成了低降调,阳平则以凹调为主。这种分布又与上文的三声系统有些相似。

表 9-6　四声系统调拱的频次(占比)(Ⅱ)

拱形	调类				合计
	1a	1b	T2	T3	
平	9(7.5%)	0(0.0%)	2(1.7%)	17(14.2%)	28(23.4%)
高降	2(1.7%)	4(3.3%)	19(15.8%)	6(5.0%)	31(25.8%)
低降	14(11.7%)	0(0.0%)	0(0.0%)	3(2.5%)	17(14.2%)
凹	5(4.1%)	18(15.0%)	9(7.5%)	4(3.3%)	36(29.9%)
升	0(0.0%)	8(6.7%)	0(0.0%)	0(0.0%)	8(6.7%)
合计	30(25.0%)	30(25.0%)	30(25.0%)	30(25.0%)	120(100.0%)

上述分析拱形和调类的频次与对应关系,主要是为后面确立不同调类的"原型"服务。在考察了文献记录、相邻方言点的声调情况,以及一般语音变

化机制之后,仍然不能确定声调"原型"时,相关的拱形和调类对应的分布比例,也是一个重要的参考点。

9.2.2 单字调与连字调拱形对应的变化

本书在第五至第八章中分别进行了二声、三声和四声系统的单字调与连字调的拱形变化的频次统计,表9-7将其汇总后得到所有单字调与连字调拱形对应变化的频次:

表9-7 单字调与连字调拱形变化频次

拱形变化	T1a	T1b	T2	T3	合计
MLM→LM	71	118	55	48	292
MLM→ML	71	29	65	36	201
MLM→L/M	47	50	17	13	127
MLM→MH	8	9	13	1	31
MLM→H	16	1	1	7	25
MLM→HL	7	5	6	6	24
MH→LM	74	27	1	28	130
MH→H	9	14	0	62	85
MH→L/M	20	34	0	19	73
MH→ML	2	9	0	23	34
MH→HL	5	25	1	0	31
HL→ML	0	6	42	42	90
HL→H	14	3	34	25	76
HL→M/L	0	0	10	9	19

拱形变化	T1a	T1b	T2	T3	合计
HL→LM/MH	7	0	2	6	15
HL→MLM	0	0	3	0	3
H→HL	5	2	25	0	32
H→M/L	15	0	14	0	29
H→LM/MH	2	0	26	0	28
合计	373	332	315	325	1 345

从上面这个表可以看出西北方言在单字调与连字调之间的拱形变化上具有以下几个特点：

1）凹调的音高拱形变化最多，高平的变化最少；

2）高降、高升的拱形变化里，高低的变化最频繁，即由高降变为低降，高升变为低升。高平变为低平也位居平调变化的前列，仅次于高平变高降；

3）凹调的拱形变化中，凹调变低升、低降和低平位居最前列；

4）凹、升变高降的频次最低；反过来，高降变凹、升的频次也最低；

5）高平变化最多的是变为高降；而高降除了变为低降，变化最多的就是变为高平；

6）阴平和阳平的拱形变化多集中于凹调和升调拱形，而上声在凹、降、平之间分配比较均匀，升拱的变化很少。去声在凹、升、降三个拱形上变化比较多，没有高平的变化。这也与调类同拱形的分布有关。

9.2.3 拱形变化的语音机制与音系原则

声调发生改变，背后有很多的原因。这个原因有可能是外因，比如接触了别的语言，相互影响而出现改变；也有可能是内因在起作用，那就是生理语音机制在起作用。也有可能是二者兼备,比如第八章中讲到的兰州话阴平,原本是个降调,但是在汉语普通话的影响下,变成了高平。它一方面是外因接触的影响,而另一个方面是由于高降变成高平很符合声调拱形变化的生理语音机制。兰州话同为高降的阳平,就没有因为汉语普通话的影响而变成升调,这里虽然外部因素是一样的,但是背后的语音机制不同,高降变高升的语音机制要比高降变高平的语音机制复杂,所以变化的可能性就会降低,出现的结果也不一样。

根据表9-7,我们总结出这样几条语音机制:

1)音高整体降低或者抬高的变化"高低/低高";符合这条语音机制的变化有:高降变低降,高平变低平,高升变低升。这是最容易发生的一种语音变化,因为口腔发音器官的其他方式都不用改变,只需要将声带震动的幅度变缓就可以实现从高到低的变化,而发生的生理机制就是放松声带。须知,要发出高调,声带会变得更薄、拉得更紧,也更费力。相反,让声带放松,是更容易的一个变化方向,也是更省力的方向。这也解释了为什么高降、高升和高平的变化中,"高低"的变化是出现次数最多的。也有低调变为高调的例子,这时候就不是遵循的"省力原则",而是遵循"语义辨义清晰"原则。

2)"简化原则";这个原则在前面几章中提到过很多次,是伊普(Yip 1989)用优选论在分析天津话连调的时候总结出来的一条声调变化的规律。这个变化的生理机制是将一部分声调音高所承载的特征"脱落",只剩下前半部分,或者只剩下后半部分。凯瑟琳·杨和许毅(Yang & Xu 2019)在论证声调变化的语音机制时,首次提到了"截断"这个机制。在西北方言的拱形变化中出现最多的几个变化都是属于这个类型。MLM→LM 和 MH→H 的变化中,第一个特征[M]被"截断",MLM→ML 和 HL→H 的变化中,特征[M]和[L]分别被"截断",MLM→L/M 的变化中,或者是前后两个特征都被截断,或者是后面两个特征被截断。"简化原则"也属于一种省力原则。

3)"嵌入原则";这个原则也是伊普(Yip 1989)在分析天津话连调的时

候总结出来的一个变化规律。这条原则与"简化原则"相对应,是在一个已有的特征之后或者之前"嵌入"一个特征,比如高平变高降,H→HL,就是在特征[H]之后又"嵌入"了一个特征[L]。还有高平变高升 H→MH,是在特征[H]之前"嵌入"了一个特征[M]。从省力的角度来说,"嵌入"肯定要比"简化"费力,但是从清晰表达语义的角度来讲,"嵌入"一个特征,语义区分度一定是增强了。

4)叠加变化;叠加变化是上述三个规则的任意组合变化,比如凹调拱形的三个变化:MLM→H、MLM→HL 和 MLM→MH,它们就是先适用"简化原则",经历 MLM→M、MLM→ML 和 MLM→LM 变化之后,然后再整体抬高音高,分别为: M→H、ML→HL 和 LM→MH。高降变为低平的变化中,HL 是先降低音高,高降变为低降,HL→ML,再适用"简化原则",低降变为低平 ML→M,截断了后面的特征[L]。在高平变低升的过程 H→LM,也适用这一条,也是先高低变化 H→L,再嵌入特征[M] L→LM。最后还有两个出现频次最少的变化,高降变低升 HL→LM 和高降变低凹 HL→MLM。两个变化的第一步都是高降首先变低降 HL→ML,这时如果"嵌入"一个特征[M],就完成了高降变低凹的过程 ML→MLM;如果"简化"掉一个特征[M],就变成了低平[L] ML→L,这时后面再嵌入一个特征[M],就形成低升 L→LM。这两种变化之所以非常少,变化过程要多于前面的几类,是一个重要的原因。

9.3　声调的演化构拟

笔者在这一节将根据西北方言声调变化的一般语音机制、以往对西北方言的文献记录,以及方言的地理分布来探究几种声调的合并演化过程,以及它们未来的发展走向。在依次推演二声系统和三声系统的演化方向之前,要先厘清两个概念,即"底层拱形"与"原型"。

9.3.1　声调的"底层拱形"与"原型"

要探究一个方言声调的演化过程,首先要明确变化之前的声调拱形是怎么样的。前面§9.1已经提到"底层拱形"和"原型"这两个概念。在不同的方言中,它们两个的表现形式有可能是一致的,也可能是不一致的。"底层拱形"也叫"底层表达",属于音系研究共时层面的概念,与"表层表达"相对应,主要用于推导幼儿习得母语时,在话语生成过程中前后不同的表达形式,这是一个抽象的概念,它与"表层表达"没有历时时间线上先后的区别,只有"生成"规则实施之前和之后的区别。而"原型"是指某一个方言的调类在变成现在的拱形之前,历史上曾经可能存在的拱形状态,这是一个历时层面的问题,是一个音韵学的概念。

笔者通过共时层面上"表层表达"与"底层表达"生成关系的推导,来推演方言调类历时层面的"原型"。所依据的原理是,声调拱形的变化是遵循一定的语音机制和音系规则的,拱形的变化不会脱离基本的语音机制,而且,从省力原则和类推原则来讲,同一个语言/方言中,人们会更愿意反复使用相同的语音机制。所以历时层面上声调出现的变化,与共时层面上声调底层和表层之间的变化有相同的语音机制和音系制约。因此,用共时层面的变化推演历时的演化是有据可循的。

当然,也不能仅仅依赖"底层表达"与"表层表达"的对应关系,有时候还需要借助文献中对该方言的原始记录,以及同源方言和同一个区域的方言之间的系统对应关系,才能推导出方言调类的"原型"。笔者在做这个工作时,首先分析单字调与双音节字调的拱形对应关系,找出双音节字调中存在、而单字调中不存在的拱形,再根据声调变化的语音机制和音系规则,以及文献的记录和相邻方言点的声调情况,推导它们之间的相关性,通过第一次归纳得出方言点的"底层拱形",然后按照同样的步骤分析单字调与三音节字调的拱形对应变化关系,进行第二次归纳,得出几个典型方言点的声调底层拱形(见下表9-8中,"构拟拱形"下的四列,详细推导过程见本书第5至第8章)。笔者将文献中对它们的记录列在下表右侧四栏中作为参考。表中带"＊"的标记意味着这个调类的拱形目前还无法确定。

表9-8　几种合并类型的声调底层拱形推测

方言		构拟拱形				文献记录			
方言片	合并类型	1a	1b	T2	T3	1a	1b	T2	T3
兰银金城	ABD-C 型 I	L＊	L＊	HL	M	13	13	53	13
中原陇中	ABD-C 型 II	L＊	MH	HL	MH＊	214/21	35	53	44
中原陇中	AB-CD 型	L	MH	HL	H	13	=1a	55	31
中原秦陇	AC-BD 型	H	MLM＊	HL/H＊	MH＊	44	24	53	213
兰银河西	ABC-D 型	LM＊	MH＊	ML＊	HL	33	53	=1b	31
中原秦陇	AB 型	L＊	MH	HL	H	213	24	53	44
兰银河西	AC 型	H	HL	L/M＊	L＊	44	53	44	13
兰银河西	BC 型	H	HL	L＊	ML	44	53	=1b	213
中原陇中	BD 型	L＊	MH	HL	MH＊	214/21	35	53	44
兰银金城	CD 型	H	HL	L＊	L＊	31	53	442	13

可以看出,在几个典型的方言点中,最稳定的拱形是高降,无论是笔者的田野调查记录,还是文献记录,还是在连字调中的表现,它都是最稳定的(详见第五章至第八章)。这也和§9.2.2中对拱形的统计结果相符。其他几个拱形的变化比较多,较之文献记录,笔者从单字调和连字调的比对中构拟的底层拱形与之有些出入。下面笔者按照先三声、再二声的顺序,以这几个典型方言点为例,尝试构拟它们的历时演化路径。之后再进行对比分析。

9.3.2　三声系统的推演

本书在前面已经详细描写了六类三声系统的声调格局状况,包括单字调和双音节及三音节字调。需要说明的是,在上文每次提到两个调类的合并时,笔者都没有明确声调调类归并的方向,即哪个调类归于哪个调类,而是仅仅说明哪两个调类目前处于合并的状态,所以在表格中,笔者一直使用" = "这个符号,而不是声调演化研究时惯用的符号">",也就是说,笔者彼时没有明确两个合并调类的主客关系。在这个部分,笔者要论证的就是两个合并调类之间的主客关系和它们的演化过程。三声系统共分六类,依次的代表方言点是:AB 型固原、AC 型古浪、AD 型红古、BC 型酒泉、BD 型海原海城、CD 型永登河桥。本节按照第六章中对它们连字调的分析,将特征相似、地理位置相近的点放到一起分析。我们首先分析 AB 型固原和 BD 型海原海城,其次是 AC 型古浪和 BC 型酒泉,最后是 AD 型红古海石湾和 CD 型永登河桥。

9.3.2.1　AB 型和 BD 型的合并演化

AB 型固原是阴平与阳平合并,BD 型海原海城是阳平与上声合并。在推测它们的调类归并方向之前,我们首先做以下三项工作:

第一,查找文献中对两个方言点的记录(见上页表 9-8)。文献中固原和海原海城的声调都被记录为四个调,上声和去声与我们的田野调查记录一致,上声高降,去声高平。阴平和阳平略有不同,阴平固原是低凹,海原海城除了低凹还有低降,阳平是高升。

第二,海原海城属于中原陇中片,固原属于中原秦陇片,二者都是在宁夏境内。我们要对比观察与它们相邻的方言点四声系统的声调拱形。观察表 9-9 大致可以得出一个结论,上声一直都很稳定。对于 AB 型固原来说,拱形出现变化了的是阴平和阳平,对于 BD 型海原来说,拱形出现变化的是去声。

表9-9　相邻的四声系统方言点的拱形

编号	方言片	区县	村镇	特征表达			
				1a	1b	T2	T3
1	中原陇中	海原县	海城镇 MLZ	MLM	MH	HL	H
2	中原关中	泾源县	大湾乡 MRX	MLM	MH	HL	H
3	中原关中	泾源县	香水镇 SW	ML	MH	HL	H
4	中原陇中	隆德县	沙塘镇 MLZ	ML	MH	HL	H
5	中原陇中	隆德县	城关 CJ	ML	MH	HL	H
6	中原秦陇	彭阳县	城关 MTY	ML	MH	HL	H
7	中原秦陇	彭阳县	城关 HYL	MLM	MH	HL	H
8	中原秦陇	彭阳县	草庙乡 HNN	MLM	MH	HL	H

　　第三,结合对 AB 型的阴平与阳平,以及 BD 型阳平与去声在连字调中的表现分析(§6.3和§6.4),AB 型的阴平处于双音节字调的首字时,始终是低升的拱形[LM],处于尾字时,始终是低降的拱形[ML];阳平无论处于首字还是尾字,始终都是升的拱形[LM/MH]。BD 型的阳平在双音节字调中的表现和 AB 型的阳平一样,去声则有三种拱形变体,包括低平、高平和低降。再看看它们在三音节字调中的表现,AB 型的阴平在三音节字调中变化非常多,有高平、低升和低降三种拱形,阳平无论是居于首字、尾字还是中字,始终保持低升拱形。BD 型的阳平在三音节字调中,首字和中字都是低升,尾字也是升拱,但是有高低变体。而去声在中字时很稳定为高平,首字有低升变体,尾字是凸降变体。

　　结合上面三点,可以得出一个结论,阳平的稳定性要大于阴平和去声。

　　接下来我们构拟它们的演化过程,笔者将两种可能的归并方向置于表9-10的左右两侧,左侧的构拟假设是 AB 型和 BD 型的阳平分别归入阴平或去声的过程,*显示与实际调研的结果不相符,右侧显示与实际调研相符合的演化过程。最后需要说明的是,AB 型的阴平和阳平合并后,纯粹的"升调"的拱形很少,大多是凹升拱形,以升为主,还有几位发音人是两折调拱形。

表 9-10　AB 型和 BD 型归并模拟

合并类型	归并方向					归并方向			
	阴	阳>阴	上	去		阴>阳	阳	上	去
AB	L	*L	HL	H	AB	MH	MH	HL	H
合并类型	归并方向					归并方向			
	阴	阳>去	上	去		阴	阳	上	去>阳
BD	ML	*H	HL	H	BD	ML	MH	HL	MH

注：*表示与现实调研不相符的假设,下同。

接下来,我们考察一下这两个拱形变化的语音机制,它们经历的变化分别是:

T1a：L→LM→MH

T3：H→MH(H→M→MH)

T1a 的变化其实很简单,首先是经过"嵌入原则",第一步应该是在双音节字调中实现的,原因可能和后字的声调调头比较高有关,所以后字的特征被发音同化到前字的尾部,由 L 变为 LM,再经历音高的高低变化,由 LM 变为 MH。值得一提的是阴平的双音节字调的尾字都是低降调,这也可能与词尾喉塞引起的音高下降有关,同时又可以反证首字调尾被后字调头影响的事实。同时也能解释为什么在这一类合并方式的方言中,有的单字调阴阳平实现为升调(同心、永靖),有的实现为凹升调(宁夏境内的大部分方言,如固原、隆德、西吉、彭阳)。

T3 的变化是简单的"嵌入原则",在高平的前面加入了一个特征[M]。但也有可能是高平先出现高低的语音变体,在变成低平之后,后面嵌入特征[H],因为去声在双音节字调中有三种拱形变体:低平、高平和低降,在三音节字调中,中字始终为高平很稳定,首字有低升变体,尾字是凸降变体。既然在双音节中有低平变体,那么先从高平变成低平就有可能,而且高变低的语音实现也更容易。调尾的升高可能是由后字调头的特征影响,因为在双音节尾字和三音节尾字时,它都变成降调,说明它的调尾是个很容易受到环境影响的部分。

最后,AB 型的阴平与阳平能够合并,跟阴平原来的调型也有关,它的"原型"发音目标固定为"低",但拱形不固定。一旦拱形不固定,就会出现变体,一旦变体与其他调类的拱形相近,两个调类的合并就有了启动机制。但是有意思的是为什么固原的阴平和阳平合并之后,拱形是一个凹升调,而不是升调呢?这很容易让人误解是阳平归入了阴平。其实是因为升调拱形与凹调拱形在一个连续统上(朱晓农等 2012),区别是不一样的拐点和最终的语言目标,升调的拐点通常在声调曲线的 10%~20%左右,凹调一般在 40%~50%左右。升调的语言目标是调尾的高,凹调是拐点的低。如果升调将拐点向后移动到 20%~30%左右,就是一个凹升调。AB 型和 BD 型的变化都符合上文总结的西北方言声调拱形变化的语音机制和音系原则。同时,分布相近的方言点在发生语音变化的时候,采用同一条音系规则,也符合音变的"类推原则"。

9.3.2.2 AC 型和 BC 型的演化

AC 型古浪是阴平与上声合并,BC 型酒泉是阳平与上声合并。BC 型中除了兰银河西小片的方言点,还有很多宁夏境内的方言点,都属于兰银银吴官话区,比如同心、银川、中卫、青铜峡等。在推测它们的调类归并方向之前,我们首先做以下三项工作:

第一,查找文献中对两个方言点及周边方言点的记录(表 9-8)。文献中古浪和酒泉的声调都被记录为三个调,调类的合并与我们的田野调查记录一致。调值也一致:阴平高平,阳平高降,上声古浪高平、酒泉高降,去声古浪低升、酒泉低凹。

第二,古浪和酒泉都属于兰银河西片,我们要观察这个地区相邻的四声系统方言点的声调拱形,得到下表 9-11。观察下表,大致可以得出一个结论,阳平是最稳定的。这一点也在论证 BD 型合并的过程中得到证实。

表 9-11　相邻的四声系统方言点的拱形

编号	方言点	区县	村镇	特征表达			
				1a	1b	T2	T3
1	兰银河西	民乐县	顺化乡 LDC	H	HL	MLM	ML
2	兰银河西	玉门市	赤金镇 ZJ	H	HL	MLM	ML／＝T2
3	兰银河西	肃南县	大河乡 ACX	H	HL	MLM	ML
4	兰银河西	肃南县	大河乡 YYH	H	HL	MLM	ML
5	兰银河西	酒泉市	清水镇 WWC	H	HL	MLM	ML

第三,结合对 AC 型的阴平与上声,以及 BC 型阳平与上声在连字调中的表现(详见§6.3 和§6.4)。AC 型的阴平无论是处于双音节字调的首字还是尾字,始终都是高平的拱形[H];上声有高平、低降、高升三种拱形[H/ML/MH]。BC 型酒泉的阳平和上声在双音节字调中,无论是出于何种环境下,只有高降一种拱形。

再看看它们在三音节字调中的表现,AC 型的阴平在三音节字调中几乎都是高平,只有一处例外。AC 型的上声变化最多,没有规律可循,有高平、低升、低降、高降四种拱形。BC 型在三音节字调中,阳平处于尾字时都是高降;首字时有高平变体,其他情况都是高降;中字有低降变体,其他情况也是高降。BC 型的上声在三音节字调中相对活跃,尾字都是高降,其他位置时由其后面的声调拱形决定,后面是高降,它就是低降,后面是高平,它就是高降。

从它们在连字调中的表现可以看出,这两种类型的上声相较于另一个合并的调类,都要更活跃一些。尽管在 BC 型中的上声已经稳定了很多,在单字调和双音节字调中与阳平已经毫无区别,但在三音节字调中,其活跃度就显露了出来。

接着我们做演化的构拟(表 9-12):

接下来,我们考察一下这两个拱形变化的语音机制,分别是:

T2:L/L→M→H;

T2:L/MLM→ML→HL

表 9-12　AC 型和 BC 型归并模拟

合并类型	归并方向					归并方向			
	阴>上	阳	上	去		阴	阳	上>阴	去
AC	*L	HL	L	ML	AB	H	HL	**H**	ML
合并类型	归并方向					归并方向			
	阴	阳>上	上	去		阴	阳	上>阳	去
BC	H	*L	L	ML	BD	H	HL	**HL**	ML

AC 型的上声只有高低的变化,原来的低调可能在语音实现上表现为低平[L]或者中平[M],在这个格局中,和阴平的高平合并过程中,只有语音上的高低变化。BC 型中,上声的低调在语音实现上更可能是低凹 MLM,首先低凹经历"简化原则"MLM→ML,再经历语音高低变化 ML→HL。从语音机制上讲,BC 型的变化更加容易,这也能反过来证明为什么 BC 合并类型的方言分布最广,也最稳定。

阳平上合并是兰银官话区分布最广的一种三声类型,它的分布地点除了兰银河西这一片,还有一片比较集中的方言点在宁夏,属于兰银银吴片。在笔者调查到的兰银北疆片也有零星几个方言点是这种合并类型,北疆的这种分布主要是由移民造成的。

9.3.2.3　AD 型和 CD 型的演化

最后两类三声系统的合并类型都在兰银金城片,主要分布在兰州城关四区、永登县和红古区。

首先做以下三项工作:

第一,查找文献中对两个方言点及周边方言点的记录(表 9-8)。以往的文献中(雒鹏 1999;张文轩、邓文靖 2010;莫超、朱富林 2014),红古的声调被记录为两个调,阴平、阳平和去声合并,都是低升,而永登被记录为四个调(车瑞 2014),阴平低降、阳平高降,上声高平降,去声低升。永登阴平的调值与我们的调研结果不同,我们的记录是个高平。

第二,红古和永登都属于兰银金城片,我们在调查时,发现在这个小片里与它们相邻的皋兰还保留着四个声调。观察下表 9-13,虽然表中各方言点的声调拱形差异很大,但是也可以得出一个结论,相对来说,阳平是最稳定的。这一点在论证上述四种合并类型的三声系统时,也得出了相同的结论。

表 9-13　相邻的四声系统方言点的拱形

编号	方言点	区县	村镇	特征表达			
				1a	1b	T2	T3
1	兰银金城	皋兰县	什川乡 WJB	ML	HL	LML	MLM
2	兰银金城	红古区	海石湾镇 YXY	MH	= 1a	H	= 1a
3	兰银金城	红古区	海石湾镇 JWL	MLM	= 1a	H	= 1a
4	兰银金城	红古区	海石湾镇 JJ	H	HL	MLM	= T2

第三,由于 AD 型的发音人只有一个人,这里主要观察 CD 型的上声与去声在连字调中的表现(§6.3 和§6.4)。在双音节字调中,我们发现 CD 型的上声和去声表现完全一样,但是它们在三音节字调中有了分化,上声、去声在首字时,上声多为低升,只有两处为低降;去声首字时多为低降,只有中字也为去声时,首字去声才变为低升。上、去为中字时,上声是低升,去声是低降或者低凹。

上声和去声都有多个变体,不能仅从变化数量上判断谁更加稳定,但是如果结合兰银河西 AC 型和 BC 型的演化,似乎可以看出上声更加活跃。但是同为兰银官话的金城小片里,红古发音人的去声也出现了与阴平合并的情况。

如果考虑到音变的"类推原则",我们更愿意相信是上声在变,如果从活跃度上来看,去声和上声都有变化的可能。下面做演化的构拟演示(表9-14):

表9-14　AD型和CD型归并模拟

合并类型	归并方向					归并方向			
	阴>去	阳	上	去		阴	阳	上	去>阴
AC	*L	MH	HL	L	AB	H	MH	HL	**H**
合并类型	归并方向					归并方向			
	阴	阳	上>去	去		阴	阳	上	去>上
CD	H	HL	**MLM**	L	CD	H	HL	L	**MLM**

通过这个构拟我们发现 AD 型可以比较清楚地显示出是去声归入了阴平。但是 CD 型的归并没有那么一目了然。虽然在三音节字调的分析中,去声比上声要更活跃一些,但相比上面四种类型来看,它们其实活跃程度是相当高的。另外,在第八章中,笔者也提到以往文献中对兰州话上声的记录拱形变体非常多,再加上 AC 型和 BC 型也是上声向别的调类归并,从地理分布、方言片区和"类推原则"来看,上声归入去声似乎更加合理。

接下来,我们考察一下它们两个拱形变化的语音机制,分别是:

T3：L→M→H;

T2/T3：L→LM →MLM;L→ML →MLM

从语音机制来看,无论是上声归入去声,还是去声归入上声,都是"嵌入原则",让一个低调变成另一个低调。之所以在这个类型的合并方向上不能肯定地得出结论,还有一个原因是上声和去声都是"纯低调",它们只是在语音层面实现为不同的音高拱形,就如文献中对上声的记录那样,有升、有平、有凹,去声在单字调中虽然相对稳定,但是在连字调中也有不同的音高变体。再结合第八章对兰州话的分析,目前我们能得出的结论就是它们合并了,但是还不能得出合并的方向。

9.3.3　二声系统的推演

接下来讨论二声系统的声调合并问题。本节根据上一节三声方言的合并情况,将已经发现的四类二声系统的方言合并与相关的三声方言联系起来。比如 ABD-C 红古型是阴、阳、去合并,这里就将它与 AB 型和 BD 型的三声方言放到一起讨论;AB-CD 临夏型是阴平、阳平合并,上、去合并,就将它与 AB 型和 CD 型的三声方言一起讨论;AC-BD 西宁型是阴平、上合并,阳平、去合并,就将它与 AC 型和 BD 型的三声方言一起讨论;ABC-D 威武型是阴、阳、上合并,就将它与 BC 型和 AC 型的三声方言一起讨论。根据第五章对二声方言的描写,会发现上述四类二声方言的确有方言点与上述三声方言点的地理分布有交叉重合的情况。比如 ABD-C 红古型中就有海原县的分布点,为西安镇和关桥乡。AB 型的三声系统中也有海原县的发音人,而 BD 型的三声系统主要都是海城镇的发音人和靖远县的发音人。AB-CD 临夏型的临夏市与永靖县相邻,永靖县刘家峡镇和盐锅峡镇的发音人都属于 AB 型的三声系统。ABC-D 威武型的武威市地理上本身就在兰银河西片,与 BC 型的三声系统的方言点酒泉、张掖都相邻。几个类别中,只有 AC-BD 西宁型与其他几类的相关度不高,但是蒿川乡的发音人也属于 AC-BD 西宁型的二声类别,它与 BD 型三声系统的海城镇属于一个行政区。

9.3.3.1　ABD-C 红古型的演化(AB+BD)

ABD-C 红古型是阴平、阳平和去声合并,与上声形成对立。合并后的拱形大多为凹调,上声的音高拱形分两类,一类是平,一类是降,但是并没有形成方言与音高拱形的对应。同样是在海石湾镇,有三位发音人(MRY、YXY、JWL)是上声高平,另外有两位发音人(ZXF、ZJ)是上声高降。

在进行声调合并的推演之前,首先做以下三项工作:

第一,查找文献中方言点的记录。红古被记录为两个调,阴平、阳平和去声合并,都是低升,上声是高平(参见:雒鹏 1999;张文轩、邓文靖 2010;莫超、朱富林 2014)。

第二,对比周围方言点的声调情况。观察下面表 9-15,从上声的音高拱形来看,也可以得出一个结论,无论是文献中的记录,还是笔者的调查,红古二声系统的声调拱形与中原秦陇的 AB 型和 BD 型非常接近,而与兰银金城的 CD 型不同。而且,在这个系统中,上声是最稳定的,不像兰银官话,都是阳平最稳定。

表 9-15　相邻的四声系统方言点的拱形

编号	方言点	区县	村镇	特征表达			
				1a	1b	T2	T3
1	兰银金城	皋兰县	什川乡 WJB	ML	HL	LML	MLM
2	中原陇中	永靖县	刘家峡镇 LF	MH	= 1a	HL	H
3	中原陇中	海原县	海城镇 ZYY	ML	MH	HL	= 1b
4	中原陇中	海原县	海城镇 MLZ	MLM	MH	HL	H
5	兰银金城	红古区	窑街镇 CFY	H	HL	MLM	= T2

第三,观察红古型发音人连字调的资料(详见 §5.3 和 §5.4),发现在双音节字调中,上声和去声要比阴平、阳平更稳定,而去声又比上声更稳定。去声的尾字与单字调音高拱形一样,没有变化。三音节字调中,还是去声最稳定。阴平和阳平首字低调居多,要么是低降,要么是低平,阴平有 10 处、阳平有 9 处是这样的低调,这种情况和 AB 型的阴平一样。阳平一半与去声一致,另一半又与阴平一致。

下面做演化构拟(表 9-16):

ABD-C 红古型合并的第一步是阴平、阳平先合并,合并方向是阴平归并于阳平,与 AB 型的合并方向一致。这里有一个旁证是民和的发音人 MXZ 和乐都发音人 XSL,他们的声调格局都是阴阳平合并,只是去声还保持凹或者升的拱形变体,并没有完全与平声合并。合并的第二步是去声归入已经合并的平声。与 BD 型的合并方向一致。

表 9-16 **AB+BD** 型模拟红古声调演化

红古 I	归并方向					归并方向			
	阴	阳>阴	上	去		阴>阳	阳	上	去
AB	MLM	*MLM	HL	M	AB	LM	LM	HL	M
红古 II	归并方向					归并方向			
	平>去		上	去		去		上	去>平
BD	*M		HL	MLH	BD	LM		HL	LM

接下来,我们考察一下它们的两个拱形变化的语音机制,分别是:

T1a:MLM→LM;

T3:M→LM

阴平合并的语音机制属于"简化原则",而去声属于"嵌入原则"。所适用的语音机制和音系规则都与 AB 型和 BD 型三声系统的合并规则一致。

9.3.3.2 AB-CD 临夏型的演化(AB+CD)

临夏型是阴阳平合并、上去合并,形成两个调的对立。这一类分为两类,一类以临夏为代表,阴阳平是低凹调,上去是高降;另一类以兰州西固为代表,拱形刚好相反,阴阳平是高降,上去为低凹或者凹升。从方言点的分布上可以看出,临夏型和 CD 型的三声系统关系很密切,从声调拱形的分布来看,临夏型的拱形与 AB 型的三声系统很接近,而且与临夏相邻的永靖方言就属于 AB 型三声系统。

在推演之前先做以下三项工作:

第一,查找文献中对该方言点的记录(表 9-8)。文献中临夏方言被记录为三个调,阴平、阳平合并,是低升[13],上声高平,去声降调。这和我们田野调查到的不一致,我们调查到的临夏周边方言上声是高降,去声是高平,与文献记录相反。

第二,对比周围方言点的声调情况。笔者将与临夏和永登相邻的方言点的声调录入表9-17。观察下表可以得出一个结论,以高降的拱形为准,如果上声是高降,那么上声更稳定,如果阳平是高降,那么阳平更稳定。可以看出,虽然都是阴阳平合并、上去合并,但临夏的上声更稳定,而西固的阳平更稳定。

表9-17 相邻的四声系统方言点的拱形

编号	方言点	区县	村镇	特征表达			
				1a	1b	T2	T3
1	兰银金城	皋兰县	什川乡 WJB	ML	HL	LML	MLM
2	中原陇中	永靖县	刘家峡镇 LF	MH	=1a	HL	H
3	兰银金城	永登县	城关镇 LJC	H	HL	MLM	=T2

观察临夏型发音人连字调的资料(详见§5.3和§5.4),会发现在双音节字调的变化中,西固的阳平更稳定,对比上、去,去声变体更多。临夏的上声和阳平都比较稳定,去声最活跃,其次阴平。从三音节字调来判断,第二小类里面阳平要比阴平稳定,上声比去声稳定,变体更少。上声高降居多,去声高平居多。因为在第八章中我们比较详细地讨论了兰州西固的声调演变过程,此处主要以临夏小类为例,构拟它们的合并过程(表9-18):

表9-18 AB+CD型模拟临夏声调演化

临夏 I	归并方向					归并方向			
	阴	阳>阴	上	去		阴>阳	阳	上	去
AB	L	*L	HL	H	AB	**MLH**	MLH	HL	H
临夏 II	归并方向					归并方向			
	平	上>去	去			平	上	去>上	
CD	MLH	*L	L		CD	MLH	HL	**HL**	

这个类型的合并过程可能是先后进行,也可能是同时进行。不过考察以往的文献记录后发现,阴阳平合并的类型更早地出现在宁夏和甘肃的中原陇

中片,上去合并的类型目前还在进行中(衣莉等 2017)。所以,笔者假设这个类型的二声系统也是有两步变化过程,第一步是阴平归入阳平,得出的拱形结果与调研的事实相符合。上去合并为第二步,上文论证 CD 型三声系统时,认为上声和去声谁归入谁还无法判断,只能假定是去声归入了上声,但是结合临夏的归并来看,去声归入上声更加符合该方言调查的结果。如果是上声归入去声,拱形应该是高平,这与调查结果完全不同。

两个步骤的拱形变化的语音机制分别是:

T1a:L(LM/MLM)→MLH→LH;

T3:H→HL

阴平的底层原型是个低调,可能是低升,也可能是低凹,如果是前者,就是经历了"嵌入"过程,如果是后者,就经历了高低变化。凹升也有可能进一步通过"简化原则"变成升。去声的变化非常简单,就是在调尾"嵌入"了一个低[L]的特征,成为高降。

9.3.3.3 AC-BD 西宁型的演化(AC+BD)

AC-BD 西宁型的合并类型是阴平上声合并、阳平去声合并,形成"平—升"或者"降—凹"的拱形对立,这个合并类型的方言分布有三小块:最主要的一块都在青海,第二个点在甘肃永登河桥,还有两个点在宁夏吴忠红寺堡和海原蒿川乡。

推演之前首先做以下三项工作:

第一,查找文献中对该方言点的记录(表9-8)。文献中西宁被记录为四个调,阴平高平44、阳平高升24、上声高降53、去声凹调213。这个记录离我们时间很近,也就是二十多年前。

第二,对比周围方言点的声调情况。笔者在表9-19列出永靖县和海原县几个点的声调调值。西宁在地理位置上与永靖县很近,海原县与宁夏吴忠红寺堡及海原蒿川乡可以互相参考、观察。从下面这个表可以得出一个结论,阳平的高升、上声的高降都是附近方言点很稳定的特征。

表 9-19　相邻的四声系统方言点的拱形

编号	方言点	区县	村镇	特征表达			
				1a	1b	T2	T3
1	中原陇中	永靖县	刘家峡镇 LF	MH	= 1a	HL	H
2	中原陇中	海原县	海城镇 ZYY	ML	MH	HL	= 1b
3	中原陇中	海原县	海城镇 ZQ	ML	MH	HL	= 1b
4	中原陇中	海原县	海城镇 MLZ	MLM	MH	HL	H

第三,观察西宁型发音人连字调的资料(详见§5.3 和§5.4),发现在双音节字调中,阴平似乎最稳定,除了与去声尾字组合时是个低升,其他情况都是高平。上声尾字都是高平,首字有高平、高降和中平。阳平和去声稳定性相当。再观察它们在三音节字调中的表现,发现阴平最稳定,而阳平和去声依然相当。从文献记录中查看线索,能够发现其实阳平和去声在合并之前的音高拱形就非常接近,一个是升、一个是凹,这两种音高其实就是在最低拐点处出现的前后变化。不过从周围方言的情况来看,阳平的升调应该更加稳定。下面构拟它的演化过程(表 9-20):

表 9-20　AC+BD 型模拟西宁声调演化

西宁	归并方向				归并方向			
	阴>上	阳>去	上	去	阴	阳	上>阴	去>阳
	* HL	* MLM	HL	ML	H	MH	**H**	**MH**

按照我们的实地田野调查,阴平上和阳平去的三声系统都分布的方言点很少,阴平上合并的方言点零星分布在阴阳平合并的三声系统的方言周围,阳平去合并的三声方言分布于阳平上分布的方言周围。依照文献的记载,笔者发现阴平上合并的三声类型出现得比较早,阳平去的三声类型出现得比较晚,但是西宁方言的阳平和去声的原型拱形非常接近,其实更容易合并。所

以在上表推演中就没有分为两步,而是将它们放到一起。

它们两个拱形变化的语音机制分别是:

T2:HL→H;

T3:MLM→MLH→LH

上声本来是比较稳定的高降拱形,但高降变高平,从语音机制上来讲属于更省力的"简化原则";去声是低凹变凹升,再变升,属于先改变拐点位置,这一步其实也比较容易,因为本身就在一个连续统上面。之后再实施"简化原则",截断最前面的特征[M],变为升调。

9.3.3.4 ABC-D 威武型的演化(AC+BC)

ABC-D 威武型的合并类型是阴、阳、上合并,与去声形成"凹—降"或"平—降"的拱形对立,这种合并类型形成的拱形有一个比较特殊的地方在于去声是高降,而与武威邻近的酒泉和肃南县的三声系统中,去声要么实现为低凹,要么实现为低降。我们前面也提到,一般音高拱形为高降的调类,相比于其他调类通常都更稳定一些。

在推演合并的方向之前,依然要先完成以下几个步骤:

第一,查找文献中对该方言点的记录(表9-8)。发现武威曾被记录为三个调,阴平中平33、阳平和上声合并都是高降53,去声低降。

第二,接着对比周围方言点的声调情况。观察下面表9-21可以看出周围方言点的去声的确是个低调,而无论是 BC 型,还是 AC 型,去声要么是低降,要么是低凹。这一片的方言中阳平总是最稳定的,是个高降。

表 9-21 相邻的四声系统方言点的拱形

编号	方言点	区县	村镇	特征表达			
				1a	1b	T2	T3
1	兰银河西	酒泉市	肃州区 WU	H	HL	= 1b	MLM
2	兰银河西	金塔县	鼎新镇 LD	H	HL	= 1b	MLM

续表

编号	方言点	区县	村镇	特征表达			
				1a	1b	T2	T3
3	兰银河西	酒泉市	肃州区 JY	H	HL	= 1b	ML
4	兰银河西	武威市	古浪安宁镇 ZXZ	H	HL	= 1a	ML
5	兰银河西	民勤县	泉山镇 DHR	H	MH	MLM	HL

第三,观察武威型发音人连字调的资料(详见§5.3和§5.4),发现在双音节字调中,武威的去声最稳定,始终保持高降,而阴、阳、上发生变化的频次几乎一模一样,无法从双音节字调判断它们彼此的稳定性,更无法判断它们的底层拱形。三音节字调中,阳平最稳定,去声次之,上声和阴平最活跃,出现了多种拱形变体。下面推演它的变化过程(表9-22):

表9-22 AC+BC型模拟武威声调演化

武威 I	归并方向				归并方向			
	阴	阳>上	上	去	阴	阳	上>阳	去
	M	*MLM	MLM	ML	H	HL	**HL**	ML
武威 II	归并方向				归并方向			
	阴>阳上		阳-上	去	阴		阳-上>阴	去
	HL		HL	ML	H		**H**	ML
	HLM		HLM	HL	H		**H**	HL

鉴于无法从连字调中判断这个点各个调类的稳定性,笔者将周围方言的归并情况作为一个切入口。周围兰银河西片的BC型三声系统是形成更早、更稳定的合并类型,这一点也有早期的文献来佐证(周磊2005),所以笔者首先推演阳平上先合并,合并方向是上声归入阳平,这样推演之后的拱形表现与田野调查结果一致。但是第二步阳平上与阴平再合并的过程,却不是非常

明显。从目前调查到的武威发音人的声调拱形来看,可以是阳平上归入阴平,保留高平调,也可以是阴平归入阳平上,合并之后由高降调尾再加一个特征[M],形成后凹调,或者两折调。这两种情况在调查中都存在,去声在整个声调格局中作为唯一降调,经历了音高高低的变化,成为一个高降调。

拱形变化的语音机制分别是:

T2:MLM→(ML)→HL;

T2/T1b:HL→H

T2/T1a/1b:HL→HLM

T3:ML→HL

第一个上声的变化经历了"简化原则"和音高的高低变化;第二个变化是合并的阳平上,高降变高平也是"简化原则";第三个阴阳平上经历"嵌入原则",调尾添加特征,成为后凹,或者两折调;第四个变化是单纯的音高高低变化。

9.4　语言接触与语言演化

9.4.1　语言接触

在讨论西北方言的发展变化时,有大量的文献谈到"语言接触"(陈保亚1996;雒鹏1999;莫超、朱富林2014;阿错、向洵2015;敏春芳2018;桥本万太郎2008)。从地理位置、人口分布和历史变迁几个角度来看,"语言接触"的确是西北方言形成、发展、变化的主要外因,比如笔者在"导言"中提到的兰州市永登县,在我们调查到的31位发音人当中,算上不同的拱形对立和调类合并方式,最后共统计归纳出十种不同的声调音高分布(见§1,表1-1),这里面既有四声格局,也有三声和二声格局。有一位发音人(XXF)的阴平例字分裂为一个平调和一个降调,而且平调和降调的读音完全没有规律可循,单字调既不是句调,也不能称为"声调"(详见§1)。笔者考察了永登县的历史,发现永登城西南的连城镇曾是明代"鲁土司"的政权中心,调研的时候,笔者还去实地参观过。鲁土司历经明、清、民国,一直到20世纪30年代才废除土司制度。因此不能忽视蒙古语对当地汉语方言的影响。笔者在实地调研的时候,还不时听到当地人自称祖上是从南京迁移到这里的,当然这个说法还有待证实。从葛剑雄(2022)的研究来看,甘青宁新四个省区在历史上的确一直都处于有汉族移民、少数民族居民不断从各个方向进入的情况。张成材在《青海汉语方言古今声调的比较》(2013)一文中也提到青海话有一种简化的趋势,他认为这是受到了阿尔泰语系变调和轻重音的影响。从地理分布来看,二声系统(海原西安镇除外)主要集中分布在陇中、秦陇、河西、金城交会的地带,最早发现二声系统的兰州红古区就与民和相邻,民和县是回族和土族自治县,它和临夏的永靖县都是茶马古道的必经之地,民和的土族讲蒙古语,县内还有大量藏族人口,主要讲安多藏语,这两种语言都是没有声调的语言。BC型三声方言集中分布的地带之一是河西地区,这里原本就是丝绸之路,一路上聚居、散居着很多少数民族,比如张掖的肃南,就分布着讲阿尔泰语系语言的裕固族,肃南县还有马蹄藏族乡,肃南的藏族占全县人口的25%。酒泉的肃北县是蒙古族自治县,有40%的人口是蒙古族。笔者曾经去肃北县调研,几乎所有的社交场合都是讲蒙古语,在场的汉族人也讲蒙古语。新疆和宁夏本来就是少数民族自治区,与少数民族长期以来形成聚居杂居的环境。笔者去伊犁地区伊宁县调研时,寻找的发音人是一对近70岁的汉族老夫妇,他们都是从甘肃迁移到新疆地区的,两人都能说很流利的哈萨克语,也能用维吾尔语交流。由此可见,少数民族语言对西北方言的影响是毋庸置疑的。除此之外,汉语普通话的影响也不容忽视,一方面多民族杂居,多方言区的居民杂居,选择用普通话交流最经济、省力;另一方面,电视的普及、各种媒体的覆盖度,也让接触普通话的语境变得更加容易。目前这种影响已经在很多方言点引起了语言生活的改变,比如笔者在新疆调查时,就发现原本很多属于兰银官话的三声方言点都已经变成四声系统的北京官话了。

如果接触是必然的,那么接触是如何起作用的呢? 笔者在这一章开篇部分已经提到一位匿名评审专家的观点和陈保亚对于方言接触中"匹配"与"回归"的理论。笔者认为这个理论非常适合用来解释西北方言的形成,特别是针对西北方言中单字调与连字调的相互转换,单字调逐渐减少,以及词调的形成问题上。当然除了接触这个外因,还有很多其他的社会因素也在起作用,比如本书第八章讨论的兰州方言在变化的过程中,年龄和受教育程度就与阴平音高拱形的选择强相关,性别与阴平音高拱形的选择弱相关。

除了上述外因,笔者想探究的是声调的音高拱形在出现变化的时候,是否有什么内在的、语音本身具有的因素在起作用,这些因素在声调受到外部因素影响时,会决定它朝着某个特定的方向改变,而不是随机改变。还是拿兰州话为例,兰州话的阴平原来是个降调,在汉语普通话的影响下,年轻人和受教育程度比较高的人群开始采用高平拱形的语音变体。但是与此同时,阳平并没有受到普通话的影响,音高拱形没有变成高升,依然保持高降。笔者在前面两个小节中已经讨论了声调演化过程中,声调的音高拱形变化会受制于一些语音机制和音系规则的约束。那么兰州话阴平的变化,从高降到高平符合这些语音机制和音系规则,而阳平如果从高降变高升则要增加两个步骤,先适用"简化原则",脱落一个特征[L],再适用"嵌入原则",从前面嵌入一个特征[M],从变化的步骤来看,阴平先发生改变是自然而然的事情。下面笔者用几个小案例阐释语言演化过程中的语音机制与音系规则的制约作用。

9.4.2　语言演化

前面在文献综述的部分,笔者已经提到凯瑟琳・杨和许毅(Yang & Xu 2019)汇总了四十五个不同语言/方言中的五十二种声调演变的案例,最后发现所有的声调演化大都沿着一条逆时针的路线。这个结论与朱晓农(2018a)提出的声调演化钟有很多重合的部分。

下面就是他们总结出来的"逆时针演化路线"（Yang & Xu 2019）：

low level 11|22 > low falling 32 > mid falling 42 > high falling 52 >

high level 55 or *rising-falling 453* > *mid rising 45|35* > *low rising 24|13 >*

falling-rising323|214 or *low level 11|22 > low falling 32*

上面这个路径中标了阴影的就是在文献中出现过的兰州方言的上声调值。我们再看一下上声在兰银官话中的分布和变化情况,可发现它的每一个变化都在"逆时针"的演化路线上。在讨论兰州方言的变化时(详见§8,表8-1),笔者谈到,目前上声与去声的合并趋势也许只是上声的一个状态,未来上声或许会出现别的变化,比如和阴平合并,或者继续保持独立,或者拱形会发生变化。从表9-23可以看出兰银官话中的上声在不同的方言点与不同的调类出现过合并的情况,当然合并的方向不一定都是从上声并入其他调类,比如BC型和AC型是上声分别并入阳平和阴平(详见§9.3.2.2),但是CD型则有可能是去声并入上声(详见§9.3.2.3)。声调在合并的过程中,音高拱形的变化是与"逆时针"(Yang & Xu 2019)相契合的。

表 9-23　上声在兰银官话中的分布与合并情况

T1a	T1b	T2	T3	方言点数量
平	升/高降	=T1a	升/高降/凹	AC 型 6 个点
平/高降	升/高降/凹	=T1b	升/高降/平	BC 型 42 个点
平/高降	高降	=T3	升	CD 型 31 个点

笔者在本研究的调查过程中发现了两个方言点,一个是宁夏海原县,一个是甘肃兰州永登县,都出现了在一个县内调查到的发音人彼此之间呈现出不一样的调类合并情况,这在其他的调查点完全没有出现过。相反,在西北方言的调查中,常常会发现很多不同的方言点呈现出一样的声调格局。像周磊(2005)记录的新疆三声方言,就有十几个点的声调格局、音高拱形都完全一样。在笔者调查到的兰银官话河西片中,声调格局也呈现出很强的一致

性。而这两个点却表现出与周边方言完全不一样的发展状态：海原县共有
10 位发音人，呈现出五种不同的调类合并（表 9-24）；永登县共有 31 位发音
人，排除掉不同的拱形分布呈现出七种不同的声调格局类型（表 9-25）。除
了声调合并类型的不同，它们都还有几种不同的拱形对立存在。

表 9-24　海原县发音人的声调格局

镇	发音人	1a	1b	T2	T3
西安镇	TZF	= 1b	MLH	HL	= 1b
关桥乡	LJ	= 1b	MH	HL	= 1b
蒿川乡	THT	= T2	MLH	HL	= 1b
海城镇	ZYY	ML	MH	HL	= 1b
海城镇	ZQ	ML	MH	HL	= 1b
海城镇	LH	MLH	= 1a	HL	H
城关	YXH	MLM	= 1a	HL	H
树台乡	CQ	MLM	= 1a	HL	H
黑城镇	YWF	MLM	= 1a	HL	H
海城镇	MLZ	MLM	MH	HL	H

先看海原的情况，从表 9-24 的最下面一行往上看，就可以看出海原声调
变化的路径，海原在林涛（1995）的文中被记录为四个声调，笔者在海城镇的
调查也的确遇到四个声调的发音人（表 9-24，发音人 MLZ），但同样在海城
镇，还发现了三位合并类型不一样的三声系统发音人（表 9-24，发音人 ZYY、
ZQ 和 LH）。观察他们的声调格局，ZYY 和 ZQ 属于 BD 合并类型，去声归入
阳平；LH 属于 AB 型合并，是阴平归入阳平。一个变化是 T3：H→MH；一个
是 T1a：L→LM→MH。两个都符合笔者在本章第二节总结的语音机制和音
系规则（详见 §9.3.2.1）。蒿川乡的发音人 THT 在去声归入阳平的基础上，

又出现了阴平归入上声的变化：T1a：L→ML→HL（详见§9.3.3.3）。西安镇的发音人TZF先实现了阴平归入阳平（AB型），然后是去声又归入平声（详见§9.3.3.1），海原县关桥乡的LJ也是属于这一种合并类型。可以看出，在一个县城之内就可以观察到四声到三声，再由三声到二声的声调演化过程。

表9-25　永登县发音人的声调格局

镇	发表人	类数	1a	1b	T2	T3
河桥镇	LWT	3	H	HL	MLM	= T2
河桥镇	THL	3	H	HL	MLM	= T2
河桥镇	XYY	3	H	HL	MLM	= T2
河桥镇	YSQ	3	H	HL	MLM	= T2
河桥镇	YYQ	3	H	HL	MLM	= T2
河桥镇	ZJP	3	H	HL	MLM	= T2
河桥镇	ZCG	3	H	HL	MLM	= T2
河桥镇	HYX	3	H	HL	MLM	= T2
河桥镇	ZYF	3	H	HL	MLM	= T2
连城镇	MZJ	3	H	HL	MLM	= T2
连城镇	XYL	3	H	HL	MLM	= T2
连城镇	SJH	3	H	HL	MLM	= T2
连城镇	WC	3	H	HL	MLM	= T2
连城镇	WSP	3	H	HL	MLM	= T2
连城镇	WYY	3	H	HL	MLM	= T2
连城镇	YFL	3	H	HL	MLM	= T2
城关镇	LJC	3	H	HL	MLM	= T2

续表

镇	发表人	类数	1a	1b	T2	T3
连城镇	ZJH	3	H	MH	= 1a/MLM	MLM
河桥镇	YTC	2	HL	= 1a	MLM	= 1a
城关镇	FSL	2	HL	= 1a	MLM	= T2
城关镇	WZX	2	HL	= 1a	MLM	= T2
城关镇	BZ	2	HL	= 1a	MLM	= T2
河桥镇	LLY	2	HL	= 1a	MLM	= T2
河桥镇	YTCH	2	HL	= 1a	MLM	= T2
河桥镇	LTY	2	HL	= 1a	MLM	= T2
连城镇	LXD	2	H	H/MH/HL	MLM	MLM
连城镇	XXF	2	H/HL	H/HL	= 1a	= 1a
河桥镇	LAX	2	H	= 1a	= 1a	HL
河桥镇	SDW	3	H/HL	HL	1a/T3	MLM
河桥镇	ML	4	H	HL/MH	= 1a/MLM	= 1a/1b
河桥镇	ZMS	4	H	MH	MLM/H	HL
达晶晶记录		**3**	**53**	**= 阴平**	**44**	**13**

再看永登的几种声调格局,永登在文献中被记录为三个调,但属于阴阳平合并的类型(达晶晶 2018,表 9-25 最下面标了阴影的一行),笔者在永登调研时没有遇到这种合并类型的发音人,不过从永登目前的调研结果来看,不能否定这种类型存在的可能性。观察表 9-25,可以看出来,在这个点的声调变化中,阴平、上声和去声非常活跃,上去合并的三声类型人数最多,其次是阴阳平合并,同时还有上去合并的二声类型。其他的几种类型都属于这两大类的过渡带。阴平归入阳平的变化是 T1a:H→HL,或者是 HM→HL。上声比较活跃,我们从表 9-23 也能看出这一点。上声归入阴平,经历的变化是

T2：MLM→M→H，可以看出来，有的变化是从 MLM 开始，有的是从 M 开始。上声与去声合并的变化我们已经在前面提到（详见 §9.3.2.3），方向不是很明确，变化是 T2/T3：MLM→LM→MH；或者 MLM→MLH。去声归入阴平的变化是：T3：MLM/LM→H。所有的变化都符合本章第二节中提到的语音机制和音系规则。此外，也符合大多数声调的"逆时针演化路线"（朱晓农 2018a；Yang & Xu 2019）。

如前所述，永登县河桥镇曾经是明代至民国鲁土司统辖的地区，汉语方言与少数民族语言的接触必不可少，当地汉语方言的形成一定会有少数民族学习汉语方言的底层特征。当地的方言在发展的过程中，必然也少不了与"目标语言"（汉语方言）"匹配"与"回归"的过程。如果再结合实地调研的结果，会更好地证实这个假设，因为在连字调当中，会保留更多的音高拱形，这也从侧面说明连字调是更早被学习掌握的一种变体。单字调当中带了过多少数民族语言的底层特点。

声调变化的原因一定是与周围的方言、语言的接触密不可分的，观察地理分布，可以看出二声方言主要集中分布在甘肃兰州的红古区和永登县，这个地带又是河西、金城、陇中、秦陇交会的地带，二声方言的分布也有其他零星的方言点，比如宁夏海原县，它位于同心县以南，正如前文所述，同心是兰银官话和中原官话的交界地带，在北宋时，这里就是宋和西夏的边界线（张安生 2000）。目前这个点被兰银官话银吴小片、中原秦陇和陇中片环绕。这里方言声调的变化可能是接触，也可能是自然演化导致四声到三声、三声到二声的变化。

综上，笔者认为，在声调的变化过程中，接触作为外因是一个不容忽视的力量，但是声调遵循语音机制和音系规则自然变化的内因，也起到了很大的作用。在考察声调演化的过程中，二者应该综合考虑。单字调与连字调之间的对应音高变化，与声调调类格局中调类的音高变化遵循相同的语音机制与音系规则，这一点也说明自然演化机制在声调变化的过程中起着很重要的作用。

9.5　小　结　与　讨　论

　　本章在对二声、三声和四声方言单字调与连字调的拱形对应变化分析的基础上(详见第5~7章),总结了"甘青宁新"四省区声调拱形变化背后的四条语音机制与音系规则。在这四条规则的基础之上,分析六种三声方言和四种二声方言的合并机制,找出它们声调调类归并的方向,以及声调归并过程中音高拱形变化的语音机制和音系规则。总体来说,目前笔者调查到的六类三声方言和四类二声方言的合并都符合本章第二节总结的语音机制和音系规则。

　　接着笔者从语言接触与语音演化两个角度来讨论西北方言声调的变化原因。西北四省区的历史渊源和地理位置决定了这个地区方言的变化是离不开语言之间的相互影响的。西北汉语方言的形成,本身就具有少数民族语言的底层特征,这一点也毋庸置疑。在充分考虑"语言接触"这个外因的基础之上,笔者又以两个方言点的声调变化为例,同时结合兰银官话中上声的变化,进一步讨论语言、方言变化过程中存在的"内因",即语音机制和音系规则能否决定语言的演化方向。分析结果发现在西北方言声调的变化过程中,由特定语音机制和音系规则导致的变化也是西北方言形成、演化过程中一个不容忽视的重要方面。在西北方言的声调演化过程中,语音的"截断"机制、高低音变、音系的"简化原则""嵌入原则"都扮演了重要的角色。

　　在分析了西北四省区声调的分类、单字调与连字调的拱形对应关系,以及它们的变化路径之后,笔者想讨论一下方言分区的问题。现行的方言划片的依据是依靠入声的归并。笔者实地调研中发现方言片区之间或者方言内部都存在声调格局不统一的情况。比如前面讨论的几种三声格局中,除了BC型合并和CD型合并比较整齐,其他几类的分布都比较散乱。BC型基本都是兰银河西和兰银银吴片,CD型都是兰银金城小片。而AB型、AC型和

BD 型当中都同时包含了中原秦陇、中原陇中、兰银河西、兰银北疆等不同方言片区的方言点。在此,笔者比较认同魏阳、朱晓农(2021)对于方言划片的论述:"方言片区是按声韵调多项特征来划分的;声调片是按声调特征来划分的。……问题在于多条同言线必定会有交叉,特征越多,交叉情况就越繁复。到最后如果能量化当然最好,但若不能,还得回到以某项特征为主的策略。……在官话大片的下位划分时使用单一的声调特征如型类对应是值得尝试的合理方法。"又:"型类对应是一种同时涉及类型和演化的群体表现,用作分类标准应该权重较高。而入声字的再分配,如果是整体搬迁,那还好点,如果是分化归类,尤其是原因不明的分化,如莱州的 4 个点,用作分类标准权重不宜过高,因为这种分化很可能由特定的接触因素造成。"这个观点也和贺登崧(2018)的方言地理学观点相契合。

那么,依据目前的调研成果,笔者认为"甘青宁新"四省区的很多方言点的方言片的划分需要重新考虑。比如武威和金昌永昌就与兰银河西片方言点的声调格局完全不同。而原本不属于一个方言片的一些方言点,比如固原、西吉、西宁、门源、互助、化隆、湟源、循化等,它们的声调拱形、调型和声调格局的归并又都是一样的。此外,还有一些方言点,比如甘肃的临夏市、红古区、永登县,宁夏的海原县,自身的声调格局就不统一,像永登一地,31 名发音人就有七种不同的声调格局(Yi 2023),几乎与它相邻的任何方言点都不一样。临夏市的方言也与中原陇中的声调调型不一样,所以笔者认为应该针对中原秦陇和中原陇中的分区进行更精密、深入的方言地理类型调查。方言片的划分要结合声调类别与声调调型,同时也要结合声韵母、方言接触等多种因素重新权衡方言片区的划定。

第十章

结　论

10.1 研究内容

本书是建立在大范围语料收集基础上的单字调描写和归类。针对每一位发音人的录音材料进行声调标注、基频提取、数据整理、LZ‑SCORE 标准化，然后绘制声调格局图。与此同时，分别用五度表达和特征表达分别描写声调调值，根据调型和调类的合并，对各方言点的声调进行重新归类整理。

笔者针对单字调与连字调(双音节字调和三音节字调)之间的声调拱形变化进行描写和整理。先针对双音节字调和三音节字调做了与单字调的语料同样的工作：收集、标注、数据提取和 LZ‑SCORE 标准化处理，后绘制声调格局图，并给每一个方言点的双音节字调和三音节字调定调值，依然同时采用五度表达和特征表达。依据单字调不同调类的合并情况，探究每一种单字调在形成双音节字调和三音节字调之后的音高拱形变化，以及变化背后的语音机制和音系规则。并且依据连字调中每个调类的拱形变化、变化频次、稳定程度，逆推每个调类的"底层拱形"。

本书总结了所调查到的四种二声系统和六种三声系统方言在单字调与连字调拱形变化之间存在的所有语音机制和相应的音系规则，共归纳出四条规则在起作用。再依据这四条语音变化机制和音系规则，结合分析连字调，得到不同方言中各个调类的"底层拱形"，再一一考察每个点的文献记录和与它相邻点的方言拱形分布，确定其声调调类的"原型"，继而推演每一种合并类型的演化方向。结论是 AB 和 BD 型演化过程中，阳平更稳定，分别是阴平、去声归入阳平,形成不同合并类别;AC 和 BC 的合并类型中,上声是最不稳定的一个调类,分别归入阴平与阳平,形成不同合并类别;AD 和 CD 类型在演化中,出现了分歧,AD 型更倾向于去声归入阴平,而 CD 型在分析的过程中,似乎是二者均可,如果与 AD 型相类比,应该是去声归入上声,如果与 AC 和 BC 型相类比,应该是上声归入去声。从整体兰银官话片来看,上声归入去声更有可能。可是从音高拱形的变化来看,去声归入上声又更合理。

在上述研究的基础之上,笔者讨论了语言接触与语言变化的相互关系。针对西北方言的声调变化,笔者认可专家们的观点,即西北方言有其特殊的历史与地理因素,接触的因素必不可免。与此同时,笔者根据前人对声调演化的研究(Yang & Xu 2019)结论,结合两个比较特殊的方言点(海原和永登)的分析,以及兰银官话区上声的变化,又论证了在接触的背后,语音机制和音系规则的"内因"作用。论证了西北方言声调的变化除了接触,也离不开制约它们的语音规则,目前所观察到的拱形变化都遵循声调演化的"逆时针路径",同时也都符合"简化原则"和"嵌入原则"。

10.2　方法和理论的推进

本书在研究方法和理论上的推进主要体现在以下几个方面:

首先,通过连字调(包括双音节字调与三音节字调)的拱形变化,逆推调类的"底层拱形",再结合以往的研究、相关的邻近方言点的材料,逆推每个调类的"原型"。"底层拱形"和"原型"有可能是一致的,也可能是不一致的。"底层拱形"是针对幼儿学习母语时,与声调表现出来的"表层拱形"相对应的一个抽象概念,指"生成"之前的状态,它与"表层拱形"没有时间先后的区别,只有"生成"之前和之后的区别,是一个共时层面的问题,是一个音系的概念。而"原型"是指某一个调类在变成现在的声调拱形之前可能存在的状态,这是历时层面的问题,是一个音韵的概念。笔者通过共时层面对"底层拱形"的推导,来推演历时层面的"原型",这是研究方法和理论上的一个推进。而且,在推导"原型"时,也没有仅仅依赖连字调中推导出来的"底层拱形",还结合了文献记录的材料、对比分析同源方言和同一个区域的方言相对应的调类系统,综合结果,推导"原型"。

其次,在上一个方法的基础之上,推演每一种合并类型中调类的合并方向。以往的文献中记录的声调合并,大都没有强调合并的方向。笔者查阅到的文献中,多次出现的是"两个调类合并"这样的表述方式,比如"阳平上"合并,但是没有进一步说明到底是阳平归入上声,还是上声归入了阳平。对合并方向的进一步探究,目的就是不能仅仅局限于用"接触"来解释方言的变化,只有弄清楚谁归入了谁,才能看出哪个调类更加活跃,哪个调类更稳定,也更容易分析哪种拱形更容易发生变化,以及发生变化的机制,这样才能从不同的方言中找出相似的类别。当然,这个研究也为语音变化的一般规律找到一些论据,比如目前调查到的兰银官话中上声的变化都是沿着"逆时针演化"的路径,而所有拱形的变化都遵循了四条基本的语音机制和音系规则。

再次,基于对声调变化和声调系统的分类归纳,提出对西北方言分区的思考,提议应该针对中原秦陇和中原陇中的分区进行更大范围的调研,结合声韵母、声调归并模式、声调拱形分布等多种因素,建议在官话片区划分时考虑"调类—拱形"的对应关系,综合权衡方言片区的划定,而不仅仅是入声字的归并。

10.3 缺憾和研究前瞻

本书的研究还有两点缺憾:首先研究原计划在收集方言材料时,除了依循传统的从小到大的语音单位的顺序来录制语音材料,同时还要收集自然语流(spontaneous speech)的材料。分析数据时,原本打算将自然语流切分,对照四声调类,抽取自然话语中的单字、连字进行描写与分析。但目前只完成了单字调、双音节字调和三音节字调的语料收集与描写。只在甘肃的田野调查中采集了自然语流的材料,其他三省的材料还有待收集。希望今后能够针对这项工作进行更深入的研究。其次是有关少数民族使用汉语方言的研究。本研究在调研的过程中就意识到,有些地方的少数民族对汉语方言的使用与当地汉族人使用的汉语方言有所不同,不仅体现在词汇,在声调上也有差别,比如宁夏银川、甘肃临夏、青海西宁的回族在使用当地的汉语方言时,与当地的汉族居民就有声调和词汇上的显著差异。这个方面也会在今后的研究中,结合社会语言学的研究方法,做更深入、细致的研究。

参考文献

艾金勇 杨阳蕊 于洪志 2008《临夏方言单字调声学实验与统计分析》,《科技信息（科学教研）》第 17 期,13—14 页。

艾约瑟 2011《上海方言口语语法》,蔡剑峰等编,钱乃荣等译,北京：外语教学与研究出版社。

安亚彬 2010《庆阳市西峰区方言声调实验研究》,兰州：西北民族大学硕士学位论文。

白玉波 2011《宁夏泾源方言中的 ABB 构形例析》,《宁夏大学学报（人文社会科学版）》第 2 期,32—35 页。

曹德和 1987《巴里坤汉话的底层调类及其调值》,《新疆大学学报（哲学社会科学版）》第 1 期,102—108 页。

曹兴隆 2014《甘肃清水方言语音调查研究》,保定：河北大学硕士学位论文。

曹志耘 1987《汉语方言研究的思考》,《山东大学学报（哲学社会科学版）》第 1 期,40—45 页。

曹志耘 1998a《敦煌方言的声调》,《语文研究》第 1 期,11—15 页。

曹志耘 1998b《汉语方言声调演变的两种类型》,《语言研究》第 1 期,89—99 页。

曹志耘 邵朝阳 2001《青海乐都方言音系》,《方言》第 4 期,373—383 页。

车瑞 2014《甘肃方言永登话声调实验研究》,兰州：西北民族大学硕士学位论文。

陈保亚 1996《论语言接触与语言联盟：汉越（侗台）语源关系的解释》,北京：语文出版社。

陈宁萍 1985《宁波方言的变调现象》,《方言》第 1 期,15—27 页。

陈胜 2006《现代汉语韵律词研究综述》,《语文学刊》第 11 期,139—141 页。

陈英 2001《试论库车话的底层调类及调值——兼谈其调类的演变》,《乌鲁木齐成人教育学院学报（综合版）》第 1 期,13—19 页。

陈育宁(主编)2008《宁夏通史》,银川:宁夏人民出版社。

陈渊泉 2001《汉语方言的连读变调模式》,北京:外语教学与研究出版社。

陈忠敏 1988《南汇方言的三个缩气音》,《语文研究》第 1 期,131—134 页。

陈忠敏 1993a《汉语方言连读变调研究综述》,《语文研究》第 2 期,63—66 页。

陈忠敏 1993b《汉语方言连读变调研究综述(续)》,《语文研究》第 3 期,55—60 页。

陈忠敏 2002《方言间的层次对应——以吴闽语虞韵读音为例》,丁邦新、张双庆编《闽语研究及与周边方言的关系》,香港:香港中文大学出版社。

陈忠敏 2005a《论方言的语音对应——以闽语齐韵读音的对应为例》,第 38 届国际汉藏语会议,福建厦门。

陈忠敏 2005b《论语音层次的时间先后》,《语言研究集刊》第 2 辑,上海:上海辞书出版社。

陈忠敏 2005c《有关历史层次分析法的几个问题》,《汉语史学报》第 5 辑,上海:上海教育出版社。

陈忠敏 2007《语言层次的定义及其鉴定的方法》,丁邦新主编《历史层次与方言研究》,上海:上海教育出版社。

陈忠敏 2013《汉语方言语音史研究与历史层次分析法》,北京:中华书局。

程工 1999《名物化与向心结构理论新探》,《现代外语》第 2 期,128—144 页。

寸熙 朱晓农 2013《成渝方言声调研究》,《语言研究》第 4 期,1—11 页。

达晶晶 2018《百年兰州方音研究》,南京:南京师范大学硕士论文。

邓功 1987《试说鄯善汉话的声调系统》,《新疆大学学报(哲学社会科学版)》第 1 期,109—115 页。

邓文靖 2009a《三声调方言康乐话的两字组连读变调》,《甘肃高师学报》第 1 期,33—36 页。

邓文靖 2009b《西北地区三声调方言分布特点透析》,《兰州大学学报(社会科学版)》第 3 期,66—72 页。

邓文靖 2011《三声调方言秦安话的两字组连读变调》,《汉字文化》第 5 期,36—40 页。

丁邦新 1998《丁邦新语言学论文集》,北京:商务印书馆。

董建丽 2018 《西北汉语方言的语气词研究综述》,《现代语文》第 2 期,29—33 页。

董印其 2011a 《新疆汉语方言南疆片形成研究》,《新疆职业教育研究》第 3 期,55—62 页。

董印其 2011b 《新疆汉语方言北疆片形成研究》,《新疆教育学院学报》第 4 期,99—108 页。

董印其 陈岳 2012 《新疆汉语方言研究 30 年文献述评》,《新疆师范大学学报(哲学社会科学版)》第 4 期,68—73 页。

杜芊 2021 《甘肃文县方言声调的实验研究》,兰州:兰州大学硕士学位论文。

都兴宙 1995 《论西宁话里的虚词"lia"》,《青海民族学院学报(社会科学版)》第 1 期,56—61 页。

都兴宙 2001 《西宁方言两字组连读变调研究》,《青海民族学院学报(社会科学版)》第 4 期,99—102 页。

都兴宙 狄志良 1997 《西宁方言词典简论》,《青海民族学院学报(社会科学版)》第 1 期,84—89 页。

冯爱珍 1993 《福清方言研究》,北京:社会科学文献出版社。

付康 2015 《漳县方言语音研究》,兰州:西北师范大学硕士学位论文。

宫琪 1993 《韵律音系学概述》,《外语教学与研究》第 4 期,10—17 页。

高葆泰 1980 《兰州音系略说》,《方言》第 3 期,224—231 页。

高葆泰 1982 《宁夏方音跟陕、甘、青方音的比较》,《宁夏大学学报(社会科学版)》第 4 期,23—33 页。

高葆泰 1989 《宁夏方言的语音特点和分区》,《宁夏大学学报(社会科学版)》第 4 期,37—50 页。

高葆泰 1996 《普通话基础方言基本词汇集:银川音系与基本词汇》,北京:语文出版社。

高葆泰 张安生 1997 《银川话音档》,上海:上海教育出版社。

高葆泰 林涛 1993 《银川方言志》,北京:语文出版社。

高本汉 1940/1994 《中国音韵学研究》,北京:商务印书馆。

高河青 2018 《青海乐都方言语音比较研究》,西宁:青海师范大学硕士学位论文。

高远平 2016《乌鲁木齐芦草沟乡甘肃白银回族移民方言点方音研究》,乌鲁木齐:
　　新疆大学硕士学位论文。

高云峰 2004《声调感知研究》,上海:上海师范大学博士论文。

郭方忠 1986a《概述甘肃行政区划历史沿革》,《兰州学刊》第 1 期,73—82 页。

郭方忠 1986b《概述甘肃行政区划历史沿革(续一)》,《兰州学刊》第 2 期,95—
　　97 页。

郭方忠 1986c《概述甘肃行政区划历史沿革(续二)》,《兰州学刊》第 3 期,70—
　　75 页。

郭方忠 1986d《概述甘肃行政区划历史沿革(续三)》,《兰州学刊》第 4 期,91—
　　97 页。

郭纬国 1995《循化方言志》,西宁:青海人民出版社。

葛剑雄(主编)2022《中国移民史》,上海:复旦大学出版社。

韩莉 王嵘 2012《定西地区方言研究现状》,《甘肃高师学报》第 4 期,37—39 页。

韩夏 李龙 潘悟云 2013《计算机田野调查及处理系统》,《清华大学学报(自然科学
　　版)》第 6 期,888—892 页。

贺登崧 2018《汉语方言地理学》,岩田礼、石汝杰译,上海:上海教育出版社。

侯精一 1980《平遥方言的连读变调》,《方言》第 1 期,1—14 页。

黄伯荣 赵浚等 1960《兰州方言概说》,《西北师大学报(社会科学版)》第 1 期,71—
　　122 页。

黄大祥 2005《民勤方言音系说略》,《甘肃高师学报》第 6 期,1—5 页。

黄大祥 2009《甘肃张掖方言同音字汇》,《方言》第 4 期,342—352 页。

黄家教 詹伯慧 1986《谈汉语方言的语音调查》,《中山大学学报(社会科学版)》第 4
　　期,114—124 页。

黄海英 2014a《甘肃甘谷话单字调的声学分析》,《语文学刊》第 5 期,14—15 页。

黄海英 2014b《甘肃甘谷话双音节字调声学实验研究》,《文教资料》第 34 期,17—
　　19 页。

焦立为 2003《三个单字调的汉语方言的声调格局》,第六届全国现代语音学学术会
　　议,天津。

金健 2010《广州方言和东海方言平调的感知研究》,《方言》第 2 期,145—155 页。

金健 施其生 2010《汕头谷饶方言多个降调的声学分析和感知研究》,《中国语文》
　　第 6 期,544—556+576 页。

景永智 2010《陇县方言语音研究》,西安:西北大学硕士学位论文。

康广玉 郭世泽 孙圣和 2009《汉语连续变调语音合成算法》,《计算机工程与应用》
　　第 15 期,28—30 页。

兰州大学中文系语言研究小组 1963《兰州方言》,《兰州大学学报(社会科学版)》第
　　2 期,81—141 页。

赖福吉,彼得 2018《语音数据分析——田野调查和仪器技术入门》,朱晓农等译,北
　　京:商务印书馆。

李蓝 2020《甘肃方言的声调类型及其历史文化背景》,《汉语学报》第 1 期,80—
　　86 页。

李倩 2001《中宁方言两字组的两种连调模式》,《语言学论丛》第 24 辑,62—85 页,
　　北京:商务印书馆。

李倩 史濛辉 陈轶亚 2020《声调研究中的一种新统计方法——"增长曲线分析"法
　　在汉语方言研究中的运用》,《中国语文》第 5 期,591—608 页。

李荣 1979《温岭方言的连读变调》,《方言》第 1 期,1—29 页。

李荣 1985a《官话方言的分区》,《方言》第 1 期,2—5 页。

李荣 1985b《三个单字调的方言的调类》,《方言》第 4 期,241—242 页。

李如龙 2000《论汉语方言比较研究(上)——世纪之交谈汉语方言学》,《语文研究》
　　第 2 期,1—7 页。

李瑞 2016《乌鲁木齐板房沟回民汉语方言研究》,乌鲁木齐:新疆大学硕士学位
　　论文。

李生信 2008《宁夏方言研究五十年》,《宁夏大学学报(人文社会科学版)》第 5 期,
　　64—67 页。

李树俨 1989《中宁县方言志》,银川:宁夏人民出版社。

李树俨 李倩 2001《宁夏方言研究论集》,北京:当代中国出版社。

李树俨 张安生 1996《银川方言词典》,南京:江苏教育出版社。

李小凡 2002《汉语方言连读变调的层级和类型》,国际中国语言学会第 11 届年会,日本名古屋。

李小凡 2004《汉语方言连读变调的层级和类型》,《方言》第 1 期,16—33 页。

林端 1987《新疆汉话的声调特点》,《新疆大学学报(哲学社会科学版)》第 1 期,96—101 页。

林茂灿 2004《汉语语调与声调》,《语言文字应用》第 3 期,57—67 页。

林焘 1987《北京官话区的划分》,《方言》第 3 期,166—172 页。

林涛 1995《中卫方言志》,银川:宁夏人民出版社。

林涛 2012《宁夏方言概要》,银川:宁夏人民出版社。

林涛 2016《盐池方言的形成、差异比较及发展趋势》,《北方语言论丛》第 4 辑,154—169 页。

林文芳 洪英 朱晓农 2013《短降也分高低——降调种类的补充》,《东方语言学》第 13 辑,上海:上海教育出版社。

刘丹青 1997《南京话音档》,上海:上海教育出版社。

刘复 1926《四声实验录》,上海:亚东书局。

刘俐李 1989《乌鲁木齐回民汉语的单字调连读调和调类的共时演变——兼论声调层次》,《新疆大学学报(哲学社会科学版)》第 1 期,85—91 页。

刘俐李 1992a《乌鲁木齐回民汉语声母与广韵声母比较》,《新疆大学学报(哲学社会科学版)》第 1 期,109—116 页。

刘俐李 1992b《乌鲁木齐回民汉语中的双焦点辅音》,《新疆大学学报(哲学社会科学版)》第 4 期,111—112 页。

刘俐李 1993《新疆汉语方言的形成》,《方言》第 4 期,265—274 页。

刘俐李 1995《新疆汉语方言语音特点的扩散》,《新疆大学学报(哲学社会科学版)》第 1 期,80—86 页。

刘俐李 1996《新疆汉语方言研究述评》,《新疆大学学报(哲学社会科学版)》第 3 期,96—99 页。

刘俐李 1998《焉耆话的语法重叠与变调》,《语言研究》第 1 期,110—117 页。

刘俐李 2000《论焉耆方言的变调类型》,《语言研究》第 1 期,81—89 页。

刘俐李 2002《20 世纪汉语连读变调研究回望》,《南京师范大学文学院学报》第 2 期,176—182 页。

刘俐李 2003a《同源异境三方言声调比较》,《语言研究》第 2 期,104—109 页。

刘俐李 2003b《汉语声调论》,南京:南京师范大学出版社。

刘俐李 2004a《永宁音系》,《青海师专学报(教育科学)》第 6 期,29—33 页。

刘俐李 2004b《二十世纪汉语声调理论的研究综述》,《当代语言学》第 1 期,45—56 页。

刘俐李 2005《连调中的折度打磨》,《语言研究》第 4 期,23—27 页。

刘俐李 周磊 1986《新疆汉语方言的分区》,《方言》第 3 期,161—171 页。

刘伶 1983《新兰州话简论》,《兰州大学学报(社会科学版)》第 3 期,106—121 页。

刘伶 1987《略论敦煌方音的形成》,《兰州大学学报(社会科学版)》第 2 期,130—134 页。

刘伶 1988《敦煌方言志》,兰州:兰州大学出版社。

刘伶 2014《会宁方言语音特点》,《甘肃高师学报》第 1 期,39—42 页。

刘昕 2016《西北次方言的音系分析——以甘肃省平凉市方言为例》,《黑龙江生态工程职业学院学报》第 2 期,154—155 页。

柳春 2010《甘肃临夏方言回腔语音格局研究》,兰州:西北民族大学博士学位论文。

柳春 于洪志 李永宏 2013《甘肃临夏方言回腔元音格局研究》,《甘肃高师学报》第 6 期,39—41 页。

刘喜堂 1994《青海建省述评》,《西北史地》第 1 期,84—90 页。

芦兰花 2011《湟水流域汉语方言语音研究》,西安:陕西师范大学博士学位论文。

迪克森,罗伯特 2010《语言兴衰论》,朱晓农等译,北京:北京大学出版社。

罗堃 2010《甘肃宁县方言的语法特点》,《华中师范大学研究生学报》第 3 期,67—71 页。

雒鹏 1994《甘肃汉语方言词法初探》,《西北师大学报(社会科学版)》第 6 期,42—45 页。

雒鹏 1999《一种只有两个声调的汉语方言——兰州红古话的声韵调》,《西北师大学报(社会科学版)》第 6 期,74—77 页。

雒鹏 2001 《甘肃汉语方言声韵调及特点》,《西北师大学报(社会科学版)》第 2 期,120—125 页。

雒鹏 2002 《甘肃靖远方言两字组变调》,《西北师大学报(社会科学版)》第 5 期,91—94 页。

雒鹏 2003 《甘肃靖远方言儿化变调》,《西北师大学报(社会科学版)》第 5 期,116—118 页。

雒鹏 2007 《甘肃汉语方言研究现状和分区》,《甘肃高师学报》第 4 期,1—4 页。

雒鹏 2008 《甘肃省的中原官话》,《方言》第 1 期,65—69 页。

吕超荣 2013 《甘肃静宁(城川)方言语音研究》,西安:陕西师范大学硕士学位论文。

吕叔湘 1980 《丹阳方言的声调系统》,《方言》第 2 期,85—122 页。

马大正 2013 《中国边疆经略史》,武汉:武汉大学出版社。

马建东 2003 《天水方言声母特点》,《天水师范学院学报》第 4 期,28—30 页。

马企平 1984 《临夏方言语法初探》,《兰州学刊》第 1 期,79—84 页。

马树钧 1988 《河州话的语音特点》,《西北民族学院学报(哲学社会科学版)》第 4 期,102—105 页。

苗普生 2020 《新疆历史论衡》,西安:西北大学出版社。

敏春芳 2018 《语言接触与语言演变:东乡语和东乡汉语研究》,北京:中国社会科学出版社。

敏春芳 杜冰心 2018 《类型学视野下西北汉语方言"给"字句研究》,《陕西师范大学学报(哲学社会科学版)》第 3 期,62—69 页。

莫超 2004 《白龙江流域汉语方言语法研究》,北京:中国社会科学出版社。

莫超 朱富林 2009 《洮河流域汉语方言的语音特点》,《方言》第 3 期,242—249 页。

莫超 朱富林 2014 《二声调红古话的连读变调》,《甘肃高师学报》第 1 期,43—46 页。

聂鸿音 2011 《汉语西北方言泥来混读的早期资料》,《方言》第 1 期,66—67 页。

欧阳伟 2014 《图木舒克市汉语方言音系研究》,《喀什师范学院学报》第 4 期,48—51 页。

彭明权 2010《甘肃西峰方言两字组变调》,《陇东学院学报》第 3 期,14—16 页。

钱乃荣 1988《吴语声调系统的类型及其变迁》,《语言研究》第 2 期,63—80 页。

钱秀琴 2009《甘肃民乐方言音系记略》,《河西学院学报》第 1 期,16—20 页。

钱曾怡 2000《从汉语方言看汉语声调的发展》,《语言教学与研究》第 1 期,1—9 页。

钱曾怡 2001《山东方言研究》,济南:齐鲁书社。

桥本万太郎 2008《语言地理类型学》,余志鸿译,北京:世界图书出版社。

青海省志编纂委员会 1987《青海历史纪要》,西宁:青海人民出版社。

瞿霭堂 劲松 2019《汉语西北方言的形成:藏汉语法深层接触》,《东方语言学》第 2
    期,上海:上海教育出版社。

冉启斌 田弘瑶佳 祁褰然 2013《二声调方言红古话声调的声学分析》,《中国语音学
    报》第 4 期,82—92 页。

冉启斌 贾媛 2014《民勤话究竟是几调方言?——民勤话单字调内部差异的调查分
    析》,《南开语言学刊》第 1 期,北京:商务印书馆。

荣蓉 石锋 2013《音高和时长对普通话阴平和上声的听感影响》,《语言科学》第 1
    期,17—26 页。

沈同 1981《上海话老派新派的差别》,《方言》第 4 期,275—283 页。

松巴·益西班觉 1983《青海历史(一)》,《青海民族学院学报》第 4 期,34—45 页。

松巴·益西班觉 1984《青海历史(二)》,《青海民族学院学报》第 1 期,42—52 页。

宋法仁 1991《兰州方言比较谈》,《兰州教育学院学报》第 2 期,59—62 页。

宋佳 2014《兰州方言语音研究》,天津:天津师范大学硕士学位论文。

宋珊 2017《甘肃天祝县汉语方言语法研究》,兰州:兰州大学硕士学位论文。

孙凯 2013《青海贵德刘屯话的连读变调》,南京:南京大学硕士学位论文。

石汝杰 1987《〈西游记〉中苏北方言词语汇释》,《苏州大学学报》第 2 期,80—
    82 页。

唐志强 刘俐李 2016《哈密汉语方言单字调及双音节字调的声学研究》,《语言学论
    丛》第 54 辑,231—256 页,北京:北京大学出版社。

谭治琪 2011《环县方言初探》,兰州:西北师范大学硕士学位论文。

王福堂 1999《汉语方言语音的演变和层次》,北京:语文出版社。

王继霞 2015 《甘肃静宁(李店镇)方言语音研究》,兰州：西北师范大学硕士学位论文。

王军虎 1995 《〈西安方言词典〉引论》,《方言》第 3 期,81—93 页。

王军虎 1997 《西安话音档》上海：上海教育出版社。

王红洁 2019 《甘肃红古话声调感知研究》,兰州：西北民族大学硕士学位论文。

王可峰 2011 《甘肃甘谷方言声韵调及其特点》,《甘肃高师学报》第 6 期,59—61 页。

王力 1979 《现代汉语语音分析中的几个问题》,《中国语文》第 4 期,97—108 页。

王临惠 2003 《山西临猗方言同音字汇》,《方言》第 3 期,277—288 页。

汪平 1983 《苏州方言两字组的连调格式》,《方言》第 4 期,286—296 页。

汪平 1988 《常州方言的连读变调》,《方言》第 3 期,177—194 页。

王森 赵小刚 1997 《兰州话音档》,上海：上海教育出版社。

王士元 1987 《声调发展方式一说》,刘汉成、张文轩译,《兰州学刊》第 5 期,83—86 页。

王士元 2010 《王士元语音学论文集》,北京：世界图书出版公司。

王双成 2009a 《西宁方言的重叠式》,《青海师范大学民族师范学院学报》第 1 期,1—4 页。

王双成 2009b 《西宁方言的体貌》,《青海师范大学学报(哲学社会科学版)》第 1 期,126—129 页。

王锡珺 2016 《伊宁市汉语方言与周边成都方言词汇可懂度的计量研究》,伊宁：伊犁师范学院硕士学位论文。

王希隆、杨代成 2019 《清朝统一新疆及其历史意义》,《中国边疆史地研究》第 1 期,82—93 页。

王希文 1991 《元明清白话著作中的枣庄方言词汇》,《方言》第 4 期,278—282 页。

王晓斌 2011 《张掖方言语音研究》,西安：西北大学硕士学位论文。

王应龙 2011 《甘肃武山方言语音特点》,《宝鸡文理学院学报(社会科学版)》第 6 期,84—86 页。

王远新(主编) 2007 《语言田野调查实录》,北京：中央民族大学出版社。

王毓兰 1983 《兰州方言与普通话的语音差异》,《社会科学》第 3 期,13—17 页。

王韫佳 覃夕航 2015 《普通话单字调阳平和上声的辨认及区分——兼论实验设计对声调范畴感知结果的影响》,《语言科学》第 4 期,337—352 页。

魏阳 朱晓农 2021 《演化视野中的胶辽声调类型》,《民俗典籍文字研究》第 1 期,107—137+264 页。

武波 江荻 2017 《二声调语言呈现的轻重韵律模式》,《南开语言学刊》第 2 期,北京:商务印书馆。

吴开华 2009 《甘肃民勤方言音系》,《方言》第 1 期,40—52 页。

吴娟 2009 《银川方言声调连续变调的音系学分析》,上海:华东师范大学硕士学位论文。

吴建生 李改样 1989 《永济方言咸山两摄韵母的分化》,《方言》第 2 期,149—151 页。

吴银霞 2013 《秦安方言语音研究》,兰州:西北师范大学硕士学位论文。

吴宗济 2004 《面向普通话高自然度合成的韵律研究综述》,吴宗济《吴宗济语言学论文集》,北京:商务印书馆。

肖凡 1987 《也谈"连调"》,《语言研究》第 2 期,95—103 页。

谢自立 1982 《苏州方言两字组的连读变调》,《方言》第 4 期,245—263 页。

熊正辉 张振兴 2008 《汉语方言的分区》,《方言》第 2 期,97—108 页。

新疆社会科学院 1980 《新疆简史》,乌鲁木齐:新疆人民出版社。

邢向东 2004 《论西北方言和晋语重轻式语音词的调位中和模式》,《南开语言学刊》第 1 期,北京:商务印书馆。

邢向东 2007 《陕西省的汉语方言》,《方言》第 4 期,372—381 页。

邢向东 2008 《论陕南方言的调查研究》,《西北大学学报(哲学社会科学版)》第 2 期,127—133 页。

邢向东 2014 《西北方言重点调查研究刍议——以甘宁青新四省区为主》,《清华大学学报(哲学社会科学版)》第 5 期,122—134 页。

邢向东 郭沈青 2005 《晋陕宁三省区中原官话的内外差异与分区》,《方言》第 4 期,364—371 页。

邢向东 马梦玲 2019 《论西北方言的词调及其与单字调、连读调的关系》,《中国语文》第 1 期,26—39 页。

徐丹 傅京起(主编) 2019 《语言接触与语言变异》,北京:商务印书馆。

徐云扬 1988 《自主音段音韵学理论与上海声调变读》,《中国语文》第 5 期,331—
　　350 页。

许宝华 汤珍珠 钱乃荣 1981 《新派上海方言的连读变调》,《方言》第 2 期,145—
　　155 页。

闫小斌 2016 《汉语连读变调的方向不一致性探究》,《长春师范大学学报》第 3 期,
　　102—106 页。

杨顺安 1994 《面向声学语音学的普通话语音合成技术》,北京:社会科学文献出
　　版社。

杨苏平 2015 《隆德方言研究》,保定:河北大学博士学位论文。

杨艳霞 2015 《西和方言声调实验研究》,兰州:西北师范大学硕士学位论文。

杨子仪 马学恭 1990 《固原县方言志》,银川:宁夏人民出版社。

衣莉 2014 《兰州话的"上声"》,第十一届中国语音学学术会议,新疆乌鲁木齐。

衣莉 2018 《"纯低调"在西北方言中的体现》,《伊犁师范学院学报(社会科学版)》
　　第 1 期,73—80 页。

衣莉 2019 《西北方言单字调合并现象研究》,北京:知识产权出版社。

衣莉 李颖异 李晗 木觉珏 2017 《正在进行中的声调演化——兰州单字调》,《伊犁
　　师范学院学报(社会科学版)》第 3 期,81—88 页。

衣莉 朱晓农 2023 《演化观中的声调类型:西南吴语案例》,《语言科学》第 4 期,
　　364—385 页。

意西微萨·阿错 向洵 2015 《五屯话的声调》,《中国语文》第 6 期,483—497 页。

袁芳 魏行 2020 《西北方言否定语序演变的历时考察》,《现代语文》第 8 期,74—
　　82 页。

袁升伟 2012 《巴里坤话语法研究》,乌鲁木齐:新疆师范大学硕士学位论文。

岳国文 2007 《文县方言的语音系统》,《甘肃高师学报》第 4 期,5—8 页。

曾缇 2011 《奇台方言语音研究》,济南:山东大学硕士学位论文。

翟占国 张维佳 2019 《西北方言中的两声调方言》,《民族语文》第 2 期,41—53 页。

张安生 1992《宁夏盐池方言的语音及归属》,《方言》第 3 期,214—221 页。

张安生 2000《同心方言研究》,银川:宁夏人民出版社。

张安生 2005《银川话阳平上声合并史新探(上)》,《河北大学学报(哲学社会科学版)》第 1 期,77—84 页。

张安生 2006《同心方言研究》,北京:中华书局。

张安生 2008《宁夏境内的兰银官话和中原官话》,《方言》第 3 期,216—223 页。

张成材 1980《西宁方言记略》,《方言》第 4 期,282—302 页。

张成材 1984《青海省汉语方言的分区》,《方言》第 3 期,186—196 页。

张成材 1992《试论青海汉语方言的形成》,《青海社会科学》第 1 期,69—77 页。

张成材 1994《西宁方言词典》,南京:江苏教育出版社。

张成材 1997《西宁话音档》,上海:上海教育出版社。

张成材 2006《青海汉语方言研究五十年》,《方言》第 3 期,284—288 页。

张成材 2013《青海汉语方言古今声调的比较》,《青海师范大学学报》第 1 期,109—111 页。

张成材 2016《陕甘宁青方言论集》,西宁:青海人民出版社。

张成材 朱世奎 1987《西宁方言志》,西宁:青海人民出版社。

张冠宇 2012《兰州话单字音声调格局的统计分析》,《现代语文(语言研究版)》第 3 期,12—18 页。

张惠英 1979《崇明方言的连读变调》,《方言》第 4 期,284—302 页。

张建军 2009《藏语和河州汉语方言的接触史及接触类型》,《西藏研究》第 2 期,63—70 页。

张建军 2014《汉语西北方言语音演变的历史研究概述》,《西北民族大学学报(哲学社会科学版)》第 4 期,76—81 页。

张静芬 朱晓农 2017《声调大链移——从惠来普宁一带的共时差异看声调的系统演化》,《中国语文》第 5 期,522—535 页。

张黎 刘伶 2013《二十年来甘肃方言语音研究综述》,《宝鸡文理学院学报(社会科学版)》第 5 期,73—77 页。

张盛裕 1979《潮阳方言的连读变调》,《方言》第 2 期,93—121 页。

张盛裕 1984 《银川方言的声调》,《方言》第 1 期,19—26 页。

张盛裕 1985 《敦煌音系记略》,《方言》第 2 期,134—139 页。

张盛裕 1993 《河西走廊的汉语方言》,《方言》第 4 期,253—264 页。

张盛裕 张成材 1986 《陕甘宁青四省区汉语方言的分区(稿)》,《方言》第 2 期,93—105 页。

张世方 2000 《汉语方言三调现象初探》,《语言研究》第 4 期,48—61 页。

张文轩 2006 《高本汉所记兰州声韵系统检讨》,《西北师大学报(社会科学版)》第 1 期,42—46 页。

张文轩 邓文靖 2005 《三声调方言定西话的语音特点》,《语言研究》第 2 期,40—44 页。

张文轩 邓文靖 2008a 《三声调方言临洮话的语音系统》,《甘肃高师学报》第 6 期,59—60 页。

张文轩 邓文靖 2008b 《三声调方言天水话的两字组连读变调》,《南京师范大学文学院学报》第 4 期,178—183 页。

张文轩 邓文靖 2009 《三声调方言天水话的音系特征》,《甘肃社会科学》第 3 期,191—192 页。

张文轩 邓文靖 2010 《二声调方言红古话的语音特点》,《语言研究》第 4 期,85—88 页。

张文轩 莫超 2009 《兰州方言词典》,北京:中国社会科学出版社。

张燕来 2003 《兰银官话语音研究》,北京:北京语言文化大学博士学位论文。

张燕来 2014 《兰银官话语音研究》,北京:北京语言大学出版社。

赵健 1992 《天水方言的声调问题》,《天水师专学报(哲社版)》第 1 期,22—29 页。

赵亚伟 2017 《新疆永宁话语音研究》,乌鲁木齐:新疆大学硕士学位论文。

赵元任 1922/2022 《中国言语字调底实验研究法》,原载《科学》7 卷 9 期,后收入《赵元任语言学论文集》,北京:商务印书馆。

赵元任 1928 《现代吴语的研究》,北京:科学出版社。

赵元任 1980 《一套标调的字母》,《方言》第 2 期,81—83 页。

赵元任 2011 《现代吴语的研究》,北京:商务印书馆。

郑张尚芳 1964《温州方言的连读变调》,《中国语文》第 2 期,106—152 页。

中国社会科学院、澳大利亚人文科学院(合编)1987《中国语言地图集》(第一版),香港:香港朗文(远东)有限公司。

中国社科院语言研究所、中国社科院民族学与人类学研究所、香港城市大学语言资讯科学研究中心(合编)2012《中国语言地图集》(第二版),北京:商务印书馆。

周晨磊 2016《青海贵德周屯话的"们"》,《方言》第 2 期,253—256 页。

周晨磊 2018《青海周屯话参考语法》,天津:南开大学博士学位论文。

周磊 1991《吉木萨尔方言同音字汇》,《方言》第 1 期,40—49 页。

周磊 1998a《吐鲁番汉语方言音系》,《方言》第 2 期,122—131 页。

周磊 1998b《乌鲁木齐话音档》,上海:上海教育出版社。

周磊 2005《兰银官话的分区》,《方言》第 3 期,271—278 页。

周磊 2007《新疆维吾尔自治区的中原官话》,《方言》第 2 期,163—166 页。

朱富林 2014《陇中南方言语音调查研究》,西安:陕西师范大学博士学位论文。

朱晓农 2008《音节和音节学》,《东方语言学》第 4 期,上海:上海教育出版社。

朱晓农 2009《声调起源于发声——兼论汉语四声的发明》,《语言研究集刊》第 6 辑,上海:上海辞书出版社。

朱晓农 2010《语音学》,北京:商务印书馆。

朱晓农 2012《降调的种类》,《语言研究》第 2 期,1—16 页。

朱晓农 2014《声调类型大要——对调型的研究》,《方言》第 3 期,193—205 页。

朱晓农 2018a《演化比较法:如何进行声调演化的研究?》,《语言科学》第 2 期,113—132 页。

朱晓农 2018b《语音答问》,上海:学林出版社。

朱晓农 石德富 韦名应 2012《鱼粮苗语六平调和三域六度标调制》,《民族语文》第 4 期,3—12 页。

朱晓农 杨建芬 2010《嘎裂声作为低调特征——河北省方言的声调考察》,《语言研究集刊》第 7 辑,上海:上海辞书出版社。

朱晓农 衣莉 2011《两折调的故事》,《语言研究集刊》第 8 辑,上海:上海辞书出版社。

朱晓农 衣莉 2015《西北地区官话声调的类型》,《语文研究》第 3 期,1—11 页。

朱晓农 章婷 衣莉 2012《凹调的种类——兼论北京话上声的音节学性质》,《中国语文》第 5 期,420—436 页。

朱晓农 张瀛月 2016《东部中原官话的声调类型》,《语言研究》第 3 期,1—15 页。

Baayen, R Harald 2008 *Analyzing Linguistic Data: A Practical introduction to Statistics*, New York：Cambridge University Press.

Carroll, Lucien 2010 A diachronic chain shift in the sandhi tones of Jinhua Wu, *Linguistics Student Association Colloquium*, San Diego State University.

Chao, Yuanren 1933 Tone and intonation in Chinese (《中国字调跟语调》),《中央研究院历史语言研究所集刊》第四本第二分.

Chen, Mattew 2001 *Tone Sandhi: Patterns across Chinese Dialects*, New York：Cambridge University Press；Beijing：Foreign Language Teaching and Research Press.

Chen, Matthew & William Wang 1975 Sound change：actuation and implementation, *Language* 51：255-81.

Cheng, Chin-Chuan 1973 A quantitative study of Chinese tones, *Journal of Chinese Linguistics* (1)：93-110.

Cheng, Chin-Chuan 1991 Quantifying affinity among Chinese dialects, *Journal of Chinese Linguistics Monograph Series* (3)：76-110。

Cheng, Chin-Chuan 1993 Quantifying dialect mutual intelligibility, *Language Learning Laboratory Technical* (1)：93-110.

Cheng, Chin-Chuan & William Wang 1972 Tone Change in Chaozhou Chinese：a study of lexical diffusion, In Kachru, Braj B. et al. (eds) *Papers in Linguistics in Honor of Henry and Renee Kahane*, Urbana, IL：University of Illinois.

Clements, G. N. & Michaud A. & Patin C. 2011 "Do we need tone feature?", *Tones and Features: Phonetic and Phonological Perspective*, edited by Goldsmith, J. A, Elizabeth Hume, Leo Wetzels, De Gruyter Mouton.

Duanmu San 2000 Tone: an overview, In Lisa Lai-Shen Cheng and Rint Sybesma (ed.), *The First Glot International State-of-the-Article Book: The Latest in Linguistics*, *Studies in Generative Grammar 48*, Berlin: Mouton de Gruyter.

Duanmu San 2004 Tone and Non-tone Languages: an alternative to language typology and parameters, *Language and Linguistics* 5(4): 891-923.

Foley, William 2001 *Anthropological Linguistics: An Introduction*, Beijing: Foreign Languages Teaching and Ressearch Press.

Fromkin, Victoria & Robert Rodman & Nina Hyams 2007 *An Introduction to Language*, Beijing: Beijing University Press.

Heyes, Bruce 2009 *Introductory Phonology*, New Jersey: Wiley-Blackwell.

Hyman, Larry 2013 Towards a typology of tone system changes, 3rd International Conference on Phonetics and Phonology (3rd ICPP), National Institute for Japanese Language and Linguistics (NINJAL).

Johnson, Keith 2008 *Quantitative Methods in Linguistics*, New Jersey: Blackwell.

Kennedy, George A 1953 Two tone patterns in Tangsic, *Langauge* 5: 367-373.

Labov, William 1963 The social motivation of a sound change, *Word*, 19: 273-309.

Labov, William 1966 *The social stratification of English in New York City*, Washington, DC: Center for Applied Linguistics.

Labov, William 2001 *Principle of Linguistic Change*, Social Factors, Wiley-Blackwell.

Labov, William 1972 *Sociolinguistic Patterns*, University of Pennsylvania Press: Philadelphia.

Labov, William 1981 Resolving the Neogrammarian controversy, *Language* 57: 267-308.

Labov, William 1994 *Principles of Linguistic Change: Internal Factors*, Oxford: Blackwell The Hague: Mouton.

Lee, Leslie 2010 The tonal system of Singapore Mandarin, In Lauren Eby Clemens & Chi-Ming Louis Liu (Eds.), *Proceedings of the 22nd North American Conference on Chinese Linguistics (NACCL-22) & the 18th International Conference on*

Chinese Linguistics (*IACL-18*), Cambridge, MA: Harvard University.

Mok, Peggy P. K. & Zuo, Donghui & Wong, Peggy W. Y 2013 Production and perception of a sound change in progress: Tone merging in Hong Kong Cantonese. *Language Variation and Change* 25(3): 341–370.

Michaud, Alexis 2017 *Tone in Yongning Na: Lexical Tones and Morphotonology*, Berlin: Language Science Press.

Ohala, John 1966 A new photo-electric glottograph, Working Papers in Phonetics 4, UCLA.

Ohala, John 1981 The listener as a source of sound change, in: Paper from the parasession on language and behavior, Edited by C. S. Masek-R. A. Hendrick-M. F. Miller, Chicago: Chicago Ling. Soc. .

Ohala, John 1983 The origin of sound patterns in vocal tract constraints, In P. F. MacNeilage (ed.), *The Production of Speech*, New York: Springer-Verlag.

Ohala, John 1989 Sound change is drawn from a pool of synchronic variation, *Language Change: contributions to the study of its cause*, (L. E Breivik & E. H. Jahr, editors), Trends in Linguistics Studies and Monographs 43, Berlin: Mouton de Gruyter.

Ohala, John 1993 The phonetics of sound change. In C. Jones (ed.), *Historical Linguistics: Problems and Perspectives*, London: Longman.

Pike, Kennneth 1948 *Tone Language*, University of Michigan Press.

Pittayaporn, Pittayawat 2007 Directionality of tone change, In Jurgen Trouvain & William J. Barry (Eds.), Proceedings of the 16th International Congress of Phonetic Sciences (ICPhSXVI), Saarbrucken: Saarland University.

Sanders, Robert 2008 Tonetic sound change in Taiwan Mandarin: The case of Tone 2 and Tone 3 citation contours, In Marjorie K. M. Chan & Hana Kang (Eds.), *Proceedings of the 20th North American Conference on Chinese Linguistics* (NACCL-20), Columbus, Ohio: The Ohio State University.

Yin Shi & Liu Chao & Zhang Zhiyong & Lin Yiye & Wang Dong& Tejedor, Javier &

Zheng Thomas Fang & Li Yinguo 2015 Noisy Training for Deep Neural Networks in Speech Recognition, *EURASIP ASM*.

Teeranon, Phanintra 2007 The change of Standard Thai high tone: An acoustic study and a perceptual experiment, *SKASE Journal of Theoretical Linguistics* 4 (3): 1-16.

Wang, William 1967 Phonological Features of Tones, *International Journal of American Linguistics* (33): 93-105.

Wang, William 1976 Language Change. *Annals of the New York Academy of Sciences* (28): 61-72.

Woo, Nancy 1969 *Prosody and Phonology*, MIT dissertation.

Xin, Ling 2015 Tonal languages arose in humid climates, *Science Magazine*, Jan, 23.

Yang, Cathryn & James N. & Stanford Zhengyu Yang 2015 A Sociotonetic study of Lalo tone split in progress, *Asia-Pacific Language Variation* 1(1): 52-77.

Yang, Cathryn & Xu, Yi 2019 Crosslinguistic trends in tone change: A review of tone change studies in East and Southeast Asia, *Diachronica* 36(3): 417-459.

Yi Li 2023 Phonetic Tonal Manifestations and Trends in Tone Change: A Case Study of the Yong-Deng Dialect in Northwest China, *Languages*, 8. 262.

Yi Li & Duanmu San 2015 Phonemes, Features, and Syllables: Converting Onset and Rime Inventories to Consonants and Vowels, *Language and Linguistics*, 16(6): 819-842.

Yi Li & Li Han & Li Yingyi & Mu Juejue 2024 An ongoing tonal-pattern change: Lanzhou dialect, *Journal of Chinese Linguistics* (52): 336-361.

Yip, Moria 1989 Contour tones, *Phonology* 6: 149-174.

Yip, Moira 2002 *Tone*, New York: Cambridge University Press.

Zhu Xiaonong 2012 Multi Registers and Four Levels: A New Tonal Model. *Journal of Chinese Linguistics* 40 (1): 1-17.

Zhu Xiaonong & Yi Li & Zhangting 2012 Types of Dipping Tones, *TAL2012*, Nanjing.

Zhu Xiaonong & Yi Li 2012 Double Circumflex and Back Dipping: Report on two newly confirmed types of contour tones in Chinese, *Cahiers de Linguistique Asie Orientale*, 41: 81−106.

Zhu Xiaonong & Yi Li & Zhang Ting & Đình Hiền Nguyễn 2019 Dipping Tones in Multi-register and Four Level Model, *Journal of Chinese Linguistics* (47): 321−344.

Zsiga, Elizabeth 2008 Modeling diachronic change in the Thai tonal space, *University of Pennsylvania Working Papers in Linguistics* 14(1): 395−408.

附录1 项目发音人情况一览表

序号	姓名	性别	出生年月	职业	教育	方言片	省	市/地区	县/市	区/乡/镇
1	CBZ	男	1947	技术工人	小学	兰银金城	甘肃	兰州市	兰州	西固区
2	CWM	女	1965	商业人员	高中	兰银金城	甘肃	兰州市	兰州	西固区
3	SFY	女	1955	无固定职业	初中	兰银金城	甘肃	兰州市	兰州	西固区
4	CHL	女	1968	教师	本科	兰银金城	甘肃	兰州市	兰州	西固区
5	CYX	男	1970	警察	本科	兰银金城	甘肃	兰州市	兰州	西固区
6	CHLL	女	1977	技术工人	本科	兰银金城	甘肃	兰州市	兰州	西固区
7	WZC	男	1955	无固定职业	高中	兰银金城	甘肃	兰州市	兰州	西固区
8	QYZ	女	1940	无固定职业	初中	兰银金城	甘肃	兰州市	兰州	西固区
9	WXH	女	1947	无固定职业	小学	兰银金城	甘肃	兰州市	兰州	西固区
10	YL	女	1994	教师	本科	兰银金城	甘肃	兰州市	兰州	西固区
11	XXY	女	1945	无固定职业	小学	兰银金城	甘肃	兰州市	兰州	西固区

续表

序号	姓名	性别	出生年月	职业	教育	方言片	省	市/地区	县/市	区/乡/镇
12	CXH	女	1968	无固定职业	高中	兰银金城	甘肃	兰州市	兰州	西固区
13	CCY	女	1963	无固定职业	初中	兰银金城	甘肃	兰州市	兰州	西固区
14	SMH	男	1963	无固定职业	高中	兰银金城	甘肃	兰州市	兰州	西固区
15	PLP	女	1950	技术工人	小学	兰银金城	甘肃	兰州市	兰州	七里河区
16	HGZ	女	1944	教师	高中	兰银金城	甘肃	兰州市	兰州	七里河区
17	XGF	女	1937	商业人员	初中	兰银金城	甘肃	兰州市	兰州	七里河区
18	ZMG	男	1942	技术工人	高中	兰银金城	甘肃	兰州市	兰州	七里河区
19	CTY	男	2000	学生	高中	兰银金城	甘肃	兰州市	兰州	城关区
20	GTP	男	2000	学生	高中	兰银金城	甘肃	兰州市	兰州	城关区
21	ZZY	女	2000	学生	高中	兰银金城	甘肃	兰州市	兰州	城关区
22	DXY	男	2000	学生	高中	兰银金城	甘肃	兰州市	兰州	城关区
23	ZZ	男	2000	学生	高中	兰银金城	甘肃	兰州市	兰州	城关区
24	GYM	男	1999	学生	高中	兰银金城	甘肃	兰州市	兰州	城关区
25	ZDD	男	1999	学生	高中	兰银金城	甘肃	兰州市	兰州	城关区
26	GY	女	1978	教师	大专	兰银金城	甘肃	兰州市	兰州	城关区

续表

序号	姓名	性别	出生年月	职业	教育	方言片	省	市/地区	县/市	区/乡镇
27	XN	女	1975	教师	大学	兰银金城	甘肃	兰州市	兰州	城关区
28	CXM	女	1975	教师	大学	兰银金城	甘肃	兰州市	兰州	城关区
29	CSC	女	1978	教师	大学	兰银金城	甘肃	兰州市	兰州	城关区
30	YL	男	1975	教师	大学	兰银金城	甘肃	兰州市	兰州	城关区
31	LX	男	2001	学生	高中	兰银金城	甘肃	兰州市	兰州	城关区
32	SJ	女	2001	学生	高中	兰银金城	甘肃	兰州市	兰州	城关区
33	SL	女	1970	商业人员	大专	兰银金城	甘肃	兰州市	兰州	安宁区
34	YW	女	1981	教师	硕士	兰银金城	甘肃	兰州市	兰州	安宁区
35	WZB	男	1957	村政人员	小学	兰银金城	甘肃	兰州市	兰州	皋兰县
36	MDX	男	1952	技术工人	小学	兰银金城	甘肃	兰州市	红古区	红古镇
37	WMF	男	1945	医师	初中	兰银金城	甘肃	兰州市	红古区	窑街街道
38	HYL	男	1989	警察	大学	兰银金城	甘肃	兰州市	红古区	窑街街道
39	CFY	男	1988	技术工人	大专	兰银金城	甘肃	兰州市	红古区	窑街街道
40	YXY	女	1995	警察	大学	兰银金城	甘肃	兰州市	红古区	海石湾镇
41	ZJ	男	1997	警察	中专	兰银金城	甘肃	兰州市	红古区	海石湾镇

续表

序号	姓名	性别	出生年月	职业	教育	方言片	省	市/地区	县/市	区/乡/镇
42	MRY	男	1987	警察	大专	兰银金城	甘肃	兰州市	红古区	海石湾镇
43	ZXF	男	1965	技术工人	初中	兰银金城	甘肃	兰州市	红古区	海石湾镇
44	YJQ	男	1999	技术工人	初中	兰银金城	甘肃	兰州市	红古区	海石湾镇
45	JWL	男	1963	技术工人	高中	兰银金城	甘肃	兰州市	红古区	海石湾镇
46	JJ	男	2004	学生	初中	兰银金城	甘肃	兰州市	红古区	海石湾镇
47	ZP	女	1995	技术工人	高中	兰银金城	甘肃	兰州市	红古区	平安镇岗子村
48	WZY	男	1971	教师	大专	兰银金城	甘肃	兰州市	红古区	平安镇夹滩村
49	LJC	男	1989	服务人员	高中	兰银金城	甘肃	兰州市	永登县	城关镇
50	BZ	男	1963	技术工人	初中	兰银金城	甘肃	兰州市	永登县	城关镇
51	FSL	女	1944	农业生产人员	小学	兰银金城	甘肃	兰州市	永登县	城关镇
52	WZX	男	1962	公职人员	大学	兰银金城	甘肃	兰州市	永登县	城关镇
53	HYX	女	1987	教师	大学	兰银金城	甘肃	兰州市	永登县	河桥镇
54	LAX	男	1972	教师	大学	兰银金城	甘肃	兰州市	永登县	河桥镇
55	LLY	女	1963	农业生产人员	初中	兰银金城	甘肃	兰州市	永登县	河桥镇
56	LTY	男	1953	教师	大学	兰银金城	甘肃	兰州市	永登县	河桥镇

续表

序号	姓名	性别	出生年月	职业	教育	方言片	省	市/地区	县/市	区/乡/镇
57	LWT	女	1991	教师	大学	兰银金城	甘肃	兰州市	永登县	河桥镇
58	ML	男	2007	学生	初中	兰银金城	甘肃	兰州市	永登县	河桥镇
59	SDW	男	1982	技术工人	初中	兰银金城	甘肃	兰州市	永登县	河桥镇
60	THL	女	1966	农业生产人员	初中	兰银金城	甘肃	兰州市	永登县	河桥镇
61	XYY	女	2001	学生	高中	兰银金城	甘肃	兰州市	永登县	河桥镇
62	YSQ	男	1970	司机	高中	兰银金城	甘肃	兰州市	永登县	河桥镇
63	YTC	男	1965	服务人员	小学	兰银金城	甘肃	兰州市	永登县	河桥镇
64	YTCH	男	1975	农业生产人员	初中	兰银金城	甘肃	兰州市	永登县	河桥镇
65	应YQ	女	1982	农业生产人员	初中	兰银金城	甘肃	兰州市	永登县	河桥镇
66	ZCG	男	1989	农业生产人员	小学	兰银金城	甘肃	兰州市	永登县	河桥镇
67	ZJP	男	2006	学生	初中	兰银金城	甘肃	兰州市	永登县	河桥镇
68	ZMS	男	1987	教师	大学	兰银金城	甘肃	兰州市	永登县	河桥镇
69	ZYF	女	1998	农业生产人员	初中	兰银金城	甘肃	兰州市	永登县	河桥镇
70	LXD	男	1995	教师	大学	兰银金城	甘肃	兰州市	永登县	连城镇
71	SJH	女	2004	学生	高中	兰银金城	甘肃	兰州市	永登县	连城镇

续表

序号	姓名	性别	出生年月	职业	教育	方言片	省	市/地区	县/市	区/乡/镇
72	WC	男	2004	学生	初中	兰银金城	甘肃	兰州市	永登县	连城镇
73	WSP	男	2004	学生	高中	兰银金城	甘肃	兰州市	永登县	连城镇
74	WYY	女	2004	学生	高中	兰银金城	甘肃	兰州市	永登县	连城镇
75	XYL	女	1972	畜禽饲养人员	初中	兰银金城	甘肃	兰州市	永登县	连城镇
76	MZJ	男	2003	学生	高中	兰银金城	甘肃	兰州市	永登县	连城镇
77	ZJH	女	1989	教师	大学	兰银金城	甘肃	兰州市	永登县	连城镇
78	XXF	女	1963	农业生产人员	初中	兰银金城	甘肃	兰州市	永登县	连城镇
79	YFL	女	1993	教师	高中	兰银金城	甘肃	兰州市	永登县	连城镇
80	WXQ	女	1964	护士	高中	兰银金城	甘肃	兰州市	永登县	连城镇
81	DYS	男	1988	畜禽饲养人员	初中	兰银金城	甘肃	兰州市	永登县	连城镇
82	XYX	女	1992	教师	研究生	兰银金城	甘肃	兰州市	永登县	连城镇
83	YY	女	1996	教师	研究生	兰银金城	甘肃	兰州市	永登县	连城镇
84	XF	女	1974	服务人员	初中	中原陇中	甘肃	临夏州	临夏县	韩集镇
85	SZF	女	1974	服务人员	初中	中原陇中	甘肃	临夏州	临夏县	莲花镇
86	MHQ	女	1975	服务人员	初中	中原陇中	甘肃	临夏州	临夏市	八坊街道

续表

序号	姓名	性别	出生年月	职业	教育	方言片	省	市/地区	县/市	区/乡/镇
87	ZXQ	男	1975	企业经理	高中	中原陇中	甘肃	临夏州	临夏市	八坊街道
88	ZF	女	1976	服务人员	高中	中原陇中	甘肃	临夏州	临夏市	东区街道
89	MHF	男	1973	技术工人	初中	中原陇中	甘肃	临夏州	临夏市	东区街道
90	WL	男	1974	服务人员	初中	中原陇中	甘肃	临夏州	临夏市	东区街道
91	ZJY	男	1983	公职人员	大学	中原陇中	甘肃	临夏州	临夏市	东区街道
92	WYZ	男	1972	医师	大学	中原陇中	甘肃	临夏州	临夏市	八坊街道
93	MHW	男	1968	商业人员	高中	中原陇中	甘肃	临夏州	临夏市	八坊街道
94	WYZM	女	2001	学生	高中	中原陇中	甘肃	临夏州	临夏市	八坊街道
95	MM	男	1994	商业人员	大学	中原陇中	甘肃	临夏州	临夏市	八坊街道
96	LPY	男	1987	公职人员	大学	中原陇中	甘肃	临夏州	临夏市	八坊街道
97	WXL	女	1978	服务	初中	中原陇中	甘肃	临夏州	临夏市	南龙镇王闵家街道
98	LF	男	1976	公职人员	大学	中原陇中	甘肃	临夏州	永靖县	刘家峡镇
99	DMX	女	1998	学生	高中	中原陇中	甘肃	临夏州	永靖县	刘家峡镇
100	LLH	男	1973	公职人员	中专	中原陇中	甘肃	临夏州	永靖县	刘家峡镇
101	KLH	男	1967	农业生产人员	高中	中原陇中	甘肃	临夏州	永靖县	刘家峡镇

续表

序号	姓名	性别	出生年月	职业	教育	方言片	省	市/地区	县/市	区/乡/镇
102	WLP	女	1975	护士	中专	中原陇中	甘肃	临夏州	永靖县	太极镇
103	WYL	女	1999	学生	高中	中原陇中	甘肃	临夏州	永靖县	三坪镇
104	LCJ	女	1970	护士	中专	中原陇中	甘肃	临夏州	永靖县	三坪镇
105	KWS	男	1984	公职人员	大学	中原陇中	甘肃	临夏州	永靖县	太极镇
106	KCS	男	1997	学生	高中	中原陇中	甘肃	临夏州	永靖县	太极镇
107	LHM	女	1989	公职人员	大学	中原陇中	甘肃	临夏州	永靖县	西河镇
108	WSY	女	1980	公职人员	大学	中原陇中	甘肃	临夏州	永靖县	岘塬镇
109	ZJW	男	1998	学生	高中	中原陇中	甘肃	临夏州	永靖县	盐锅峡镇
110	LSZ	女	1987	教师	大学	中原陇中	甘肃	临夏州	永靖县	盐锅峡镇
111	DZY	女	1975	医师	大学	中原陇中	甘肃	临夏州	永靖县	盐锅峡镇
112	BDR	男	1983	技术工人	高中	兰银河西	甘肃	嘉峪关市	钢城街道	大众社区
113	GDZ	男	1968	教师	大学	兰银河西	甘肃	酒泉市	金塔县	鼎新镇发村
114	GCL	女	1974	其他从业人员	高中	兰银河西	甘肃	酒泉市	金塔县	鼎新镇发村
115	LD	女	1987	其他从业人员	大专	兰银河西	甘肃	酒泉市	金塔县	鼎新镇新西村
116	YYF	女	1994	会计人员	大专	兰银河西	甘肃	酒泉市	金塔县	鼎新镇新西村

续表

序号	姓名	性别	出生年月	职业	教育	方言片	省	市/地区	县/市	区/乡/镇
117	LJ	女	1987	会计人员	大专	兰银河西	甘肃	酒泉市	金塔县	鼎新镇新西村
118	DHY	女	1981	会计人员	大专	兰银河西	甘肃	酒泉市	金塔县	鼎新镇新西村
119	ZJX	女	1990	护士	大专	兰银河西	甘肃	酒泉市	肃州区	新街街道
120	GYL	女	1970	会计人员	大专	兰银河西	甘肃	酒泉市	肃州区	新街街道
121	ZQ	女	1995	会计人员	大专	兰银河西	甘肃	酒泉市	肃州区	新街街道
122	JY	男	1971	医师	大学	兰银河西	甘肃	酒泉市	肃州区	新街街道
123	YZL	男	1987	公职人员	硕士	兰银河西	甘肃	酒泉市	肃州区	新街街道
124	LN	女	1996	护士	中专	兰银河西	甘肃	酒泉市	肃州区	新街街道
125	GHJ	女	1987	教师	大学	兰银河西	甘肃	酒泉市	肃州区	西峰镇
126	XHL	女	1975	导游	大学	兰银河西	甘肃	酒泉市	肃州区	清水镇
127	XGL	女	1980	导游	大专	兰银河西	甘肃	酒泉市	肃州区	清水镇
128	WWC	男	1974	企业	大学	兰银河西	甘肃	酒泉市	肃州区	清水镇
129	TWY	女	1990	导游	大专	兰银河西	甘肃	酒泉市	肃州区	上坝镇
130	WYT	女	1994	商业人员	大专	兰银河西	甘肃	酒泉市	肃州区	总寨镇
131	WMJ	女	1987	会计人员	大专	兰银河西	甘肃	酒泉市	肃州区	总寨镇

续表

序号	姓名	性别	出生年月	职业	教育	方言片	省	市/地区	县/市	区/乡/镇
132	ZJ	女	1988	其他从业人员	高中	兰银河西	甘肃	酒泉市	玉门市	赤金镇
133	NXX	女	1988	教师	大学	兰银河西	甘肃	酒泉市	瓜州县	西湖镇
134	QXJ	男	1986	公职人员	大学	兰银河西	甘肃	金昌市	永昌县	城关镇
135	GB	男	1967	商业人员	大专	兰银河西	甘肃	金昌市	永昌县	河西堡镇
136	YW	男	1975	技术工人	初中	兰银河西	甘肃	金昌市	永昌县	城关镇
137	CXP	女	1985	教师	硕士	兰银河西	甘肃	武威市	凉州区	东大街街道
138	ZYF	女	1975	护士	初中	兰银河西	甘肃	武威市	凉州区	东大街街道
139	LGC	男	2002	学生	大学	兰银河西	甘肃	武威市	凉州区	东大街街道
140	ZWR	男	1952	农业生产人员	小学	兰银河西	甘肃	武威市	凉州区	东大街街道
141	ZJP	男	1991	教师	大学	兰银河西	甘肃	武威市	古浪县	古丰镇
142	ZXZ	男	2002	学生	大学	兰银河西	甘肃	武威市	古浪县	定宁镇
143	MJM	女	1991	导游	大学	兰银河西	甘肃	武威市	天祝县	打柴沟镇
144	DHR	男	1983	教师	硕士	兰银河西	甘肃	武威市	民勤县	泉山镇
145	ZYW	男	1990	技术工人	中专	兰银河西	甘肃	武威市	民勤县	薛百镇
146	CJY	男	1984	技术人员	硕士	兰银河西	甘肃	武威市	民勤县	三雷镇

续表

序号	姓名	性别	出生年月	职业	教育	方言片	省	市/地区	县/市	区乡/镇
147	LDC	男	1974	教师	硕士	兰银河西	甘肃	张掖市	民乐县	顺化镇
148	WH	女	1997	导游	大专	兰银河西	甘肃	张掖市	高台县	南华镇
149	MXT	女	1987	教师	中专	兰银河西	甘肃	张掖市	高台县	罗城镇
150	GXL	女	1986	服务人员	高中	兰银河西	甘肃	张掖市	临泽县	沙河镇
151	YF	女	1995	护士	中专	兰银河西	甘肃	张掖市	临泽县	沙河镇
152	AYX	女	1978	摊商	高中	兰银河西	甘肃	张掖市	肃南县	大河乡
153	DGQ	女	1979	摊商	中专	兰银河西	甘肃	张掖市	肃南县	马蹄藏族乡
154	AF	男	1988	医师	大学	兰银河西	甘肃	张掖市	肃南县	红湾寺镇
155	ACX	女	1990	护士	中专	兰银河西	甘肃	张掖市	肃南县	大河乡
156	YYH	女	1997	护士	中专	兰银河西	甘肃	张掖市	肃南县	大河乡
157	LSX	男	1986	商业	大学	兰银金城	甘肃	白银市	平川区	水泉镇
158	TLP	男	1988	教师	大学	中原陇中	甘肃	白银市	会宁县	会师镇
159	ZL	女	缺	教师	硕士	中原陇中	甘肃	白银市	会宁县	会师镇
160	LWY	女	1988	教师	大学	中原秦陇	甘肃	白银市	景泰县	中泉镇龙湾村
161	ZAL	女	1985	教师	大学	中原秦陇	甘肃	白银市	靖远县	乌兰镇

续表

序号	姓名	性别	出生年月	职业	教育	方言片	省	市/地区	县/市	区/乡/镇
162	WU	女		信息缺			甘肃	白银市	靖远县	乌兰镇
163	LHT	男	1989	教师	大学	中原陇中	甘肃	平凉市	静宁县	余湾乡
164	JCY	女	1991	教师	大学	中原秦陇	甘肃	平凉市	泾川县	城关镇
165	SSQ	男	1982	教师	硕士	中原陇中	甘肃	平凉市	庄浪县	大庄镇
166	CQ	女	1989	教师	大学	中原陇中	甘肃	天水市	秦安县	兴国镇
167	LXJ	男	1983	其他从业人员	高中	中原陇中	甘肃	天水市	秦安县	云山镇
168	PLJ	女	1987	公职人员	大学	中原陇中	甘肃	天水市	清水县	永清镇
169	PYD	男	1980	教师	硕士	中原陇中	甘肃	天水市	武山县	洛门镇
170	WS	男	1982	教师	硕士	中原秦陇	甘肃	天水市	甘谷县	大庄镇
171	MXH	女	1987	教师	大学	中原陇中	甘肃	定西市	临洮县	站滩乡
172	WJ	女	1978	教师	硕士	中原陇中	甘肃	定西市	通渭县	华岭镇
173	WX	男	1989	公职人员	大学	中原陇中	甘肃	定西市	渭源县	会川镇
174	DWQ	男	1981	教师	硕士	中原秦陇	甘肃	定西市	陇西县	文峰镇
175	ZFL	男	1976	教师	博士	中原秦陇	甘肃	定西市	陇西县	福星镇
176	MM	男	1987	教师	硕士	中原秦陇	甘肃	陇南市	两当县	城关镇

续表

序号	姓名	性别	出生年月	职业	教育	方言片	省	市/地区	县/市	区/乡/镇
177	LP	女	1989	教师	大学	中原秦陇	甘肃	陇南市	礼县	洮坪镇
178	MC	男	1963	教师	博士	中原秦陇	甘肃	陇南市	文县	堡子坝镇
179	ZBM	男	1989	教师	大学	中原秦陇	甘肃	庆阳市	庆城县	蔡口集乡
180	WKC	男	1994	会计人员	大专	中原秦陇	甘肃	庆阳市	环县	罗山川乡
181	GLL	男	1985	教师	硕士	中原关中	甘肃	庆阳市	宁县	新庄镇
182	WLS	女	1962	公职人员	大学	兰银银吴	宁夏	银川市	银川市	金凤区
183	WYN	女	1991	公职人员	硕士	兰银银吴	宁夏	银川市	永宁县	团结西路街道
184	MXYY	女	1999	学生	大学	中原秦陇	宁夏	固原市	固原市	原州区
185	MXY	女	1988	公职人员	大学	中原秦陇	宁夏	固原市	固原市	原州区
186	MH	女	1998	学生	大学	中原秦陇	宁夏	固原市	固原市	原州区
187	HAA	男	1997	学生	大学	中原秦陇	宁夏	固原市	固原市	原州区
188	GHY	男	1995	学生	大学	中原关中	宁夏	固原市	固原市	原州区
189	JY	女	1992	公职人员	大学	中原秦陇	宁夏	固原市	固原市	原州区
190	MCH	男	2003	学生	高中	中原陇中	宁夏	固原市	西吉县	偏城乡下堡村
191	JT	女	1996	学生	大学	中原陇中	宁夏	固原市	西吉县	将台堡镇

续表

序号	姓名	性别	出生年月	职业	教育	方言片	省	市/地区	县/市	区/乡/镇
192	YPZ	男	1998	学生	大学	中原陇中	宁夏	固原市	西吉县	火石寨乡
193	JYT	男	1999	学生	大学	中原陇中	宁夏	固原市	西吉县	吉强镇龙王坝村
194	MRX	女	1985	教师	硕士	中原关中	宁夏	固原市	泾源县	大湾乡
195	SW	女	1993	公职人员	大学	中原关中	宁夏	固原市	泾源县	香水镇
196	MTY	男	2001	学生	高中	中原秦陇	宁夏	固原市	彭阳县	白阳镇
197	HYL	女	1996	学生	大学	中原秦陇	宁夏	固原市	彭阳县	白阳镇
198	MSJ	女	1986	公职人员	硕士	中原秦陇	宁夏	固原市	彭阳县	王洼镇
199	HNN	女	1996	学生	大学	中原秦陇	宁夏	固原市	彭阳县	草庙乡
200	XSS	女	1998	学生	大学	中原陇中	宁夏	固原市	隆德县	沙塘镇
201	ZHL	男	1996	学生	大学	中原陇中	宁夏	固原市	隆德县	沙塘镇
202	ZZH	女	1995	学生	大学	中原陇中	宁夏	固原市	隆德县	城关镇
203	CJ	女	1993	公职人员	大学	中原陇中	宁夏	固原市	隆德县	城关镇
204	YY	女	1999	学生	大学	兰银银吴	宁夏	吴忠市	同心县	下马关镇
205	MZ	男	1999	学生	大学	兰银银吴	宁夏	吴忠市	同心县	豫海镇
206	ZZJ	男	1998	学生	大学	兰银银吴	宁夏	吴忠市	同心县	豫海镇

续表

序号	姓名	性别	出生年月	职业	教育	方言片	省	市/地区	县/市	区/乡/镇
207	MWY	女	1993	教师	大学	兰银银吴	宁夏	吴忠市	同心县	豫海镇
208	YLM	女	1989	学生	大学	兰银银吴	宁夏	吴忠市	同心县	豫海镇
209	YJB	男	1997	学生	大学	兰银银吴	宁夏	吴忠市	同心县	丁塘镇
210	MD	女	1993	学生	大学	兰银银吴	宁夏	吴忠市	同心县	河西镇
211	SWH	男	1993	学生	大学	兰银银吴	宁夏	吴忠市	盐池县	王乐井乡
212	GP	男	1995	学生	大学	兰银银吴	宁夏	中卫市	中卫市	沙坡头区
213	LH	男	1994	学生	大学	兰银银吴	宁夏	中卫市	中卫市	沙坡头区
214	HSJ	女	1997	学生	大学	兰银银吴	宁夏	中卫市	中卫市	沙坡头区
215	LJJ	男	1999	学生	大学	兰银银吴	宁夏	中卫市	中宁县	宁安镇
216	ZY	女	1992	学生	大学	兰银银吴	宁夏	中卫市	中宁县	宁安镇
217	MLZ	女	1994	教师	大学	中原陇中	宁夏	中卫市	海原县	海城镇
218	ZQ	男	1991	公职人员	大学	中原陇中	宁夏	中卫市	海原县	海城镇
219	ZYY	女	1991	教师	大学	中原陇中	宁夏	中卫市	海原县	海城镇
220	YXH	女	1997	学生	大学	中原陇中	宁夏	中卫市	海原县	海城镇
221	LH	男	2001	学生	高中	中原陇中	宁夏	中卫市	海原县	海城镇

续表

序号	姓名	性别	出生年月	职业	教育	方言片	省	市/地区	县/市	区/乡/镇
222	TZ	男	1991	教师	大学	中原陇中	宁夏	中卫市	海原县	海城镇
223	CQ	女	1996	学生	大学	中原陇中	宁夏	中卫市	海原县	数台乡
224	LJ	女	1996	学生	大学	中原陇中	宁夏	中卫市	海原县	关桥乡
225	THT	男	1995	学生	大学	中原陇中	宁夏	中卫市	海原县	李俊乡蒿滩村
226	YWF	女	2001	学生	高中	中原陇中	宁夏	中卫市	海原县	三河镇
227	TZF	男	1996	学生	大学	中原陇中	宁夏	中卫市	海原县	西安镇
228	JH	女	1989	学生	大学	兰银银吴	宁夏	青铜峡市	青铜峡市	裕民街道
229	WXL	男	1989	学生	大学	兰银银吴	宁夏	石嘴山市	石嘴山市	大武口区
230	LJL	女	1997	学生	大学	兰银银吴	宁夏	石嘴山市	平罗县	城关镇
231	BY	男	1991	公司职员	大学	中原秦陇	青海	西宁市	西宁市	城东区
232	ZZ	女	1988	公司职员	大学	中原秦陇	青海	西宁市	西宁市	城西区
233	ML	女	1996	学生	大学	中原秦陇	青海	西宁市	西宁市	城西区
234	LL	女	1992	教师	大学	中原秦陇	青海	西宁市	西宁市	城西区
235	MHX	女	1993	教师	大学	中原陇中	青海	西宁市	大通县	桥头镇
236	XQL	男	1987	教师	硕士	中原陇中	青海	西宁市	大通县	城关镇

续表

序号	姓名	性别	出生年月	职业	教育	方言片	省	市/地区	县/市	区/乡/镇
237	ZL	女	1996	学生	大学	中原秦陇	青海	西宁市	湟源县	城关镇
238	MY	男	1996	学生	大学	中原秦陇	青海	西宁市	湟中区	大才乡
239	WSC	男	1970	教师	博士	中原秦陇	青海	海北州	门源县	浩门镇
240	SHY	女	1996	学生	大学	中原秦陇	青海	海北州	门源县	浩门镇
241	MWQ	男	1995	学生	大学	中原秦陇	青海	海北州	门源县	青石咀镇
242	HDC	男	1995	学生	大学	中原秦陇	青海	海北州	门源县	阴田乡
243	XC	女	1993	教师	大学	藏语区	青海	海北州	祁连县	八宝镇
244	PXC	男	1998	学生	技校	中原陇中	青海	海东市	乐都区	马营乡
245	XSL	男	1979	教师	博士后	中原陇中	青海	海东市	乐都区	瞿昙镇
246	LYY	男	1993	技术工人	初中	中原陇中	青海	海东市	民和县	马场垣乡
247	ZHW	男	1997	学生	技校	中原陇中	青海	海东市	民和县	隆治乡
248	ZQ	男	1998	学生	技校	中原陇中	青海	海东市	民和县	隆治乡
249	MXZ	男	1969	公职人员	中专	中原陇中	青海	海东市	民和县	巴州镇
250	HLP	女	1994	学生	大学	中原陇中	青海	海东市	循化县	街子镇
251	HJ	女	1996	学生	大学	中原陇中	青海	海东市	循化县	积石镇

续表

序号	姓名	性别	出生年月	职业	教育	方言片	省	市/地区	县/市	区/乡/镇
252	HJY	女	1993	教师	大学	中原陇中	青海	海东市	循化县	积石镇
253	SXX	女	1993	教师	大学	中原陇中	青海	海东市	循化县	积石镇
254	LJC	女	1997	学生	大学	中原秦陇	青海	海东市	互助县	威远镇
255	LWL	男	1999	学生	技校	中原秦陇	青海	海东市	互助县	五峰镇
256	LWF	男	1999	学生	技校	中原秦陇	青海	海东市	互助县	丹麻镇
257	DJJ	女	1996	学生	大学	中原秦陇	青海	海东市	化隆县	查甫乡
258	MWQ	女	1995	学生	大学	中原秦陇	青海	海东市	化隆县	巴燕镇
259	MHY	男	2000	学生	技校	藏语区	青海	海西州	乌兰县	希里沟镇
260	HRY	女	1995	学生	大学	藏语区	青海	海西州	都兰县	香日德镇
261	MXJ	女	1997	学生	大学	藏语区	青海	海南州	兴海县	子科滩镇
262	LQ	男	2000	学生	大学	兰银北疆	新疆	乌鲁木齐	乌鲁木齐市	水磨沟区
263	MHB	男	2000	学生	大学	兰银北疆	新疆	乌鲁木齐	乌鲁木齐市	水磨沟区
264	LZW	男	2000	学生	大学	兰银北疆	新疆	乌鲁木齐	乌鲁木齐市	水磨沟区
265	YXY	女	2000	学生	大学	兰银北疆	新疆	乌鲁木齐	乌鲁木齐市	水磨沟区
266	LJ	女	2000	学生	大学	兰银北疆	新疆	乌鲁木齐	乌鲁木齐市	沙依巴克区

续表

序号	姓名	性别	出生年月	职业	教育	方言片	省	市/地区	县/市	区/乡/镇
267	WZZ	男	2000	学生	大学	兰银北疆	新疆	乌鲁木齐	乌鲁木齐市	沙依巴克区
268	CMF	女	1991	学生	大学	兰银北疆	新疆	昌吉州	奇台县	老奇台镇
269	SWQ	女	2000	学生	大学	兰银北疆	新疆	昌吉州	奇台县	老奇台镇
270	ZC	女	1992	学生	大学	兰银北疆	新疆	昌吉州	木垒县	木垒镇
271	MJ	男	1991	教师	硕士	兰银北疆	新疆	昌吉州	昌吉市	延安北路街道
272	YZW	女	2000	学生	大学	兰银北疆	新疆	昌吉州	昌吉市	宁边路街道
273	WMY	女	2000	学生	大学	兰银北疆	新疆	昌吉州	昌吉市	延安北路街道
274	XWX	女	2000	学生	大学	兰银北疆	新疆	昌吉州	昌吉市	延安北路街道
275	YXX	男	2000	学生	大学	兰银北疆	新疆	昌吉州	昌吉市	延安北路街道
276	PDM	女	1977	技术工人	高中	兰银北疆	新疆	塔城地区	沙湾市	老沙湾镇
277	SBT	男	2000	学生	大学	兰银北疆	新疆	塔城地区	塔城市	和平街道
278	WU	男	2000	学生	大学	兰银北疆	新疆	阿勒泰地区	阿勒泰市	红墩镇
279	BQXL	男	2000	学生	大学	兰银北疆	新疆	阿勒泰地区	阿勒泰市	金山街道
280	WU	男	2000	学生	大学	北京官话	新疆	阿勒泰地区	富蕴县	库额尔齐斯镇
281	BHJ	男	2000	学生	大学	北京官话	新疆	阿勒泰地区	富蕴县	库额尔齐斯镇

续表

序号	姓名	性别	出生年月	职业	教育	方言片	省	市/地区	县/市	区/乡/镇
282	MYJ	男	2000	学生	大学	北京官话	新疆	巴音郭楞蒙古自治州	库尔勒市	新街街道
283	MYSR	男	2000	学生	大学	北京官话	新疆	巴音郭楞蒙古自治州	库尔勒市	阿瓦提乡
284	ZLQ	女	2000	学生	大学	北京官话	新疆	巴音郭楞蒙古自治州	库尔勒市	团结街道
285	SBD	男	2000	学生	大学	中原南疆	新疆	巴音郭楞蒙古自治州	和静县	和静镇
286	TN	女	2000	学生	大学	中原南疆	新疆	巴音郭楞蒙古自治州	若羌县	若羌镇
287	DJ	女	2000	学生	大学	北京官话	新疆	博尔塔拉蒙古自治州	温泉县	博格达尔镇
288	PJW	男	2000	学生	大学	北京官话	新疆	建设兵团	石河子市	老街街道
289	DLT	女	2000	学生	大学	兰银北疆	新疆	建设兵团	北屯市	北屯镇
290	XYM	女	2000	学生	大学	北京官话	新疆	克拉玛依市	克拉玛依市	独山子区
291	WU	男	2000	学生	大学	北京官话	新疆	克拉玛依市	克拉玛依市	克拉玛依区
292	ZJM	女		信息缺		中原南疆	新疆	伊犁哈萨克自治州	伊宁县	吉里于孜镇
293	GZJ	女	2000	学生	大学	中原南疆	新疆	伊犁哈萨克自治州	伊宁市	解放路街道
294	NFS	女	2000	学生	大学	中原南疆	新疆	伊犁哈萨克自治州	伊宁市	解放路街道
295	ZMRT	男	2000	学生	大学	中原南疆	新疆	伊犁哈萨克自治州	伊宁市	解放路街道
296	LZG	男	2000	学生	大学	未标注	新疆	伊犁哈萨克自治州	奎屯市	团结路街道

续表

序号	姓名	性别	出生年月	职业	教育	方言片	省	市/地区	县/市	区/乡/镇
297	LR	女	2000	学生	大学	中原南疆	新疆	伊犁哈萨克自治州	巩留县	巩留镇
298	ETL	女	2000	学生	大学	中原南疆	新疆	伊犁哈萨克自治州	昭苏县	昭苏镇
299	GLY	女	2000	学生	大学	兰银北疆	新疆	哈密地区	哈密市	伊州区
300	XMXNR	男	2000	学生	大学	中原南疆	新疆	克孜勒苏柯尔克孜自治州	阿图什	新街街道
301	MHPRT	男	2000	学生	大学	中原南疆	新疆	克孜勒苏柯尔克孜自治州	阿图什	新街街道
302	ADLT	男	2000	学生	大学	中原南疆	新疆	和田地区	和田县	巴格其镇
303	SZJ	男	2000	学生	大学	中原南疆	新疆	阿克苏地区	库车市	乌恰镇
304	GLMR	女	2000	学生	大学	中原南疆	新疆	阿克苏地区	库车市	伊西哈拉镇
305	SBNR	男	2000	学生	大学	未标注	新疆	喀什地区	岳普湖县	岳普湖县

注：有的调查人不愿意透露姓名，表中统一标注为 WU。

433

附录 2 以往文献中对调查点声调的记音

方言点	阴平	阳平	上	去	文献出处	年份
隆德	213	24	53	44	杨苏平	2015 年
隆德	24	=阴平	53	44	林涛	2012 年
西吉	24	=阴平	53	44	林涛	2012 年
固原	213	24	53	44	林涛	2012 年
泾源	21	35	53	44	林涛	2012 年
海原	214/21	35	53	44	林涛	2012 年
彭阳	213	24	53	44	林涛	2012 年
盐池	44	13	53	35	林涛	2012 年
同心南	214/113	24	53	44	张安生	2006 年
同心北	44	53	=阳平	13	张安生	2006 年
银川	44	53	=阳平	13	林涛	2012 年
吴忠	44	53	=阳平	13	林涛	2012 年
中卫	44	53	=阳平	13	林涛	2012 年
永宁	44	53	=阳平	13	林涛	2012 年
青铜峡	44	53	=阳平	13	林涛	2012 年
中宁	44	53	=阳平	13	林涛	2012 年
石嘴山	44	53	=阳平	13	周磊	2005 年
灵武	44	53	=阳平	13	周磊	2005 年
敦煌河西	44	53	=阳平	213	曹志耘	1998a 年
嘉峪关	33	51	=阳平	212	周磊	1998 年

方言点	阴平	阳平	上	去	文献出处	年份
玉门	33	52	＝阳平	213	周磊	1998b 年
金塔	33	53	＝阳平	31	周磊	1998b 年
临泽	33	53	＝阳平	31	周磊	1998b 年
武威	33	53	＝阳平	31	周磊	1998b 年
民乐	44	52	＝阳平	31	周磊	1998b 年
民乐	44	53	＝阳平	31	张盛裕	1993 年
肃南	33	53	＝阳平	31	周磊	1998b 年
山丹	33	53	＝阳平	31	周磊	1998b 年
山丹	24	53	＝阳平	31	张盛裕	1993 年
张掖	55	53	＝阳平	31	周磊	1998b 年
高台	44	53	＝阳平	31	周磊	1998b 年
酒泉	44	53	＝阳平	213	周磊	1998b 年
安西	44	42	＝阳平	213	周磊	1998b 年
金昌	33	55	＝阳平	31	周磊	1998b 年
永昌	33	55	＝阳平	31	周磊	1998b 年
民勤	55	53	33	213	张盛裕	1993 年
民勤	44	53	212	31	吴开华	2009 年
敦煌河东	13	＝阴平	53	44	曹志耘	1998a 年
敦煌河东	213	13	53	44	曹志耘	1998a 年
敦煌河东	21	13	53	44	曹志耘	1998a 年
兰州	31	35	53	55	张成材	2016 年
永登	53	＝阴平	44	13	达晶晶	2018 年
永登	53	＝阴平	443	213	车瑞	2014 年

续表

方言点	阴平	阳平	上	去	文献出处	年份
榆中	31	312	55	214	达晶晶	2018 年
红谷	13	=阴平	53	=阴平	达晶晶	2018 年
银川	44	53	53	13	达晶晶	2018 年
张掖	34	53	=阳平	31	达晶晶	2018 年
临夏	13	=阴平	55	31	达晶晶	2018 年
临夏	13	=阴平	=去声	53	李蓝	2020 年
临夏回腔	231	=阴平	441	51	柳春	2010 年
乌鲁木齐	21	24	52	44	达晶晶	2018 年
西宁	44	24	53	213	张成材	2016 年
西宁	44	35	53	213	芦兰花	2011 年
湟中	44	24	53	213	张成材	2016 年
湟中	44	24	5	213	芦兰花	2011 年
湟源	44	24	53	213	张成材	2016 年
湟源	44	24	5	213	芦兰花	2011 年
互助	44	24	53	213	张成材	2016 年
化隆	44	24	53	213	张成材	2016 年
贵德	44	24	53	213	张成材	2016 年
大通	13	=阴平	53	213	张成材	2016 年
大通朔北	35	=阴平	44	13	芦兰花	2011 年
大通桥头	44	35	53	13	芦兰花	2011 年
乐都	13	=阴平	53	45	张成材	2016 年
乐都	13	=阴平	53	34	曹志耘、邵朝阳	2001 年
乐都碾伯	213	=阴平	554	324	高河青	2018 年

方言点	阴平	阳平	上	去	文献出处	年份
乐都碾伯	42	=阴平	53	34	芦兰花	2011 年
乐都马厂	13	=阴平	53	34	芦兰花	2011 年
乐都高店	44	24	55	13	芦兰花	2011 年
乐都高店	=阴上	35	55	213	高河青	2018 年
乐都高店	44	24	55	13	芦兰花	2011 年
乐都芦花	35	=阴平	554	213	高河青	2018 年
互助威远	44	24	53	213	芦兰花	2011 年
化隆巴燕	44	24	53	213	芦兰花	2011 年
化隆甘都	44	=阴平	53	24	芦兰花	2011 年
化隆昂思多	44	24	53	213	芦兰花	2011 年
民和	13	=阴平	53	45	张成材	2016 年
民和川口	13	=阴平	53	24	芦兰花	2011 年
民和川口回	52	=阴平	33	13	芦兰花	2011 年
民和马营	24	=阴平	13	55	芦兰花	2011 年
民和甘沟	44	=阴平	53	13	芦兰花	2011 年
民和塘尔垣	24	=阴平	53	13	芦兰花	2011 年
循化	13	=阴平	53	44	芦兰花	2011 年
循化	13	=阴平	53	45	张成材	2016 年
循化	13	=阴平	33/213	53/131	郭纬国	1995 年
循化积石	13	=阴平	53	44	芦兰花	2011 年
庆阳西峰	53	34	53	44	安亚彬	2010 年
清水	24	=阴平	53	44	曹兴隆	2014 年
文县	31	12	53	24	莫超	2004 年

方言点	阴平	阳平	上	去	文献出处	年份
文县	31	213	53	35	岳国文	2007 年
文县	42	13	55	24	朱富林	2014 年
文县	42	23	55	24	朱晓农　衣莉	2015 年
文县	21	24	55	213	李蓝	2020 年
文县	41	113	553	24	杜芊	2021 年
靖远	31	24	55	33	雒鹏	2003 年
平凉	31	24	41	33	刘昕	2016 年

| 后 记 |

在我的上一本书《西北官话单字调合并现象》(2019)出版时,我还有很多遗憾,当时感觉很多问题还没有说清楚。比如西北方言中多音节字调的问题、声调的演化方向、演化动力,以及与演化相关的社会因素等问题。五年之后,《"甘青宁新"四省区汉语方言声调演化研究》(以下简称"本书")即将面世,希望读者能够满意我交出的一部分答案。当然,我现在还有很多未解之题,这就要寄希望于今后的继续推进了。

这里我还想就本书的研究思路和研究方法做一些补充说明。

一是,对数据的整理和描写。方言研究最根本的点是要描写清楚,先知其然,才能解释其所以然。在本书《导言》和《研究框架与研究方法》两章中,笔者已经提到对方言声调的描写不能仅仅停留在定调这个层面,还要针对每一份录音材料都进行标注、基频提取、整理、LZ－SCORE 标准化,然后绘制声调格局图。目的是能够从视觉层面一目了然地看出声调拱形的变化轨迹。笔者在给声调定调时,不仅用传统的五度制,同时采用特征的描写的方法来给声调定值。以往学界对声调的描写有些争论,认为南茜·吴(Woo 1969)提出的特征描写对汉语方言来说不够充分(Zhu et al. 2019),但我在讨论兰州方言的声调演化时(见本书第八章,又见:衣莉等 2017;Yi et al. 2024),有位匿名评审专家建议用特征来解释兰州方言的声调演化,让我一下茅塞顿开!很多以前想不通的问题迎刃而解。考虑到西北方言的声调拱形没有特别复杂的变化,同时也没有发声态的问题,即使有,也不存在音系辨义的功能,所以笔者在本书中,对调查的所有方言点声调都采用了两种定值的方式:五度表达和特征表达。对于声调拱形演化的问题,运用这种方法,解释是简单而明了的。

二是,对演化的解释问题。笔者原本一直沿着一条"演化路线"来寻找解释西北方言声调合并的原因,结果无论是顺时针,还是逆时针,都不能找出一条合理的、简洁的演化路径。引入特征表达后,笔者发现演化的问题不仅仅是路径的问题,更是一个"动力"的问题。笔者在分析了所有发音人的单字调、双音节字调和三音节字调之间的声调拱形变化后,发现最后起作用的是两条音系原则,即:简化原则、嵌入原则。此外,语音的高低变化以及它们的组合变化也起作用。除此之外,在讨论演化路径时,还要引入历史比较的研究方法,这一点已经在本书第九章中详细阐释,这里就不再赘述了。

三是,演化的原因。演化有内在动力的起因,但同样的调类,或者同样的拱形,有的会发生变化,有的不会发生变化;或者都在发生变化,但变化的方向和合并的类型并不同。比如在第九章中提到的上声的归并问题(见表9-23),上声可以和阴平、阳平、去声中的任何一个调类合并,这些都在兰银官话中出现过。所以解释声调的演化问题,仅仅用演化的内在动力解释是不够的,还需要结合方言、语言的接触问题才行。尽管在本书中已经讨论了方言接触的"匹配"与"回归"问题,本书也在第八章中讨论了影响方言变化的社会因素,但要想系统地、整体地给出一个答案,目前的工作还远远不够。这也是接下来要重点关注的问题之一。

四是,对方言划片问题的讨论。原有方言划片的依据是依靠入声的归并,但在实地调研中,笔者常常会发现方言片区之间或者方言片区内部存在声调拱形不一致的情况。比如在本书第六章中讨论的几种三声格局,除了 BC 型和 CD 型的分布比较整齐,其他几种类型,比如 AB 型、AC 型和 BD 型,都同时包含了中原秦陇、中原陇中、兰银河西、兰银北疆等不同方言片区中的方言点。依据目前的调研结果,笔者认为固原、西吉、西宁、门源、互助、化隆、湟源、循化等方言点的声调拱形、调型和声调的归并都一样,完全可以划入同一个片区。而兰银官话的金城片和河西片可以做如下的调整:

金城片:

红古小片:红古海石湾、民和、海原

　　永登小片：永登河桥、兰州西固、临夏市
　　兰州小片：兰州城关四区

河西片：

　　武威小片：武威、永昌、肃南、永靖
　　酒泉小片：酒泉、新疆昌吉

　　但更精确的分类需要仰赖大量的调研和更科学的分类方法，目前笔者正在尝试用相似度计算来衡量方言之间的距离。这个方法不仅需要考虑声调的参数，还需要综合考虑核心词汇的语义及形态变化的数据，所以未来的工作还比较艰巨。贺登崧（2018）认为，方言地理学的研究，应该从"类和型"的对应关系来讨论方言片区，同时考虑方言接触和方言演化的问题。

　　本书的完成，要感谢教育部人文社科基金和国家社科基金的支持，感谢所有在田野调查中给予笔者帮助的人，感激所有的发音人，感谢老同学杨静波慷慨提供封面照片。

　　笔者还要特别感谢江荻老师在百忙之中为这本小书做序。感谢朱晓农老师对笔者的指导和建议。感谢评审专家们提出的批评和建议。感谢我所在的中国农业大学对出版本书的大力支持。感谢为出版本书辛勤付出的上海教育出版社的编辑们。

　　最后，要特别感谢我女儿，她总是能找到最合适的语言来激励我！也感谢我自己，无论顺境还是逆境，都要不断往前走，成为更好的自己！

衣莉
于民主楼
2024 - 11 - 11

参考文献

贺登崧 2018《汉语方言地理学》("语言学经典文丛"),岩田礼、石汝杰译,上海：上海教育出版社。

衣莉 2019《西北官话单字调合并现象》,北京：知识产权出版社。

衣莉 李颖异 李晗 木觉珏 2017《正在进行中的声调演化——兰州单字调》,《伊犁师范学院学报(社会科学版)》第 3 期,81—88 页。

Woo，Nancy 1969 Prosody and Phonology. MIT dissertation.

Yi Li & Li Han & Li Yingyi & Mu Juejue　2024　An ongoing tonal-pattern change：Lanzhou dialect. *Journal of Chinese Linguistics*. （52）：336－361.

Zhu Xiaonong & Yi Li & Zhang Ting & Đình Hiền Nguyễn　2019　Dipping Tones in Multi-register and Four Level Model. *Journal of Chinese Linguistics*. （47）：321－344

图书在版编目（CIP）数据

"甘青宁新"四省区汉语方言声调演化研究 / 衣莉
著. — 上海：上海教育出版社，2024.11. — ISBN 978-7-
5720-3106-9

Ⅰ. H172.2

中国国家版本馆CIP数据核字第2024ED1661号

责任编辑　廖宏艳
封面设计　蒋　妤
封面摄影　郝　进　杨静波

"甘青宁新"四省区汉语方言声调演化研究
衣　莉　著

出版发行　上海教育出版社有限公司
官　　网　www.seph.com.cn
地　　址　上海市闵行区号景路159弄C座
邮　　编　201101
印　　刷　启东市人民印刷有限公司
开　　本　700×1000　1/16　印张 29
字　　数　401 千字
版　　次　2024年11月第1版
印　　次　2024年11月第1次印刷
书　　号　ISBN 978-7-5720-3106-9/H·0093
定　　价　128.00 元

如发现质量问题，读者可向本社调换　电话：021-64373213